YOUCAT

가톨릭 청년 교리서

YOUCAT

한국어

가톨릭 청년 교리서

오스트리아 주교회의 지음

최용호 옮김

가톨릭출판사

YOUCAT

2012년 8월 24일 교회 인가
2012년 10월 11일 초판 1쇄 펴냄
2025년 5월 9일 초판 27쇄 펴냄

지은이 · 오스트리아 주교회의
옮긴이 · 최용호
펴낸이 · 정순택
펴낸곳 · 가톨릭출판사
편집 겸 인쇄인 · 김대영
편집 · 김지영, 강서윤, 김지현, 박다솜
디자인 · 강해인, 이경숙, 정호진
마케팅 · 임찬양, 안효진, 황희진, 노가영

본사 · 서울특별시 중구 중림로 27
등록 · 1958. 1. 16. 제2-314호
전자우편 · edit@catholicbook.kr
전화 · 1544-1886(대표 번호)
지로번호 · 3000997

ISBN 978-89-321-1280-0 03230

값 20,000원

성경, 교회 문헌 © 한국천주교중앙협의회

YOUCAT. Jugendkatechismus der Katholischen Kirche
Mit einem Vorwort von Papst Benedikt XVI.
Herausgegeben von der Österreichischen Bischofskonferenz
© 2015, 12. akt. Auflage, YOUCAT Foundation gemeinnützige GmbH, Konigstein im Taunus.

First edition originally published 2011 by Pattloch Verlag GmbH @ Co.KG, München.
Sole shareholder of the YOUCAT Foundation is the Pontifical Charity Aid to the Church in Need international (ACN), Königstein im Taunus, Germany.
All rights reserved. The use of the brand is carried out with the consent of the YOUCAT Foundation. YOUCAT® is an internationally registered and protected brand name and logo.
Filed under GM: 011929131
Design, layout, illustrations: Alexander von Lengerke, Cologne, Germany

독일 주교회의(2010년 11월 29일)와 스위스 주교회의(2010년 12월 6일)의 동의하에 오스트리아 주교회의가 발간함.
오스트리아 주교회의는 2010년 3월 3일에 이 책의 출판을 허가함.

이 책의 한국어 출판권은 (재)천주교서울대교구 가톨릭출판사에 있습니다.
저작권법에 의해 보호를 받는 저작물이므로 무단 전재와 무단 복제를 금합니다.

가톨릭의 모든 도서와 성물, 디지털 콘텐츠를 '가톨릭북플러스'에서 만날 수 있습니다.
https://www.catholicbookplus.kr | (02)6365-1888(구입 문의)

일러두기

이 가톨릭 청년 교리서는 《가톨릭 교회 교리서》(라틴어 표준판, 1997)에 수록된 가톨릭 신앙의 모든 내용을 청년의 언어로 기술하고 있지만, 위 교리서처럼 가톨릭 신앙에 대해서 하나도 빠짐없이 다 다루지는 않았습니다. 이 책은 질문과 답변 형태로 구성되어 있으며, 각각의 답변에는 《가톨릭 교회 교리서》의 깊이 있는 설명을 참고할 수 있도록 해당 항목 번호를 대괄호([ ]) 안에 표기해 놓았습니다. 이러한 해설은 제기된 질문을 이해하고, 그 의미를 파악하는 데 도움을 줄 것입니다. 그 밖에도 이 가톨릭 청년 교리서는 각 면의 가장자리 공간에 그림, 용어 정의, 성경 구절, 성인이나 교부의 말씀, 유명 저자의 격언이나 저서의 인용문 등을 실었습니다. 이 책의 끝에는 표제어 색인을 수록하여 관련 항목을 쉽게 찾을 수 있게 하였습니다. 또한 본문에 강조 표시한 단어의 뜻은 용어 정의 목록(428쪽)을 이용해 찾을 수 있습니다.

이 책에 사용된 기호의 의미

성경 인용문

성인이나 교부의 말씀, 유명 저자의 격언이나 저서의 인용문

용어의 간략한 정의

→ 이 책에 수록된 관련 문항 번호

머리말
베네딕토 16세 교황의 편지

사랑하는 젊은 친구들!

저는 오늘 여러분에게 특별한 책을 소개하고자 합니다. 이 책은 내용뿐만 아니라 제작 과정도 이례적이라 할 수 있습니다. 이 책이 어떻게 나왔는지 잠시 설명하겠습니다. 그러면 이 책이 특별한 이유를 더 명확히 알 수 있기 때문입니다.

이 책은 다른 교리서를 근간으로 만들어졌는데, 그 교리서의 발간은 1980년대로 거슬러 올라갑니다. 그 시기는 교회뿐만 아니라 전 세계적으로도 미래로 향한 길을 찾기 위해 새로운 이정표가 필요한 시기였습니다. 1962년부터 1965년까지 열린 제2차 바티칸 공의회 이후 변화된 문화적 상황에서 이제 그리스도인들은 무엇을 믿고 교회는 무엇을 가르치는지, 더욱이 교회가 무엇을 가르칠 수나 있는지, 교회 전체가 근본적으로 변화된 문화에 어떻게 적응할 수 있는지에 관해 많은 사람들이 혼란스러워했습니다. '그리스도교는 시대에 뒤떨어진 것이 아닐까?', '사람들은 오늘날에도 여전히 이성에 입각해 신앙을 따를 수 있을까?' 독실한 신자들조차 이러한 의문들을 제기했습니다.

당시 요한 바오로 2세 성인 교황님은 대담한 결정을 내리셨습니다. 그리하여 전 세계 주교들이 그 질문들에 답변하는 것과 동시에, 책 한 권을 함께 써야 한다고 결정하셨습니다. 또한 저에게 주교들의 작업을 조율하고, 여러 원전의 모음이 아니라 주교들의 기고문들로 구성된 완전한 책을 집필하도록 살펴보라는 임무를 맡기셨습니다. 그 책은 《가톨릭 교회 교리서》라는 다소 예스러운 제목이 붙었지만, 내용만큼은 반드시 흥미롭고 새로워야 했습니다. 그리고 오늘날 가톨릭 교회가 무엇을 믿고 있으며, 어떻게 이성에 입각해 믿을 수 있는지를 보여 줄 수 있어야 했습니다.

저는 그 임무를 맡고 깜짝 놀랐습니다. 그리고 그러한 계획이 성공할지 의구심을 품었던 것을 솔직히 고백합니다. '전 세계에 흩어진 저자들이, 전 세계 독자들이 읽을 만한 책을 공동으로 집필한다는 계획을 어떻게 추진해야 하는지', '지리적인 면에서뿐만 아니라 지적이고 정신적인 면에서도 서로 다른 대륙에 사는 이들이, 통일성이 있으면서도 모든 대륙에서 이해할 수 있는 텍스트를 어떻게 함께 만들 수 있을 것인지' 도무지 막막했기 때문입니다. 게다가 주교들은 단순히 개별 저자의 입장이 아니라, 자신들이 속한 지역 교회의 동료 주교들과 의견을 교환하는 가운데 집필해야 했습니다. 그 계획이 결국 성공했다는 사실이 지금도 제게는 기적 같습니다.

우리는 일 년에 서너 차례 일주일간 모였고, 그동안에 집필한 내용에 관해 열정적으로 토론했습니다. 물론 제일 먼저 책의 구성을 확정했는데, 구성은 단순해야 했습니다. 그래야 우리가 정한 대로 저자들이 각각 명확한 과제를 할당받을 수 있기 때문이었고, 또한 그들의 저술을 복잡한 체계에 끼워 맞출 필요가 없도록 하기 위해서였습니다. 그 책의 구성은 바로 이 청년 교리서에서 보는 것과 같습니다. 이는 수백 년 동안 교리를 가르친 경험에서 비롯된 것으로, 우리가 '무엇을 믿고 있는지', '그리스도의 신비를 어떻게 거행하는지', '그리스도를 통해 어떻게 생명을 얻는지', '어떻게 기도해야 하는지' 등의 주제를 다루고 있습니다. 책을 발간하기까지 숱한 문제들을 어떻게 극복해 나갔는지를 말씀드리려는 것이 아닙니다. 사람들은 물론 그 책에 대해 여러 면에서 많은 사항들을 지적할 수 있을 것입니다. 인간이 만든 모든 것은 부족하며, 개선될 여지가 있기 때문입니다. 그런데도 그 책은 다양성 속의 일치를 드러내는 대작大作이라 할 수 있습니다. 우리는 사도들 이래로 2000년 가까이 교회를 지탱해 온 신앙이라는 똑같은 악보가 있었기 때문에, 서로 다른 목소리로 하나의 합창단을 만들 수 있었습니다.

제가 이런 이야기를 하는 이유는 무엇일까요? 책을 집필할 당시 우리는 여러 대륙과 그 안에 사는 사람들의 문화만 다른 것이 아니라, 각각의 사회 안에도 서로 다른 '여러 대륙'이 존재한다는 것을 이미 확인할 수 있었습니다. 다시 말해 공장 노동자는 농부와 다르게 생각하고, 물리학자는 언어학자와, 기업가는 언론인과, 젊은이는 노인과 다르게 생각한다는 것입니다. 따라서 우리는 언어와 사고의 측면에서 이 모든 차이를 뛰어넘는 곳에 자리 잡아야 했고, 서로 다른 사고 체계들 사이에서 이른바 공통분모를 찾아야 했습니다. 그런 과정에서 자기 고유의 생각과 문제에 빠져 있는 사람의 마음을 움직이려면, 제각각 다른 삶의 세계에 맞게 해야 한다는 것을 점점 더 깊이 깨달았습니다.

그 후 로마와 토론토, 쾰른, 시드니에서 열린 '세계 청년 대회'에서 신앙을 갖고 싶어 하고 하느님을 찾으며 그리스도를 사랑하고 인생 여정을 함께할 공동체를 원하는 젊은이들이 만났습니다. 이런 맥락에서 '《가톨릭 교회 교리서》를 청년의 언어로 옮기고, 그 심오한 내용을 오늘날 청년의 세계로 끌어들여야 하지 않을까?'라고 생각했습니다. 물론 오늘날 전 세계의 청년들 사이에도 또한 많은 차이점이 존재합니다. 이런 이유로 빈 대교구장인 크리스토프 쇤보른 추기경의 믿음직한 지도 아래 이제 청년들을 위한 교리서인 《YOUCAT》이 출간됐습니다. 저는 이 책이 많은 청년들의 마음을 사로잡을 수 있기를 기대해 봅니다.

많은 사람들이 제게 이 책은 오늘날 젊은이들의 관심을 끌지 못할 거라고 이야기합니다. 저는 그들의 견해에 동의할 수 없습니다. 그리고 결국 제 생각이 옳았다는 것이 드러나라라고 확신합니다. 오늘날 젊은이들은 사람들이 생각하는 것처럼 가볍지 않습니다. 그들은 인생에서 실제로 중요한 것이 무엇인지 알고 싶어 합니다. 추리 소설은 우리 운명이 될 수도 있을 법한 타인의 운명으로 우리를 이끌기 때문에 손에 땀을 쥐게 합니다. 하물며 이 책은 바로 우리 자신의 운명에 관해 이야기하므로 우리 각자와 밀접히 관련해 있어서 흥미진진합니다.

그래서 저는 이 교리서를 공부하도록 여러분을 초대합니다. 이는 저의 염원이기도 합니다. 이 교리서를 통해 여러분의 삶이 수월해지거나 그 무게가 줄지는 않을 것입니다. 이 책은 여러분에게 새로운 삶을 살라고 요구하기 때문입니다. 이 책은 '값진 진주를 사기 위해 가진 것을 모두 처분해야 했던 사람'처럼(마태 13,46 참조) 여러분에게 복음의 메시지를 전할 것입니다. 따라서 저는 여러분에게 다음과 같이 당부합니다. "열정과 끈기를 갖고 이 교리서를 공부하십시오. 이 공부에 여러분의 소중한 시간을 쓰십시오! 방에서 조용히 이 책을 읽거나, 친구와 함께 둘이서 읽거나, 스터디 그룹이나 네트워크를 만들고 인터넷을 이용해 여러분의 의견을 교환하십시오. 어떤 방식으로든 여러분의 신앙에 관해 계속 대화하십시오."

여러분은 자신이 무엇을 믿고 있는지 알아야 합니다. IT

전문가가 컴퓨터 운영 체계를 속속들이 알고 있듯, 여러분도 자신의 신앙을 정확히 알아야 합니다. 훌륭한 음악가가 자기 작품을 잘 알고 있듯, 여러분도 자신의 신앙을 이해해야 합니다. 그렇습니다. 이 시대의 도전과 유혹에 결연하고 힘 있게 대처하려면 부모님 세대보다 훨씬 더 깊이 신앙에 뿌리내려야만 합니다. 신앙이 태양 아래 놓인 이슬방울처럼 마르는 일이 없게 하려면, 소비주의의 유혹에 넘어가지 않으려면, 사랑이 도색 사진에 파묻혀 사장되지 않게 하려면, 약자를 배반하거나 희생자를 못 본 체하지 않으려면, 여러분에게는 하느님의 도움이 필요합니다.

지금 여러분이 열성을 다해 이 교리서를 공부하려 한다면, 끝으로 저는 여러분에게 한 가지만 더 당부하고 싶습니다. 최근에 악마의 공격으로 죄가 교회의 내부, 교회의 심장에까지 스며들어 교회 공동체가 깊은 상처를 입었다는 것을 알고 있을 겁니다. 이를 핑계 삼아 하느님의 눈길을 피하려 하지 마십시오. 여러분 자신이 그리스도의 몸이요, 교회입니다! 사람들이 얼굴을 찡그릴 때마다 여러분은 여러분이 가진 사랑의 신선한 불을 교회 안에 들여오십시오! "열성이 줄지 않게 하고 마음이 성령으로 타오르게 하며 주님을 섬기십시오."(로마 12,11) 이스라엘이 역사적으로 가장 쇠퇴했던 시기에, 하느님은 유능하고 명망 높은 사람이 아니라 예레미야라는 어린 소년을 당신의 협조자로 부르셨습니다. 예레미야는 부담감을 느낀 나머지 "아, 주 하느님 저는 아이라서 말할 줄 모릅니다."(예레 1,6)라고 대답했지만, 하느님은 다음과 같이 말씀하시며 당신 뜻을 굽히지 않으셨습니다. "'저는 아이입니다.' 하지 마라. 너는 내가 보내면 누구에게나 가야 하고 내가 명령하는 것이면 무엇이나 말해야 한다."(예레 1,7)

여러분에게 제 강복을 보내며
매일 여러분 모두를 위해 기도하겠습니다.

베네딕토 16세 교황
Benedictus PP XVI

추천의 말

가톨릭 청년 교리서 《YOUCAT》의 출간을 기뻐하며

조규만 주교

《가톨릭 교회 교리서》가 나온 지 20년이 넘었습니다. 물론 우리말 번역본은 2년 후인 1994년 봄에 나왔습니다. 그 교리서를 읽은 사람이 얼마나 될까요? 그 교리서를 만들기 위해 요한 바오로 2세 성인 교황님은 세계주교대의원회 임시총회 교부들의 건의를 받아들여 1986년 교리서위원회를 구성하시고 그 책임을 요제프 라칭거 추기경님(베네딕토 16세 교황님)께 맡기셨습니다. 열두 명의 추기경과 신학 및 교리 교수법 전문가인 일곱 명의 교구장 주교로 구성된 편찬위원회는 7년간 광범위한 의견을 수렴하여 교리서를 만들어 내었습니다.

올해는 그 교리서를 반포한 지 20년이 되는 해입니다. 그 반포일 10월 11일을 기념하면서 베네딕토 16세 교황님은 '신앙의 해'를 선포하셨습니다. 이 교리서를 근간으로 한국천주교 주교회의 교리교육위원회가 청년들을 위해 교리서를 시리즈로 만들어 냈습니다. 《한국 천주교 청년 교리서》가 바로 그것입니다. 1권 믿음은 삶의 첫걸음, 2권 나의 생명 나의 구원, 3권 순례의 길을 걷는 하느님 백성, 4권 하느님 만나는 은총의 길, 5권 표징 속에 담긴 구원의 신비, 6권 그리스도인의 참된 삶, 7권 하느님 사랑 이웃 사랑, 이렇게 총 일곱 권입니다.

베네딕토 16세 교황님이 추천하는 가톨릭 청년 교리서 《YOUCAT》(Youth Catechism of the Catholic Church)이 번역되었습니다. 독일 주교회의와 스위스 주교회의에서 동의하고 오스트리아 주교회의가 출판한 교리서입니다. 이 청년 교리서는 《가톨릭 교회 교리서》의 순서와 주제를 그대로 따랐습니다. '무엇을 믿고 있는지', '그리스도의 신비를 어떻게 거행하는지', '그리스도를 통해 어떻게 생명을 얻는지', '어떻게 기도해야 하는지'를 알려 줍니다. 그러면서도 알기 쉽게 문답 형식으로 되어 있습니다. 또한 이미지가 적절하게 삽입되어 있고, 일러스트레이션이 젊은이들 마음에 쏙 들 만큼 재미있게 그려져 있습니다.

교황님은 이 교리서가 오늘날 젊은이들에게 관심을 끌지 못할 거라는 이야기에 이의를 제기하며 기꺼이 추천하십니다. "오늘날 젊은이들은 사람들이 생각하는 것처럼 가볍지 않습니다. 그들은 인생에서 실제로 중요한 것이 무엇인지 알고 싶어 합니다. …… 이 책은 바로 우리 자신의 운명에 관해 이야기하므로 우리 각자와 밀접히 관련해 있어서 흥미진진합니다. 그래서 저는 이 교리서를 공부하도록 여러분을 초대합니다." 저 역시 주교로서 이 교리서를 추천합니다.

우리나라 젊은이들은 세계를 열광시킬 만한 힘을 지니고 있습니다. 최근 보이는 '한류 열풍'이 그렇습니다. 일찍이 한국 천주교회를 시작한 선조들도 그랬습니다. 이벽, 이승훈, 권철신, 권일신, 정약전, 정약종, 정약용은 젊은이들이었습니다. 1777년 열린 강학회에서 주도적 역할을 한 이벽 선생님의 나이는 24살이었고, 1784년 북경에서 세례를 받은 이승훈 선생님의 나이는 28살이었습니다. 마치 30대의 예수님과 베드로를 비롯한 20대의 제자들이 하느님 나라를 위한 새로운 종교 운동을 시작하였듯이, 우리 신앙의 선조들도 젊은이들이었습니다.

젊은이들에게는 세상을 바꿀 힘이 있습니다. 저는 우리나라 젊은이들이 진리를 알고 진리가 주는 자유를 누리기를 바랍니다. 주님께서 젊은이 여러분과 함께하시길 기도합니다.

2012년 9월 성 김대건 안드레아 사제와 성 정하상 바오로와
동료 순교자 대축일에

조규만 바실리오 주교

추천의 말

《YOUCAT》이 신앙에 보탬이 되기를 바라며

우창원 신부

서울대교구 청년부에 발령을 받아 지낸 지도 벌써 5년이라는 시간이 흘렀습니다. 5년이라는 시간 동안 여러 청년들을 만났고, 그들과 긴 시간을 보냈습니다. 이렇게 시간을 보내면서 교회에 대한 열의와 신앙의 열정을 품은 청년들도 많이 보았지만, 그렇지 않은 청년들도 많다는 것을 알 수 있었습니다.

청년 나이(만 19~35세)에 세례를 받으면 바로 청년 활동을 시작하거나, 아니면 자신의 신심을 위해 성경 공부나 기타 봉사 단체에 들어가는 경우가 많습니다. 그런데 청년들을 지켜 보며 그들이 교리를 잘 알고 있는지, 다른 종교의 사람들이 무엇인가를 물어보았을 때 망설임 없이 답할 수 있고 그만큼 자신감도 갖고 있는지 궁금해졌습니다. 그리고 그렇지 않다면 어떻게 해야 그렇게 될 수 있을지 고민했습니다. 교구에서 청년들을 담당하는 본당 보좌 신부님들도 저와 생각이 같은지 청년들에게 재교육 차원의 교리를 가르칠 수 있는 서적이나 자료 등이 있냐고 때때로 제게 문의하셨습니다.

이렇게 여러 가지로 고민하던 차에 선배이자 청소년 국장이셨던 김영국 요셉 신부님께 책 하나를 소개 받았습니다. 바로 《YOUCAT》이었습니다. 그리고 책에 대한 소개와 설명을 들은 후 살펴보게 되었습니다. 《YOUCAT》은 이전에 발간된 《가톨릭 교회 교리서》의 내용에 대해 청년들이 궁금한 것을 물어보고 답을 듣는 문답 형식으로 꾸민 교리서입니다. 이전의 교리서에서 딱딱하고 지루하게 느껴질 수 있던 교리 내용을 실생활과 관련해 쉽고 재미있게 풀어놓았습니다.

그러나 처음에는 '이 책을 어떻게 우리의 현실에 맞추어 활용할 수 있을까?', 또한 '언어의 장벽을 넘어 어떻게 쉽고 편하게 이용할 수 있을까?' 하는 고민에 빠져 잠시 머뭇거렸습니다.
그러다가 2011년 세계 청년 대회에 참가했는데, 그 대회에 참석한 모든 청년들은 《YOUCAT》을 한 권씩 선물로 받았습니다. 당시 영어, 프랑스어, 독일어, 이탈리아어 등 여러 언어로 나온 책들 가운데 자신이 희망하는 언어권 책을 받을 수 있었습니다. 그때 다른 언어로 번역된 책들을 보면서 '한국어로도 있으면 얼마나 좋을까?' 하는 생각을 했습니다. 그래서 봉사자들과 함께 연구해 한국어로 옮기는 작업을 시작했습니다.

몇몇의 작은 노력으로 시작되었던 이 책이 이제 우리말로 나왔습니다. 부디 청년들이 신앙의 궁금증을 해결해, 그들이 더욱 성장하는 데 좋은 책으로 자리매김했으면 합니다. 또한 처음에 한국어로 옮기는 작업을 함께해 주었던 주성혜(마리아)·김나연(글로틸다)·조재선(베드로) 님, 그리고 아름다운 사진을 제공해 준 임준형(안드레아) 님께 이 자리를 빌려 감사를 전하고 싶습니다.

물이 돌에 계속 떨어지면 돌에도 구멍이 생기듯, 청년들이 이 책을 읽으며 자신의 신앙에 작은 보탬이 되는 시간을 보냈으면 합니다.

전前 서울대교구 청소년국 청년부 지도
우창원 아우구스티노 신부

차례

머리말 사랑하는 젊은 친구들!(베네딕토 16세 교황)	7
추천의 말 가톨릭 청년 교리서 《YOUCAT》의 출간을 기뻐하며(조규만 주교)	14
추천의 말 《YOUCAT》이 신앙에 보탬이 되기를 바라며(우창원 신부)	17

제1권 무엇을 믿고 있는가?

제1부 우리가 믿을 수 있는 근거	24
제1장 하느님을 인식할 수 있는 인간	25
제2장 우리 인간에게 다가오시는 하느님	28
제3장 하느님께 응답하는 인간	40
제2부 그리스도교의 신앙 고백	44
제1장 한 분이신 하느님을 저는 믿나이다	48
제2장 하느님의 외아드님 예수 그리스도를 믿나이다	78
제3장 성령을 믿나이다	109

제2권 그리스도의 신비를 어떻게 거행하는가?

제1부 거룩한 표징들을 통해 우리에게 작용하시는 하느님	152
제1장 하느님과 거룩한 전례	155
제2장 우리는 그리스도의 신비를 어떻게 거행하는가?	161
제2부 교회의 일곱 성사	172
제1장 입문 성사(세례 · 견진 · 성체)	172

제2장 치유 성사(고해 · 병자)	195
제3장 공동체 및 파견을 위한 성사(성품 · 혼인)	209
제4장 그 밖의 전례 예식	226

제3권 그리스도를 통해 어떻게 생명을 얻는가?

제1부 우리가 이 세상에 사는 목적은 무엇이며, 우리가 해야 할 일은 무엇이고, 성령은 우리가 그 일을 행하는 것을 어떻게 도우시는가?	234
제1장 인간의 존엄성	234
제2장 인간 공동체	260
제3장 교회	275
제2부 십계명	278
제1장 너희는 마음을 다하고 목숨을 다하고 힘을 다하여 주 너의 하느님을 사랑해야 한다	281
제2장 네 이웃을 너 자신처럼 사랑해야 한다	293

제4권 어떻게 기도해야 하는가?

제1부 그리스도인의 삶에서 기도가 지니는 의미	370
제1장 기도: 하느님이 우리에게 당신의 친밀함을 선사하시는 통로	370
제2장 기도의 원천	388
제3장 기도하는 방법	395
제2부 주님의 기도: 하늘에 계신 우리 아버지	403

부록 표제어 색인 417 | 용어 정의 429 | 감사의 말 431

제1권

무엇을 믿고 있는가?

질문 1-165

제1부 우리가 믿을 수 있는 근거

제1장 하느님을 인식할 수 있는 인간

제2장 우리 인간에게 다가오시는 하느님

제3장 하느님께 응답하는 인간

제2부 그리스도교의 신앙 고백

제1장 한 분이신 하느님을 저는 믿나이다

제2장 하느님의 외아드님 예수 그리스도를 믿나이다

제3장 성령을 믿나이다

∽ 제1부 ∽
우리가 믿을 수 있는 근거

> 하느님께서는 모든 사람이 구원을 받고 진리를 깨닫게 되기를 원하십니다.
>
> 1티모 2,4

1 우리가 이 세상에서 살아가는 목적은 무엇인가요?

우리는 하느님이 어떤 분이신지 알고, 그분을 사랑하며, 그분의 뜻에 따라 선행을 하고, 언젠가는 하늘 나라에 가려고 이 세상에서 삽니다. [1-3, 358]

> 하느님이 당신에 대해 얼마나 관심이 많으신지 당신은 아마 상상도 못할 것입니다. 하느님은 마치 이 세상에 다른 사람은 아무도 없는 것처럼 그렇게 당신에게 관심을 갖고 계십니다.
>
> 줄리엔 그린

> 인간과 인간적인 것을 사랑하려면 먼저 그것을 알아야 합니다. 신과 신적인 것을 알려면 먼저 그것을 사랑해야 합니다.
>
> 블레즈 파스칼(1623~1662년), 프랑스의 수학자이자 철학자

인간으로 존재한다는 것은 하느님으로부터 왔다가 그분에게로 되돌아감을 의미합니다. 우리의 기원은 부모를 넘어서 더 이전으로 거슬러 올라갑니다. 우리는 하늘과 땅의 모든 행복의 근원이신 하느님으로부터 왔으며, 언젠가는 그분의 영원하고 무한한 행복에 이를 것입니다. 그때까지 우리는 이 세상에 사는 것입니다. 때때로 우리는 창조주를 가깝게 느끼기도 하지만, 그분을 전혀 느끼지 못하는 경우가 더 많습니다. 우리가 본향으로 가는 길을 찾을 수 있도록 하느님은 당신 아드님을 우리에게 보내 주셨습니다. 그 아드님은 죄에서 해방시켜 주셨고, 모든 악에서 우리를 구하시며, 참된 삶으로 확실하게 이끌고 계십니다. 그분은 "길이요 진리요 생명"(요한 14,6)이십니다. → 285

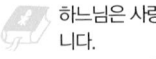

> 하느님은 사랑이십니다.
>
> 1요한 4,16

> 사랑의 척도는 한도 끝도 없는 사랑입니다.
>
> 프란치스코 살레시오 성인 (1567~1622년), 유명한 주교이자 탁월한 사목자, 수도회 창설자, 교회 학자

2 하느님이 우리를 창조하신 이유는 무엇인가요?

하느님은 자유와 모든 이들에 대한 사랑으로 우리를 창조하셨습니다. [1-3]

사랑하는 사람의 마음에는 사랑이 차고 넘칩니다.

 사랑은 선善을 좋아하며, 오로지 선에서 비롯됩니다. 사랑한다는 것은 누군가에게 선을 베풀려고 한다는 뜻입니다.

토마스 아퀴나스 성인
(1224/1225~1274년),
중세 시대에 새로운 길을 제시한
정신적 지주이자 교회 학자,
교회의 가장 저명한 신학자

그는 자신의 기쁨을 다른 사람들과 나누고 싶어 합니다. 그런 태도는 창조주에게서 배운 것입니다. 하느님은 신비이시지만, 우리는 그분에 관해 인간적으로 생각하고 말할 수 있습니다. 다시 말해, 하느님은 '차고 넘치는' 사랑의 마음으로 우리를 창조하셨고, 당신의 끝없는 기쁨을 당신 사랑의 피조물인 우리와 나누고자 하셨습니다.

? 종교
종교는 일반적으로 '신적인 존재와 맺는 관계'라고 이해할 수 있습니다. 종교적인 사람은 신적인 존재를, 자신과 세상을 창조했으며 또한 자신이 의존하고 지향하는 권능으로 인정합니다. 그는 자신의 생활 방식을 통해 신적인 존재를 기쁘게 하고 숭배하려 합니다.

◇ 제1장 ◇
하느님을 인식할 수 있는 인간

3 우리가 하느님을 찾는 이유는 무엇인가요?

> 그리스도교적 기쁨의 원천은, 우리가 창조주이신 하느님의 사랑을 개인적으로 받고 있으며, …… 하느님의 사랑은 열정적이고 신의가 있을 뿐만 아니라 우리의 불성실함과 죄를 능가하고 용서하심을 확신하는 데 있습니다.
>
> 베네딕토 16세 교황, 2006년 1월 6일

하느님은 우리 마음에 당신을 찾고 발견하고자 하는 열망을 심어 놓으셨습니다. 아우구스티노 성인은 "주님, 주님을 위하여 저희를 내셨기에, 주님 안에 쉬기까지는 저희 마음이 찹찹하지 않삽나이다."라고 말했습니다. 하느님을 찾는 이러한 열망을 우리는 종교라 부릅니다. [27-30]

인간이 하느님을 찾는 것은 자연스러운 일입니다. 인간은 진리와 행복을 얻으려고 모든 노력을 기울입니다. 그리고 그 노력은 결국 우리를 전적으로 책임지고 전적으로 만족시키며 당신의 사업에 우리를 전적으로 쓰실 존재를 찾아 나서게 합니다. 인간은 하느님을 발견하고 나서야 비로소 자기 자신이 될 수 있습니다. 이에 대해 에디트 슈타인 성녀는 이렇게 말했습니다. "진리를 찾고 있는 사람은 자신이 의식하든 그렇지 못하든 하느님을 찾고 있는 것입니다."

→ 5, 281-285

4 우리는 이성을 통해 하느님의 존재를 인식할 수 있나요?

그렇습니다. 인간의 이성은 하느님을 확실하게 인식할 수 있습니다. [31-36, 44-47]

> 이는 사람들이 하느님을 찾게 하려는 것입니다. 더듬거리다가 그분을 찾아낼 수도 있습니다. 사실 그분께서는 우리 각자에게서 멀리 떨어져 계시지 않습니다. …… 우리는 그분 안에서 살고 움직이며 존재합니다.
>
> 사도 17,27-28

이 세상은 그 근원과 목적이 자기 안에 있지 않습니다. 존재하는 모든 것은 보이는 것보다 더 많은 것을 내포하고 있습니다. 이 세상의 질서와 아름다움, 발전은 자기 자신을 뛰어넘어 하느님을 가리킵니다. 모든 인간은 진眞, 선善, 미美에 민감합니다. 인간은 자기 내면에서 울리는 소리, 즉 선은 행하고 악은 피하라고 경고하는 양심의 소리를 듣습니다. 이 소리에 따라 올바른 길을 걷는 사람이라면 누구나 하느님을 발견하게 됩니다.

> 인간의 가장 뛰어난 능력은 이성이며, 이성의 가장 높은 목표는 하느님을 깨닫는 일입니다.
>
> 알베르토 성인(1200~1280년), 도미니코회 회원이자 교회 학자, 교회의 위대한 신학자 가운데 한 사람

5 이성을 통해 하느님을 인식할 수 있는데도 사람들이 하느님을 부인하는 이유는 무엇인가요?

눈에 보이지 않는 하느님을 인식하는 일은 인간의 영혼에 커다란 도전입니다. 그래서 많은 사람들이 그렇게 하기를 거부합니다. 사람들은 대부분 자기 삶을 바꾸기 싫어하기 때문에 하느님을 인정하려 하지 않습니다. 하느님에 관한 질문은 해답이 없기 때문에 무의미하다고 말하는 것은 문제를 너무 쉽게 해결하려는 태도입니다. [37-38] → 357

> 그래서 사람들은 이러한 문제에서 자신들이 참되다고 인정하고 싶지 않은 것을 거짓되거나 의심스러운 것으로 쉽게 치부합니다.
>
> 비오 12세 교황, 회칙 〈인류Humani Generis〉

6 우리는 하느님을 개념으로 표현할 수 있나요? 또한 하느님에 관해 의미 있게 이야기할 수 있나요?

우리 인간이 아무리 유한하다고 해도, 또한 인간의 유한한 개념으로는 하느님의 위대하심을 모두 표현할 수 없다고 할지라도, 우리는 하느님에 관해 올바르게 이야기할 수 있습니다. [39-43, 48]

> 창조주와 피조물 사이에 그처럼 큰 비슷한 점을 발견할 수 없다면, 그들 사이에 더 큰 다른 점도 발견할 수 없을 것입니다.
>
> 제4차 라테라노 공의회, 1215년

하느님에 관해 무언가를 이야기하려고 우리는 불완전한 표상과 제한된 이미지들을 이용합니다. 다시 말해 하느님을 표현하는 모든 단어는 인간의 언어가 하느님의 위대하심을 포괄하지 못한다는 전제하에 사용됩니다. 따라서 우리는 하느님에 대한 표현을

끊임없이 가다듬고 개선해야 합니다.

제2장
우리 인간에게 다가오시는 하느님

7 하느님이 당신을 계시하셔야만 했던 이유는 무엇인가요? 하느님이 어떤 분이신지 우리에게 알려 주기 위해서였나요?

인간은 이성을 통해 하느님이 존재하심을 알 수 있지만, 하느님이 실제로 어떤 분이신지는 알 수 없습니다. 그런데 하느님은 인간이 당신을 알게 되기를 몹시 바라셨기 때문에 당신의 모습을 계시하셨습니다. [50-53, 68-69]

하느님은 당신을 우리에게 드러내실 필요가 없었지만, 우리를 사랑하는 마음에서 그렇게 하셨습니다. 사람들 사이에서도 사랑하는 사람이 우리에게 자신의 마음을 열어 보일 때 그 사람에 대해 알 수 있듯, 영원하고 신비에 넘치는 하느님이 사랑의 마음으로 당신의 마음을 우리에게 열어 보이실 때에만 비로소 우리는 하느님의 가장 속 깊은 생각을 알게 됩니다. 천지 창조 때부터 선조들과 예언자들을 거쳐 당신의 아드님 예수 그리스도를 통한 최종 **계시**에 이르기까지, 하느님은 끊임없이 인간들에게 말씀하셨습니다. 예수 그리스도를 통해 하느님은 당신의 마음을 우리에게 전부 내주셨고, 당신의 가장 깊은 본성을 영원히 우리에게 드러내 보이셨습니다.

> 이해할 수 없다고 해서 실재하지 않는다고 할 수는 없습니다.
>
> 블레즈 파스칼

> 하느님께서는 당신 선성과 지혜로 당신 자신을 계시하시고 당신 뜻의 신비를 기꺼이 알려 주시려 하셨으며, 이로써 사람들이 사람이 되신 말씀, 곧 그리스도를 통하여 성령 안에서 성부께 다가가고 하느님의 본성에 참여하도록 하셨다.
>
> 제2차 바티칸 공의회, 하느님의 계시에 관한 교의 헌장, 〈하느님의 말씀〉

? 계시
'계시'는 하느님이 마음을 열고 자신의 모습을 드러내시어 자발적으로 이 세상에 말씀하시는 것을 의미합니다.

8. 구약 성경에서 하느님은 당신을 어떤 모습으로 드러내셨나요?

구약 성경에서 하느님은, 사랑으로 이 세상을 창조하시고 인간들이 죄로 그분을 등졌을 때에도 여전히 인간들에게 신의를 지키는 분으로 당신의 모습을 드러내셨습니다. [54-64, 70-72]

하느님은 역사를 통해 당신을 체험하게 하십니다. 예를 들면 하느님은 노아와 모든 생명체의 구원을 위한 계약을 맺으셨으며, 아브라함을 "많은 민족들의 아버지"(창세 17,5)로 만드시고, "세상의 모든 종족들"(창세 12,3)에게 복을 내리기 위해 그를 부르셨습니다. 아브라함에게서 나온 이스라엘 민족은 하느님의 특별한 소유물이 되었습니다. 하느님은 모세에게 자신의 이름을 알려 주셨는데, 대체로 '**야훼**(יהוה, YHWH)'라고 표기합니다. 이 야훼라는, 신비에 가득 찬 그분의 이름은 "나는 있는 나다."(탈출 3,14)라는 뜻입니다. 하느님은 이스라엘 민족을 이집트의 종살이에서 해방시키셨으며, 시나이 산 위에서 그 민족과 계약을 맺고 모세를 통해 그들에게 율법을 주셨습니다. 하느님은 이스라엘 민족에게 회개와 계약의 쇄신을 호소하려고 끊임없이 예언자들을 보내셨습니다. 예언자들은 하느님이 근본적인 쇄신과 영원한 구원을 가져올 새롭고 영원한 계약을 맺으실 거라고 선포했습니다. 그리고 그 계약은 모든 인간에게 적용됩니다.

9. 당신의 아드님을 우리에게 보냄으로써 하느님은 당신의 어떤 모습을 드러내시나요?

> 여러분이 찾고 있는, 또한 당연히 누릴 권리가 있는 그 행복은 하나의 이름과 얼굴을 갖고 있습니다. 바로 나자렛 출신 예수님이십니다.
>
> 베네딕토 16세 교황, 2005년 8월 18일

강생(incarnation, 라틴어로 '육신', '육신을 취함'을 뜻하는 'caro, carnis'에서 유래)

'강생'은 하느님이 예수 그리스도 안에서 인간이 되셨다는 뜻으로, 그리스도교 신앙의 토대이자 인간 구원이라는 희망의 토대입니다.

예수 그리스도를 통해 하느님은 당신의 자비로운 사랑이 얼마나 깊은지 우리에게 보여 주십니다. [65-66, 73]

> 하느님은 예수 그리스도 안에서 인간의 모습을 취하시어, 우리의 친구이자 형제가 되셨습니다.
>
> 베네딕토 16세 교황,
> 2006년 9월 6일

인간은 눈으로 볼 수 없었던 하느님을 예수 그리스도를 통해서 볼 수 있게 되었습니다. 그분은 우리와 똑같은 인간이 되셨습니다. 그 사실을 통해 우리는 하느님의 사랑이 어디까지 이르는지를 알 수 있습니다. 다시 말해 하느님은 우리의 모든 짐을 짊어지고 계십니다. 그분은 우리와 함께 모든 길을 걷고 계시며, 우리의 고독과 고통, 죽음에 대한 두려움 속에 함께 계십니다. 우리가 더 이상 앞으로 나아갈 수 없음을 느낄 때 그분은 우리에게 생명으로 가는 문을 열어 주십니다. → 314

10 예수님을 통해 모든 계시가 완성되었나요? 아니면 그분 이후에도 계시는 계속되나요?

예수 그리스도를 통해 하느님이 이 세상에 오셨습니다. 예수 그리스도는 하느님의 마지막 말씀입니다. 예수 그리스도의 말씀을 들음으로써 모든 시대의 모든 인간은 하느님이 어떤 분이신지, 또한 자신의 구원에 필요한 것은 무엇인지 알게 됩니다. [66-67]

> 하느님께서 예전에는 예언자들을 통하여 여러 번에 걸쳐 여러 가지 방식으로 조상들에게 말씀하셨지만, 이 마지막 때에는 아드님을 통하여 우리에게 말씀하셨습니다.
>
> 히브 1,1-2

> 예수 그리스도가 없다면 우리는 하느님이 어떤 분이신지, 삶과 죽음이 무엇인지, 또한 우리 자신은 누구인지 알 길이 없습니다.
>
> 블레즈 파스칼

예수 그리스도의 복음을 통해 하느님의 **계시**가 완전해지고 완성됩니다. 우리가 계시를 더 잘 이해할 수 있도록 성령은 우리를 진리로 깊이 이끄십니다. 하느님의 빛이 많은 사람들의 삶에 깊이 스며들어 그들은 "하늘이 열려 있는"(사도 7,56) 것을 봅니다. 멕시코의 과달루페나 프랑스의 루르드와 같은 유명한 순례지들이 그렇게 생겨났습니다. 그렇다고 해서 '사적 계시'가 예수 그리스도의 복음을 넘어설 수는 없으며, 또한 모든 사람에게 구속력이 있는 것도 아닙니다. 사적 계시는 우리가 복음을 더 깊이 이해할 수 있도록 도울 뿐입니다. 사적 계시의 진실성은 **교회**가 심사합니다.

> **선교**(mission, '파견'을 뜻하는 라틴어 'missio'에서 유래)
>
> '선교'는 교회의 본질이며, 예수님이 모든 그리스도교 신자들에게 부여하신 사명입니다. 다시 말해 신자들은 누구나 말과 행동으로 복음을 전파하여 모든 사람이 기꺼이 그리스도를 선택할 수 있게 해야 합니다.

11 우리가 다른 사람들에게 신앙을 전하는 이유는 무엇인가요?

예수님이 우리에게 "너희는 가서 모든 민족들을 제자로 삼아라."(마태 28,19 참조) **하고 명하셨기 때문에, 우리는 다른 사람들에게 신앙을 전합니다.** [91]

참된 그리스도교 신자라면 신앙을 전하는 일을 교리 교사나 본당 신부, 선교사와 같은 전문가들에게만 맡기지 않습니다. 우리 그리스도교 신자들은 비신자들을 위해 노력해야 하는 사람들입니다. 즉, 참된 그리스도교 신자라면 누구나 믿지 않는 이들의 마음에도 하느님이 오시기를 바라며, 자신에게 이렇게 이야기합니다. "주님은 나를 필요로 하신다. 세례성사와 견진성사를 받은 나는 내 주변 사람들이 하느님을 체험하고 '진리를 깨닫게 되기를'(1티모 2,4) 도울 책임이 있다." 마더 데레사 성녀는 다음과 같은 멋진 비유를 하셨습니다. "당신은 전선이 길 양편에 이어져 있는 모습을 본 적이 있지요? 전선에 전류가 흐르지 않는다면 전구를 켤 수 없습니다. 전선은 바로 당신과 나이고, 전류는 하느님입니다. 우리는 우리 안에 전류가 흐르게 하여 세상의 빛이신 예수님을 밝힐 수도 있고, 그렇게 되기를 거부하여 세상에 어둠

> 사실 나는 주님에게서 받은 것을 여러분에게도 전해 주었습니다.
>
> 1코린 11,23

> 99 그리스도의 말씀에 뿌리를 두고 우리 시대의 도전들에 대응할 수 있을 뿐만 아니라, 어느 곳에서나 복음을 전파할 준비가 되어 있는 새로운 사도들의 세대가 시급히 요청됩니다.
>
> 베네딕토 16세 교황, 2006년 2월 22일

을 퍼뜨릴 수도 있습니다." → 123

12 우리는 참된 신앙을 어디에서 배우나요?

우리는 참된 신앙을 성경과 교회의 살아 있는 전승傳承**에서 배웁니다.** [76, 80-82, 85-87, 97, 100]

신약 성경은 교회의 신앙에서 나왔으며, 성경과 전승은 짝을 이루고 있습니다. 처음에는 글을 통해 신앙을 전하지 않았습니다. 초대 **교회** 신자들은 성경이 "양피지보다 교회의 심장에 더 먼저 기록되었다."라고 생각했습니다. 제자들과 **사도**들은 무엇보다 예수님과 살아 있는 공동체를 이룸으로써 새로운 삶을 이미 체험했습니다. 초대 교회는 예수님의 부활 이후 다른 방식으로 존속해 온 이 공동체에 사람들을 초대했습니다. 초대 교회의 신자들은 "사도들의 가르침을 받고 친교를 이루며 빵을 떼어 나누고 기도하는 일에 전념하였습니다."(사도 2,42) 그들은 서로 단합했지만, 믿지 않는 이들도 열린 마음으로 대했습니다. 이 점은 오늘날까지도 그리스도교 신앙의 본질을 이룹니다. 다시 말해 그리스도인들은, 사도 시대부터 오늘날까지 가톨릭 교회에 변함없이 이어져 온 하느님과의 유대감을 배울 수 있도록 믿지 않는 사람들을 초대합니다.

13 교회가 신앙 문제의 오류를 범할 수도 있나요?

예수님은 제자들에게 진리의 영을 보내시고 그들을 진리 안에 머물게 할 것이라고 약속하셨기 때문에(요한 14,17 참조), 신자 전체를 대변하는 교회는 신앙 면

> 성전聖傳과 성경聖經은 서로 긴밀히 연결되고 또 상통합니다. 이 둘은 동일한 신적인 원천에서 솟아나와, 어떤 방식으로든 하나를 이루며 같은 목적을 지향하고 있기 때문입니다.
>
> 제2차 바티칸 공의회, 교의 헌장, 〈하느님의 말씀〉

사도(apostle, 사자使者, '파견된 자, 전령傳令'이라는 뜻의 그리스어 '아포스톨로스ἀπόστολος'에서 유래)

'사도'는 본래 신약 성경에서 예수님이 자신의 가장 가까운 협조자요, 증인으로 부르셨던 열두 제자들을 가리키는 말입니다. 그러나 바오로도 자신을 예수님의 부르심을 받은 사도라고 생각했습니다.

에서 틀릴 수 없습니다. [80-82, 85-87, 92, 100]

제자들이 예수님을 진심으로 믿었던 것처럼, 그리스도인은 생명에 이르는 길과 관련하여 **교회**에 의지할 수 있습니다. 예수 그리스도가 **사도**들에게 신자들을 가르칠 직무를 주셨기 때문에, 교회에는 **교도권**이 있습니다. 따라서 교회는 침묵하면 안 됩니다. 교회의 개별 구성원들은 혼란에 빠지거나 심지어 큰 잘못을 저지를 수도 있지만, 신자 전체로서의 교회는 결코 하느님의 진리에서 벗어날 수 없습니다. 교회는 자신보다 더 위대한, 살아 있는 진리를 오랫동안 보전해 왔습니다. 보존해야 할 '신앙의 유산depositum fidei'이 바로 그것입니다. 이러한 진리가 공식적으로 공격받거나 왜곡될 때, 교회는 레랭의 빈첸시오 성인의 말처럼 "언제나 어디서나 누구든지 믿어 왔던

 교도권

'교도권'은 신앙을 자세히 설명하고 성령의 인도 아래 신앙을 해석하며, 그릇된 해석에서 신앙을 보호하는, 가톨릭 교회의 사명을 지칭하는 말입니다.

> 하느님의 말씀을 자주 묵상하고, 성령을 여러분의 교사로 삼으십시오. 그럴 때 여러분은 하느님의 생각이 인간의 생각과는 다르다는 것을 알게 되고, 참된 하느님을 바라보게 되며, 역사적인 사건들을 하느님의 시각으로 판단하게 될 것입니다. 그뿐만 아니라 여러분은 진리에서 샘솟는 충만한 기쁨을 누리게 될 것입니다.
>
> 베네딕토 16세 교황,
> 2006년 2월 22일

내용"을 다시 명확히 규명하라는 요청을 받습니다.

14 성경은 진실을 담고 있나요?

성경은 성령의 영감을 받아 기록되었고 따라서 '하느님이 원저자'이기 때문에 '확고하고 성실하며 그르침이 없이' 진리를 가르치고 있습니다(제2차 바티칸 공의회, 하느님의 계시에 관한 교의 헌장 〈하느님의 말씀〉). **[103-107]**

성경은 완성된 상태로 하늘에서 떨어진 것도 아니고, 하느님이 인간에게 받아쓰게 하신 것도 아닙니다. 오히려 하느님은 "저자이시며, 또 그렇게 교회에 전달된 것입니다. 성경을 저술하는 데에 하느님께서는 인간을 선택하시고, 자기의 능력과 역량을 이용하는 사람들을 활용하십니다. 하느님께서 몸소 그들 안에 또 그들을 통하여 활동하시어 하느님께서 원하시는 모든 것을, 또 원하시는 것만을 그들이 참저자로서 기록하여 전달하도록 하셨습니다."(제2차 바티칸 공의회, 하느님의 계시에 관한 교의 헌장 〈하느님의 말씀〉) 특정 본문을 성경으로 인정하는 데 필요한 요소 하나는, **교회**에서 일반적으로 수용된 것이라는 점입니다. 교회 공동체에서는 "그래, 이 글을 통해 하느님이 우리에게 말씀하고 계신 거야. 그것은 성령으로부터 영감을 받았거든!"이라는 의견이 일치해야 했습니다. 초대 교회의 수많은 저서들 가운데 어떤 것이 실제로 성령의 영감을 받았는지에 관해서는 4세기 이래로 이른바 성경의 **정경**으로 정해졌습니다.

? 영감(inspiration. '불어넣다'라는 뜻의 라틴어 'inspiratio'에서 유래)

'영감'은 인간인 성경 저자들에게 미친 하느님의 영향을 말하며, 따라서 하느님을 성경의 원저자로 볼 수 있습니다.

15 성경에 있는 내용이 모두 사실만은 아니라고 한다면, 성경을 어떻게 '진리'라 할 수 있나요?

성경이 우리에게 전하려는 것은 정확한 역사나 자연 과학적 지식이 아닙니다. 성경 저자들도 자기들의 시대가 낳은 인물들입니다. 그들은 자기 시대의 문화적 관념을 공유했기 때문에 종종 그 시대의 오류에 지배되기도 했습니다. 그런데도 성경은 하느님과 구원에 이르는 길에 관해 인간이 알아야만 하는 내용을 틀림없이 확실하게 담고 있습니다. [106-107, 109]

> **정경**(正經. '줄자, 기준, 원칙'이라는 뜻의 라틴어 'canon'에서 유래)
>
> '정경'은 구약 성경과 신약 성경으로 공식 인정된 거룩한 책들을 가리키는 말입니다.

16 어떻게 하면 성경을 올바로 이해할 수 있나요?

성경을 올바로 읽는 방법은 기도하면서 성경을 읽는 것입니다. 다시 말해 성령의 영감을 받아 성경이 쓰였듯 성령의 도우심을 받으며 성경을 읽어야 합니다. 성경은 하느님의 말씀이며, 우리에게 보내는 하느님의 결정적인 메시지를 담고 있습니다. [109-119, 137]

> **성경**(bible. '두루마리, 책들'을 뜻하는 그리스어 '비블로스βίβλος'와 라틴어 '비블리아biblia'에서 유래)
>
> 유다교와 그리스도교 신자들이 1000년이 넘게 수집해 온 거룩한 책들의 모음을 '성경'이라 부릅니다. 이 모음은 이들 신앙의 원전原典이라 할 수 있습니다. 그리스도교의 성경은 유다교의 성경보다 훨씬 방대한데, 유다교에서 인정하는 성경 이외에도 4복음서와 바오로 사도의 서간들, 그 밖의 초대 교회의 저술들이 포함되기 때문입니다.

성경은 하느님이 우리 각자에게 보내는 장문의 편지와 같습니다. 따라서 우리는 모두 크나큰 사랑과 경외심으로 성경을 대해야 합니다. 먼저 성경을 개괄적으로 읽어야 하는데, 세세한 내용을 보느라 전체 메시지를 놓쳐서는 안 됩니다. 그다음에 핵심 신비인 예수 그리스도에 입각하여 전체 내용을 해석해야 합니다. 그분에 관해서는 **구약 성경**을 포함한 성경 전체가 이야기하고 있습니다. 끝으로 우리는 **교회의** 동일하고 활기찬 신앙 안에서 성경을 읽어야 합니다. 성경은 바로 그 신앙에서 나왔습니다. → 491

? 구약 성경(Old Testament, '유산, 유언, 계약'을 뜻하는 라틴어 'testamentum'에서 유래)

'구약 성경'은 전체 성경 가운데 1부에 해당하며, 유다교 신자들의 성경이라 할 수 있습니다. 가톨릭 교회가 인정하는 구약 성경은 모두 46권으로, 오경, 역사서, 시서와 지혜서, 예언서로 구성되어 있습니다.

99 성경은 하느님이 우리에게 보내신 연애편지입니다.

쇠렌 키르케고르(1813~1855년), 덴마크의 철학자

성경(정경)

구약 성경(46권)

오경

창세기(창세), 탈출기(탈출), 레위기(레위), 민수기(민수), 신명기(신명)

역사서

여호수아기(여호), 판관기(판관), 룻기(룻), 사무엘기 상권(1사무), 사무엘기 하권(2사무), 열왕기 상권(1열왕), 열왕기 하권(2열왕), 역대기 상권(1역대), 역대기 하권(2역대), 에즈라기(에즈), 느헤미야기(느헤), 토빗기(토빗), 유딧기(유딧), 에스테르기(에스), 마카베오기 상권(1마카), 마카베오기 하권(2마카)

시서와 지혜서

욥기(욥), 시편(시편), 잠언(잠언), 코헬렛(코헬),  아가(아가), 지혜서(지혜), 집회서(집회)

예언서

이사야서(이사), 예레미야서(예레), 애가(애가), 바룩서(바룩), 에제키엘서(에제), 다니엘서(다니), 호세아서(호세), 요엘서(요엘), 아모스서(아모), 오바드야서(오바), 요나서(요나), 미카서(미카), 나훔서(나훔), 하바쿡서(하바), 스바니야서(스바), 하까이서(하까),

즈카르야서(즈카), 말라키서(말라)

신약 성경(27권)

복음서
마태오(마태), 마르코(마르), 루카(루카), 요한(요한)

사도행전(사도)

바오로 서간
로마 신자들에게 보낸 서간(로마), 코린토 신자들에게 보낸 첫째 서간(1코린), 코린토 신자들에게 보낸 둘째 서간(2코린), 갈라티아 신자들에게 보낸 서간(갈라), 에페소 신자들에게 보낸 서간(에페), 필리피 신자들에게 보낸 서간(필리), 콜로새 신자들에게 보낸 서간(콜로), 테살로니카 신자들에게 보낸 첫째 서간(1테살), 테살로니카 신자들에게 보낸 둘째 서간(2테살), 티모테오에게 보낸 첫째 서간(1티모), 티모테오에게 보낸 둘째 서간(2티모), 티토에게 보낸 서간(티토), 필레몬에게 보낸 서간(필레), 히브리인들에게 보낸 서간(히브)

가톨릭 서간
야고보 서간(야고), 베드로의 첫째 서간(1베드), 베드로의 둘째 서간(2베드), 요한의 첫째 서간(1요한), 요한의 둘째 서간(2요한), 요한의 셋째 서간(3요한), 유다 서간(유다)

요한 묵시록(묵시)

신약 성경

'신약 성경'은 전체 성경 가운데 2부에 해당합니다. 신약 성경에는 그리스도교의 원전들이 들어 있는데, 4복음서와 사도행전, 바오로 서간, 가톨릭 서간, 요한 묵시록으로 구성되어 있습니다.

> 성경은 우리가 그것을 비판하라고 있는 것이 아니라, 그것이 우리를 비평하기 위해 존재합니다.
> — 쇠렌 키르케고르

> 아브라함의 하느님, 이사악의 하느님, 야곱의 하느님은 철학자들이나 학자들의 하느님이 아닙니다. 그분은 예수 그리스도의 하느님입니다. 우리는 오로지 복음이 가르치는 길 위에서만 그분을 발견하고 놓치지 않게 됩니다.
> — 블레즈 파스칼이 하느님을 체험한 후에 한 말

> 그리스도 안에서 살아 계신 하느님을 만날 때에만 우리는 생명이 무엇인지 알게 됩니다. …… 복음을 통해, 그리스도와 만남을 통해 경이를 느끼는 것보다 더 아름다운 일은 없습니다.
>
> 베네딕토 16세 교황, 2005년 4월 24일

> 성경을 모른다는 것은 그리스도를 모른다는 것과 같습니다.
>
> 예로니모 성인(347~419년), 교부이자 교회 학자, 성경 번역가

17 그리스도교 신자들에게 구약 성경은 어떤 의미가 있나요?

구약 성경에서 하느님은 이 세상의 창조주요 수호자로서, 또한 인간들의 지도자요 교육자로서 당신의 모습을 드러내십니다. 구약 성경을 이루고 있는 책들 또한 하느님의 말씀이며 성경입니다. 만약 구약 성경이 없었다면 예수님을 이해하지 못했을 것입니다. [121-123, 128-130, 140]

구약 성경에서 신앙을 가르치는 긴 역사가 시작되고, 그 역사는 신약 성경에서 결정적인 전환점을 맞이하며, 이 세상의 종말과 그리스도의 재림으로 끝을 맺습니다. 여기서 구약 성경은 신약 성경을 위한 서곡에 불과한 것이 아니라, 그 이상의 의미를 지닙니다. 구약의 민족을 위한 계명들과 예언들, 그 안에 포함된 모든 인류를 위한 약속들은 결코 취소되지 않았습

니다. 구약 성경에서는 그 무엇과도 바꿀 수 없는 소중한 기도들과 지혜들을 발견할 수 있으며, 특히 시편은 교회의 일상 기도로 사용되고 있습니다.

18 그리스도교 신자들에게 신약 성경은 어떤 의미가 있나요?

하느님의 계시는 신약 성경에서 완성됩니다. 마태오와 마르코, 루카, 요한이라는 4복음서는 신약 성경의 핵심이며 교회의 귀중한 보물입니다. 복음서를 통해 하느님의 아드님이 어떤 분이시며, 그분이 우리 인간과 어떻게 만나고 계신지 드러납니다. 사도행전을 통해 우리는 초대 교회의 상황과 성령의 활동을 알 수 있습니다. 사도들의 편지에서는 인간 삶의 모든 모습이 그리스도의 빛 속에서 새롭게 조명됩니다. 요한 묵시록은 이 세상의 종말을 미리 내다봅니다. [124-127, 128-130, 140]

예수님은 하느님이 우리에게 말씀하고 싶으신 것의 전부입니다. **구약 성경** 전체는 하느님의 아드님이 인간이 되신 사건을 준비합니다. 하느님의 모든 약속은 예수님을 통해 성취됩니다. 그리스도인이 된다는 것은 그리스도의 삶에 점점 더 깊이 연결됨을 의미합니다. 이를 위해 우리는 복음을 읽고 복음대로 살아야 합니다. 마들렌 델브렐은 이렇게 말했습니다. "하느님은 당신의 말씀을 통해 당신이 누구이고 무엇을 원하는지 말씀하십니다. 그분은 그것을 명확하게, 또한 매일매일 말씀하십니다. 우리가 복음서를 손에 들고, 새로운 시대에 새로운 곳에서 새로운 인간관계를 통해 그분의 삶을 새롭게 시작할 수 있

> 성경은 과거에 관한 것이 아닙니다. 주님은 과거가 아닌 현재에 말씀하고 계시며, 오늘 우리와 이야기하십니다. 그분은 우리에게 빛을 주시고 생명의 길을 보여 주십니다. 또한 우리에게 공동체를 선물하시고, 평화를 누리도록 우리를 준비시키며, 우리 마음을 열어 주십니다.
>
> 베네딕토 16세 교황, 2006년 3월 29일

도록, 우리 안에서 육신이 되어 주시고 우리를 붙잡아 주시는 하느님의 말씀이 복음서 안에 살아 계시다는 것을 생각해야 합니다."

19 교회에서 성경은 어떤 역할을 수행하나요?

교회는 성경 말씀으로 양식과 힘을 얻습니다. [103-104, 131-133, 141]

성체성사를 통한 그리스도의 현존을 제외하면, 교회는 성경을 통한 그리스도의 현존을 가장 공경합니다. 거룩한 미사에서 우리는 복음을 서서 듣는데, 우리가 듣는 인간의 말을 통해 하느님이 직접 우리에게 말씀하고 계시기 때문입니다. → 128

> 성경을 읽는다는 것은 그리스도에게 조언을 얻는다는 의미입니다.
> 아시시의 프란치스코 성인
> (1182~1226년),
> '그리스도 이후 가장 위대한 그리스도교 신자'라고 불림.
> 수도회 창설자, 신비가

◇ 제3장 ◇
하느님께 응답하는 인간

20 하느님이 우리에게 말을 거실 때 우리는 어떻게 그분에게 응답할 수 있나요?

하느님에게 응답한다는 것은 그분을 믿는다는 것을 의미합니다. [142-149]

> 신앙이란 우리의 이성으로는 알 수 없는 진리를, 증언에 기반하여 그저 본능적으로 무조건 받아들이는 것을 말합니다.
> 존 헨리 뉴먼 복자(1801~1890년),
> 영국의 철학자이자 신학자,
> 개종 후에 가톨릭 교회의
> 추기경으로 서임

신앙을 가지려는 사람에게는 "듣는 마음"(1열왕 3,9)이 필요합니다. 하느님은 여러 방식으로 우리와 접촉할 길을 찾고 계십니다. 인간들 사이의 모든 만남이나 감동을 주는 모든 자연 체험, 우연처럼 보이는 모든 일들, 모든 도전과 고통에 하느님이 우리에게 보내시는 숨은 메시지가 담겨 있습니다. 하느님은 또한 당신의 말씀이나 양심의 소리를 통해 우리에게 훨씬 분명하게 말씀하십니다. 하느님은 마치 친구처럼 우리에게 말을 거십니다. 따라서 우리도 친구처럼 그분에게 응답하고, 그분의 말을 믿으며, 그분을 전적으로 신뢰하고, 그분을 더 잘 이해하는 방법을 배워 그분의 뜻을 무조건 따라야 합니다.

> 너희가 겨자씨 한 알만 한 믿음이라도 있으면, 이 산더러 '여기서 저기로 옮겨 가라.' 하더라도 그대로 옮겨 갈 것이다. 너희가 못할 일은 하나도 없을 것이다.
>
> 마태 17,20

21 신앙이란 무엇인가요?

신앙은 알고 신뢰하는 것입니다. 신앙은 다음과 같은 일곱 특징을 지닙니다.

- 신앙은 순전히 하느님의 전적인 선물이며, 우리가 진심으로 그것을 청할 때 얻게 됩니다.
- 신앙은 구원을 얻으려면 우리에게 반드시 필요한 초자연적인 능력입니다.
- 인간이 하느님의 초대에 응할 때, 신앙에는 인간의 자유 의지와 명확한 이해가 필요합니다.
- 예수님이 신앙을 보증하시기 때문에 신앙은 전적으로 확신할 만합니다.
- 신앙이 사랑으로 증명되지 않는다면 그 신앙은 불완전합니다.
- 우리가 하느님의 말씀을 더욱 주의 깊게 경청하고 기도를 통해 그분과 살아 있는 관계에 머문다면 신앙은 성장합니다.
- 신앙은 우리에게 하늘나라의 기쁨을 미리 맛보여 줍니다. [153-165, 179-180, 183-184]

> 신앙이란 하느님을 온전히 이해할 수 없다는 사실을 일생 동안 견뎌 내는 일입니다.
>
> 카를 라너(1904~1984년), 독일의 신학자

> 믿음을 갖는 것이 합리적이라는 사실을 깨닫지 못했다면, 나는 믿지 않았을 것입니다.
>
> 토마스 아퀴나스 성인

많은 사람들은 믿는 것만으로는 부족하기 때문에 알고 싶다고 이야기합니다. 그러나 '믿는다'는 말에는 전혀 다른 두 가지 의미가 담겨 있습니다. 예를 들

> 한 분이신 하느님을 믿는다는 것은, 세상의 사실들만으로는 아직 부족하다는 것을 안다는 것입니다. 한 분이신 하느님을 믿는다는 것은, 인생이 의미가 있다는 것을 안다는 것입니다.
>
> 루트비히 비트겐슈타인
> (1889~1951년),
> 오스트리아의 철학자

면 어떤 스카이다이버가 비행장 직원에게 이렇게 묻는다고 생각해 봅시다. "낙하산은 확실하게 접어 놓으셨나요?" 이에 대해 비행장 직원이 "아마 그럴 걸요."라고 성의 없이 대답한다면, 스카이다이버는 이 대답에 만족하지 못하고 확실하게 확인하고 싶을 것입니다. 그러나 그가 자기 친구에게 낙하산을 접어 달라고 부탁한다면, 같은 질문에 친구는 이렇게 대답할 것입니다. "물론이지. 내가 직접 접었으니까, 믿어도 돼!" 그러면 스카이다이버도 "그래, 널 믿어."라고 이야기할 것입니다. 이런 믿음은 앎을 훨씬 뛰어넘는 확신을 뜻합니다. 이러한 믿음이야말로 아브라함을 약속된 땅으로 이주하게 한 믿음이요, **순교자들을 죽음의 순간까지 견딜 수 있게 한 믿음**이며, 오늘날에도 여전히 박해받고 있는 그리스도교 신자들을 지탱해 주는 믿음입니다. 이런 믿음은 인간 전체를 사로잡는 믿음입니다.

> '우리가 무엇을 믿는가?'도 중요합니다. 그러나 그보다 더욱 중요한 문제는 '우리가 누구를 믿는가?'입니다.
>
> 베네딕토 16세 교황,
> 2006년 5월 28일

22 믿기 시작할 때 어떤 일이 일어나나요?

믿는 사람은 하느님과 개인적이며 내적인 관계를 맺으려 하고, 하느님이 당신에 관해 계시하셨던 모든 내용을 믿을 준비가 되어 있습니다. [150-152]

> 저는 이해하기 위해 믿습니다.
>
> 안셀모 성인(1033~1109년),
> 교회 학자,
> 중세의 유명한 신학자

신앙생활 초기에는 종종 동요와 불안이 존재합니다. 인간은 눈으로 볼 수 있는 세계와 정상적인 일의 진행이 전부가 아님을 느끼며, 신비로운 것에서 감동을 느낍니다. 인간은 하느님의 현존을 암시하는 흔적들을 추적하고, 하느님에게 말씀드려 보다가 마침내 자유 의지로 그분에게 따르려는 마음을 갖게 됩니다. 요한 복음서에서는, "아무도 하느님을 본 적이 없다. 아버지와 가장 가까우신 외아드님, 하느님이신 그분께서 알려 주셨다."(요한 1,18)라고 전합니다. 따라서 하느님이 우리에게 전하고자 하시는 내용을 알려면, 먼저 하느님의 아드님이신 예수님을 믿어야 합니다. 그러므로 믿는다는 것은 예수님에게 동감을 표시하고, 인생 전체를 그분에게 거는 것을 뜻합니다.

> 저는 환상을 갖고 있지 않습니다. 저는 아버지이신 하느님을 상상할 수도 없습니다. 저는 오로지 예수님을 알 수 있을 뿐입니다.
>
> 마더 데레사 성녀
> (1910~1997년),
> '콜카타의 천사', 수도회 창설자,
> 노벨 평화상 수상자

23 신앙과 과학 사이에는 모순이 존재하나요?

신앙과 과학 중 어느 한쪽에서만 진리가 될 수는 없기 때문에, 둘 사이에 풀리지 않는 모순은 존재하지 않습니다. [159]

> 먼저 수학을 철저히 공부하지 않고는 아무도 하느님과 인간의 일들을 인식할 수 없습니다.
>
> 아우구스티노 성인(354~430년),
> 교회 학자, 초대 교회의 유명한
> 저술가이자 신학자

과학적 진리와 상충하는 신앙의 진리는 존재하지 않습니다. 신앙과 과학적 이성 둘 모두와 관련이 있는 단 하나의 진리만이 있을 뿐입니다. 하느님은 신앙을 원하셨던 것과 마찬가지로 이성도 원하셨고, 그 이성을 통해 우리가 이 세상이 지닌 합리적 구조들을 이해할 수 있게 하셨습니다. 따라서 그리스도교의 신앙은 과학을 요구하고 또한 장려합니다. 신앙은 이성에 의해 명백하게 드러나지는 않지만 이성을 뛰어넘어 실재하는 것들을 우리가 인식할 수 있게 합니다. 신앙은 과학이 하느님을 대신할 수 없으며 창조에 기여해야 한다는 점을 상기시킵니다. 과학은 인간의 존엄성을 훼손하기보다는 존중해야 합니다.

> 우리는 하느님과 자연 과학 사이에 아무런 모순도 발견할 수 없습니다. 하느님과 자연 과학은 오늘날 많은 이들이 염려하듯이 서로를 배제하지 않으며, 서로 의존하고 보완합니다.
>
> 막스 플랑크(1858~1947년),
> 물리학자, 노벨 물리학상 수상자,
> 양자 이론의 창시자

24 나의 신앙은 교회와 어떤 관련이 있나요?

아무도 혼자서는 살 수 없듯이, 아무도 혼자서는 믿을 수 없습니다. 우리는 교회로부터 신앙을 받아들이고, 같은 신앙을 지닌 사람들과 공동체를 이뤄 신앙생활을 합니다. [166-169, 181]

신앙은 개인의 가장 사적인 영역에 속하는 문제지만, 그렇다고 해서 개인만의 일로 치부할 수는 없습니다. 믿고자 하는 사람은 '나'뿐만 아니라 '우리'라고 말할 수 있어야 합니다. 공유하고 전파할 수 없는 신앙은 비이성적인 것이기 때문입니다. 신자 각 개인은 "우리는 믿나이다."라는 **교회의 신앙 고백**에 자발적으로 동의합니다. 신자들은 교회로부터 신앙을 받아들였습니다. 교회는 2000년에 가까운 세월 동안 신앙을 신자 각 개인에게 전해 주고 신앙을 이단으로부터 보호하며 빛을 발하게 해 왔습니다. 따라서 신앙은 공동의 신념에 참여하는 것입니다. 내 신앙의 불꽃이 다른 사람들의 마음에 불을 붙이고 그들을 고무하듯이, 다른 사람들의 신앙이 나를 지탱하기도 합니다. 교회는 전례에서 "저는 믿나이다."(크레도Credo)로 시작하는 사도 신경과, 본래 "저희는 믿나이다."(크레디무스Credimus)로 시작했던 니케아-콘스탄티노폴리스 신경을 모두 사용함으로써 믿음의 주체인 '나'와 '우리'를 강조합니다.

∽ 제2부 ∽
그리스도교의 신앙 고백

 신앙을 정의定義하고 정형定型해야 하는 이유는 무엇인가요?

신앙은 공허한 말이 아니라, 실재하는 것입니다. 시간이 흐르면서 교회의 신앙 고백 양식도 구체화되었습니다. 그 덕분에 우리는 신앙을 오래 응시하고 표현하며 배우고 전달할 뿐만 아니라 그것을 찬양하고 실행하게 되었습니다. [170-174]

> **크레도**(credo, 라틴어로 '저는 믿나이다'라는 뜻)
>
> 사도 신경의 첫머리에 나오는 이 단어는 신앙의 본질적인 내용들을 구속력 있게 요약한, 교회의 여러 신경信經을 가리키는 명칭이 되었습니다.

확고한 형태가 없다면 신앙의 내용은 불분명해집니다. 그 때문에 **교회**는 특정 문구들에 큰 가치를 부여하고 있는데, 그 문구들은 대부분 그리스도의 복음이 잘못 이해되거나 변질되는 것을 막기 위해 각고의 노력 끝에 얻어진 것들입니다. 신앙 고백 양식의 중요성은 교회의 신앙이 서로 다른 문화로 전달되지만 그 본질은 유지되어야 한다는 점에서 특히 더 강조됩니다. 공통된 신앙은 교회의 일치를 위한 토대이기 때문입니다.

> 두 사람이나 세 사람이라도 내 이름으로 모인 곳에는 나도 함께 있기 때문이다.
>
> 마태 18,20

26 신경信經이란 무엇인가요?

신경은 우리의 신앙 내용을 짧게 요약한 문구로, 이를 통해 모든 신자들은 공통된 신앙 고백을 하게 됩니다. [185-188, 192-197]

이처럼 정형화된 문구는 이미 바오로 서간들에서도 발견됩니다. 초대 교회의 사도 신경은 **사도**들의 신앙을 요약한 것으로 여겨지므로, 특별한 가치를 지닙니다. 니케아-콘스탄티노폴리스 신경은 교회가 분열되기 전에 개최한 대공의회들(니케아 공의회 325년, 콘스탄티노폴리스 공의회 381년)에서 나온 것으로, 오늘날까지도 동방 교회와 서방 교회 신자들의 공통된 신앙을 표현하기 때문에 높은 명망을 지닙니다.

> 교회는 …… 마치 단 하나의 집에 살고 있듯이 신앙을 자신이 받아들인 그대로 보존하며, 마치 하나의 영혼과 하나의 마음을 지닌 듯 믿을 뿐만 아니라, 마치 단 하나의 입을 지닌 듯 한목소리로 자신의 가르침을 선포하고 전합니다.
>
> 이레네오 성인
> (135년경~202년경), 교부

27 신경은 어떻게 탄생했나요?

신앙 고백은, 예수님이 당신 제자들에게 세례를 베풀라고 당부하셨던 때로 거슬러 올라갑니다. 제자들은 세례를 베풀 때 사람들에게 특정한 신앙 고백을, 다시 말해 성부와 성자와 성령(삼위일체)을 믿는다는 신앙 고백을 하도록 요구했습니다. [188-191]

후대의 모든 신앙 고백 양식들의 원형은, 주님이신 예수님에 대한 신앙 고백과 그분이 주신 선교 사명입니다. 그 선교 사명은 다음과 같습니다. "너희는 가서 모든 민족들을 제자로 삼아, 아버지와 아들과 성령의 이름으로 세례를 주어라."(마태 28,19) **교회의 모든 신앙 고백은 삼위일체이신 하느님에 대한 신앙을 기술한 것입니다.** 교회의 모든 신앙 고백은 세상의 창조주이자 수호자이신 성부에 대한 신앙 고백으로 시작하여, 세상과 우리 자신에게 구원을 가져다주신 성자와 관련되며, 교회와 이 세상에 현존하시는 성령에 대한 신앙 고백으로 끝납니다.

28 사도 신경은 어떤 내용을 담고 있나요?

전능하신 천주 성부
천지의 창조주를 저는 믿나이다.
그 외아들 우리 주 예수 그리스도님
성령으로 인하여 동정 마리아께 잉태되어 나시고
본시오 빌라도 통치 아래서 고난을 받으시고
십자가에 못 박혀 돌아가시고 묻히셨으며
저승에 가시어 사흗날에 죽은 이들 가운데서 부활하시고

하늘에 올라 전능하신 천주 성부 오른편에 앉으시며
그리로부터 산 이와 죽은 이를 심판하러 오시리라
믿나이다.
성령을 믿으며
거룩하고 보편된 교회와 모든 성인의 통공을 믿으며
죄의 용서와 육신의 부활을 믿으며
영원한 삶을 믿나이다.
아멘.

> '크레도Credo'를 당신의 거울로 삼으십시오. 그 안에 비친 당신 모습을 바라보고, 당신이 믿는다고 선언한 모든 것을 실제로 믿고 있는지 확인하십시오. 그리고 매일같이 당신의 신앙 안에서 기뻐하십시오.
>
> 아우구스티노 성인

29 니케아-콘스탄티노폴리스 신경은 어떤 내용을 담고 있나요?

한 분이신 하느님을 저는 믿나이다.
전능하신 아버지,
하늘과 땅과 유형무형한 만물의 창조주를 믿나이다.
또한 한 분이신 주 예수 그리스도, 하느님의 외아들
영원으로부터 성부에게서 나신 분을 믿나이다.
하느님에게서 나신 하느님, 빛에서 나신 빛
참하느님에게서 나신 참하느님으로서
창조되지 않고 나시어
성부와 한 본체로서 만물을 창조하셨음을 믿나이다.
성자께서는 저희 인간을 위하여, 저희 구원을 위하여
하늘에서 내려오셨음을 믿나이다.
또한 성령으로 인하여 동정 마리아에게서
육신을 취하시어 사람이 되셨음을 믿나이다.
본시오 빌라도 통치 아래서 저희를 위하여
십자가에 못 박혀 수난하고 묻히셨으며
성서 말씀대로 사흘날에 부활하시어
하늘에 올라 성부 오른편에 앉아 계심을 믿나이다.
그분은 산 이와 죽은 이를 심판하러

> 아무도 혼자 살지 않고, 아무도 혼자 믿지 않습니다. 하느님은 우리에게 당신의 약속을 말씀하셨고, 그로써 우리를 불러 모으시어 당신 백성과 당신의 교회인 공동체를 세우셨습니다. 예수님이 떠나신 후 교회는 이 세상에 현존하는 그분의 표징이 되었습니다.
>
> 바실리오 성인(330~379년), 주교이자 교부

영광 속에 다시 오시리니
그분의 나라는 끝이 없으리이다.
또한 주님이시며 생명을 주시는 성령을 믿나이다.
성령께서는 성부와 성자에게서 발하시고
성부와 성자와 더불어 영광과 흠숭을 받으시며
예언자들을 통하여 말씀하셨나이다.
하나이고 거룩하고 보편되며
사도로부터 이어 오는 교회를 믿나이다.
죄를 씻는 유일한 세례를 믿으며
죽은 이들의 부활과 내세의 삶을 기다리나이다.
아멘.

◇ 제1장 ◇
한 분이신 하느님을 저는 믿나이다

30 하느님은 오로지 한 분이시라는 우리 믿음의 근거는 무엇인가요?

성경의 증언에 따르면 하느님은 오로지 한 분만 계시고, 논리 법칙을 따르더라도 하느님은 한 분밖에 계실 수 없기 때문입니다. 따라서 우리는 한 분이신 하느님을 믿습니다. [200-202, 228]

하느님이 둘이라면, 하나는 다른 하나를 제한하는 존재가 될 것입니다. 그러면 둘 중 어느 누구도 영원하거나 완전하지 않으며, 이에 따라 둘 중 어느 누구도 하느님이라 할 수 없습니다. 이스라엘 민족의 근본적인 하느님 체험은 다음과 같습니다. "이스라엘아, 들어라! 주 우리 하느님은 한 분이신 주님이시다."(신명 6,4) 예언자들은 가짜 신들을 멀리하고 한

> 주 우리 하느님은 한 분이신 주님이시다. 그러므로 너는 마음을 다하고 목숨을 다하고 정신을 다하고 힘을 다하여 주 너의 하느님을 사랑해야 한다.
>
> 마르 12,29-30

일신론(monotheism. 그리스어로 '유일한 것'을 뜻하는 '모노스μόνος'와 '하느님'을 뜻하는 '테오스θεός'에서 유래)

하느님은 유일하고 절대적이며 인격적인 존재로서 삼라만상의 최종적 근거라는 가르침입니다. 유다교, 그리스도교, 이슬람교가 일신교에 속합니다.

분이신 하느님에게 돌아오라고 끊임없이 호소합니다. "나는 하느님, 다른 이가 없다."(이사 45,22)

31. 하느님이 자신의 이름을 만드신 이유는 무엇인가요?

하느님은 사람들이 당신에게 말씀을 드릴 수 있도록 당신의 이름을 만드셨습니다. [203-213, 230-231]

하느님은 익명인 채로 있기를 원치 않으십니다. 그분은 단지 느껴지거나 추측할 뿐인 '더 높은 존재'로 추앙받기를 원치 않으십니다. 하느님은 알려지길 바라시고, 실제적이고 활동적인 존재로 불리기를 바라십니다. 하느님은 불타는 떨기나무 속에서 모세에게 당신의 거룩한 이름 '**야훼**'를 알려 주셨습니다(탈출 3,14 참조). 하느님은 당신 백성이 당신에게 말씀드릴 수 있게 하셨지만, 그분은 여전히 숨어 계신 하느님이시며 존재하는 신비이십니다. 하느님에 대한 경외심 때문에 이스라엘 사람들은 하느님의 이름을 입에 올리지 않고, 그 대신 '아도나이יהוה(주님)'라는 호칭을 사용합니다. **신약 성경**이 예수님을 참하느님으로 찬미할 때 사용하는 단어가 바로 이것입니다. "예수님은 주님이십니다."(로마 10,9 참조)

> **야훼**
> '야훼'는 구약 성경에 나오는 하느님의 가장 중요한 이름입니다. 이 이름은 "나는 있는 나"(탈출 3,14)라는 의미입니다. 유다교 신자들뿐만 아니라 그리스도교 신자들에게도 이 이름은 온 세상의 유일한 하느님, 세상의 창조주, 수호자, 계약의 상대자, 이집트의 종살이에서 해방시키신 분, 판관, 구원자 등을 가리킵니다.

32. '하느님은 진리이시다'는 말은 무엇을 뜻하나요?

"하느님은 빛이시며 그분께는 어둠이 전혀 없다."(1요한 1,5) 그분의 말씀은 진실이며(잠언 8,7; 2사무 7,28 참조), 그분의 가르침도 진실입니다(시편 119,142 참조). 예수님은 빌라도 앞에서 다음과 같이 증언하심으로써, 그

📖 모세가 하느님께 아뢰었다. "제가 이스라엘 자손들에게 가서, '너희 조상들의 하느님께서 나를 너희에게 보내셨다.' 하고 말하면, 그들이 저에게 '그분 이름이 무엇이오?' 하고 물을 터인데, 제가 그들에게 무엇이라고 대답해야 하겠습니까?" 하느님께서 모세에게 "나는 있는 나다." 하고 대답하시고, 이어서 말씀하셨다. "너는 이스라엘 자손들에게 '있는 나'께서 나를 너희에게 보내셨다.' 하여라." 하느님께서 다시 모세에게 말씀하셨다. "너는 이스라엘 자손들에게, '너희 조상들의 하느님, 곧 아브라함의 하느님, 이사악의 하느님, 야곱의 하느님이신 야훼께서 나를 너희에게 보내셨다.' 하여라. 이것이 영원히 불릴 나의 이름이며, 이것이 대대로 기릴 나의 칭호이다."

탈출 3,13-15

99 예수 그리스도는 인간이 되신 진리이며, 세상을 자신에게로 이끄십니다. 예수님에게서 나오는 빛은 진리의 광채입니다. 그 밖의 다른 모든 진리는 진리이신 그분의 한 부분에 지나지 않으며, 그분을 가리키고 있습니다.

베네딕토 16세 교황,
2006년 2월 10일

분 스스로 하느님의 진리를 보증하십니다. "나는 진리를 증언하려고 태어났으며, 진리를 증언하려고 세상에 왔다."(요한 18,37) [214-217]

하느님은 검증할 수 있는 학문의 대상이 아니기 때문에, 인간이 하느님을 입증할 수는 없습니다. 그런데 하느님은 그분의 고유한 방식을 통해 당신을 입증하셨습니다. 예수님에 대한 절대적인 신뢰를 바탕으로 우리는 '하느님은 진리'라는 사실을 알고 있습니다. 예수님은 "길이요 진리요 생명"(요한 14,6)이십니다. 예수님과 관계를 맺는 사람은 누구나 시험해 봄으로써 그 사실을 확인할 수 있습니다. 하느님이 '진실한' 분이 아니시라면, 신앙과 이성은 동시에 논의될 수 없을 겁니다. 그러나 하느님은 진리이시고 진리는 신성하기 때문에, 신앙과 이성 사이의 소통이 가능합니다.

33 '하느님은 사랑이시다'는 말은 무엇을 뜻하나요?

'하느님은 사랑'이라는 말은 모든 피조물이 무한한 자비로움에 의해 떠받쳐지고 둘러싸여 있음을 의미합니다. 하느님은 당신이 사랑임을 단언하실 뿐만 아니라 증명하시기도 합니다. "친구들을 위하여 목숨을 내놓는 것보다 더 큰 사랑은 없다."(요한 15,13) [218-221]

> 하느님은 우리 아버지이신 것처럼 또한 참으로 우리 어머니이시기도 합니다.
>
> 노리치의 율리아나 복녀
> (1342~1423년경),
> 영국의 신비가

"하느님은 사랑"(1요한 4,8.16)이시라는 그리스도교의 고백은 다른 어느 **종교**에서도 찾아볼 수 없습니다. 이 세상에 존재하는 고통과 악의 때문에 하느님이 정말 사랑이신지 믿지 못한다 할지라도, 교회의 신앙은 "하느님은 사랑"이라는 말씀을 굳건하게 믿습니다. 이미 하느님은 **구약 성경**에서 이사야 예언자의 입을 통해 당신 백성에게 다음과 같이 말씀하셨습니다. "네가 나의 눈에 값지고 소중하며 내가 너를 사랑하기 때문이다. 내가 너 대신 다른 사람들을 내놓고 네 생명 대신 민족들을 내놓는다. 내가 너와 함께 있으니 두려워하지 마라."(이사 43,4-5) "여인이 제 젖먹이를 잊을 수 있느냐? 제 몸에서 난 아기를 가엾이 여기지 않을 수 있느냐? 설령 여인들은 잊는다 하더라도 나는 너를 잊지 않는다. 보라, 나는 너를 내 손바닥에 새겼다."(이사 49,15-16) 하느님의 사랑에 관한 이야기가 빈말이 아님을, 십자가 위에서 목숨을 바치신 예수님이 증명해 보이셨습니다.

> 참된 사랑은 아픕니다. 그것은 예외 없이 아픈 것임이 분명합니다. 누군가를 사랑한다는 것은 애타는 일이고, 그와 헤어진다는 것은 괴롭기 짝이 없습니다. 우리는 사랑하는 사람을 위해 죽고 싶어 합니다. 결혼한 부부는 서로를 사랑하기 위해 모든 것을 포기해야 하고, 자식에게 생명을 건네준 어머니는 많은 고통을 감수합니다. '사랑'이란 단어는 매우 잘못 이해되며 잘못 사용되고 있습니다.
>
> 마더 데레사 성녀

> 저의 주님, 저의 하느님, 저를 당신에게서 멀어지게 하는 모든 것을 거두어 가소서. 저의 주님, 저의 하느님, 저를 당신께 가까이 가게 하는 모든 것을 주소서. 저의 주님, 저의 하느님, 저를 당신께 온전히 바치도록 저 자신을 버리게 하소서.
>
> 플뤼에의 니콜라오 성인
> (1417~1487년),
> 스위스의 신비가이자 은수자

34 하느님을 알게 되었다면 무엇을 행해야 하나요?

하느님을 알게 되었다면, 이제 그분을 자기 삶의 첫째 자리에 모셔야 합니다. 이를 통해 새로운 삶이 시작됩니다. 자기 원수까지도 사랑함으로써 그리스도인의 참모습을 드러내야 합니다. [222-227, 229]

하느님을 안다는 것은 여러 가지 의미를 갖고 있습니다. 먼저 나를 지으시고 원하셨으며 매 순간 사랑의 눈길로 바라보시고 내 삶을 축복하시며 지켜 주시는 분이 바로 여기에 계심을 아는 것입니다. 또한 이 세상과 내가 사랑하는 사람들을 당신 손안에 두시고 나를 애타게 기다리시며, 나를 충만하게 하시고 완성하실 뿐만 아니라 내가 언제나 당신 곁에 살기를 바라시는 분이 바로 여기에 나와 함께 계심을 아는 것입니다. 머리로 이해하고 수긍하는 것만으로는 충분하지 않습니다. 그리스도인들은 예수님의 삶을 이어 가야 합니다.

> 하느님은 첫자리에 계십니다.
>
> 잔 다르크 성녀(1412~1431년),
> 프랑스의 자유 투사이자
> 프랑스의 수호성인

35 우리가 믿는 하느님은 한 분이신가요, 아니면 세 분이신가요?

우리는 한 분이지만 세 가지 위격을 지닌 하느님(삼위일체)을 믿습니다. "하느님은 혼자가 아니시며, 완전한 공동체를 이루고 계십니다."(베네딕토 16세 교황, 2005년 5월 22일) [232-236, 249-256, 261, 265-266]

그리스도교 신자들은 세 분의 서로 다른 신들을 섬기는 것이 아니라, 세 가지 모습을 지녔지만 여전히 하나인 유일한 존재를 섬깁니다. 하느님이 삼위일체이심을 우리는 예수님을 통해 알게 되었습니다. 아드님이신 그분이 하늘에 계신 당신 아버지에 관해 말씀하셨기 때문입니다. "아버지와 나는 하나다."(요한 10,30) 예수님은 아버지 하느님에게 기도하셨고, 아버지와 아들의 사랑인 성령을 우리에게 보내셨습니다. 그런 까닭에 우리는 "아버지와 아들과 성령의 이름으로"(마태 28,19) 세례를 받습니다.

> 하느님께서 존재하신다고 믿게 되자마자, 나는 하느님을 위해서만 살아야 한다는 것을 깨달았습니다.
>
> 샤를 드 푸코 복자(1858~1916년),
> 프랑스의 사제이자 수도승,
> 은수자

? **삼위일체**(Trinity, '셋이 한 벌이 되는 것'을 뜻하는 라틴어 'trinitas'에서 유래)
하느님은 오직 한 분이시지만, 세 위격으로 현존하십니다. 영어에서 똑같이 '삼위일체'의 실재를 가리키는 'Triune God'과 'Trinity' 가운데, 전자는 하느님 안에서의 일치를, 후자는 세 위격의 구별을 강조합니다. 이는 설명하기 어려운 삼위일체의 신비를 잘 드러냅니다.

36 하느님이 삼위일체이심을 논리적으로 추론할 수 있나요?

그렇지 않습니다. 하느님이 삼위일체이심은 신비에 속합니다. 우리는 다만 예수 그리스도를 통해서 하느님이 삼위일체이심을 알고 있습니다. [237]

인간의 이성으로는 하느님이 삼위일체이심을 추론

> 사랑이 있는 곳 어디에서나 삼위일체, 즉 사랑하는 존재와 사랑을 받는 존재 그리고 사랑의 원천이 존재합니다.
>
> 아우구스티노 성인

할 수 없습니다. 하지만 인간은 예수 그리스도를 통한 하느님의 **계시**를 받아들임으로써 그 신비가 지닌 합리성을 인식할 수 있습니다. 하느님이 홀로 외롭게 계시다면 그분은 영원토록 사랑하지는 못했을 겁니다. 예수님이 깨우쳐 주신 대로, 우리는 이미 **구약성경**(창세 1,2; 18,2; 2사무 23,2 참조)과 모든 피조물에게서 하느님이 삼위일체라는 흔적을 발견합니다.

37 하느님을 '아버지'로 여기는 이유는 무엇인가요?

하느님은 창조주이시며 당신의 피조물을 지극한 사랑으로 보살피시기 때문에, 오직 그 이유만으로도 우리는 하느님을 아버지로 흠숭합니다. 더 나아가 하느님의 아들이신 예수님은 당신의 아버지를 우리의 아버지로 여기고 '우리 아버지'라고 부르도록 가르치셨습니다. [238-240]

> 성부에 대한 기억은 인간의 가장 심오한 정체성을 깨닫게 해 줍니다. 즉, 우리가 어디에서 왔으며, 우리가 누구이고, 우리가 지닌 존엄성이 얼마나 위대한지 알게 해 줍니다. 물론 우리는 부모님에게서 태어났고 그들의 자녀입니다. 그러나 우리는 또한 당신 모상대로 우리를 지어내셨고 당신 자녀로 부르셨던 하느님에게서 나왔습니다. 따라서 모든 사람의 탄생에는 우연이나 운명의 섭리가 아니라 하느님의 사랑에서 우러나온 계획이 작용하는 것입니다. 이 사실을 하느님의 진정한 아드님이시며 완전한 인간이신 예수 그리스도가 우리에게 알려 주셨습니다. 그분은 자신과 우리 모두가 어디에서 왔는지 알고 계셨습니다. 그분과 우리 모두는 당신의 아버지이자 우리의 아버지이신 분의 사랑에서 나온 것입니다.
>
> 베네딕토 16세 교황, 2006년 7월 9일

이미 그리스도교 이전의 여러 **종교**들도 하느님을 '아버지'라 불렀습니다. 이스라엘 민족도 이미 예수님 이전에 하느님을 아버지라고 부르고 있었지만(신명 32,6; 말라 2,10 참조), 동시에 하느님이 어머니와도 같은 존재임을 알고 있었습니다(이사 66,13 참조). 인간의 경험에 비추어 볼 때 아버지와 어머니는 기원基源과 권위의 의미를 가짐과 동시에, 보호와 책임을 의미합니다. 예수 그리스도는 우리에게 아버지 하느님이 실제로 어떤 분이신지 알려 주셨습니다. "나를 본 사람은 곧 아버지를 뵌 것이다."(요한 14,9) 또한 예수님은 '되찾은 아들의 비유(루카 15,11-32 참조)'를 통해 자비로운 아버지에 대한 인간의 간절한 열망을 거론하십니다. → 511-527

38. '성령'은 어떤 분이신가요?

성령은 거룩한 삼위일체의 세 번째 위격으로, 아버지와 아들과 같은 신적인 품위를 지닙니다. [243-248, 263-264]

우리 안에서 하느님의 실재를 발견할 때 우리는 성령이 활동하는 것을 보는 것입니다. 하느님은 "당신 아드님의 영을 우리 마음 안에 보내 주셨고"(갈라 4,6), 그 영으로 우리 마음을 가득 채우셨습니다. 그리스도인은 성령을 통해 내적인 기쁨과 평화와 자유를 발견합니다. "여러분은 사람을 다시 두려움에 빠뜨리는 종살이의 영을 받은 것이 아니라, 여러분을 자녀로 삼도록 해 주시는 영을 받았습니다. 이 성령의 힘으로 우리가 '아빠! 아버지!' 하고 외치는 것입니다."(로마 8,15) 또한 세례성사와 **견진성사** 때 받은 성령의 힘으로 우리는 하느님을 '아버지'라 부르는 것입니다. → 113-120, 203-206, 310-311

> 오소서, 성령이여! 당신 자녀들인 우리의 마음에 찾아오소서. 당신의 권능으로 창조하신 우리의 마음을 이제 당신 은총으로 채우소서.
>
> 라바노 마우로 복자
> (776년경~856년)가 만든 찬미가 〈오소서 성령이여〉

> 너희가 나를 '스승님', 또 '주님' 하고 부르는데, 그렇게 하는 것이 옳다. 나는 사실 그러하다.
> 요한 13,13

39. 예수님도 하느님이신가요? 또한 삼위일체에 속하는 분이신가요?

나자렛 출신 예수님은, 우리가 "성부와 성자와 성령의 이름으로"(마태 28,19 참조) 기도할 때 언급하는 두 번째 위격인 성자이십니다. [243-260]

예수님은 자신을 **안식일**의 주인이라 말씀하셨을 뿐만 아니라 사람들이 자신을 하느님의 호칭인 '주님'이라고 부르도록 놔두셨기 때문에, 그분은 허풍쟁이였거나 아니면 정말로 하느님이셨을 겁니다. 그분이

> 사실 사람들에게 주어진 이름 가운데에서 우리가 구원받는 데에 필요한 이름은 하늘 아래 이 이름밖에 없습니다.
> 사도 4,12

죄를 용서하신 일은 스캔들이 되었으며, 동시대 사람들의 눈에 그것은 사형에 처할 범죄 행위로 보였습니다. 그러나 제자들은 기적과 표징을 통해 특히 부활을 통해 예수님이 누구신지 알게 되었고, 그분을 주님으로 섬기게 되었습니다. 이것이 교회의 신앙입니다.

40 하느님은 전능하시며, 모든 일을 할 수 있으신가요?

"하느님께는 불가능한 일이 없다."(루카 1,37) 하느님은 전능하신 분이십니다. [268-278]

어려움에 처해서 하느님을 부르는 사람은 그분의 전능하심을 믿는 것입니다. 하느님은 무無에서 이 세상을 창조하셨습니다. 그분은 역사의 주인이시고, 모든 일을 주재하시며, 모든 일을 할 수 있으십니다. 그분이 자신의 전능을 어떻게 자유롭게 사용하시는지는 신비에 해당합니다. 때때로 "하느님은 어디에 계셨던 거야?"라고 묻는 사람들도 있습니다. 하느님은 이사야 예언자를 통해 우리에게 다음과 같이 말씀하십니다. "내 생각은 너희 생각과 같지 않고 너희 길은 내 길과 같지 않다."(이사 55,8) 하느님의 전능은 종종 사람들이 더 이상 그것을 기대하지 않는 순간에 드러납니다. 성금요일의 무력함이 부활의 전제 조건이었던 것처럼 말입니다. → 51, 478, 506-507

41 자연 과학은 창조주를 불필요한 존재로 만드나요?

> 정녕 나는 아네, 주님께서 위대하심을 우리 주님께서 모든 신들보다 뛰어나심을. 주님께서는 마음에 드시는 것은 무엇이나 하늘에서도 땅에서도, 바다에서도 해심에서도 이루신다.
>
> 시편 135,5-6

> 아버지! 아버지께서는 무엇이든 하실 수 있으십니다.
>
> 겟세마니 동산에서 바친 예수님의 기도, 마르 14,36

> 당신께서는 존재하는 모든 것을 사랑하시며 당신께서 만드신 것을 하나도 혐오하지 않으십니다. 당신께서 지어 내신 것을 싫어하실 리가 없기 때문입니다.
>
> 지혜 11,24

그렇지 않습니다. '하느님이 이 세상을 창조하셨다'는 말은 시대에 뒤떨어진 자연 과학적 진술이 아닙니다. 그것은 '신학적인 진술theo-logical statement'이며, 다시 말해 신적인 의미(theos=하느님, logos=의미)와 만물의 기원에 관한 진술입니다. [282-289]

창조 이야기는 세상의 기원을 자연 과학적으로 설명하는 이론이 아닙니다. '하느님이 이 세상을 창조하셨다'는 말은 이 세상과 하느님의 관계에 관한 신학적인 진술입니다. 하느님은 이 세상을 원하셨고, 이 세상과 함께하시며, 이 세상을 완성하실 것입니다. '창조되었다'는 것은 세상 만물이 지닌 영속적인 특성이며, 세상 만물에 관한 본질적인 진리입니다.

진화(evolution, 라틴어로 '펼침, 발전'을 뜻하는 'evolutio'에서 유래)

수백만 년에 걸쳐 생물체의 형태와 기능이 변해 가는 현상. 그리스도교적 관점에서 볼 때, 진화는 자연 속에서 계속되고 있는 하느님의 창조 사업입니다.

창조론(creationism, 라틴어로 '창조'를 뜻하는 'creatio'에서 유래)

창세기를 사실을 기록한 책이라고 여겨, 하느님이 몸소 행동을 통해 한 번에 이 세상을 창조하셨다고 생각하는 이론.

42 진화를 확신하면서도 창조주에 대한 신앙을 가질 수 있나요?

그렇습니다. 신앙은 자연 과학적 지식과 가설에 개방적인 견해를 갖습니다. [282-289]

신학은 자연 과학적 전문 지식을 설명하지 못하며, 거꾸로 자연 과학은 신학적 전문 지식을 설명하지 못합니다. 자연 과학은 천지 창조에 목적의식적 과정이 있었음을 교의 신학적 측면에서 배제하지 못합니다. 반대로 신앙은 그러한 과정이 자연의 진화 과정에서 어떻게 구체적으로 실현되는지 설명하지 못합니다. 인간을 생물학적 과정의 우연한 산물로 여기는 진화론의 오류에 빠지지만 않는다면, 그리스도인은 인간을 설명하는 데 도움이 되는 이론으로 진화론을 받아들일 수 있습니다. **진화**는 발전할 수 있

> 창조주를 부정하는 데 쓰일 수 있는 논거를 하나라도 내세울 수 있는 과학자는 아무도 없습니다.
> 호이마르 폰 디트푸르트
> (1921~1989년),
> 독일의 자연 과학자

> 우리는 우연하고 의미 없는 진화의 산물이 아닙니다. 우리는 모두 하느님 계획의 결실입니다. 하느님은 우리 모두를 원하셨고, 우리 모두를 사랑하시며, 우리 모두를 필요로 하십니다.
>
> 베네딕토 16세 교황,
> 2005년 4월 28일

> '빅뱅big bang'이라는 엄청나게 정교한 과정들이 우연히 발생한 것이라고요? 그것은 얼마나 터무니없는 생각입니까!
>
> 발터 티링(1927년 출생),
> 오스트리아의 물리학자

는 무엇인가가 존재한다는 것을 전제로 합니다. 그런데 진화론은 그 '무엇인가'가 어디에서 왔는지에 관해서는 전혀 언급하지 않습니다. 세상과 인간의 존재와 본질, 가치, 사명, 의미와 목적에 관한 질문에 생물학적으로 답할 수는 없습니다. '진화론'과 '**창조론**'은 상대방의 경계를 서로 뛰어넘는 이론입니다. 창조론자들의 경우, 그들은 예를 들어 지구의 나이와 6일간의 창조 사업에 관한 성경 자료들을 단순하게도 문자 그대로 받아들입니다.

43 이 세상은 우연의 산물인가요?

그렇지 않습니다. 이 세상은 우연이 아니라 하느님에게서 비롯되었습니다. 이 세상의 기원이나 이 세상이 지닌 내적인 질서와 목표 지향성을 놓고 볼 때, 이 세상은 결코 '의미 없이' 작용하는 요소들의 산물

이라고 할 수 없습니다. [295-301, 317-318, 320]

그리스도인들은 피조물에서 하느님의 필체를 읽을 수 있다고 생각합니다. 이 세상 모든 것이 의미와 목적 없는 우연한 과정에 불과하다고 이야기하는 과학자들에게 요한 바오로 2세 교황은 1985년 다음과 같이 반론을 제기했습니다. "요소들로 이뤄진 복잡한 조직체와, 생명 차원에서 경이로운 목표 지향성을 지닌 우주에 관하여 우연을 이야기하는 것은, 우리에게 보이는 대로 세상을 설명하는 일을 포기하는 것과 같습니다. 실제로 이것은 원인을 빼놓고 결과만 받아들이는 것과 같으며, 그런 식으로 문제의 해결책 찾기를 거부하는 것은 인간 이성이 책무를 다하지 못하게 하는 것과 다름없습니다." → 49

44 이 세상을 창조하신 분은 누구신가요?

시간과 공간을 초월해 계신 하느님만이 홀로 무無에서 이 세상을 창조하셨고 삼라만상을 존재하게 하셨습니다. 존재하는 모든 것은 하느님에게 의존하며, 단지 하느님이 그 모든 것이 있기를 바라시기 때문에 계속 존재합니다. [290-292, 316]

> 신적인 지혜가 다스리는 장엄한 우주 질서를 관찰하고 신중하게 다룸으로써, 모든 것을 지어 내신 창조주에게 경탄의 마음을 갖지 않을 사람이 누가 있겠습니까!
>
> 니콜라우스 코페르니쿠스
> (1473~1543년),
> 자연 과학자이자 천문학자

천지 창조는 삼위일체이신 하느님의 '공동 작품'이기도 합니다. 성부는 창조주이며 전능하신 분이십니다. 성자는 이 세상의 의미이며 핵심이십니다. "만물이 그분을 통하여 또 그분을 향하여 창조되었습니다."(콜로 1,16) 그리스도를 알게 되고 이 세상이 '주님의 진리와 자비, 아름다움'이라는 목적지를 향해 나아가고 있음을 이해할 때, 우리는 비로소 이 세상이

> 주님께서는 만물을 창조하셨고 주님의 뜻에 따라 만물이 생겨나고 창조되었습니다.
>
> 묵시 4,11

왜 좋은지를 알게 됩니다. 성령은 만물을 결속하며 "생명을 주는"(요한 6,63) 분이십니다.

45 자연법칙과 자연 질서도 하느님이 만드셨나요?

그렇습니다. 자연법칙과 자연 질서도 하느님의 창조물입니다. [339, 346, 354]

인간은 아무것도 쓰여 있지 않은 백지가 아닙니다. 인간은 하느님이 당신의 피조물에 새겨 넣으신 자연의 질서와 법칙으로 빚어졌습니다. 그리스도인들은 그저 자기가 원하는 대로 행동하지 않습니다. 그리스도인들은 자연법칙을 무시하거나 사물의 고유한 질서에 거슬러 그것을 사용할 때, 또는 그것들을 만드신 하느님보다 더 똑똑해지려 할 때, 자신뿐만 아니라 주위에도 해를 끼치게 된다는 것을 알고 있습니다. 자신의 모든 것을 철저하게 계획하려는 것 자체가 인간에게는 분에 넘치는 일입니다.

46 창세기에서 천지 창조가 '6일 동안의 창조 사업'으로 묘사되는 이유는 무엇인가요?

창세기는 안식일로 절정을 이루는 한 주간을 상징적으로 묘사함으로써(창세 1,1-31; 2,1-3 참조), **창조가 얼마나 훌륭하고 아름다우며 슬기롭게 배치되었는지를 보여 줍니다. [337-342]**

'6일 동안의 창조 사업'이란 상징적 표현에서 다음과 같은 몇 가지 중요한 결론을 이끌어 낼 수 있습니다.

> 스승에게서 결코 배울 수 없는 것들을 나무와 별들이 당신에게 가르쳐 줄 것입니다.
>
> 베르나르도 성인
> (1090~1153년),
> 수도원장이자 교회 학자

창세기(Genesis, 그리스어로 '기원, 생성'이라는 뜻)
성경에 나오는 첫 번째 책으로, 주로 세상과 인간의 창조에 관해 기술하고 있습니다.

1) 창조주 하느님에게서 존재를 받지 않은 것은 없다.
2) 존재하는 모든 것은 저마다 훌륭하다.
3) 나빠진 것도 여전히 좋은 씨앗을 지니고 있다.
4) 피조물은 서로 밀접하게 연관되어 있으며 상호 의존적이다.
5) 질서와 조화 속에서 창조된 것은 하느님의 탁월한 자비와 아름다움을 반영한다.
6) 피조물 사이에는 다음과 같은 위계 질서가 존재한다. 인간은 동물보다 우월하며, 동물은 식물보다 우월하고, 식물은 생명이 없는 물질보다 우월하다.
7) 그리스도가 이 세상을 제자리로 돌려놓고 하느님이 우리 모두에게 모든 것이 되실 때, 피조물은 큰 축제를 맞이하게 된다. → 362

47 하느님은 왜 이렛날에 쉬셨나요?

하느님이 일을 마치고 쉬셨다는 것은, 인간의 모든 노력을 넘어서는 창조의 완성을 의미합니다. [349]

노동하는 인간을 창조주의 하위 동업자로 볼 수 있다고 해도(창세 2,15 참조), 인간은 자기 노력을 통해 이 세상을 구원하지는 못합니다. 창조의 목표는, 우리가 선물로 받은 구원을 통해 얻게 되는 "새 하늘과 새 땅"(이사 65,17)입니다. 따라서 천상의 안식을 미리 맛볼 수 있는 주일의 안식은, 우리로 하여금 안식을 위해 채비를 갖추게 하는 노동보다 더 높은 가치를 지닙니다.

" 하느님이 우리에게 세상에 대한 사랑을 금하셨다고 생각하지 마십시오. 그렇지 않습니다. 하느님이 현존케 하신 모든 것들은 우리의 사랑을 받을 가치가 있으므로, 우리는 세상을 사랑해야 합니다.

시에나의 가타리나 성녀
(1347~1380년),
신비가이자 교회 학자

" 하느님의 영광은 바로 살아 있는 인간이며, 인간의 생명은 하느님을 뵙는 것입니다.

이레네오 성인

> 당신을 지어 내신 분은 당신을 도구로 삼아 무엇을 이루실지도 알고 계십니다.
>
> 아우구스티노 성인

48 하느님이 세상을 창조하신 이유는 무엇인가요?

"세상은 하느님의 영광을 위하여 창조되었습니다." (제1차 바티칸 공의회, 교의 헌장 〈하느님의 아드님〉) [293-294, 319]

사랑 말고는 하느님이 세상을 창조하신 다른 이유가 없습니다. 사랑 안에서 하느님의 영광과 명예가 드러납니다. 그런 까닭에 하느님을 찬양한다는 것은 그분에게 박수갈채를 보내는 것을 뜻하지 않습니다. 인간은 창조 사업의 관객이 아니기 때문입니다. 인간에게 있어서 하느님을 찬양한다는 것은, 모든 피조물과 함께 자신의 현존을 감사하는 마음으로 받아들이는 것을 뜻합니다. → 489

하느님의 섭리

49 하느님은 이 세상과 나의 삶을 이끌어 주시나요?

> 하느님의 섭리에 대한 신뢰는, 하느님이 우리를 도우실 수 있으며 또한 도우시리라는 것을 굳건하고 생생하게 믿는 것을 뜻합니다. 하느님이 우리를 도우실 수 있음은 매우 명백한데, 그분은 전능하시기 때문입니다. 하느님이 우리를 도우시리라는 것도 확실합니다. 그분은 성경의 여러 구절에서 그것을 약속하셨고, 또한 당신의 모든 약속을 성실히 지키시기 때문입니다.
>
> 마더 데레사 성녀

그렇습니다. 하지만 하느님은 신비로운 방식으로 하십니다. 그분은 당신만이 아는 방식으로 모든 것을 완성해 나가십니다. 그분이 지으신 것은 잠시도 그분의 손길을 벗어날 수 없습니다. [302-305]

하느님은 역사적으로 큰 사건들뿐만 아니라 우리 개인 삶의 자잘한 일들까지 영향을 끼치십니다. 그렇다고 해서 우리의 자유가 제한되거나, 우리가 그분의 영원한 계획대로 움직이는 허수아비에 불과한 것은 아닙니다. "우리는 그분 안에서 살고 움직이며 존재합니다."(사도 17,28) 하느님은 우리가 인생에서 겪는 좋고 나쁜 모든 일 안에, 심지어 고통스러운 일들과 무의미해 보이는 우연 속에도 존재하십니다. 그분은 우리의 인생이라는 삐뚤삐뚤한 선 위에서도 반듯하게 쓰기를 원하십니다. 그분이 우리를 위해 치워 버리신 것과 우리에게 선물한 것뿐만 아니라, 우리를 강하게 만들거나 우리를 시험하는 그 모든 도구들은 그분의 의지가 드러난 방식이며 징표입니다.

→ 43

> 그분께서는 너희의 머리카락까지 다 세어 두셨다.
>
> 마태 10,30

50 하느님의 섭리에서 인간이 수행하는 역할은 무엇인가요?

하느님의 섭리에 따른 창조 사업은 우리가 이해할 수 없는 방식으로 완성되는 것이 아닙니다. 하느님은 창조 사업을 완성하는 일에 참여하도록 우리를 초대하십니다. [307-308]

인간은 하느님의 뜻을 거부할 수도 있지만, 하느님 사랑의 도구가 되는 것이 인간에게 더 좋은 일입니다. 마더 데레사 성녀는 일생 동안 다음과 같이 생각하려고 애썼습니다. "저는 주님 손에 쥐어져 있는 몽당연필과 같습니다. 그분은 연필을 깎아 뾰족하게 만들 수도 있고, 원하는 곳에 원하는 것을 쓰거나 그릴 수도 있습니다. 글이나 그림이 훌륭하다면, 우리는 연필이나 사용된 재료가 아니라 그것을 사용한 사람을 높이 평가합니다." 하느님이 우리와 함께 우리를 통해 행하실 때에도, 우리는 결코 우리 자신의 생각과 계획과 행위를 하느님의 활동과 혼동해서는 안 됩니다. 하느님이 부족함을 느끼셔서 우리의 도움을 필요로 하시는 것이 아닙니다.

> 제 계획에는 없던 일이 하느님의 계획 속에는 있었습니다. 이런 일들이 자주 일어날수록, 하느님의 관점에서 우연이란 없다는 것을 저는 더 깊이 확신하게 됩니다.
>
> 에디트 슈타인 성녀
> (1891~1942년),
> 유다인이며 그리스도인, 철학자, 가르멜회 수녀, 나치 강제 수용소의 희생자

> 하느님께서 보시니 손수 만드신 모든 것이 참 좋았다.
>
> 창세 1,31

> 장차 우리에게 계시될 영광에 견주면, 지금 이 시대에 우리가 겪는 고난은 아무것도 아니라고 생각합니다.
>
> 로마 8,18

> 의미 없는 고통이란 존재하지 않습니다. 고통은 언제나 하느님의 지혜에 근거합니다.
>
> 토마스 아퀴나스 성인

> 하느님은 우리의 기쁨 속에서 속삭이시고, 우리의 양심 속에서 말씀하십니다. 그러나 우리의 고통 속에서는 크게 외치십니다. 우리의 고통은 귀가 먼 세상을 깨우는 그분의 확성기입니다.
>
> 클라이브 스테이플스 루이스
> (1898~1963년), 영국의 작가,
> 《나니아 연대기》의 저자

51 하느님은 모든 것을 아시고 모든 일을 하실 수 있는데도, 왜 악을 저지하지 않으신가요?

토마스 아퀴나스 성인은 "하느님이 악을 허용하시는 이유는 오로지 그것으로부터 더 좋은 일이 생기도록 하기 위해서입니다."라고 말했습니다. [309-314, 324]

세상에 존재하는 악은 어둡고 고통스러운 신비입니다. 십자가에 달리신 예수님도 당신 아버지에게 여쭈셨습니다. "저의 하느님, 어찌하여 저를 버리셨습니까?"(마태 27,46) 악과 관련된 많은 일들은 이해하기 어렵지만, 한 가지만은 확실합니다. 하느님은 전적으로 선하시므로, 결코 악의 원흉이 될 수 없다는 사실입니다. 하느님은 이 세상을 훌륭하게 창조하셨지만, 세상은 아직 완성되지 않았습니다. 극심한 격변과 고통스러운 과정을 겪으며 세상은 최종적인 완성을 향해 나아가고 있습니다. 그러나 세상에는 소위 물리적인 악이 존재합니다. 선천적인 장애나 자연재해가 이에 해당되는데, 하느님의 자비로움에 비추어 볼 때 이러한 악은 여전히 이해하기 어렵습니다. 이에 반해 도덕적인 악은 자유를 남용한 결과 이 세상에 들어왔습니다. 소년병과 자살 테러, 강제 수용소와 같은 '지상의 지옥'은 대부분 인간이 만든 것입니다. 따라서 결정적인 문제는 '이렇게나 많은 악이 존재하는데 어떻게 선하신 하느님을 믿을 수 있는가?'가 아니라, '하느님이 존재하지 않는다면, 감정과 이성을 지닌 인간이 이 세상의 삶을 어떻게 견뎌 낼 수 있겠는가?'입니다. 그리스도의 죽음과 부활은, 악에서 시작된 것은 없으며 악으로 끝나는 것도 없음을 우리에게 보여 줍니다. 하느님은 최고의 악으로부터 최고의 선이 나오게 하셨습니다. 우리는 하느님이 최후 심판 때 모든 불의不義에 종지부를 찍으실 것이라고 믿습니다. 도래할 세상의 삶에는 더 이상 악이 존재할 자리가 없으며, 고통도 끝날 것입니다.

→ 40, 286-287

하늘나라와 천상의 존재

52 하늘나라는 무엇인가요?

하늘나라는 하느님이 계신 곳이며, 천사들과 성인들의 거처로 모든 피조물의 목적지이기도 합니다. '하늘과 땅'이란 말로 우리는 창조된 실재 전체를 표현합니다. [325-327]

하늘나라는 우주에 있는 어떤 장소가 아니라, 내세의 상태를 뜻합니다. 하늘나라에서는 하느님의 뜻이 어떤 방해도 없이 이루어지며, 이 세상에서 찾을 수 없는 가장 크고 지극한 행복을 누리는 삶이 존재합니다. 하느님의 도움으로 우리가 언젠가 하늘나라에 가게 되면, "어떠한 눈도 본 적이 없고 어떠한 귀도 들은 적이 없으며 사람의 마음에도 떠오른 적이 없는 것들, 하느님이 당신을 사랑하는 이들을 위하여 마련해 두셨던 것들"(1코린 2,9)이 우리를 기다리고 있을 것입니다. → 158, 285

53 지옥은 무엇인가요?

우리의 신앙은 최종적으로 하느님에게서 멀리 떨어져 있는 상태, 즉 사랑에 대한 전적인 거부를 '지옥'

> 영원하지 않은 것은 모두 영원히 쓸모없는 것들입니다.
>
> C. S. 루이스

> 우리는 하느님이 계신 하늘나라의 기쁨을 열망합니다. 그런데 지금 우리는 하늘에 계신 그분과 이미 함께할 수 있고, 바로 이 순간에 그분과 함께 행복을 누릴 수 있습니다. 지금 그분과 함께 행복을 누린다는 것은, 그분이 도우시는 것처럼 돕고, 그분이 주시는 것처럼 주며, 그분이 섬기시는 것처럼 섬기고, 그분이 구해 내시는 것처럼 구해 내고, 그분이 사랑하는 것처럼 사랑하는 것을 말합니다. 24시간 내내 그분 곁에 있고, 아주 놀라운 방식으로 변장한 그분을 만나 뵙는 것이지요. 왜냐하면 그분은, "너희가 가장 작은 이들 가운데 한 사람에게 해 준 것이 바로 나에게 해 준 것이다."(마태 25,40)라고 말씀하셨기 때문입니다.
>
> 마더 데레사 성녀

> 세상이 끝나는 날에는 오직 두 부류의 사람들만이 하느님 앞에 있게 될 것입니다. 하느님에게 "당신 뜻이 이루어지소서."라고 말씀드린 사람들과, 하느님으로부터 "네 뜻이 이루어지거라."라는 말씀을 들은 사람들입니다. 지옥에 있는 사람들은 모두 자기 자신을 선택했던 사람들입니다.
>
> C. S. 루이스

> 예수님은, 우리 모두가 낙원에서 살기를 바라신다는 것과, 우리 시대에는 별로 언급되지 않지만 지옥이 존재하며 당신 사랑에 대해 마음을 걸어 잠근 모든 이들에게 지옥이 영원하리라는 것을 우리에게 말씀하시기 위해 이 세상에 오셨습니다.
>
> 베네딕토 16세 교황,
> 2007년 5월 8일

> 그분께서 당신 천사들에게 명령하시어 네 모든 길에서 너를 지키게 하시리라. 행여 네 발이 돌에 차일세라 그들이 손으로 너를 받쳐 주리라.
>
> 시편 91,11-12

이라 부릅니다. [1033-1036]

지옥을 알고 계신 예수님은 그것을 "바깥 어둠"(마태 8,12)이라 칭하셨습니다. 우리의 개념상 지옥은 뜨겁다기보다는 오히려 춥습니다. 그렇게 지옥은 완전히 경직되어 있는 상태이며, 우리 삶에 도움과 안도, 기쁨과 위안을 가져다주는 모든 것으로부터 완전히 고립된 상태임을 우리는 직감적으로 알 수 있습니다.

→ 161-162

54 천사란 무엇인가요?

천사들은 순수하며 영적인 하느님의 피조물로 이성과 의지를 지녔습니다. 그들은 육체를 갖지 않으며 죽지 않고, 보통은 눈에 보이지 않습니다. 그들은 언제나 하느님이 계신 곳에 살며, 인간에게 하느님의 뜻과 보호를 전달해 줍니다. [328-333, 350-351]

베네딕토 16세 교황은 추기경 시절에 "천사는 인격을 지닌 생각이며, 하느님은 그를 통해 나에게 관심을 기울이십니다."라고 말했습니다. 동시에 천사들은 창조주 하느님에게 전적인 관심을 기울입니다. 그들은 하느님에 대한 사랑으로 불타며, 밤낮으로 그분을 위해 헌신합니다. 천사들의 찬미가는 결코 그치는 법이 없습니다. 성경은 하느님을 배반한 천사들을 악마 또는 악령이라고 부릅니다.

> 신자마다 생명에 이르게 하려고, 보호자요 목자로서 그를 돕고 있는 천사가 하나씩 있습니다.
> —바실리오 성인

55 우리는 천사들과 관계를 맺을 수 있나요?

그렇습니다. 우리는 천사들에게 도움을 청하고, 하느님 앞에서 우리를 대변해 달라고 부탁할 수 있습니다. [334-336, 352]

사람마다 하느님으로부터 수호천사를 얻습니다. 자신과 다른 사람들을 위해 수호천사에게 기도하는 것은 유익하고 의미 있는 일입니다. 천사들은 소식 전달자나 도움을 주는 동반자로서 그리스도인의 삶에 영향을 끼칠 수 있습니다. 그리스도교 신앙에서의 천사는, 뉴에이지 영성이나 그 밖의 여러 형태의 비밀스러운 종교에서 이야기하는 천사와는 아무런 관련이 없습니다.

> 인간은 천사도 아니고 짐승도 아닙니다. 불행은, 인간을 천사로 만들고자 하는 이가 인간을 짐승으로 만드는 데서 비롯됩니다.
> —블레즈 파스칼

피조물인 인간

56 인간은 피조물 가운데에서 특별한 위치를 차지하고 있나요?

그렇습니다. 하느님은 당신 모습대로 인간을 지어

우러러 당신의 하늘을 바라봅니다. 당신 손가락의 작품들을 당신께서 굳건히 세우신 달과 별들을. 인간이 무엇이기에 이토록 기억해 주십니까? 사람이 무엇이기에 이토록 돌보아 주십니까? 신들보다 조금만 못하게 만드시고 영광과 존귀의 관을 씌워 주셨습니다.

시편 8,4-6

내셨기 때문에(창세 1,27 참조), 피조물들 가운데 가장 높은 자리를 차지하고 있습니다. [343-344, 353]

인간의 창조는 다른 생물들의 창조와 확연히 구별됩니다. 인간은 인격을 갖고 있으며, 이는 인간이 의지와 이성을 통해 사랑을 선택하거나 거부할 수 있음을 의미합니다.

" 이 세상의 모든 피조물들은 우리와 마찬가지로 감정을 느끼고, 행복을 얻으려고 애씁니다. 그들도 우리처럼 사랑하고, 고통을 겪고, 죽습니다. 이처럼 이 세상의 모든 피조물들은 전능하신 창조주의 작품으로서 우리와 동등한 지위에 있는 우리의 형제들입니다.

아시시의 프란치스코 성인

57 인간은 동물이나 다른 피조물들을 어떻게 대해야 하나요?

인간은 다른 피조물을 통해 창조주를 공경해야 하며 피조물들을 조심스럽게 책임감을 갖고 다뤄야 합니다. 인간과 동물, 식물은 동일한 창조주를 모시고 있으며, 그분은 사랑으로 그들을 지어 내셨습니다. 따라서 다른 피조물을 사랑하는 것은 지극히 인간다운 일입니다. [344, 354]

사랑은 하느님에게서 오는 것이기 때문입니다. 사랑하는 이는 모두 하느님에게서 태어났으며 하느님을 압니다.

1요한 4,7

인간은 식물과 동물을 이용하고 먹을 수 있지만, 그

렇다고 해서 동물을 학대하거나 비인간적으로 대해서는 안 됩니다. 그런 행동은 탐욕에 눈이 멀어 세상을 착취하는 것과 마찬가지로 피조물이 지닌 존엄성을 해치는 일입니다.

58 인간이 '하느님의 모상'대로 창조되었다는 말은 무슨 뜻인가요?

생명이 없는 사물이나 식물, 동물과 달리 인간은 정신을 갖고 태어난 인격체입니다. 이러한 특성이 인간을 다른 피조물들보다는 하느님과 더 가깝게 만듭니다. [355-357, 380]

인간은 '무엇'이 아니라 '누구'입니다. 하느님을 인격체라고 하듯이 우리는 인간에 대해서도 같은 이야기를 합니다. 인간은 자신의 고유한 인식의 한계를 뛰어넘는 생각을 할 수도 있고, 존재의 전체 폭을 잴 수도 있습니다. 심지어 자기 자신을 비판적으로 바라보고 개선할 수도 있습니다. 인간은 다른 사람들을 인격체로 인지하고, 그들이 지닌 존엄성을 이해하며, 그들을 사랑할 수 있습니다. 눈으로 볼 수 있는 모든 피조물들 가운데 오로지 인간만이 "자기 창조주를 알고 사랑할 수 있습니다."(제2차 바티칸 공의회, 현대 세계의 교회에 관한 사목 헌장 〈기쁨과 희망〉) 인간은 하느님과의 우정 속에 살게 되어 있습니다(요한 15,15 참조).

59 하느님이 인간을 창조하신 이유는 무엇인가요?

하느님은 모든 것을 인간을 위해 만드셨습니다. 하느님은 "그 자체를 위하여 하느님께서 바라신 유일

> 당신 자신이 하느님의 모상임을 깨닫고, 낯선 모습으로 그것을 감추어 왔던 것을 부끄러워하십시오.
>
> 베르나르도 성인

> 감사하는 마음이 아닌 기쁨은 모두 믿지 마십시오.
>
> 테오도어 해커(1879~1945년), 독일의 작가

> 당신의 삶을 통해 바치는 유일한 기도가 "하느님, 감사합니다."로 이루어져 있다면, 이미 그것으로 충분합니다.
>
> 마이스터 에크하르트 (1260년경~1328년경), 도미니코회 사제이자 신비가

> 신앙으로 말미암아 우리는 고난을 겪는 중에도 감사할 수 있으며, 정도에 따라 고난도 뒤바뀔 것입니다.
>
> 로마노 과르디니 (1885~1968년), 가톨릭 종교 철학자

한 피조물인 인간"(제2차 바티칸 공의회, 현대 세계의 교회에 관한 사목 헌장 〈기쁨과 희망〉)이 천상의 행복을 누리도록 하기 위해 인간을 창조하셨습니다. 인간은 하느님을 알고 그분을 사랑하며 그분에게 헌신하고 그분에게 감사하는 마음으로 살 때 천상의 행복을 누리게 됩니다. [358]

> 그분은 보이지 않는 하느님의 모상이시며 모든 피조물의 맏이이십니다. …… 만물이 그분을 통하여 또 그분을 향하여 창조되었습니다.
> 콜로 1,15-16

감사하는 마음은 사랑의 한 종류입니다. 고마워하는 사람은 자발적으로 선의 원천이신 하느님에게로 향하며, 그분과 새롭고도 더욱 깊은 관계를 맺습니다. 하느님은 우리가 당신의 사랑을 깨닫고 지금 이 순간부터 우리의 일생 동안 당신과 관계를 맺고 살기를 바라십니다. 그 관계는 영원히 지속될 것입니다.

60 왜 예수님을 이 세상의 가장 위대한 본보기라고 하나요?

예수 그리스도는 하느님의 참된 본성뿐만 아니라, 인간의 참되고 이상적인 모습을 우리에게 보여 주는 유일무이한 분이십니다. [358-359, 381]

> "자, 이 사람이오."
> (요한 19,5)
> 빌라도는 이 말을 통해 고문을 받고 가시관을 쓰신 예수님을 백성들에게 소개합니다.

예수님은 이상적인 인간을 뛰어넘는 분이셨습니다. 인간은 이상적으로 보이는 이들조차 죄인이기 때문에 어떤 사람도 인간의 척도가 될 수는 없습니다. 그러나 예수님은 죄가 없는 분이셨습니다. 인간으로 존재한다는 것이 무엇을 의미하는지, 또한 인간을 '영원히 사랑스럽게' 만드는 것은 무엇인지를, 우리는 "모든 면에서 우리와 똑같이 유혹을 받으신, 그러나 죄는 짓지 않으신"(히브 4,15) 예수 그리스도에게서 비로소 발견하게 됩니다. 하느님의 아드님이신 예수

님이야말로 진정한 참인간이십니다. 그분에게서 우리는 하느님이 원하셨던 인간의 모습을 발견합니다.

61 모든 인간이 평등하다는 것은 무엇에 근거하나요?

인간은 모두 똑같이 창조주 하느님의 사랑으로부터 기원했기에 모두가 평등합니다. 모든 인간에게는 예수 그리스도라는 구세주가 있습니다. 또한 모든 인간은 기쁨과 영원한 천상의 행복을 하느님에게서 발견하게 되어 있습니다. [360-361]

따라서 모든 인간은 형제요, 자매입니다. 그리스도인들은 같은 신앙을 가진 이들뿐만 아니라 모든 사람들과의 연대를 실천하고, 하나인 인류 공동체를 해치는 인종적·성적·경제적 분열에 분연히 항거해야 합니다. → 280, 517

> 그분은 우리처럼 되심으로써 우리를 당신처럼 만드실 수 있었습니다.
> 아타나시오 성인
> (295년경~373년), 교부

> 너는 벙어리들을 위하여, 버림받은 모든 이들의 권리를 위하여 입을 열어라.
> 잠언 31,8

> 당신 몸에 유익한 일을 행함으로써 영혼이 그 안에서 살고 싶은 마음이 들게 하십시오.
>
> 예수의 데레사 성녀
> (1515~1582년),
> 스페인의 신비가이자 교회 학자

62 영혼이란 무엇인가요?

영혼은 각각의 개인을 인간답게 만드는 것으로, 인간의 정신적 삶의 원리이자 존재의 가장 깊은 부분이라 할 수 있습니다. 영혼은 물질 상태인 몸을 살아 있는 인간의 신체가 되게 합니다. 영혼을 통해 인간은 '나'라고 말할 수 있고, 또한 그 무엇으로도 대체할 수 없는 한 개인으로 하느님 앞에 서는 존재가 됩니다. [362-365, 382]

> 인간은 육체와 영혼이 긴밀히 일치될 때에 진정 그 자신이 됩니다. …… 인간이 순전히 영적인 존재가 되기만을 갈망하고 육체를 단지 인간의 동물적 본성에 속하는 것으로 여겨 거부하려 한다면, 영혼과 육체 모두 그 존엄을 잃어버리게 될 것입니다. 반대로, 인간이 영혼을 거부하고 물질, 곧 육체를 유일한 실재로 여긴다면, 마찬가지로 인간은 인간의 위대함을 잃어버리게 될 것입니다.
>
> 베네딕토 16세 교황, 회칙
> 〈하느님은 사랑이십니다〉

인간은 육체와 정신을 지닌 존재입니다. 인간이 지닌 정신은 신체의 기능 이상의 것이며, 인간이 물질로 구성되어 있다는 사실로는 설명될 수 없는 것입니다. 이성은 우리에게 육체와 연관되어 있지만 육체는 아닌, 정신적인 원리가 틀림없이 존재한다고 이야기합니다. 우리는 그것을 '영혼'이라고 부릅니다. 영혼을 자연 과학적으로 '증명'할 수는 없지만, 물질을 초월하는 인간의 이 정신적 원리를 인정하지 않는다면 인간은 지적이고 정신적 존재로서 이해될 수 없습니다. → 153-154, 163

63 인간의 영혼은 어디에서 왔나요?

인간의 영혼은 부모가 '낳은' 것이 아니라, 하느님이 직접 창조하신 것입니다. [366-368, 382]

인간의 영혼은 물질적 진화의 산물도 아니고 부모의 유전적 결합의 결과물도 아닙니다. 교회는 각 개인을 통해 단 하나뿐인 정신적인 인격체가 세상에 나오는 신비를 다음과 같이 서술합니다. "하느님은 인간이 죽어 육체를 잃더라도, 죽지 않는 영혼을 인간에게 주셔서 그리스도의 부활 때 그를 다시 찾을 수 있게 하셨습니다." '내게 영혼이 있다'는 말은 '하느님은 나를 생명이 있는 존재로만이 아니라 하나의 인격체로 만드셨고, 당신과 끝없는 관계를 맺을 수 있도록 나를 부르셨다'는 뜻입니다.

> 인간은 현세적 태생이라는 이유로 모든 생물과 같다고 할 수 있지만, 하느님이 '불어넣어 주신' 영혼을 통해서만 비로소 인간답게 됩니다. 그로써 인간에게는 무엇으로도 대체할 수 없는 존엄성뿐만 아니라, 인간만의 책임도 부여됩니다.
>
> 크리스토프 쇤보른 추기경
> (1945년 출생), 빈 대교구장

64 하느님이 인간을 남자와 여자로 만드신 이유가 무엇인가요?

사랑이며 공동체의 원형이신 하느님은 인간을 남자와 여자로 만드심으로써, 그들이 함께 당신의 본성을 드러내는 모상이 되게 하셨습니다. [369-373, 383]

하느님은 인간을 남자와 여자로 만드셔서, 인간이 다른 성과의 만남을 통해 충족감과 온전함을 느끼게 하셨습니다. 남성과 여성은 전적으로 동등한 존엄성을 지니고 있지만, 남성성과 여성성의 창조적인 계발을 통해 하느님의 완전성을 각각 다른 관점에서 표현합니다. 하느님은 남성도 아니고 여성도 아니시지만, 아버지다운 모습(루카 6,36 참조)과 어머니다운 모습(이사 66,13 참조)을 보여 주셨습니다. 인간은 남자와 여자의 사랑을 통해, 특히 남자와 여자가 "한 몸"(창세 2,24)을 이루는 혼인 공동체를 통해, 하느님과의 합일(궁극적 온전함)이라는 행복의 일부를 맛볼 특권을 누립니다. 하느님의 사랑에 신의가 있는 것처럼 부부도 사랑의 신의를 지키려 애씁니다. 부부의 사랑은 하느님의 본성을 닮아 창조적인데, 그것은 혼인을 통해 새 생명이 탄생하기 때문입니다.

→ 260, 400-401, 416-417

> 하느님께서는 이렇게 당신의 모습으로 사람을 창조하셨다. 하느님의 모습으로 사람을 창조하시되 남자와 여자로 그들을 창조하셨다.
>
> 창세 1,27

> 사람이 혼자 있는 것이 좋지 않으니, 그에게 알맞은 협력자를 만들어 주겠다.
>
> 창세 2,18

65 교회는 동성애자들에 대해 어떤 견해를 갖고 있나요?

교회는 창조 질서에 따라 남자와 여자는 서로 보완해 줄 수 있는 특질이 필요하고 상호 관계를 지향하게 되어 있으며, 그를 통해 새 생명을 낳을 수 있다고 믿습니다. 그런 이유로 교회는 동성애를 인정하지 않습니다. 그러나 그리스도인들은 개인의 성적 취향과는 상관없이 모든 사람들을 존중하고 사랑해야 합니다. 하느님이 모든 사람들을 존중하고 사랑하시기 때문입니다. [2358-2359]

부모의 결합을 통하지 않고 이 세상에 나오는 사람은 아무도 없습니다. 따라서 본래 인간의 본성과 하느님의 창조 질서에 상응하는 방식으로 이성에게 성적인 매력을 느끼지 못하고 성적 결합의 결실을 놓치는 것은, 동성애로 기울어진 여러 사람들에게 뼈저린 체험이 됩니다. 하지만 하느님은 종종 이례적인 방식으로 사람들을 당신에게 이끄십니다. 다시 말해 결핍과 상실과 상처라도 그것들을 수용하고 긍정하는 경우에는, 모든 것을 좋게 만드시고 창조보다는 구원을 통해 더욱 위대한 모습을 드러내시는 하느님의 품속으로 뛰어들게 하는 발판이 됩니다.

→ 415

> 더구나 성경에서 우리는 인간이 "홀로" 실존할 수 없다(창세 2,18 참조)는 메시지를 듣습니다. 인간은 오직 "둘의 합일체"로서만 실존할 수 있고 따라서 다른 사람들과의 관계 안에서 실존할 수 있습니다. 이것은 상호 관계, 곧 여자에 대한 남자의 관계와 남자에 대한 여자의 관계의 문제입니다. 따라서 하느님의 모상과 닮은꼴로서 인격체가 된다는 것은 하나의 관계 안에서, 즉 또 다른 "나"와의 관계 안에서 누리는 실존까지도 포함됩니다. 이것은 삼위일체이신 하느님, 다시 말해서 아버지와 아들과 성령의 통교 안에서의 생활한 일치의 결정적인 자기 계시의 전조前兆입니다.
>
> 요한 바오로 2세 성인 교황 (1920~2005년), 동구권 출신의 첫 번째 교황, 세계 청년 대회 창설자이며, 동구권의 공산주의 붕괴에 중요한 역할을 수행함. 사도적 서한 〈여성의 존엄〉

66 인간의 고통과 죽음은 본래 하느님의 계획에 포함되어 있었나요?

하느님은 인간이 고통받고 죽는 것을 원치 않으십니다. 인간을 위한 하느님의 본래 계획은 낙원이었습니다. 다시 말해 영원한 삶과, 하느님 · 인간 · 환경 사이의 평화, 남성과 여성 사이의 평화입니다. [374-379, 384, 400]

이따금 우리는 어떻게 살아야 하는지 어떤 모습을 지녀야 하는지 느낌으로 알 수 있기도 합니다. 하지만 사실상 우리는 우리 자신과의 불화 속에 살고 있고, 두려움과 주체할 수 없는 열정에 사로잡혀 본래 누렸던 세상과의 조화뿐만 아니라 마침내 하느님과의 조화까지도 상실했습니다. 성경은 이러한 소외 체험을 '원죄' 이야기에서 서술합니다. 죄가 몰래 숨어 들어왔기 때문에 아담과 하와는 자기 자신과의 조화, 하느님과의 조화 속에 살았던 낙원을 떠날 수밖에 없었습니다. 노동의 고됨과 고통, 죽음, 죄에 대한 유혹은 낙원의 상실을 드러냅니다.

타락한 인간

67 죄란 무엇인가요?

죄는 본질적으로 하느님을 거부하는 것이며, 그분의 사랑을 받아들이지 않는 것입니다. 죄는 하느님의 계명을 지키지 않는 데서 나타납니다. [385-390]

죄는 잘못된 행동 이상이므로, 정신적인 나약함이라 할 수도 없습니다. 선한 것을 거부하거나 파괴하는 모든 행위와, 완전한 선이신 하느님에 대한 거부가 죄의 본질에 해당합니다. 가장 뚜렷하고 가장 끔찍한 죄의 속성은, 죄로 인해 하느님에게서 떨어져 나오고 그로 인해 생명의 원천에서도 떨어져 나오게

> 우리는 낙원을 잃어버렸지만, 하늘나라를 얻었습니다. 따라서 얻은 것이 잃은 것보다 더 큽니다.
>
> 요한 크리소스토모 성인
> (349/350~407년),
> 교회 학자, 교부

> 인간의 허약함이 전능하신 하느님의 계획을 뒤엎지는 못합니다. 하느님은 허물어진 돌들을 갖고도 집을 지으실 수 있습니다.
>
> 미카엘 폰 파울하버 추기경
> (1869~1952년),
> 뮌헨과 프라이징 대교구장

> 하느님, 당신을 외면하면 넘어지게 되고, 당신을 향하면 다시 일어서게 됩니다. 당신 안에 머물면 든든한 도움을 얻게 됩니다.
>
> 아우구스티노 성인

> 그러나 죄가 많아진 그곳에 은총이 충만히 내렸습니다.
>
> 로마 5,20

> 가장 나쁜 일은 범죄를 저지르는 것이 아니라, 우리가 행할 수도 있었던 착한 일을 행하지 않는 것입니다. 아무도 그것을 고발할 수는 없지만, 그것은 사랑하지 않는 것과 다를 바 없는 태만 죄에 해당합니다.
>
> 레옹 블루아(1846~1917년), 프랑스의 작가

된다는 것입니다. 우리는 예수님을 통해서 비로소 죄가 지닌 끔찍한 속성을 알게 되었습니다. 예수님은 하느님에 대한 거부를 자신의 온몸으로 견뎌 내셨습니다. 그분은 죄의 치명적인 위력을 스스로 떠안으셔서, 그것이 우리를 덮치지 않게 하셨습니다. 우리는 이를 '구원'이라고 부릅니다.

→ 224-237, 315-318, 348-468

68 아담과 하와가 지은 원죄는 우리와 어떤 관계가 있나요?

죄는 엄밀한 의미로 개인이 책임져야 하는 잘못을 뜻합니다. 따라서 '원죄'라는 말은 개인이 범한 죄가 아니라, 개인이 자유 의지에 따라 스스로 죄를 범하기에 앞서 누구나 타고나는 인류의 비구원적인 상태를 의미합니다. [388-389, 402-404]

> 뱀이 여자에게 말하였다. …… 너희가 그것을 먹는 날, 너희 눈이 열려 하느님처럼 될 것이다.
>
> 창세 3,4-5 참조

베네딕토 16세 교황은 원죄를 다음과 같이 이해해야 한다고 말했습니다. "우리는 **창세기**의 상징들에서 볼 수 있는 독약 같은 사고방식을 우리 안에 지니고 있습니다. …… 인간은 하느님을 신뢰하지 않았습니다. 뱀의 꼬임에 넘어간 인간은, 하느님이 우리의 자유를 제한하는 경쟁자이며 하느님을 무시해야 비로소 참된 의미의 인간이 될 것이라는 의혹을 품었습니다. …… 인간은 하느님에게서 자기 현존과 자기 삶의 충만함을 얻으려 하지 않았습니다. …… 그리고 그렇게 함으로써 인간은 진리 대신 거짓을 신뢰했고, 그래서 자기 삶과 더불어 공허함과 죽음으로 떨어졌습니다."(2005년 12월 8일)

69. 원죄로 말미암아 우리는 어쩔 수 없이 죄를 짓게 되나요?

그렇지 않습니다. 그래도 인간은 원죄로 인해 깊은 상처를 받았고, 죄짓는 성향을 갖게 되었습니다. 그러나 인간은 하느님의 도우심으로 선을 행할 수 있습니다. [405]

어떠한 경우에도 우리는 죄를 지으면 안 됩니다. 그러나 우리는 약하고 어리석으며 유혹에 빠지기 쉽기 때문에 실제로 끊임없이 죄를 짓게 됩니다. 그 밖에 강요된 죄는 죄라고 볼 수 없는데, 자유 의지에 따라 결정해야 죄가 되기 때문입니다.

> 우리가 부도덕한 삶과 죄와 죽음에 연루되었음을 인정할 때, 한마디로 말해 모든 원죄를 자기 탓으로 돌리고 남의 잘못을 찾는 일을 포기할 때에야 비로소, 도덕적 행동이 가능하고 또한 촉진됩니다.
>
> 헤르만 헤세(1877~1962년), 독일의 작가

70. 하느님은 악의 소용돌이에서 우리를 어떻게 구해 내셨나요?

하느님은 죄의 연쇄 반응을 통해 인간이 자기 자신과 동시대 사람들을 서서히 파괴해 나가는 것을 방관하지 않으십니다. 그분은 죄의 권세에서 우리를 구하시려고 구세주 예수 그리스도를 우리에게 보내셨습니다. [410-412, 420-421]

"나를 도울 수 있는 사람은 아무도 없다."라는 격언은 더 이상 맞는 말이 아닙니다. 죄로 인해 인간이 도달한 곳이 어디든지 간에 아버지이신 하느님은 당신 아드님을 그곳으로 보내셨습니다. 죄의 결과는 죽음입니다(로마 6,23 참조). 그러나 우리에게 친구요 구세주인 예수님을 보내 주신 하느님의 놀라운 연대감은 죄의 또 다른 결과이기도 합니다. 그런 까닭에

> 내가 그리스도교를 믿는 이유 중의 하나는, 그것이 사람이 생각해 낼 수 없는 종교이기 때문입니다.
>
> C. S. 루이스

> 그리스도의 손이 십자가에 못 박혔을 때, 그분은 우리의 죄도 십자가에 못 박았습니다.
>
> 베르나르도 성인

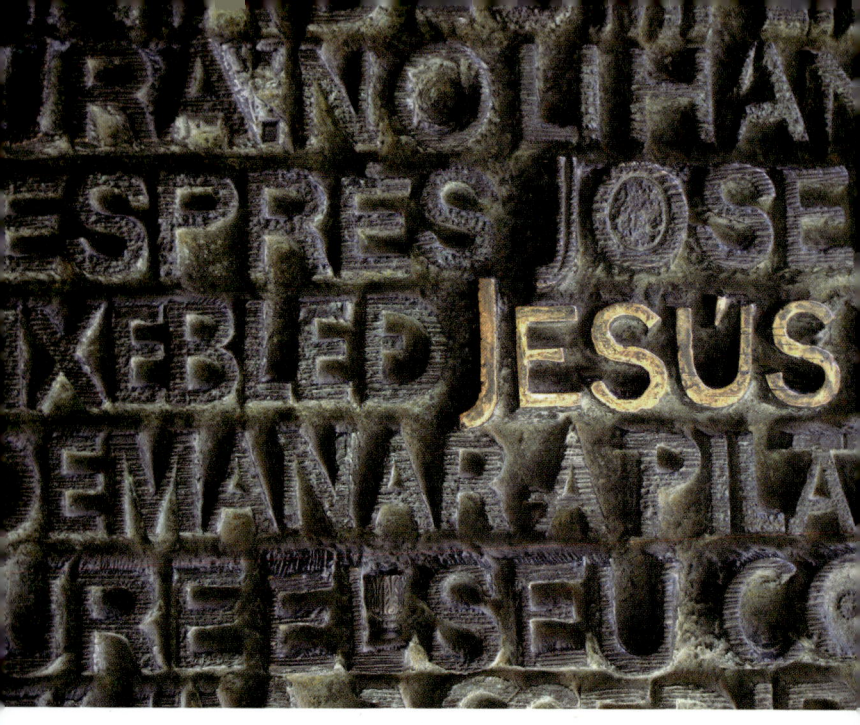

원죄를 '복된 죄felix culpa'라고 부르기도 합니다. "그리스도의 죽음이 씻은 죄, 오, 복된 탓이여! 너로써 위대한 구세주를 얻게 되었도다!"(부활 찬송)

❧ 제2장 ❧

하느님의 외아드님 예수 그리스도를 믿나이다

71 예수님에 관한 소식을 '복음', 즉 '기쁜 소식'이라 부르는 이유는 무엇인가요?

복음서들이 없었다면 우리는, 하느님이 우리에 대한 끝없는 사랑 때문에 당신 아드님을 우리에게 보내셨고, 그로써 우리 죄에도 불구하고 우리가 하느님의 영원한 공동체로 돌아오는 길을 발견하게 되었다는 것을 알지 못했을 겁니다. [422-429]

말씀이 사람이 되시어 우리 가운데 사셨다. 우리는 그분의 영광을 보았다. 은총과 진리가 충만하신 아버지의 외아드님으로서 지니신 영광을 보았다.

요한 1,14

예수님의 삶과 죽음과 부활에 관한 소식은 세상에서 가장 기쁜 소식입니다. 복음은 베들레헴에서 태어난, 나자렛 출신의 유다인 예수님이 "살아 계신 하느님의 아드님"(마태 16,16)이시며 인간이 되셨음을 증언합니다. 그분은 성부로부터 파견되셨으며, 그로 인해 "모든 사람이 구원을 받고 진리를 깨닫게"(1티모 2,4) 되었습니다.

> 소크라테스의 삶과 죽음이 현자의 삶과 죽음이었다면, 그리스도의 삶과 죽음은 하느님의 삶과 죽음이었습니다.
>
> 장 자크 루소(1712~1778년), 프랑스의 계몽주의자

72 '예수'라는 이름은 어떤 뜻을 지녔나요?

히브리어로 '예수'는 '하느님이 구원하신다'는 뜻입니다. [430-435, 452]

사도행전에서 베드로 사도는 다음과 같이 이야기합니다. "사실 사람들에게 주어진 이름 가운데에서 우리가 구원받는 데에 필요한 이름은 하늘 아래 이 이름밖에 없습니다."(사도 4,12) 모든 선교사들은 사람들에게 이 소식을 반드시 전했습니다.

73 예수님에게 '그리스도'라는 칭호가 붙은 이유는 무엇인가요?

'예수님은 그리스도이시다.'라는 짧은 어구는 그리스도교 신앙의 핵심을 표현합니다. 다시 말해 나자렛 출신의 평범한 목수의 아들 예수님이 사람들이 고대하던 메시아요, 구세주라는 것입니다. [436-440, 453]

IXΘYC ZWNTWN

? 초대 그리스도교 신자들의 지하 묘지인 로마의 카타콤에서, 그리스도에 대한 초대 그리스도교 신자들의 신앙 고백 암호를 볼 수 있습니다. 그 암호는 그리스어 단어인 익튀스 IXΘΥΣ(물고기)입니다. 이 단어의 철자들을 하나하나 따져 보면, 다음과 같은 그리스어 단어들이 그 뜻을 드러냅니다. Ἰησοῦς(예수), Χριστός(그리스도), Θεοῦ(하느님의), Υἱός(아들), Σωτήρ(구세주). 위의 그림 위에 있는 글씨 '익튀스 존톤 IXΘΥΣ ΖΩΝΤΩΝ'은 '생명의 물고기'라는 뜻입니다.

히브리어의 '메시아'와 마찬가지로 그리스어의 '그리스도Χριστός'는 '기름 부음 받은 이'라는 뜻입니다. 이스라엘에서는 왕들과 사제들, 예언자들이 기름 부음을 받았습니다. **사도**들은 하느님이 예수님에게 '성령을 부어 주신'(사도 10,38 참조) 것을 알고 있었습니다. 그리스도를 본받아 우리도 '그리스도인Christian'으로 불리고 있으며, 이는 우리가 지닌 고귀한 소명을 나타냅니다.

> 누가 당신에게 물을 때에만 그리스도에 관해 이야기하십시오. 그리고 사람들이 당신에게 그리스도에 관해 물을 수 있는 그런 삶을 사십시오.
>
> 폴 클로델(1868~1955년), 프랑스의 시인이자 극작가

74 예수님이 당신을 '하느님의 외아들'이라 부르신 것은 무엇을 뜻하나요?

예수님은 당신 자신을 가리켜 '하느님의 외아들'(요한 3,16 참조)**이라 부르셨습니다. 또한 베드로 사도와 다른 사람들도 그렇게 증언함으로써, 모든 사람들 가운데 오로지 예수님만이 인간을 뛰어넘는 분이며 당신의 아버지이신 하느님과 유일무이한 관계 안에 계시다는 사실이 드러났습니다.** [441-445, 454]

신약 성경의 여러 구절들에서(요한 1,14.18; 1요한 4,9 참조) 예수님은 '하느님의 아드님'으로 불리십니다. 세례와 영광스러운 변모 때 하늘에서 들려오는 소리는 예수님을 '사랑하는 아들'이라 일컫습니다. 예수님은 자신이 하늘에 계신 아버지와 유일무이한 관계에 있음을 당신 제자들에게 알려 주셨습니다. "나의 아버지께서는 모든 것을 나에게 넘겨주셨다. 그래서 아버지 외에는 아무도 아들을 알지 못한다. 또 아들 외에는 그리고 그가 아버지를 드러내 보여 주려는 사람 외에는 아무도 아버지를 알지 못한다."(마태 11,27) 예수 그리스도가 실제로 하느님의 아드님이라는 사

> 사람들은 그리스도를 비난하지 않습니다. 사람들은 그리스도인들을 비난하는데, 그들이 그분을 닮지 않았기 때문입니다.
>
> 프랑수아 모리아크 (1885~1970년), 프랑스의 소설가

실은 부활을 통해 확실히 밝혀졌습니다.

75 그리스도교 신자들이 예수님을 '주님'이라고 부르는 이유는 무엇인가요?

"너희가 나를 '스승님', 또 '주님' 하고 부르는데, 그렇게 하는 것이 옳다. 나는 사실 그러하다."(요한 13,13) [446-451, 455]

초대 그리스도교 신자들은 예수님을 당연히 '주님'이라 불렀는데, **구약 성경**에서는 하느님을 부를 때에만 이 칭호를 사용했다는 것을 그들도 알고 있었습니다. 많은 표징을 통하여 예수님은 자신이 자연과 악령, 죄와 죽음을 다스리는 신적인 권능을 갖고 있음을 그들에게 보여 주셨습니다. 예수님을 파견한 신적인 근원은 예수님이 죽음에서 부활하심으로써 그 모습이 드러났습니다. 토마스는 "저의 주님, 저의 하느님!"(요한 20,28) 하고 고백합니다. 그 고백은 우리에게 예수님을 '주님'이라고 고백하는 그리스도교 신자는 다른 어떤 권력 앞에서도 무릎을 꿇어서는 안 된다는 것을 의미합니다.

76 하느님이 예수님을 통해 인간이 되신 이유는 무엇인가요?

"성자께서는 저희 인간을 위하여, 저희 구원을 위하여 하늘에서 내려오셨음을 믿나이다."(니케아-콘스탄티노폴리스 신경) [456-460]

하느님은 예수 그리스도를 통해 세상과 화해하셨

> 하느님을 최우선으로 삼지 않는다면 …… 인간의 존엄성은 상실될 위기에 처합니다. 그러므로 예수 그리스도를 통해 자신을 우리에게 계시하신 하느님의 참모습을 현대인들이 발견할 수 있도록 돕는 일이 시급합니다.
>
> 베네딕토 16세 교황, 2005년 8월 28일

> 하느님은 스스로 미천해지실 수 있을 만큼 위대하신 분입니다. 하느님은 자신을 무방비 상태로 만드실 수 있으며, 연약한 아기의 모습으로 우리에게 오시어 우리가 그분을 사랑할 수 있게 하실 만큼 강력하신 분입니다.
>
> 베네딕토 16세 교황, 2005년 12월 24일

고, 죄의 감옥으로부터 인간을 해방하셨습니다. "하느님께서는 세상을 너무나 사랑하신 나머지 외아들을 내주셨습니다."(요한 3,16) 예수님을 통해 하느님은 언젠가는 죽을 우리 인간의 육신을 취하셨고(강생), 현세에서의 우리 운명과 고통, 죽음에 동참하셨으며, 죄를 제외하고는 모든 면에서 우리와 똑같은 인간이 되셨습니다.

> 실제로 사람이 되신 말씀의 신비 안에서만 참으로 인간의 신비가 오롯이 밝혀집니다.
>
> 제2차 바티칸 공의회, 현대 세계의 교회에 관한 사목 헌장 〈기쁨과 희망〉

77 예수 그리스도는 참하느님이시며 동시에 참인간이시라는 말은 무슨 뜻인가요?

예수님을 통해 하느님은 우리와 똑같은 인간이 되셨고, 그로써 우리의 형제가 되셨습니다. 그럼에도 불구하고 그분은 동시에 하느님이시며, 우리 주님이시길 포기하지 않으셨습니다. 451년에 칼케돈 공의회는 예수 그리스도의 위격 안에 신성과 인성이 '분리되거나 뒤섞이지 않고' 결합되어 있다고 가르쳤습니다. [464-467, 469]

> 그분은 본래의 신분으로 머무셨으며, 본래와 다른 신분도 취하셨습니다.
>
> 로마 가톨릭 교회 1월 1일 전례

교회는 예수 그리스도가 지닌 신성과 인성의 관계를 어떻게 표현할 수 있을지 오랫동안 고심해 왔습니다. 신성과 인성은 서로 경쟁 관계에 있는 것이 아니므로, 예수님은 그저 부분적으로만 하느님이거나 인간인 것이 아닙니다. 또한 신성과 인성이 예수님 안에 뒤섞여 있는 것도 아닙니다. 하느님은 예수님을 통해 단지 외형적으로만 인간의 육신을 취하신 것(그리스도 가현설)이 아니라, 그분은 실제로 사람이 되셨습니다. 또한 신성과 인성이 두 개의 상이한 위격을 가리키는 것(네스토리우스파의 주장)도 아닙니다. 끝으로 예수 그리스도 안에서 인성이 신성으로 완전히

> 우리의 고통을 모르면서 하느님만 아는 것은 자만을 낳습니다. 그런데 하느님을 모르면서 우리의 고통만 아는 것은 절망을 낳습니다. 예수 그리스도를 알면 중용을 지키게 되는데, 우리는 그분 안에서 하느님뿐만 아니라 우리의 고통을 발견하기 때문입니다.
>
> 블레즈 파스칼

승화된 것(그리스도 단성설)도 아닙니다. 이 모든 이단에 맞서 교회는 예수 그리스도가 하나의 위격 안에서 참하느님이신 동시에 참인간이시라는 믿음을 지켜 왔습니다. '분리되거나 뒤섞이지 않았다'는 칼케돈 공의회의 유명한 문구는, 인간의 이성으로는 이해하기 매우 어려운 진리를 설명하려는 것이 아니라 소위 '신앙의 기준'을 지키고 있는 것입니다. 이 문구는 예수 그리스도의 위격이 지닌 신비를 발견할 수 있는 '방향'을 제시합니다.

78 우리가 예수님을 오로지 '신비'로서만 이해할 수 있는 이유는 무엇인가요?

예수님은 하느님 안에 있는 뛰어난 존재이시기 때문에, 눈에 보이지 않는 신적인 실재와 관련짓지 않고서는 그분을 이해할 수 없습니다. [525-530, 536]

> 신비 없는 종교는 하느님 없는 종교가 틀림없습니다.
>
> 제러미 테일러(1613~1667년), 영국의 영성 작가

> **신비**(mystery, '신비, 비밀'을 뜻하는 그리스어 '뮈스테리온μυστήριον'에서 유래)
>
> 신비는 근본적으로 이성적인 인식에서 벗어난 실재나, 그 실재의 일부분을 말합니다.

> 예수님은 분명하게 이해됩니다.
>
> 한스 우르스 폰 발타자르
> (1905~1988년),
> 스위스의 가톨릭 신학자

눈으로 볼 수 있는 예수님의 모습은, 눈으로는 볼 수 없는 그분의 면모를 가리킵니다. 우리는 예수님의 삶에 분명히 존재하지만 우리가 그저 신비로서만 이해할 수 있는 수많은 실재들을 그분의 삶에서 보게 됩니다. 그분이 하느님의 아드님이시라는 것과 인간이 되셨다는 것 그리고 그리스도의 수난과 부활이 바로 그러한 **신비**들입니다.

79 예수님도 우리처럼 영혼과 정신, 육체를 지니고 계셨나요?

그렇습니다. 예수님은 "인간의 손으로 일하시고 인간의 정신으로 생각하시고 인간의 의지로 행동하시고 인간의 마음으로 사랑하셨습니다."(제2차 바티칸 공의회, 사목 헌장 〈기쁨과 희망〉) [470-476]

> 예수님은 지혜와 키가 자랐다.
>
> 루카 2,52

> 왜냐하면 인간들 가운데에는 그분처럼 꼭 있어야만 하는 그런 아버지가 없기 때문입니다.
>
> 빌헬름 빌름스(1930~2002년), 사제이자 작가, 《은총이 가득하신 하와여 Ave Eva》

'예수님은 참인간이셨다'는 말에는 그분이 영혼을 지니셨고 영적으로 성장하셨다는 의미도 들어 있습니다. 인간으로서 그분이 지녔던 정체성과 특별했던 자의식은 그분 영혼에 뿌리를 두고 있습니다. 예수님은 일생 동안 모든 상황에서 성령을 따르셨고, 그 성령을 통해 하늘에 계신 당신 아버지와 일치를 이루는 것이 무엇을 의미하고 어떤 결과를 가져오는지 알고 계셨습니다.

80 성모님을 동정녀라고 하는 이유가 무엇인가요?

하느님은 예수 그리스도가 진짜 인간 어머니를 가져야 한다고 생각하셨지만 그의 아버지는 오로지 당신 자신이기를 바라셨습니다. 하느님은 예수 그

리스도가 현세적 능력이 아니라 오로지 당신에게 근거하는 새로운 시작을 하기를 원하셨기 때문입니다. [484-504, 508-510]

성모님의 동정성은 낡은 신화적 상상이 아니라, 근본적으로 예수님의 생명을 위한 것입니다. 예수님은 한 여인에게서 태어나셨지만, 인간을 아버지로 두지는 않으셨습니다. 예수 그리스도는 하늘에서 점지한, 세상의 새로운 시작입니다. 루카 복음서에 따르면, 성모님은 천사에게 다음과 같이 묻습니다. "저는 남자를 알지 못하는데, 어떻게 그런 일이 있을 수 있겠습니까?"(루카 1,34) 그 질문에 천사가 대답합니다. "성령께서 너에게 내려오실 것이다."(루카 1,35) 성모님의 동정성에 대한 믿음 때문에 초창기부터 논란이 있었지만, 성모님의 동정성이 그저 상징적인 의미가 아니라 실제라는 것을 교회는 항상 믿어 왔습니다.

→ 117

> 가톨릭 교회가 마리아에 대하여 믿는 것은 그리스도에 대한 신앙에 기초를 두고 있으며, 마리아에 대해 가르치는 것은 또한 그리스도 신앙을 밝혀 줍니다.
>
> 《가톨릭 교회 교리서》, 487항

> 임마누엘*이 진실로 하느님이시라는 것과, 그러므로 거룩한 동정녀가 하느님을 낳았다는 것을 언명하지 않는 사람은 …… 파문을 당할 것입니다.
>
> 에페소 공의회, 431년

*성경에는 다음과 같은 말씀이 나와 있습니다. "보아라, 동정녀가 잉태하여 아들을 낳으리니 그 이름을 임마누엘이라고 하리라."(마태 1,23) 임마누엘은 '하느님께서 우리와 함께 계시다'는 뜻입니다.

81 성모님에게 예수님 이외에 다른 자녀가 없었나요?

그렇습니다. 예수님은 성모님이 유일하게 낳으신 외아드님이십니다. [500, 510]

초창기부터 교회는 성모님의 지속적인 동정성을 근거로 예수님의 친형제자매를 배제해 왔습니다. 예수님의 모국어인 아람어에는 형제와 자매, 사촌을 가리키는 단어가 하나밖에 없습니다. 따라서 복음서에서 언급하는 예수님의 '형제들과 누이들'(마르 3,31-35 참조)은 그분의 가까운 친척들을 가리킵니다.

82 성모님을 '하느님의 어머니'라 부르는 것은 불경스러운 일인가요?

그렇지 않습니다. 우리는 성모님을 '하느님의 어머니'라 부름으로써 우리는 그분의 아드님이 하느님이심을 고백하는 것입니다. [495, 509]

초기 그리스도교에서 성모님이 누구인지에 대해 논란이 벌어졌을 때 '하느님을 낳은 여인(그리스어로 θεότοκος)'이란 칭호는 성경을 정통으로 해석한 의미였습니다. 성모님은 그저 한 인간을 낳으셨을 뿐이며 그는 태어난 후 하느님이 '되신' 것이 아니라, 성모님의 배 속에 있을 때부터 하느님의 참된 아드님이셨습니다. 따라서 위 질문의 관건은 일차적으로 성모님에 관한 것이 아니라 예수님이 참인간이며 동시에 참하느님이신가의 여부입니다. → 117

> 하느님의 어머니에 대한 신앙이 쇠퇴하는 경우, 성부와 성자에 대한 신앙도 함께 쇠퇴합니다.
>
> 루트비히 포이어바흐
> (1804~1872년),
> 무신론을 신봉한 철학자,
> 《기독교의 본질》

83 성모님의 '원죄 없는 잉태(무염 시태)'란 말은 무슨 뜻인가요?

교회는 전능하신 하느님이 인류의 구세주이신 예수 그리스도의 공적을 고려하여 복되신 동정녀 마리아에게 유례없는 총애를 베푸셨다는 것과, 그리하여 그분이 잉태되신 첫 순간부터 원죄로 인한 그 어떤 손상도 받지 않고 온전하게 보호되었음을 믿고 있습니다(1854년에 반포된 교의敎義). [487-492, 508]

교회는 초창기부터 '성모님의 원죄 없는 잉태'를 믿어 왔습니다. 오늘날 이 개념은 오해의 소지가 있습니다. 이 개념은 성모님이 잉태되신 첫 순간부터 하느님이 그분을 원죄에서 보호하셨다는 것을 말하지, 그분의 몸 안에 예수님을 잉태하신 것을 말하는 것이 아닙니다. 또한 교회가 이 개념을 통해, 남자와 여자가 아이를 낳을 경우 성을 수치스럽게 여기거나 낮추고자 하는 것은 결코 아닙니다. → 68-69

84 성모님은 그저 하느님의 도구에 지나지 않았나요?

성모님은 그저 수동적이기만 한 하느님의 도구가 아니라, 그 이상의 존재이십니다. 성모님의 능동적인 동의가 있었기에 하느님은 인간이 될 수 있으셨습니다. [493-494, 508-511]

마리아 베르나데트 수비루 성녀는 1858년 루르드에서 성모님의 발현을 체험했습니다. 성모님은 자신을 가리켜 '원죄 없이 잉태'되셨다고 알려 주셨습니다.

성모님은 '가장 높으신 분의 아들'을 낳을 것이라고 전하는 천사에게 "말씀하신 대로 저에게 이루어지기를 바랍니다."(루카 1,38)라고 응답하셨습니다. 예수 그리스도를 통한 인류의 구원은 이처럼 하느님의 요청과 인간의 자유로운 동의 그리고 성모님이 요셉 성인과 결혼하기 전에 이뤄진 임신으로 시작되었습니다. 이렇게 이례적인 방식으로 성모님이 우리를 위한 '구원의 문'이 되셨습니다. → 479

성모님의 응답은 역사상 가장 결정하기 어려운 답변이었습니다.
라인홀트 슈나이더
(1903~1958년),
독일 작가

85 성모님이 우리의 어머니이기도 한 이유는 무엇인가요?

주님이신 그리스도가 성모님을 우리의 어머니로 삼으셨기 때문에, 성모님은 우리의 어머니이십니다. [963-966, 973]

> 마리아는 인류의 가장 자상한 어머니이자, 죄인들의 피난처이십니다.
>
> 알퐁소 마리아 데 리구오리 성인
> (1696~1787년),
> 구속주회 창설자,
> 신비가, 교회 학자

> 마리아의 표상을 따라 살수록 교회는 점점 더 어머니다운 모습을 지니게 되고, 우리는 교회를 통해 하느님에게서 새롭게 태어나 화해를 이룰 수 있게 됩니다.
>
> 로제 슈츠 수사(1915~2005년), 떼제 공동체의 창설자이자 원장

"여인이시여, 이 사람이 어머니의 아들입니다. …… 이분이 네 어머니시다."(요한 19,26-27) 예수님이 요한 성인에게 하셨던 이 말씀을 통해, 교회는 늘 십자가 위의 예수님이 성모님에게 교회 전체를 맡기셨던 것으로 이해해 왔습니다. 이렇게 해서 성모님은 우리의 어머니가 되셨습니다. 우리는 성모님에게 도움을 청하고, 우리를 대신해 하느님에게 기도해 달라고 부탁드릴 수 있습니다. → 147-149

86 예수님이 30년 동안 대중 앞에 모습을 드러내지 않으셨던 이유는 무엇인가요?

예수님은 우리와 똑같이 평범한 삶을 사셨고, 그로써 우리의 일상을 거룩하게 만드셨습니다. [531-534, 564]

예수님은 부모의 사랑을 듬뿍 받으며 성장하셨습니다. "예수님은 지혜와 키가 자랐고 하느님과 사람들의 총애도 더하여 갔다."(루카 2,52) 그분은 유다인 지역 공동체의 일원이셨고, 종교 의식에도 참석하셨습니다. 또한 목수 일을 배우셨고, 그 일에서 능력을 입증하셔야 했습니다. 하느님은 예수님을 통해 인간 가정에 태어나심으로써 가정을 하느님의 거처이자 도움을 주는 공동체의 원형으로 만드셨습니다.

> 가정은 한 민족의 특징이 형성되며 그 구성원들이 기본적인 가르침을 얻는 곳입니다. 그들은 조건 없이 사랑받는 만큼 사랑하는 법을 배우고, 자신들이 존중받는 만큼 다른 이들을 존중하도록 배우며, 자신들에게 온전한 관심을 베푸는 아버지와 어머니에게서 하느님의 모습을 처음 발견하는 만큼 하느님의 모습을 알 수 있게 됩니다.
>
> 바티칸 신앙교리성,
> 〈교회와 세상 안에서 남녀의 협력에 관하여 교회의 주교들에게 보내는 서한〉

87 예수님은 죄가 없으신데도 왜 요한에게 세례를 받으셨나요?

세례를 받는다는 것은 자신을 물속에 담근다는 것을 뜻합니다. 세례를 받음으로써 예수님은 인류 전체가 속해 있는 죄의 역사 속으로 들어가셨습니다. 세

례를 통해 그분은 표징을 남기셨습니다. 그분은 우리들이 범한 죄에서 우리를 구원하시기 위해 언젠가 죽음 속으로 빠져들겠지만, 당신 아버지의 권능으로 다시 부활하실 것입니다. [535-537, 565]

군인, 창녀, 세리와 같은 죄인들은 "죄의 용서를 위한 회개의 세례"(루카 3,3)를 받기 위해 요한 세례자를 찾아갔습니다. 그러나 예수님은 본래 죄 없는 분이셨기 때문에 세례를 받으실 필요가 없었습니다. 그분이 세례를 받으셨다는 사실은 다음 두 가지 사항을 우리에게 알려 줍니다. 하나는 예수님이 우리의 죄를 짊어지셨다는 것이고, 다른 하나는 예수님이 당신이 받으신 세례를 장차 당신이 겪을 고통과 부활의 예고로 이해하셨다는 것입니다. 우리를 위해 돌아가실 의지를 드러내는 그분의 표징에 대해 하늘도 응답했습니다. "너는 내가 사랑하는 아들이다."(루카 3,22)

> 죄인들과 의인들 사이에는 공동체가 존재합니다. 왜냐하면 의인이란 결코 존재하지 않기 때문입니다.
>
> 게르트루트 폰 르 포르
> (1876~1971년), 독일의 작가

88 예수님이 유혹을 받으신 이유는 무엇인가요? 그분이 유혹받는다는 것이 실제로 가능했나요?

예수님이 실제로 유혹을 받으셨다는 것은 그분이 진정한 인간이셨음을 증명하는 것이기도 합니다. 우리는 예수 그리스도에게서 "우리의 연약함을 동정하지 못하는 대사제가 아니라, 모든 면에서 우리와 똑같이 유혹을 받으신, 그러나 죄는 짓지 않으신"(히브 4,15) 구세주를 발견하게 됩니다. [538-540, 566]

> 그리스도께서 40일 동안 유다 사막에서 사탄의 유혹을 받으셨지만 그를 견뎌 내셨던 것처럼, 그리스도인은 …… 매일같이 전투를 견뎌 내야 합니다. 이 전투는 죄와 사탄에 맞서 싸우는 영적인 전투입니다. 이 전투는 인간을 전적으로 끌어들이며, 지속적으로 주의를 기울일 것을 요구합니다.
>
> 베네딕토 16세 교황,
> 2006년 3월 1일

89 예수님은 어떤 사람에게 '하느님 나라'를 약속하시나요?

"하느님께서는 모든 사람이 구원을 받고 진리를 깨닫게 되기를 원하십니다."(1티모 2,4) '하느님 나라'는 하느님의 사랑으로 변화되는 사람들에게서 시작됩니다. 예수님의 경험에 따르면 그들은 누구보다도 가난하고 미천한 사람들입니다. [541-546, 567]

예수님은 당신의 아버지이신 하느님에 대해 다음과 같이 말씀하셨습니다.
"주님께서 나를 보내시어 가난한 이들에게 기쁜 소식을 전하고 잡혀간 이들에게 해방을 선포하며 눈먼 이들을 다시 보게 하고 억압받는 이들을 해방시켜 내보내며 주님의 은혜로운 해를 선포하게 하셨다."
루카 4,18-19

교회와는 거리가 먼 사람들조차, 사회적으로 소외된 이들을 특별한 사랑을 갖고 우선적으로 돌보시는 예수님의 모습에 매료됩니다. 산상 설교에서 가난하고 슬퍼하는 사람들, 박해와 폭력의 희생자들, 순수한 마음으로 하느님을 찾는 모든 사람들, 하느님의 자비와 하느님의 정의와 하느님의 평화를 찾는 모든 사람들은 하느님 나라에 우선적으로 들어가는 사람들로 묘사됩니다. 죄인들도 특별 초대를 받습니다. "건강한 이들에게는 의사가 필요하지 않으나 병든 이들에게는 필요하다. 나는 의인이 아니라 죄인을 부르러 왔다."(마르 2,17)

90 예수님은 실제로 기적을 행하셨나요? 아니면 그저 신앙심을 강조하기 위해 꾸며 낸 이야기에 불과한가요?

예수님은 실제로 기적을 행하셨고, 사도들도 기적을 행했습니다. 신약 성경의 저자들은 실제 사건들을 전합니다. [547-550]

가장 오래된 원전들도 예수님의 기적들을 수없이 많이 전하고, 예수님의 선포 내용이 참되다는 것을 입

증하는 표징으로서 심지어 죽은 이들을 살리신 기적까지 전합니다. "그러나 내가 하느님의 영으로 마귀들을 쫓아내는 것이면, 하느님의 나라가 이미 너희에게 와 있는 것이다."(마태 12,28) 기적들은 공개된 장소에서 일어났고, 눈이 멀었던 바르티매오(마르 10,46-52 참조)나 병든 베드로의 장모(마태 8,14-15 참조)처럼 그 일에 관련된 몇몇 사람들의 이름이 거론되기도 했습니다. 그 외에도 유다인들에게는 충격적인 모독 행위로 느껴질 수 있는 기적들도 있습니다. **안식일에 절름발이를 고쳐 주신 기적이나 나병 환자들을 고쳐 주신 기적을 그 예로 들 수 있습니다.** 그럼에도 불구하고 당시 유다교에서는 그 기적들을 문제 삼지 않았습니다.

> 기적은 자연을 거슬러 일어나는 것이 아니라, 자연에 관한 우리의 지식을 거슬러 일어납니다.
> 아우구스티노 성인

> 이 세상 어느 곳에서도 베들레헴의 그 오막살이에서 있었던 것과 같은 위대한 기적이 일어난 적은 없습니다. 그곳에서 하느님과 인간이 하나가 되었습니다.
> 토마스 아 켐피스
> (1380~1471년), 독일의 신비가, 《준주성범》의 저자

91 예수님이 기적을 행하신 이유는 무엇인가요?

예수님이 행하신 기적들은 하느님 나라가 시작되고 있음을 알리는 표징이었습니다. 그 기적들은 인간에 대한 예수님의 사랑을 드러내는 것이었을 뿐만 아니라, 그분의 파견을 뒷받침하는 것이었습니다. [547-550]

> 사람들은 더할 나위 없이 놀라서 말하였다. "저분이 하신 일은 모두 훌륭하다. 귀먹은 이들은 듣게 하시고 말 못하는 이들은 말하게 하시는구나."
> 마르 7,37

예수님은 마술적인 능력을 과시하려고 기적을 행하셨던 것이 아닙니다. 그분에게는 하느님의 사랑이 지닌 치유력이 충만하셨습니다. 기적을 통해 예수님은 당신이 메시아시며 당신에게서 하느님 나라가 시작되고 있음을 알려 주셨습니다. 이렇게 해서 새로운 세상의 시작을 보는 것이 가능해졌습니다. 예수님은 배고픔(요한 6,5-15 참조), 불의(루카 19,8 참조), 질병과 죽음(마태 11,5 참조)으로부터 인간을 해방하셨습

니다. 그분은 마귀들을 쫓아내심으로써 사탄을 뜻하는 "이 세상의 우두머리"(요한 12,31)에 대한 승리의 진군을 시작하셨습니다. 그럼에도 불구하고 예수님은 이 세상에서 모든 고통과 악을 제거하지는 않으셨습니다. 그분은 죄의 종살이에서 인간을 해방하는 것에 주안점을 두셨습니다. 그분에게는 기적을 통해 불러일으켰던 신앙이 가장 중요한 관심사였습니다.

→ 241-242

92 예수님이 사도들을 부르신 이유는 무엇인가요?

예수님은 당신 주위에 남녀들로 구성된 대규모 제자들을 두셨습니다. 그분은 이들 가운데에서 열두 명의 남자들을 뽑으시고, 그들을 사도라고 부르셨습니다(루카 6,12-16 참조). 또한 사도들을 특별히 교육하시고 그들에게 여러 가지 임무를 맡기셨습니다. 예수님은 "하느님의 나라를 선포하고 병자들을 고쳐 주라."(루카 9,2) 하시며 그들을 파견하셨습니다. 예수님은 오로지 이들 열두 사도들과 함께 최후의 만찬을 나누셨으며, 그 자리에서 그들에게 "너희는 나를 기억하여 이를 행하여라."(루카 22,19)라고 새로운 임무를 주셨습니다. [551-553, 567]

아버지께서 나를 보내신 것처럼 나도 너희를 보낸다.
요한 20,21

사도들은 예수님 부활의 증인이자 그분의 진리를 보증하는 사람들이 되었습니다. 그들은 예수님이 돌아가신 이후 그분의 사명을 계승했습니다. 사도들은 자신들의 직무를 이어 갈 후계자들을 뽑았는데 이들이 곧 **주교**들입니다. 사도들의 후계자인 주교들은 예수님에게 받은 권한을 오늘날에도 여전히 행사하고 있습니다. 다시 말해 주교들은 교회를 이끌고 신자들을 가르치며 전례를 거행합니다. 사도들의 응집력은 **교회 통합**(사도 전승)의 토대가 되었습니다. 열두 사도 가운데 으뜸은 베드로인데, 예수님이 그에게 특별한 권위를 부여하셨기 때문입니다. "너는 베드로이다. 내가 이 반석 위에 내 교회를 세울 것이다."(마태 16,18) 사도들 가운데 베드로가 지녔던 특별한 지위에서 교황직이 유래했습니다. → 137

93 그리스도가 산 위에서 영광스럽게 변모하신 이유는 무엇인가요?

하느님은 예수님이 지니신 신적인 영광을 그분의 현세의 삶에서 드러내고자 미리 계획하셨습니다. 그리스도의 영광스러운 변모는 나중에 제자들이 그분의 죽음과 부활을 이해하는 데 도움을 주기 위한 것이었습니다. [554-556, 568]

공관 복음서들은 예수님이 산꼭대기에 오르셨을 때 제자들의 눈앞에서 빛나기 시작했다고 즉, "변모했다"고 전하고 있습니다. 하늘에 계신 성부의 목소리가 예수님을 "사랑하는 아들"이라 부르며 사람들은 그분의 말을 들어야 한다고 했습니다. 베드로는 "초막 셋을 지어" 그 순간을 붙잡아 두고 싶어 했습니다. 그러나 예수님은 고난을 겪으러 가는 도중이셨기에, 이를 통해 당신 제자들을 군건하게 만들고자 하셨습니다(마태 17,1-9; 마르 9,2-10; 루카 9,28-36 참조).

> 누가 하느님을 강렬하게 체험하는 은총을 받았다면, 그것은 예수님의 거룩한 변모 때 제자들이 겪었던 체험과 비슷할 것입니다. 다시 말해 그 사람은 잠깐 동안 낙원의 행복을 미리 맛본 것입니다. 통상적으로 그것은, 특히 혹독한 시련과 관련해서 하느님이 이따금 허락하시는 짧은 체험을 말합니다.
>
> 베네딕토 16세 교황, 2006년 3월 12일

94 예수님은 예루살렘에 입성하셨을 때 당신이 죽게 될 것을 이미 알고 계셨나요?

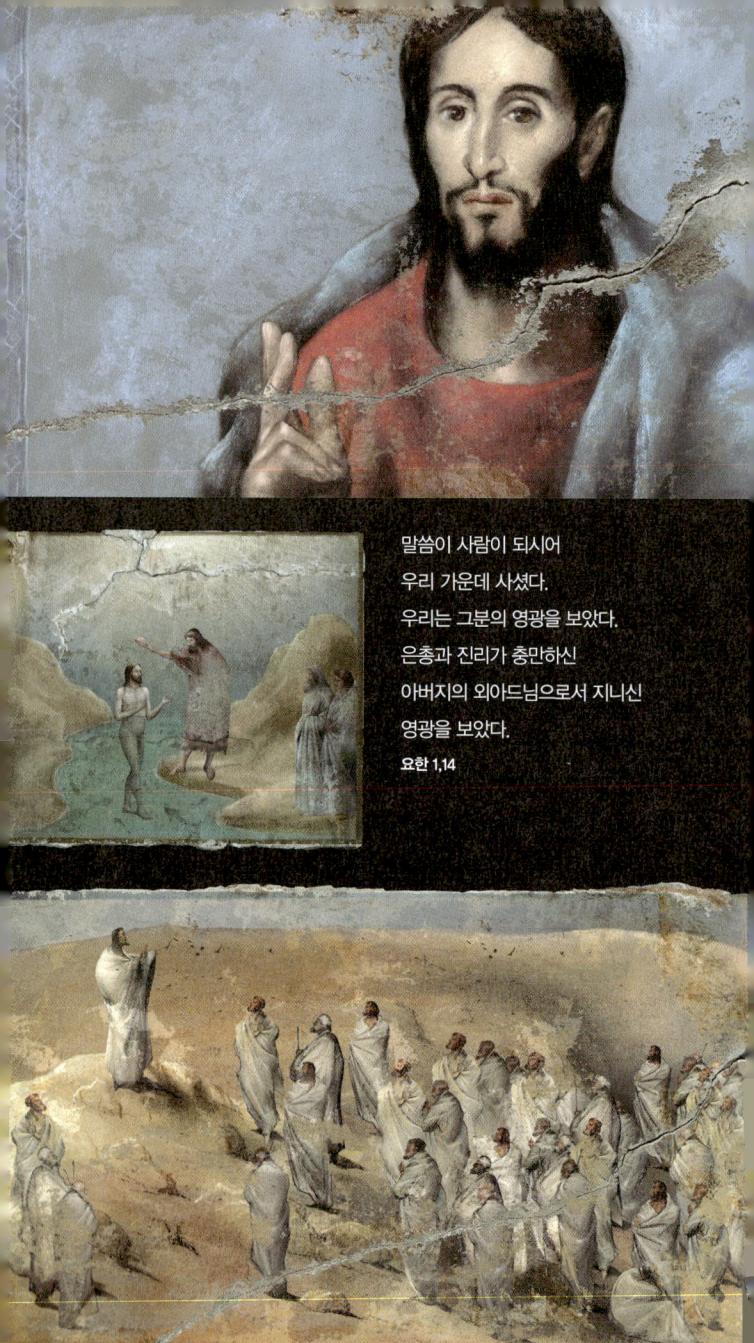

말씀이 사람이 되시어
우리 가운데 사셨다.
우리는 그분의 영광을 보았다.
은총과 진리가 충만하신
아버지의 외아드님으로서 지니신
영광을 보았다.
요한 1,14

> 예수님께서는 그 뒤에, 사람의 아들이 반드시 많은 고난을 겪으시고 원로들과 수석 사제들과 율법 학자들에게 배척을 받아 죽임을 당하셨다가 사흘 만에 다시 살아나셔야 한다는 것을 제자들에게 가르치기 시작하셨다.
>
> 마르 8,31

그렇습니다. 당신이 의도를 갖고 스스로(루카 9,51 참조) 당신 수난과 부활의 장소로 가시기 전에, 예수님은 세 번에 걸쳐 당신의 수난과 부활을 예고하셨습니다. [557-560, 569-570]

95 예수님이 당신의 죽음과 부활의 날로 유다교의 파스카 축제일을 택하신 이유는 무엇인가요?

예수님은 당신의 죽음과 부활을 통해 이뤄져야 했던 일에 대한 상징으로 당신의 민족 이스라엘의 파스카 축제를 선택하셨습니다. 이스라엘 민족이 이집트의 종살이에서 해방되었던 것처럼, 그리스도는 우리를 죄의 종살이와 죽음의 권세에서 해방시켜 주셨습니다. [571-573]

> 그분께서 말씀하셨다. "보다시피 우리는 예루살렘으로 올라가고 있다. 거기에서 사람의 아들은 수석 사제들과 율법 학자들에게 넘겨질 것이다. 그러면 그들은 사람의 아들에게 사형을 선고하고 그를 다른 민족 사람들에게 넘겨 조롱하고 침 뱉고 채찍질하고 나서 죽이게 할 것이다. 그러나 사람의 아들은 사흘 만에 다시 살아날 것이다."
>
> 마르 10,33-34

파스카 축제는 이스라엘 민족이 이집트 종살이에서 해방된 것을 기념하는 축제입니다. 예수님은 더욱 심오한 방식으로 우리를 해방하시기 위해 예루살렘으로 가셨습니다. 그분은 당신 제자들과 함께 파스카 만찬을 나누셨고, 만찬 도중에 당신 자신을 희생 제물로 바치셨습니다. 하느님과 인간 사이에 마지막으로 영원한 화해가 성립되도록 하기 위해 "우리의 파스카 양이신 그리스도께서 희생되셨습니다."(1코린 5,7) → 171

96 예수님처럼 온유한 사람을 십자가형에 처한 이유는 무엇인가요?

예수님은 당신이 신적인 권능으로 행동한다고 생각하는지, 아니면 당신이 허풍쟁이에 불과하고 하느님을 모독하며 율법을 지키지 않기 때문에 율법에 따라 책임을 물어야 한다고 생각하는지, 주위 사람들에게 선택하라고 촉구하셨습니다. [574-576]

여러 측면에서 예수님은 유례없이 당시 전통적인 유다교에 도전한 사람이었습니다. 그분은 죄를 용서하셨는데, 그것은 오로지 하느님만이 하실 수 있는 일이었습니다. 그분은 안식일 계명도 상대적인 것으로 간주하셨고, 하느님을 모독한다는 의혹에 휩싸이셨으며, 거짓 예언자라는 비난을 받으셨습니다. 율법에 따르면 이 모든 것은 사형에 처해야 하는 위법 행위에 해당되었습니다.

> 시간이 되자 예수님께서는 사도들과 함께 자리에 앉으셨다. 그리고 그들에게 이르셨다. "내가 고난을 겪기 전에 너희와 함께 이 파스카 음식을 먹기를 간절히 바랐다. 내가 너희에게 말한다. 파스카 축제가 하느님의 나라에서 다 이루어질 때까지 파스카 음식을 다시는 먹지 않겠다."
>
> 루카 22,14-16

97 유다인들에게 예수님의 죽음에 대한 책임이 있나요?

유다인들에게 예수님의 죽음에 대한 연대 책임을 물을 수는 없습니다. 이에 반해 교회는 모든 죄인이 예수님의 죽음에 연루되어 있다고 고백합니다. [597-598]

나이 많은 예언자 시메온은 예수님이 "반대를 받는 표징이 되도록 정해졌습니다."(루카 2,34)라고 예언했습니다. 이와 같이 유다의 권위 있는 사람들은 단호히 예수님을 거부했지만, 바리사이파 사람들 가운데에는 니코데모와 아리마태아 사람 요셉처럼 남몰래 예수님을 따르는 사람들도 있었습니다. 예수님의 재판에는 카야파와 유다, 산헤드린(고대 유다 장로들의 최고 회의), 헤로데, 본시오 빌라도 등 로마인들과 유다인들, 여러 기관들이 참여했는데, 그들의 개별적인

> 99 그분을 십자가형에 처하게 한 것은 마귀들이 아니라, 악습과 죄를 즐김으로써 그들과 함께 그분을 십자가에 못 박았고 여전히 못 박고 있는 바로 당신입니다.
>
> 아시시의 프란치스코 성인

> 예수님께서는 이 세상에서 아버지께로 건너가실 때가 온 것을 아셨다. 그분께서는 이 세상에서 사랑하신 당신의 사람들을 끝까지 사랑하셨다.
>
> 요한 13,1

> 십자가 이외에 하늘 나라에 오를 수 있는 다른 사다리는 없습니다.
>
> 리마의 로사 성녀
> (1586~1617년),
> 페루의 수호성인,
> 남미 대륙의 첫 번째 성녀

잘못은 오직 하느님만이 알고 계십니다. 따라서 당시의 유다인들뿐만 아니라 오늘날의 모든 유다인들에게도 예수님의 죽음에 책임이 있다는 가설은 비이성적이며, 성경 내용에도 맞지 않습니다. → 135

98 하느님은 당신 외아드님의 죽음을 의도하셨나요?

예수님이 비극적인 외부 상황들 때문에 끔찍한 죽음을 맞으신 것이 아니었습니다. 그분은 "하느님께서 미리 정하신 계획과 예지에 따라"(사도 2,23) 사람들 손에 넘겨지셨습니다. 죄와 죽음의 자녀였던 우리가 생명을 얻도록 하기 위해 하늘에 계신 아버지는 "죄를 모르시는 그리스도를 우리를 위하여 죄로"(2코린 5,21) 만드셨습니다. 아버지이신 하느님이 당신 아드님에게 요구하셨던 제물의 크기는 그리스도의 헌신의 크기와 일치합니다. "'아버지, 이때를 벗어나게 해 주십시오.' 하고 말할까요? 그러나 저는 바로 이 때를 위하여 온 것입니다."(요한 12,27) 아버지나 아들이 지녔던 마음은 모두 십자가라는 최악의 상황에서 입증된 사랑이었습니다. [599-609, 620]

우리를 죽음에서 구하기 위해 하느님은 위험한 사명을 수행하셨습니다. 다시 말해 하느님은 당신의 아드님 예수 그리스도라는 "불멸의 묘약"(안티오키아의 이냐시오 성인)을 우리가 있는 죽음의 세계 속으로 넣어 주셨습니다. 이 사명에 있어 성부와 성자는 떼어 놓을 수 없는 동맹자들이었고, 인간을 사랑하는 마음 때문에 최악을 감수할 각오와 갈망으로 가득 차 있었습니다. 우리를 영원히 구원하기 위해 하

느님은 교환을 원하셨습니다. 하느님은 당신의 영원한 생명을 우리에게 주시길 원하셨고, 그로써 우리가 당신의 기쁨을 누리길 바라셨습니다. 즉 하느님은 모든 면에서 우리 인간과 하나가 되고 이 세상 끝까지, 아니 그것을 넘어서까지 우리를 사랑하시기 위해, 우리의 죽을 운명과 절망, 고독, 죽음을 함께 겪고자 하셨습니다. 그리스도의 죽음은 하느님의 뜻이었지만, 그것이 그분이 바라셨던 끝은 아니었습니다. 그리스도가 우리를 위해 돌아가셨기 때문에 우리는 우리 죽음을 그분의 생명과 맞바꿀 수 있게 되었습니다.

99 최후의 만찬에서는 어떤 일이 벌어졌나요?

예수님은 돌아가시기 전날 저녁에 당신 제자들의 발을 씻어 주셨고, 성체성사와 새 계약의 사제직을 세우셨습니다. [610-611]

> 하느님은 고통을 멈추게 하려고 세상에 오신 것이 아닙니다. 또한 고통을 설명하려고 오신 것도 아닙니다. 그분은 자신의 현존으로 고통을 채우려고 오셨습니다.
>
> 폴 클로델

예수님께서는 제자들의 발을 씻어 주신 다음, 겉옷을 입으시고 다시 식탁에 앉으셔서 그들에게 이르셨다. "내가 너희에게 한 일을 깨닫겠느냐? 너희가 나를 '스승님', 또 '주님' 하고 부르는데, 그렇게 하는 것이 옳다. 나는 사실 그러하다. 주님이며 스승인 내가 너희의 발을 씻었으면, 너희도 서로 발을 씻어 주어야 한다. 내가 너희에게 한 것처럼 너희도 하라고, 내가 본을 보여 준 것이다."

요한 13,12-15

> 어떤 의미에서 우리는 최후의 만찬이 바로 교회를 세우는 행위였다고 말할 수 있습니다. 왜냐하면 그분은 몸소 자신을 바치시고, 그런 방식으로 당신 자신과의 관계 속에서 하나가 되는 새로운 공동체를 세우셨기 때문입니다.
>
> 베네딕토 16세 교황, 2006년 3월 15일

예수님은 모든 일이 성취될 때까지 당신 사랑을 다음의 세 가지 방식으로 보여 주셨습니다. 그분은 제자들의 발을 씻어 주심으로써 섬기는 사람(루카 22,27 참조)으로서 당신이 우리 가운데에 계심을 알려 주셨습니다. 그분은 제물로 쓰인 빵과 포도주를 두고 다음과 같이 말씀하심으로써 당신이 겪으실 수난의 구원적 성격을 암시하셨습니다. "'이는 너희를 위하여 내어 주는 내 몸이다. 너희는 나를 기억하여 이를 행하여라.' 또 만찬을 드신 뒤에 같은 방식으로 잔을 들어 말씀하셨다. '이 잔은 너희를 위하여 흘리는 내 피로 맺는 새 계약이다.'"(루카 22,19-20) 이와 같이 그분은 거룩한 **성체성사**를 세우셨습니다. 예수님은 **사도**들에게 "너희는 나를 기억하여 이를 행하여라."(1코린 11,24)라고 당부하심으로써, 그들을 새 계약의 **사제**들로 삼으셨습니다. → 208-223

십자가를 묘사한 매우 오래된 그림들 가운데 하나는 로마의 팔라틴 언덕에 세워진 십자가를 희화화한 그림입니다. 200년경에 제작된 이 그림은 그리스도인들의 구세주를 조롱하려는 의도를 담고 있습니다. 그림 속 문장은 '알렉사메노스가 그의 하느님을 경배한다'는 내용입니다.

100 예수님은 돌아가시기 전날 밤 올리브 산 위에서 실제로 죽는 것을 두려워하셨나요?

예수님은 진짜 인간이셨기 때문에 올리브 산에서 기도하실 때 죽게 되실 것을 진정으로 두려워하셨습니다. [612]

우리가 지닌 것과 똑같은 인간의 의지력으로 예수님은 세상의 생명을 위해 당신 생명을 바치라는 성부의 뜻에 따르고자 노력하셨습니다. 온 세상뿐만 아니라 심지어 당신 제자들에게도 버림받았던 가장 어려웠던 때에 예수님은 고심 끝에 "네."라고 대답하셨습니다. "아버지, 이 잔이 비켜 갈 수 없는 것이라서 제가 마셔야 한다면, 아버지의 뜻이 이루어지게 하

십시오."(마태 26,42) → 476

> **수난**(Passion, '질병, 수난, 고통, 열정, 격정'을 뜻하는 라틴어 'passio'에서 유래)
>
> 그리스도의 수난을 가리키는 말.

101 예수님은 왜 하필 십자가를 통해 우리를 구원하셨나요?

예수님이 죄 없이 처참하게 처형되셨던 십자가는 가장 극심한 굴욕과 고립의 장소였습니다. 우리 구세주 그리스도는 세상의 죄를 짊어지고 세상의 고통을 겪기 위해 십자가를 선택하셨습니다. 이처럼 그분은 당신의 완전한 사랑을 통해 세상을 다시 하느님에게 데려오셨습니다. [613-617, 622-623]

하느님이 우리를 위해 십자가에 못 박히셨던 것보다 더 극명하게 당신의 사랑을 우리에게 보여 주셨던 적은 없습니다. 십자가형은 고대의 가장 치욕적이고 잔인한 처형 방법이었습니다. 로마 시민은 아무리 큰 죄를 지었다 하더라도 십자가형만은 피할 수 있었습니다. 그러나 십자가를 통해 하느님은 인류의 가장 극심한 고통을 겪으셨습니다. 그 이후로는 더 이상 아무도 "하느님은 내가 겪고 있는 고통을 모르실 거야."라고 말할 수 없게 되었습니다.

> 99 하느님은 우주 전체를 껴안기 위해 십자가 위에서 두 팔을 벌리고 계십니다.
>
> 예루살렘의 치릴로 성인
> (315년경~387년), 교부

> 99 십자 나무가 우리 그리스도인들을 떠받치고 있으며, 오로지 그것으로 인해 우리는 세상 풍파 속으로 가라앉지 않습니다.
>
> 아우구스티노 성인

102 우리가 삶의 고통을 받아들임으로써, 다시 말해 '우리의 십자가를 짐으로써' 예수님을 따라야 하는 이유는 무엇인가요?

그리스도교 신자들이 고통을 추구해서는 안 되지만, 피할 수 없는 고통과 마주치는 경우 그것을 그리스도가 겪으셨던 고통과 일치시킴으로써 고통의 의미를 깨달을 수 있습니다. "그리스도께서도 여러분을

> 우리는 자기 십자가를 질질 끌지 말고 짊어져야 하며, 그것을 짐이 아닌 보물로 여겨야 합니다. 오로지 십자가를 통해서 우리는 예수님을 닮을 수 있기 때문입니다.
>
> 프랑수아 페늘롱
> (1651~1715년), 프랑스 작가

> 당신이 자기 십자가를 기쁘게 짊어진다면, 그 십자가가 당신을 짊어질 것입니다.
>
> 토마스 아 켐피스

> 고통을 통하여 구원 사업을 완수하신 그리스도께서는 또한 인간 고통을 구원의 차원에까지 들어 높이셨습니다. 이리하여 인간이 저마다 자기 자신의 고통을 겪으면서 또한 그리스도의 구속적 고통에 참여하기도 하는 것입니다.
>
> 요한 바오로 2세 성인 교황,
> 〈구원에 이르는 고통〉

위하여 고난을 겪으시면서, 당신의 발자취를 따르라고 여러분에게 본보기를 남겨 주셨습니다."(1베드 2,21) [618]

예수님은 "누구든지 내 뒤를 따르려면 자신을 버리고 제 십자가를 지고 나를 따라야 한다."(마르 8,34)라고 말씀하셨습니다. 그리스도교 신자들은 세상의 고통을 줄여야 할 사명을 갖고 있습니다. 그럼에도 불구하고 고통은 계속 존재할 것입니다. 우리는 신앙을 통해 자신의 고통을 받아들이고 다른 이들의 고통을 나눌 수 있습니다. 이러한 방식으로 인간의 고통은 구원자 그리스도의 사랑과 하나가 되고, 그로써 세상을 더 좋게 변화시키는 신적인 능력의 일부가 됩니다.

103 예수님은 실제로 돌아가셨나요, 아니면 그저 돌아가셨던 것처럼 보였기 때문에 부활하실 수 있었던 건가요?

예수 그리스도는 실제로 십자가 위에서 돌아가셨고, 그분의 시신은 매장되었습니다. 성경의 모든 원전들이 이 사실을 증언합니다. [627]

요한 복음서에는 병사들이 예수님의 죽음을 분명하게 확인한 내용이 있습니다. 그들은 돌아가신 예수님의 옆구리를 창으로 찔렀고 거기에서 피와 물이 흘러나오는 것을 보았습니다. 그 밖에 예수님과 함께 십자가에 못 박힌 사람들의 다리를 부러뜨렸다고 했는데, 이는 죽음을 재촉하기 위한 조치였습니다. 하지만 그 시점에 예수님은 이미 돌아가신 상태였기 때문에 예수님에게는 그렇게 하지 않았습니다.

104 그리스도의 부활을 믿지 않고도 그리스도교 신자라고 할 수 있나요?

신자라고 할 수 없습니다. "그리스도께서 되살아나지 않으셨다면, 우리의 복음 선포도 헛되고 여러분의 믿음도 헛됩니다."(1코린 15,14) [631, 638, 651]

105 제자들은 예수님의 부활을 어떻게 믿게 되었나요?

앞서 모든 희망을 잃어버렸던 제자들은 예수님이 돌

토리노의 성의聖衣는 1세기의 것으로 추정되는 아마포로, 이 성의는 1898년 토리노의 한 사진작가가 처음 촬영했습니다. 사진 원판을 살펴보던 그는 고대에 고문을 받은 희생자의 신비스러운 모습이 아마포에 새겨진 것을 발견했는데, 그 모습 속의 상처들은 복음서가 전하는 내용과 일치했습니다.

💬 십자가를 바라볼 때 우리는 그분의 위대한 사랑을 깨닫습니다. 구유를 바라볼 때 우리는 당신과 나 그리고 당신의 가정과 모든 가정에 대한 그분의 자상한 사랑을 깨닫게 됩니다.

마더 데레사 성녀

아가신 이후 그분을 여러 가지 방식으로 목격하고 그분과 이야기를 나눴으며 그분이 살아 계심을 체험했기 때문에, 예수님의 부활을 믿게 되었습니다. [640-644, 656]

> 그리스도의 죽음과 부활 사건은 그리스도교의 핵심이자 우리의 신앙을 지탱하는 중심 내용이며, 우리 확신의 강력한 수단이고, 모든 두려움과 불확실함, 모든 의혹과 인간적인 계산을 날려 버리는 강력한 바람입니다.
>
> 베네딕토 16세 교황, 2006년 10월 19일

기원후 30년경 예루살렘에서 있었던 부활 사건은 지어낸 이야기가 아닙니다. 예수님이 돌아가심으로써 그들이 함께 꿈꿔 왔던 이상도 수포로 돌아갔다는 생각에 ["우리는 그분이야말로 이스라엘을 해방하실 분이라고 기대하였습니다."(루카 24,21)] 제자들은 도망을 치거나 문을 꼭 걸어 잠그고 숨어 있었습니다. 부활하신 그리스도를 만난 이후에야 비로소 그들은 굳어졌던 마음을 풀고, 삶과 죽음의 주인이신 예수 그리스도에 대한 열렬한 믿음으로 충만해졌습니다.

106 예수님이 부활하셨다는 증거가 있나요?

예수님의 부활을 자연 과학적으로 입증하는 증거는 존재하지 않습니다. 그러나 많은 동시대인들이 예루살렘에서 있었던 부활 사건을 개인적으로 또는 집단적으로 매우 분명하게 증언하고 있습니다. [639-644, 647, 656-657]

> 부활절을 아는 사람은 절망하지 않습니다.
>
> 디트리히 본회퍼
> (1906~1945년),
> 개신교 신학자이자
> 히틀러에 맞서 싸운 저항
> 운동가로, 플로센뷔르크의
> 강제 수용소에서 처형당함.

부활에 관한 가장 오래된 문헌상의 증거는, 그리스도가 돌아가신 지 20년쯤 지났을 무렵 바오로 사도가 코린토의 신자들에게 보냈던 편지에 나와 있습니다. "나도 전해 받았고 여러분에게 무엇보다 먼저 전해 준 복음은 이렇습니다. 곧 그리스도께서는 성경 말씀대로 우리의 죄 때문에 돌아가시고 묻히셨으며, 성경 말씀대로 사흘날에 되살아나시어, 케파에게, 또 이어서 열두 사도에게 나타나셨습니다. 그다음에는 한 번에 오백 명이 넘는 형제들에게 나타나셨는데, 그 가운데 더러는 이미 세상을 떠났지만 대부분은 아직도 살아 있습니다."(1코린 15,3-6) 이 편지에서 바오로 사도는 예수님이 돌아가시고 부활하신 지 이삼 년이 지났을 무렵, 부활하신 주님과의 충격적인 만남을 통해 스스로 그리스도교로 개종 사실을 말하고 있습니다. 그리고 그 이후 예루살렘의 초대 그리스도교 공동체에서 그가 발견한 생생한 전승을 언급하고 있습니다. 제자들은 빈 무덤이 예수님 부활의 실재를 가리킨다고 생각했습니다(루카 24,5-6 참조). 가장 먼저 예수님의 무덤이 비어 있는 것을 발견한 사람은 여자들이었는데, 당시 법에 따르면 여자들의 증언은 효력이 없었습니다. 성경은 빈 무덤을 보았던 요한 **사도**에 관해 그가 "보고 믿었다."(요한 20,8)라고 전하지만, 예수님이 살아 계신다는 확신은 그분이 여러 차례 나타나신 이후에야 비로소 굳어졌습니다. 부활하신 그리스도와의 무수한 만남은 그분의 승천으로 마무리되었습니다. 그럼에도 불구하고 살아 계신 주님과의 만남은 그 이후에도 있었고 오늘날까지도 계속됩니다. 이처럼 예수 그리스도는 살아 계십니다.

107 부활을 통해 예수님은 현세에서 지녔던 모습 그대로 되돌아가셨나요?

부활하신 주님은 제자들이 당신을 만지도록 허락하셨고, 그들과 함께 식사도 하셨으며, 당신이 겪은 고난의 상처들도 제자들에게 보여 주셨습니다. 제자들이 그분의 육신을 만질 수 있었음에도 불구하고 그

> 하느님의 사랑이 밝은 빛을 내며 지나가고, 성령은 섬광처럼 어둠 속에 있는 모든 사람들을 가로질러 갑니다. 이처럼 지나쳐 가는 가운데 부활하신 분은 우리를 붙들어 주시고, 모든 것을 짊어지시며, 참을 수 없는 모든 것을 떠맡으십니다. 나중에야 비로소, 때로는 시간이 아주 많이 흐른 뒤에야 우리는 깨닫게 됩니다. 그리스도가 들렀다 가셨으며 그분이 당신의 충만함으로부터 나온 무엇인가를 선물하셨다는 것을.
>
> 로제 슈츠 수사

예수님께서 막달라 여자 마리아에게 나타나셨는데, 그녀는 그분을 금세 알아보지 못했습니다. 예수님께서 "마리아야!" 하고 부르셨다. 마리아는 돌아서서 히브리 말로 "라뿌니!" 하고 불렀다. 이는 '스승님'이라는 뜻이다.

요한 20,16

분의 육신은 더 이상 현세에만 속한 것이 아니라, 성부의 신성한 영역에 속한 것이기도 했습니다. [645-646]

십자가에 못 박히셨던 상처들을 지닌 부활하신 그리스도는 더 이상 시간과 공간에 얽매이신 분이 아닙니다. 그분은 잠긴 문도 뚫고 들어오시고, 서로 다른 지역에 있던 당신 제자들에게 금방 알아볼 수 없는 모습으로 나타나기도 하셨습니다. 다시 말해 그분의 부활은 평범한 현세적 삶으로 귀환하신 것이 아니라, 새로운 존재 방식으로 진입하신 것을 의미합니다. "우리는 그리스도께서 죽은 이들 가운데에서 되살아나시어 다시는 돌아가시지 않으리라는 것을 압니다. 죽음은 더 이상 그분 위에 군림하지 못합니다."(로마 6,9)

108 부활을 통해 이 세상은 어떻게 변했나요?

모든 것이 이제 더 이상 죽음으로 끝나지 않기 때문에, 세상에는 기쁨과 희망이 찾아왔습니다. "죽음은 더 이상 그분 위에 군림하지 못하기"(로마 6,9) 때문에, 죽음은 또한 예수님에게 속해 있는 우리 위에도 군림하지 못하게 되었습니다. [655, 658]

109 예수님의 승천은 무엇을 뜻하나요?

죽은 이들 가운데에서 부활한 첫 사람이신 그리스도께서 하느님이 계신 곳에 도달했고 영원히 그곳에 있게 되었습니다. 당신 아드님을 통해 하느님은 인간다운 모습으로 우리와 가까이 계십니다. 그 외에도 예

> 부활 소식을 들은 사람은 더 이상 슬픈 표정으로 돌아다니거나 희망과 유머가 없는 삶을 살지 않습니다.
>
> 프리드리히 실러(1759~1805년), 독일의 시인이자 극작가

수님은 요한 복음서를 통해 다음과 같이 말씀하십니다. "나는 땅에서 들어 올려지면 모든 사람을 나에게 이끌어 들일 것이다."(요한 12,32) [659-667]

신약 성경에 따르면, 부활하신 그리스도가 당신 제자들과 특별히 가깝게 지낸 40일간의 시간은 그분의 승천으로 마무리됩니다. 이 기간을 마무리 지으며 그리스도는 온전한 인간성을 지니신 채 하느님의 영광 속으로 들어가 자리를 잡으셨습니다. 성경은 '구름'과 '하늘'이라는 표상을 통해 이 사실을 묘사하고 있습니다. 베네딕토 16세 교황은 "인간은 하느님 안에서 있을 곳을 찾는다."라고 말했습니다. 예수 그리스도는 이제 하느님 곁에 계시며, 언젠가 그곳으로부터 "산 이와 죽은 이를 심판하러" 오실 것입니다. 그리스도의 승천이란, 이 세상에서는 더 이상 예수님을 눈으로 볼 수 없지만 그럼에도 불구하고 그분은 지금 여기에 현존하신다는 것을 의미합니다.

> 갈릴래아 사람들아, 왜 하늘을 쳐다보며 서 있느냐? 너희를 떠나 승천하신 저 예수님께서는, 너희가 보는 앞에서 하늘로 올라가신 모습 그대로 다시 오실 것이다.
> 사도 1,11

110 예수 그리스도를 '온 세상의 주님'이라고 부르는 이유는 무엇인가요?

세상 만물은 예수 그리스도를 통해 창조되었으므로, 세상과 역사의 주인은 바로 그분이십니다. 모든 인간은 그분에 의해 구원되었고, 그분의 심판을 받게 될 것입니다. [668-674, 680]

> 만물이 그분 안에서 창조되었기 때문입니다. 하늘에 있는 것이든 땅에 있는 것이든 보이는 것이든 보이지 않는 것이든 왕권이든 주권이든 권세든 권력이든 만물이 그분을 통하여 또 그분을 향하여 창조되었습니다.
> 콜로 1,16

예수 그리스도는 우리가 무릎 꿇어 경배드리는 유일한 분으로서 우리 위에 계십니다. 또한 그리스도는 당신 교회의 머리로서 우리 곁에 계십니다. 하느님 나라는 교회 안에서 이미 시작되었습니다. 예수 그리스도는 역사의 주인으로서 우리를 앞서 가시고, 어둠의 권세는 결국 그분에게 굴복했으며, 세상의 운명은 하느님의 계획에 따라 그분을 통해 성취되고 있습니다. 그분은 세상을 새롭게 하고 완성하기 위해 우리가 알지 못하는 날에 영광스럽게 우리에게 오실 것입니다. 우리는 무엇보다 하느님의 말씀과 여러 **성사**들을 통하거나 가난한 이들을 돌볼 때, 또한 "두 사람이나 세 사람이라도 내(예수님) 이름으로 모인 곳"(마태 18,20)에서 그분이 가까이 계심을 느낍니다. → 157, 163

그리스도의 재림
(Pa-rousia, 그리스어로 '현존'이라는 뜻의 파루시아 παρουσία에서 유래)

최후의 심판 때 그리스도가 다시 오시리라는 것을 뜻하는 말.

111 세상 종말에는 어떤 일이 일어나나요?

세상이 끝나는 날에는 그리스도가 오시며, 모든 이들이 그분을 눈으로 보게 될 것입니다. [675-677]

사람들은 세상에 닥쳐오는 것들에 대한 두려운 예감으로 까무러칠 것이다. 하늘의 세력들이 흔들릴 것이기 때문이다. 이러한 일들이 일어나기 시작하거든 허리를 펴고 머리를 들어라. 너희의 속량이 가까웠기 때문이다.

루카 21,26.28

성경에 예고된 극적이고 놀라운 일들과(루카 18,8; 마태 24,3 참조), 있는 그대로 드러나게 될 악의 그리고 많은 이들의 믿음을 시험하게 될 환난과 박해는, 세상 종말의 어두운 측면일 뿐입니다. 우리는 그때에 악을 물리치신 하느님의 최종적인 승리를 눈으로 보게 될 것이며, 하느님의 영광과 그분의 진리, 그분의 정의가 빛을 발하며 나타날 것입니다. 그리스도가 오심으로써 "새 하늘과 새 땅"이 열릴 것입니다. 하느님께서 친히 그들의 눈에서 모든 눈물을 닦아 주실 것입니다. 다시는 죽음이 없고 다시는 슬픔도 울

부짖음도 괴로움도 없을 것입니다. 이전 것들이 사라져 버렸기 때문입니다(묵시 21,4 참조). → 164

112 우리와 온 세상에 대한 그리스도의 심판은 어떤 모습으로 이루어지나요?

사랑에 관해 아무것도 알고 싶어 하지 않는 사람은 그리스도도 도울 수 없습니다. 그런 사람은 자기 스스로를 심판하고 있는 것입니다. [678-679, 681-682]

예수 그리스도는 "길이요 진리요 생명"(요한 14,6)이시기 때문에, 하느님 앞에 존재할 가치가 있는지의 여부는 그리스도를 잣대로 결정됩니다. 그리스도의 삶을 잣대로 해서 모든 인간과 사물, 생각과 사건에 관한 완전한 진실이 밝혀집니다. → 157, 163

> 하느님은 어떤 영혼도 저버리지 않으십니다. 영혼이 자기 스스로를 저버릴 뿐이지요. 모든 영혼은 제각기 자기 자신에 대한 심판자가 됩니다.
>
> 야코프 뵈메(1575~1624년), 신비가, 범신론자

제3장
성령을 믿나이다

113 성령을 믿는다는 것은 무엇을 뜻하나요?

성령을 믿는다는 것은 성부와 성자와 마찬가지로 성령도 하느님으로 흠숭한다는 것을 의미합니다. 그것은 성령이 우리 마음에 오시고 이를 통해 우리가 하느님의 자녀로서 하늘에 계신 우리 아버지를 알 수 있게 되었다고 믿는 것을 뜻합니다. 성령에게 감명받은 우리는 세상의 모습을 변화시킬 수 있습니다. [683-686]

죽음을 앞두고 예수님은 당신이 제자들 곁을 떠나게

? 특별한 은사(카리스마charisma, '우아, 은총, 친절, 사랑의 선물'을 뜻하는 그리스어 '카리스χάρις'에서 유래)

치유와 기적을 일으키는 능력(1코린 12,6-11 참조), 예언이나 신령한 언어를 말하거나 그것을 해석하는 은사, 지혜, 지식, 신앙의 힘 등과 같은 성령의 은사들을 가리켜 '특별한 은사(카리스마)'라고 부릅니다. 여기에는 '성령의 일곱 가지 은사'도 포함되는데, 지도와 관리, 이웃 사랑, 신앙 전파를 위한 특별한 은사들을 뜻합니다.

되면 그들에게 "다른 보호자"(요한 14,16)를 보내 주겠다고 약속하셨습니다. 그 후 예루살렘의 초대 교회 공동체에 있던 제자들에게 성령이 내렸을 때 그들은 예수님이 말씀하셨던 내용을 체험했습니다. 제자들은 믿음 속에서 깊은 확신과 기쁨을 느꼈고, **특별한 은사**(카리스마χάρισμα)를 받았습니다. 그리하여 그들은 예언을 하거나 병을 고치고 기적을 행하게 되었습니다. 오늘날에도 교회에는 이러한 은사를 받고 위와 같은 체험을 하는 사람들이 있습니다.

→ 35-38, 310-311

114 예수님의 삶에서 성령은 어떠한 역할을 하셨나요?

성령의 도움이 없다면 예수님을 올바로 이해할 수 없습니다. 그 어느 곳보다도 예수님의 삶에서 우리가 '성령'이라 부르는 하느님 영의 현존이 드러났습니다. [689-691, 702-731]

99 '오소서, 성령이여.'라고 청하는 사람은 또한 '오셔서, 필요한 경우 저의 안락함을 깨뜨리소서.'라고 청할 준비가 되어 있어야 합니다.

빌헬름 슈탤린(1883~1975년), 개신교 신학자

동정녀 마리아의 몸에 예수님을 잉태시키고(마태 1,18 참조), 그분을 사랑받는 아드님이라고 증언하며(루카

4,16-19 참조), 그분을 이끌고(마르 1,12 참조), 죽을 때까지 그분을 움직이게 했던(요한 19,30 참조) 존재는 바로 성령이셨습니다. 십자가 위에서 예수님은 영을 내쉬었고, 부활하신 이후 예수님은 당신 제자들에게 성령을 불어넣으셨습니다(요한 20,22 참조). 그로써 예수님의 영은 그분의 교회로 전달되었습니다. "아버지께서 나를 보내신 것처럼 나도 너희를 보낸다."(요한 20,21)

> 그분은 다른 이들을 만나도록 우리를 채근하시고, 우리 안에 사랑의 불꽃이 타오르게 하시며, 우리를 하느님의 사랑을 전하는 선교사로 만드십니다.
>
> 베네딕토 16세 교황,
> 성령에 관하여,
> 2007년 7월 20일

115 성령은 어떤 이름과 표징을 통해 모습을 드러내시나요?

성령은 비둘기의 형상으로 예수님에게 내려오셨습니다. 초대 교회의 신자들은 성령을 묘사할 때, 상처를 낫게 하는 연고나 살아 있는 물, 휘몰아치는 폭풍, 타오르는 불꽃에 비유했습니다. 예수님은 성령을 보호자요, 위로자, 교사, 진리의 영이라고 부르셨습니다. 교회가 베푸는 성사에서 신자들은 안수와 도유(기름 부음)를 통해 성령을 받게 됩니다. [691-693]

하느님이 대홍수 이후 인간과 맺으신 평화는 비둘기의 출현을 통해 노아에게 예고되었습니다. 고대의 다른 종교들도 비둘기를 사랑의 표상으로 여겼습니다. 따라서 초대 그리스도교 신자들은 예수님이 요르단 강에서 세례를 받으실 때 위격을 취하신 성령이 왜 비둘기의 형상으로 그분에게 내려오셨는지 금세 이해했습니다. 오늘날에도 비둘기는 전 세계적으로 평화의 상징으로 여겨지며, 인간과 하느님의 화해를 뜻하는 대표적인 상징들 가운데 하나입니다(창세 8,10-11 참조).

> 하느님은 예수 그리스도 안에서 인간이 되셨으며, 우리가 당신의 마음을 들여다볼 수 있게 허락하셨습니다. 그리고 하느님의 마음속에서 우리는 전혀 예상하지 못했던 것을 보게 됩니다. …… 신비로운 하느님은 끝없는 고독이 아니라, 사랑의 사건이십니다. …… 아버지와 말씀을 나누는 아들이 있으며, 아버지와 아들은 성령 안에서 하나가 되시고, 이로써 그들로부터 오직 한 분이신 하느님이 나오십니다.
>
> 베네딕토 16세 교황,
> 2006년
> 성령 강림 대축일 전야 미사

116 '성령이 예언자들을 통해 말씀하셨다'는 말은 무엇을 의미하나요?

하느님은 이미 구약 시대에 남자들과 여자들을 성령으로 채우셨습니다. 그리하여 그들이 하느님을 위해 말하고, 그분의 이름으로 말하며, 메시아를 합당하게 맞이할 수 있도록 이스라엘 백성을 준비시키셨습니다. [683-688, 702-720]

> 하느님께서 예전에는 예언자들을 통하여 여러 번에 걸쳐 여러 가지 방식으로 조상들에게 말씀하셨지만, 이 마지막 때에는 아드님을 통하여 우리에게 말씀하셨습니다.
>
> 히브 1,1-2

하느님은 구약 시대에 당신의 뜻에 따라 백성을 위로하고 지도하고 꾸짖는 일에 기꺼이 자신을 봉헌하려는 남자들과 여자들을 뽑으셨습니다. 이사야와 예레미야, 에제키엘을 비롯한 여러 예언자들의 입을 통해 말씀하셨던 분은 바로 성령이셨습니다. 마지막 예언자인 요한 세례자는 메시아가 오는 것을 예견했을 뿐만 아니라, 그분을 직접 만나 뵙고 그분이 우리를 죄의 권세로부터 해방해 주실 분이라고 선포했습니다.

117 성령은 어떻게 해서 성모님 안에서 그분과 함께 그분을 통해서 활동하실 수 있었나요?

성모님은 천사의 전갈을 전적으로 받아들이고 하느님 뜻에 따를 준비가 되어 있었습니다(루카 1,38 참조). 그런 까닭에 그분은 성령의 활동을 통해 '하느님의 어머니'가 되실 수 있었습니다. 성모님은 그리스도의 어머니실 뿐만 아니라 그리스도교 신자들의 어머니시며, 더 나아가 모든 인류의 어머니시기도 합니다. [721-726]

성령은 성모님 덕분에 모든 기적들 가운데 가장 뛰어

난 기적, 곧 하느님이 인간이 되시는 기적을 행하실 수 있었습니다. 성모님은 하느님께 "네."라는 대답을 드렸습니다. "저는 주님의 종입니다. 말씀하신 대로 저에게 이루어지기를 바랍니다."(루카 1,38) 성령으로 굳건해진 성모님은 십자가 아래에 서기까지 어떤 역경에서도 예수님을 도와 드렸습니다. 십자가 위의 예수님은 성모님을 우리 모두의 어머니로 삼으셨습니다(요한 19,25-27 참조). → 80-85, 479

 성령께서 너에게 내려오시고 지극히 높으신 분의 힘이 너를 덮을 것이다.

루카 1,35

118 오순절에는 어떤 일이 일어났나요?

주님은 부활하신 지 50일이 지났을 때 하늘로부터 당신 제자들에게 성령을 내려보내셨습니다. 이로써 교회의 시대가 열렸습니다. [731-733]

오순절에 성령은 두려움에 사로잡혀 있던 제자들을 그리스도의 용감한 증인으로 탈바꿈시켰습니다. 아주 짧은 시간 동안 수천 명의 사람들이 세례를 받았는데, 그때가 바로 교회가 탄생한 순간이었습니다. **오순절**에 제자들의 말이 각 지방 말로 들리게 된 언어의 기적은 교회가 그 시초부터 모든 인류를 위해 존재한다는 것을 보여 줍니다. 다시 말해 교회는 보

오순절五旬節(pentecost, '오십 번째 날'을 뜻하는 그리스어 '펜테코스테 πεντηκοστη'에서 유래)

오순절은 본래 이스라엘 민족이 시나이 산에서 하느님과 맺은 계약을 기념하는 축제였습니다. 그러나 예루살렘에서 있었던 오순절 사건을 통해 이 축제는 그리스도교 신자들에게 성령의 축제가 되었습니다.

> 그들은 모두 성령으로 가득 차, 성령께서 표현의 능력을 주시는 대로 다른 언어들로 말하기 시작하였다. …… 군중은 제자들이 말하는 것을 저마다 자기 지방 말로 들었다.
>
> 사도 2,4.6 참조

편적(catholic, 그리스어로 카톨론καθόλον)이며, 선교의 임무를 가집니다. 교회는 모든 인류를 대상으로 이야기하며, 종족과 언어의 한계를 극복하기 때문에 모든 인류가 이해할 수 있습니다. 오늘날까지도 성령은 교회의 생명을 지탱하는 본질적인 원리라고 할 수 있습니다.

119 성령은 교회 안에서 어떤 일을 하시나요?

성령은 교회를 세우시고 움직이실 뿐만 아니라, 교회가 지닌 선교 사명을 일깨우십니다. 성령은 사람들을 교회의 직무로 부르시고, 그들에게 필요한 재능을 주십니다. 성령은 우리가 삼위일체의 하느님과 점점 더 깊이 교감할 수 있도록 이끌어 주십니다. [733-741, 747]

> 내가 너희에게 할 말이 아직도 많지만 너희가 지금은 그것을 감당하지 못한다. 그러나 그분 곧 진리의 영께서 오시면 너희를 모든 진리 안으로 이끌어 주실 것이다.
>
> 요한 16,12-13

> **? 성령의 열매**
> 성령의 열매는 사랑, 기쁨, 평화, 인내, 호의, 선의, 성실, 온유, 절제입니다.
>
> 갈라 5,22-23

교회가 오랜 역사를 거쳐 오면서 종종 '온갖 좋은 영들에게 외면당한' 것처럼 보이지만, 성령은 인간의 모든 잘못과 부족함에도 아랑곳하지 않고 교회 안에서 활동하고 계십니다. 교회가 2천 년간 존속되어 왔으며 모든 시대와 문화에 걸쳐 많은 성인들을 배출해 왔다는 사실만으로도 성령이 현존하신다는 확실한 증거가 됩니다. 성령은 교회 전체가 진리 안에 머무르도록 보살피시며, 교회가 하느님을 점점 더 깊이 깨달을 수 있도록 인도하십니다. 성령은 **성사**들 안에서 활동하시고, 성경이 우리에게 살아 있는 말씀이 되게 하십니다. 성령은 오늘날에도 당신을 향해 마음을 활짝 여는 사람들에게 당신 은총의 선물(특별한 은사)들을 주십니다. → 203-206

120 성령은 나의 삶에서 어떤 일을 하시나요?

성령은 하느님을 받아들일 수 있게 내 마음을 열어 주십니다. 성령은 나에게 기도하는 것을 가르쳐 주시고, 다른 사람들을 위해 살 수 있도록 나를 도우십니다. [738-741]

아우구스티노 성인은 성령을 '우리 영혼 속의 조용한 영'이라고 불렀습니다. 성령을 느끼려면 고요해져야 합니다. 성령은 종종 아주 작은 목소리로, 이를테면 우리 양심의 소리나 또 다른 내·외적 자극을 통해, 우리 안에서 또한 우리와 함께 말씀을 나누시기 때문입니다. '성령이 거처하시는 성전'이라는 말은, 우리 안에 계신 하느님인 성령을 위해 우리가 몸과 마음을 다해 사는 것을 의미합니다. 우리의 몸은 어떤 의미에서는 하느님의 거처라고 할 수 있습니다. 우리가 우리 안에 계신 성령께 마음을 더 많이 열수록, 성령은 그만큼 더 소중한 우리 삶의 스승이 되시고, 오늘날에도 교회의 부흥을 위한 당신의 **특별한 은사**들을 그만큼 더 일찍 우리에게 주실 것

 육의 행실

성경에 따르면 육의 행실에는 "불륜, 더러움, 방탕, 우상 숭배, 마술, 적개심, 분쟁, 시기, 격분, 이기심, 분열, 분파, 질투, 만취, 흥청대는 술판, 그 밖에 이와 비슷한 것들"(갈라 5,19-21)이 있습니다.

입니다. 그렇게 해서 우리 안에는 **육신의 업적들** 대신에 **성령의 열매들**이 자라게 될 것입니다.

→ 290-291, 295-297, 310-311

저는 거룩하고 보편된 교회를 믿나이다

121 '교회'란 무엇인가요?

교회는 그리스어로 '불러 모은 사람들(에클레시아 ἐκκλησία, 라틴어로 ecclesia)'을 뜻합니다. 세례를 받고 하느님을 믿고 있는 우리 모두는 주님이 불러 모은 사람들입니다. 우리 모두가 교회입니다. 바오로 사도의 말처럼 교회의 머리는 그리스도시고, 우리는 그분의 몸입니다. [748-757]

> 그러나 우리 이해의 폭은 제한되어 있습니다. 따라서 성령께서는 세대와 세대를 통하여 늘 새로운 방식으로 교회를 그리스도의 위대한 신비 속으로 인도하시는 임무를 맡고 계십니다.
> 베네딕토 16세 교황의 로마 주교좌 착좌 미사 강론, 2005년 5월 7일

교회(church. 그리스어로 '주님께 속해 있는'이라는 뜻의 '퀴리아코스 κύριακός'에서 유래)

'교회'는 모든 민족들로부터 불려 온 사람들(그리스어 엑크 칼레오ἐκ καλέο 에클레시아ἐκκλησία)로, 세례를 통해 그리스도의 몸의 일부가 된 사람들을 뜻합니다.

> 그분은 또한 당신 몸인 교회의 머리이십니다.
> 콜로 1,18

우리가 **성사**를 받고 하느님 말씀을 듣게 되면, 그리스도가 우리 안에 계시고 우리도 그분 안에 있게 됩니다. 이것이 **교회**입니다. 세례를 받은 모든 신자들이 예수님과 이루고 있는 친밀하고 개인적인 생활 공동체를 성경에서는 늘 새로운 표현으로 묘사합니다. 다시 말해 성경에서는 교회를 '하느님의 백성', '그리스도의 신부', '어머니', '하느님의 가족', '혼인 잔치에 초대된 사람들'에 비유합니다. 교회는 사람들이 멀리하는 '공공 기관'이나 '제도 교회'에 불과한 것이 결코 아닙니다. 우리는 교회에서 발생하는 잘못과 결함에 화가 나더라도 교회를 결코 멀리할 수 없습니다. 하느님이 최종적으로 교회를 선택하셨고, 그분은 교회 구성원들의 모든 죄에도 불구하고 교회를 저버리지 않으시기 때문입니다. 교회는 우리 인간들 가운데 계신 하느님의 현존입니다. 따라서 우

리는 교회를 사랑해야 합니다.

122 하느님이 교회를 원하시는 이유는 무엇인가요?

하느님은 우리를 개별적으로가 아니라 한꺼번에 구원하길 바라시기 때문에 교회를 원하십니다. 하느님은 인류 전체를 당신 백성으로 삼고자 하십니다.
[758-781, 802-804]

하늘나라로 가는 여정은 반사회적인 것이 아닙니다. 오로지 자기 자신만 생각하고 자기 영혼의 구원에만 관심을 갖는 사람이야말로 반사회적인 삶을 사는 것입니다. 그런 삶은 현세에서뿐만 아니라 하늘나라에서도 살 수 없습니다. 하느님 자신이 반사회적이지 않기 때문입니다. 하느님은 홀로 존재하며 스스로를 충족하시지 않습니다. 삼위일체의 하느님은 자신 안에서 이미 '사회적'이며, 교감하는 가운데 영원히 사랑을 주고받습니다. 인간도 하느님의 모범을 따라 관계와 교환, 참여와 사랑을 지향하도록 창조되었습니다. 우리는 서로에 대해 책임이 있습니다.

123 교회가 지닌 사명은 무엇인가요?

교회의 사명은, 예수님을 통해 이미 시작된 하느님 나라가 모든 민족에게서 싹트고 자라게 하는 것입니다.
[763-769, 774-776, 780]

예수님이 가신 곳마다 하늘과 땅이 서로 만났습니다. 다시 말해 그곳에서는 하느님 나라, 곧 평화와 정의의 나라가 시작되었습니다. 교회는 이 하느님

> 교회는 주름이 짜글짜글한 노파입니다. 그런데 그 노파는 나의 어머니입니다. 그리고 어머니를 때리는 사람은 없습니다.
> 카를 라너가 교회에 대한 부당한 비판을 들었을 때 한 말

> 주님께서 카인에게 물으셨다. "네 아우 아벨은 어디 있느냐?" 그가 대답하였다. "모릅니다. 제가 아우를 지키는 사람입니까?"
> 창세 4,9

> 우리는 함께 행복하고, 함께 하느님께 도달하며, 함께 그분 앞에 나아가야 합니다. 좋으신 하느님을 홀로 만날 수는 없습니다. 우리가 다른 사람 없이 홀로 간다면, 그분이 뭐라고 말씀하시겠습니까?
> 샤를 페기(1873~1914년), 프랑스의 시인

> 아버지께서 나를 보내신 것처럼 나도 너희를 보낸다.
>
> 요한 20,21

> 그러므로 너희는 가서 모든 민족들을 제자로 삼아, 아버지와 아들과 성령의 이름으로 세례를 주고, 내가 너희에게 명령한 모든 것을 가르쳐 지키게 하여라. 보라, 내가 세상 끝 날까지 언제나 너희와 함께 있겠다.
>
> 마태 28,19-20

나라를 위한 것이며, 교회 자체가 목적일 수는 없습니다. 교회는 예수님이 시작하신 일을 계속 수행해야 하며, 예수님이 행동하신 대로 행동해야 합니다. 교회는 예수님의 거룩한 표징(성사)들을 계승하고, 예수님의 말씀을 계속 전하고 있습니다. 따라서 교회는 자신의 모든 약점에도 불구하고 현세에 존재하는, 하늘나라의 굉장한 일부라고 할 수 있습니다.

124 교회가 단순한 공공 기관이 아닌 이유는 무엇인가요?

교회는 인간적이며 동시에 신적인 신비이기 때문에 공공 기관의 성격을 넘어서는 기구입니다. [770-773, 779]

진정한 사랑은 눈을 멀게 하지 않고 오히려 잘 볼 수 있게 만듭니다. 교회를 보는 시각도 마찬가지입니다. 외부에서 볼 때 교회는 역사적인 업적을 이루기도 했지만, 과오를 범하고 심지어 범죄까지 저질렀

던 역사를 지닌 기관이기도 했습니다. 그래서 교회를 죄인들의 교회라고도 할 수 있습니다. 그러나 그것은 교회의 진면목이 아닙니다. 왜냐하면 우리가 그리스도를 매일같이 배반한다 할지라도 그분은 결코 교회를 저버리지 않을 만큼 우리 죄인들과 깊은 관계를 맺으셨기 때문입니다. 그처럼 인간적인 속성과 신적인 속성이 분리될 수 없이 결합되어 있으며, 죄와 은총이 서로 뒤섞여 있는 것이 바로 교회라는 신비입니다. 따라서 신앙의 눈으로 볼 때 교회는 영원히 거룩합니다. → 132

> 교회는, 수요가 줄면 판매하는 제품을 바꾸는 기업처럼 행동해서는 안 됩니다.
>
> 카를 레만 추기경(1936년 출생), 마인츠 교구장

125 '하느님의 백성'인 교회가 지닌 유일무이한 특성은 무엇인가요?

이 백성의 창시자는 아버지신 하느님이고, 그 우두머리는 예수 그리스도며, 그들의 힘의 원천은 성령이십니다. 하느님의 백성이 되기 위한 첫 관문은 세례입니다. 하느님의 백성이 지닌 품위는 하느님의 자녀로서 누리는 자유에서 드러나며, 그들의 법은 사랑입니다. 하느님께 신의를 지키고 하느님 나라를 먼저 구함으로써 그들은 세상을 변화시킵니다. [781-786]

지구상의 모든 사람들 가운데 다른 누구와도 비교할 수 없는 한 부류의 사람들이 존재합니다. 이들은 하느님 말고는 다른 어느 누구도 따르지 않습니다. 이들은 맛을 내는 소금이나 모든 것 안에 스며드는 누룩, 또는 어둠을 몰아내는 빛과 같은 존재여야 합니다. 하느님을 따르는 사람이라면 누구나, 하느님의 현존을 부정하고 그분의 계명을 지키지 않는 사람들

> 무슨 일이든 투덜거리거나 따지지 말고 하십시오. 그리하여 비뚤어지고 뒤틀린 이 세대에서 허물없는 사람, 순결한 사람, 하느님의 흠 없는 자녀가 되어, 이 세상에서 별처럼 빛날 수 있도록 하십시오.
>
> 필리 2,14-15

과 공공연하게 대립되는 관계에 있음을 염두에 두어야 합니다. 그러나 하느님의 자녀로서 누리는 자유 덕분에 우리는 아무것도, 심지어 죽음까지도 두려워할 필요가 없게 되었습니다.

126 '교회는 그리스도의 몸'이란 말은 무엇을 뜻하나요?

무엇보다 세례성사와 성체성사를 통해 예수 그리스도와 신자들 사이에 밀접한 관계가 형성됩니다. 마치 우리 몸의 머리와 팔다리처럼 그분과 우리를 연결하고 하나로 만들어 줄 만큼 그 관계는 매우 견고합니다. [787-795] → 146, 175, 200, 208, 217

> 기껏해야 그들은 나를 죽일 수 있을 뿐입니다. 그리고 그들이 나를 죽인다 할지라도, 그로 인해 나를 완전히 죽이지는 못할 것입니다.
>
> 아렌베르크의 로베르트 프린츠
> (1898~1972년),
> 1944년 7월 20일에 일어난 히틀러 암살 미수 사건의 공모자

127 '교회는 그리스도의 신부'란 말은 무엇을 뜻하나요?

예수 그리스도는 마치 신랑이 신부를 사랑하듯이 교회를 사랑하십니다. 그분은 영원히 교회를 책임지고, 교회를 위해 당신 목숨을 내놓으십니다. [796]

> 그리스도를 사랑하는 것과 교회를 사랑하는 것은 같은 일입니다.
>
> 로제 슈츠 수사

사랑에 빠져 본 사람은 어렴풋하게나마 사랑이 무엇인지 압니다. 사랑이 뭔지 아시는 예수님은, 간절한 사랑으로 신부의 마음을 얻으려 애쓰고 그녀와 함께 혼인 잔치를 벌이려는 신랑에 당신을 비유하십니다. 그분의 신부는 바로 우리며 **교회**입니다. **구약 성경**도 당신 백성을 향한 하느님의 사랑을 남녀 간의 사랑에 비유합니다. 예수님이 우리 각자의 마음을 얻으려고 애쓰시는 것을 생각하면, 그분의 사랑에 대해 아무것도 알려고 하지 않고 그 사랑에 응답도 하

지 않는 사람들로 인해 그분이 얼마나 자주 슬픈 사랑에 빠지는지 알게 됩니다.

128 '교회는 성령이 거처하시는 성전'이란 말은 무엇을 뜻하나요?

교회는 현세의 장소며, 성령이 이 세상 안에서 온전히 현존하는 장소입니다. [797-801, 809]

이스라엘 백성은 예루살렘 성전에서 하느님께 제사를 지냈는데, 그 성전은 더 이상 존재하지 않습니다. 그러나 그 성전의 역할을 **교회**가 대신하게 되었기 때문에 이제 교회는 어떤 특정한 장소에 한정되지 않습니다. "두 사람이나 세 사람이라도 내 이름으로 모인 곳에는 나도 함께 있기 때문이다."(마태 18,20) 교회를 생기 있게 만드는 것은 바로 그리스도의 영이십니다. 그 영은 성경 말씀 속에 살아 있으며, **성사**의 거룩한 표징 속에 현존합니다. 그 영은 신자들의 마음속에서 살며, 그들의 기도 속에서 이야기합니다. 또한 신자들을 인도하고, 그들에게 소박하거나 비범한 재능(**특별한 은사**)들을 선사합니다. 성령에게 온전히 의지하는 사람은 오늘날에도 진정한 기적을 체험할 수 있습니다. → 113-120, 203-205, 310-311

> 당신은 교회의 약자들 때문에 그리스도가 교회를 포기하실 거라고 생각하는 거군요? 교회를 버린다는 것은 그분 자신의 몸을 버린다는 것과 같은 이야기인데도요.
>
> 돔 헬더 카마라(1909~1999년), 브라질 주교

> 우리는 살아 계신 하느님의 성전입니다. 이는 하느님께서 이르신 그대로입니다. "나는 그들과 함께 살며 그들 가운데에서 거닐리라. 나는 그들의 하느님이 되고 그들은 나의 백성이 되리라."
>
> 2코린 6,16

저는 하나이고 거룩하고 보편되며 사도로부터 이어 오는 교회를 믿나이다

129 오로지 하나인 교회만이 존재하는 이유는 무엇인가요?

> 자신을 하느님께 내어놓으면서 대부분의 사람들은 그분이 자신들을 통해 어떤 일을 이루실지 상상도 못합니다.
>
> 이냐시오 데 로욜라 성인
> (1491~1556년),
> 예수회 창설자

아우구스티노 성인은 "그리스도는 오로지 한 분뿐인 것처럼 그리스도의 몸도 오직 하나요, 그리스도의 신부도 오직 하나며, 따라서 예수 그리스도의 교회도 오직 하나만 존재합니다. 그리스도가 머리시고 교회는 몸통입니다. 이 둘이 함께 '온전한 그리스도'를 이룹니다." 하고 말했습니다. 몸이 여러 기관들을 지녔지만 전체로는 하나를 이루고 있는 것처럼, 여러 지역 교회(교구)들로 이루어진 하나의 교회만이 존재합니다. [811-816, 866, 870]

> 하느님께서 여러분을 부르실 때에 하나의 희망을 주신 것처럼, 그리스도의 몸도 하나이고 성령도 한 분이십니다. 주님도 한 분이시고 믿음도 하나이며 세례도 하나이고, 만물의 아버지이신 하느님도 한 분이십니다. 그분은 만물 위에, 만물을 통하여, 만물 안에 계십니다.
>
> 에페 4,4-6

예수님은 **사도**들을 기반으로 교회를 세우셨습니다. 그 기반은 오늘날까지 유지되고 있습니다. 사도들의 신앙은 "사랑으로 의장직을 수행하는"(안티오키아의 이냐시오) 교황의 영도 아래 **교회** 안에서 여러 세대에 걸쳐 전해져 내려왔습니다. 예수님이 사도단에 맡기신 **성사**들도 여전히 그 본래의 효력을 발휘하고 있습니다.

130 가톨릭 교회가 아닌 다른 그리스도교 신자들도 우리의 형제자매라고 할 수 있나요?

세례받은 모든 이들은 예수 그리스도의 교회에 소속됩니다. 따라서 가톨릭 교회의 전체 공동체로부터 떨어져 나간 교회에서 세례받은 신자들도 당연히 '그리스도인'이라고 불리며, 그런 이유에서 우리의 형제자매라고 할 수 있습니다. [817-819]

그리스도의 가르침이 변질되고 인간적인 과오가 만연하며 양쪽 교회의 대표자들에게 화해의 노력이 부족했기 때문에, 본래 하나였던 그리스도의 교회가 갈라지게 되었습니다. 교회 분열의 역사를 오늘날 그리스도교 신자들의 탓으로 돌릴 수는 없습니다. 인류 구원을 위해 성령은 가톨릭 교회에서 떨어져 나간 **교회들과 교회 공동체들**에서도 활동하고 계십니다. 그들이 받은 모든 선물들, 예를 들면 성경과 **성사**들, 믿음과 희망, 사랑, 그 밖의 다른 **특별한 은사**들도 그리스도에게서 온 것입니다. 그리스도의 영이 살아 있는 곳에서는 '재통합'을 지향하는 내적인 역동성이 존재합니다. 서로에게 속한 것들은 다시 하나가 되려는 속성을 갖기 때문입니다.

131 그리스도교 신자들의 일치를 위해 우리가 해야 할 일은 무엇인가요?

우리는 "모두 하나가 되게"(요한 17,21) 해 달라는 의지를 분명하게 밝힌 그리스도의 말씀을 말과 행동으로 따라야 합니다. [820-822]

그리스도교 신자들의 일치는 나이가 많고 적음에 상관없이 모두와 관련된 일입니다. 일치는 예수님의 최대 관심사 가운데 하나였습니다. 그분은 아버지에게 "그들이 모두 하나가 되게 해 주십시오. …… 그리하여 아버지께서 저를 보내셨다는 것을 세상이 믿게 하십시오."(요한 17,21)라고 기도하셨습니다. 분열은 그리스도의 몸에 난 상처와 같아서, 아프고 곪기도 합니다. 또한 분열은 적대 관계로 발전하며, 그리스도교 신자들의 신앙과 신뢰성을 약화시킵니다. 세상에서 분열을 사라지게 하려면 모든 그리스도교 신자들은 회개해야 합니다. 그뿐만 아니라, 자신이 믿고 있는 내용을 알아야 하고, 다른 종파의 신앙 내용도 깊

> 로마 교회 공동체가 지닌 우월한 지위에 입각하여 각 교회 공동체와 전 세계의 모든 신자들은 이 교회와 일치해야 합니다. 로마 교회 안에서 사도들의 전통이 한결같이 보전되어 왔기 때문입니다.
>
> 이레네오 성인

❓ 교회들과 교회 공동체들

이 세상의 많은 교회 공동체들이 자신을 가리켜 '교회'라고 부릅니다. 그러나 가톨릭 교회에서는 예수 그리스도가 세우신 성사들을 온전하게 보전하고 있는 교회 공동체만을 '교회'라고 부릅니다. 대표적으로 동방 정교회가 이에 해당합니다. 종교 개혁으로 생긴 '교회 공동체'들은 그리스도의 성사들을 온전하게 보전하지 못했습니다.

❓ 교회 일치 운동

(ecumenism, '사람이 살고 있는 땅, 전 세계'를 뜻하는 그리스어 '오이쿠메네 οἰκουμένη'에서 유래)

'갈라진 그리스도교 신자들의 일치를 이루기 위한 노력'을 뜻합니다.

> 예수님께서는 이렇게 이르시고 나서 하늘을 향하여 눈을 들어 말씀하셨다. …… "그들이 모두 하나가 되게 해 주십시오. 아버지, 아버지께서 제 안에 계시고 제가 아버지 안에 있듯이, 그들도 우리 안에 있게 해 주십시오. 그리하여 아버지께서 저를 보내셨다는 것을 세상이 믿게 하십시오."
> 요한 17,1.21

거룩함
'거룩함'은 본래 하느님의 고유한 특성입니다. 라틴어에는 세속적이고 일상적인 것과 구별되는 '신적인 것', '흠이 없는 것'을 가리키는 'Fanum'이라는 단어가 있습니다. 하느님은 전적으로 다른 분이시며, "이스라엘의 거룩하신 분"(이사 30,15)이십니다. 예수님도 "하느님의 거룩하신 분"(요한 6,69)으로서 이 세상에 오셨습니다. 그분을 보면 우리는 거룩함이 무엇인지 알게 됩니다. 다시 말해, 십자가 위에서 돌아가시고 부활하시기까지 자비를 베푸시고 치유하시며 무한한 사랑을 행하신 그분의 모습에서 거룩함을 발견하게 됩니다.

이 검토해야 합니다. 무엇보다도 함께 기도하고 인류를 위해 함께 헌신해야 합니다. 또한 교회의 책임자들은 신학적인 대화를 중단하지 말아야 합니다.

132 교회가 거룩한 이유는 무엇인가요?

교회는 그 구성원이 모두 거룩해서가 아니라, 하느님이 거룩하시고 그런 하느님이 교회 안에서 활동하고 계시기에 거룩한 것입니다. 교회의 모든 구성원들은 세례를 통해 거룩해졌습니다. [823-829]

우리가 삼위일체의 하느님에게 감동을 받을 때, 우리는 언제나 사랑 안에서 성장하고 거룩해지며 치유됩니다. 거룩한 사람은 사랑하는 사람입니다. 그가 사랑에 능하기 때문이 아니라, 하느님이 그의 마음을 움직이셨기 때문입니다. 그는 하느님에게서 받은 사랑을 자기만의 고유하고 독특한 방식으로 사람들에게 전달합니다. 언젠가 하느님에게 돌아가게 되면 그도 역시 교회를 거룩하게 만들 것입니다. 거룩한 사람은 하늘나라에서, **거룩함**으로 가는 여정 중에 있는 우리를 지원하는 일로 시간을 보낼 것이기 때문입니다. → 124

133 '보편된 교회'라고 부르는 이유는 무엇인가요?

'보편적'이란 말은 전체와 관련되어 있음을 뜻합니다. 그리스도는 온전한 신앙을 고백하고 모든 성사를 보존하고 거행하며, 모든 이들에게 복음을 선포하라고 교회를 부르셨고, 모든 민족에게 교회를 보내셨습니다. 그래서 교회는 보편적인 속성을 지닙니다.

[830-831, 849-856]

134 가톨릭 교회의 신자는 어떤 사람인가요?

교황 및 주교들과의 일치 속에 가톨릭 교회의 신앙을 고백하고 여러 성사를 받음으로써 예수 그리스도에게 예속되는 사람은 가톨릭 교회 전체 공동체의 구성원이 됩니다. [836-838]

하느님은 모든 이들을 위해 하나의 교회를 원하셨습니다. 하지만 유감스럽게도 우리 그리스도교 신자들은 그리스도의 이러한 바람을 저버렸습니다. 그럼에도 불구하고 우리는 신앙과 공통의 세례를 통해 여전히 서로 깊이 연결되어 있습니다.

> 만물을 그리스도의 발아래 굴복시키시고, 만물 위에 계신 그분을 교회에 머리로 주셨습니다. 교회는 그리스도의 몸으로서, 모든 면에서 만물을 충만케 하시는 그리스도로 충만해 있습니다.
>
> 에페 1,22-23

135 교회는 유다인들과 어떤 관계에 있나요?

유다인들은 그리스도교 신자들의 손위 형제자매라고 할 수 있는데, 이는 하느님이 그들을 먼저 사랑하시고 그들에게 먼저 말씀하셨기 때문입니다. 예수 그리스도가 인간으로서는 유다인이었다는 사실은 우리와 그들을 하나로 엮어 주지만, 그리스도가 하느님의 살아 있는 아드님이라는 교회의 고백과 관련해서는 우리와 유다인은 구분됩니다. 그러나 메시아의 최종적인 도래를 기다리고 있다는 점에서 우리와 그들은 하나입니다. [839-840]

유다교의 신앙은 우리 그리스도교 신앙의 근간을 이룹니다. 유다인들의 성경은 우리의 **구약 성경**에 해당합니다. 십계명으로 대변되는 윤리를 지닌 유다교

> 내가 율법이나 예언서들을 폐지하러 온 줄로 생각하지 마라. 폐지하러 온 것이 아니라 오히려 완성하러 왔다.
>
> 마태 5,17

와 그리스도교의 인간상과 도덕 개념은 서구 민주주의의 토대입니다. 그리스도교 신자들이 수백 년 동안 유다교와의 이러한 친족 관계를 부인하려 했고, 사이비 신학적인 근거를 내세워 종종 치명적인 결과를 초래할 정도로 유다인들에 대한 적개심을 부채질했던 점은 부끄럽기만 합니다. 요한 바오로 2세 교황은 2000년에 성스러운 해를 맞이하여 이에 대해 용서를 청했습니다. 제2차 바티칸 공의회는 유다 민족에게 그리스도의 십자가 죽음에 대해 책임을 지울 수 없다고 분명하게 밝혔습니다. → 96-97, 335

> 우리에게 유다교는 피상적인 것이 아니라, 어떤 면에서는 우리 그리스도교의 본질에 속해 있다고 할 수 있습니다. 이처럼 유다교와 우리는 여타 종교와는 다른 특수한 관계 속에 있습니다. 유다교 신자인 여러분은 다른 이들보다 우리의 사랑을 더 많이 받는 우리의 형제들이며, 따라서 어떤 의미로는 우리의 손위 형제라고 말할 수 있습니다.
>
> 요한 바오로 2세 성인 교황, 1986년에 로마의 유다교 대회당을 방문했을 때 했던 연설

136 교회는 다른 종교에 대해 어떤 견해를 갖고 있나요?

교회는 다른 종교가 지닌 선하고 진실된 모든 면모를 존중합니다. 교회는 인간이 누려야 할 기본 권리로서 종교의 자유를 존중하고 장려합니다. 그럼에도 불구하고 교회는 예수 그리스도만이 인류 전체를 위한 유

일한 구세주이심을 고백합니다. 그분만이 "길이요 진리요 생명"(요한 14,6)이시기 때문입니다. [841-848]

하느님을 찾는 사람은 누구나 우리 그리스도교 신자들과 가깝습니다. 이슬람교도들은 우리와 특별한 유사점을 갖고 있습니다. 이슬람교는 유다교와 그리스도교처럼 유일신을 믿는 **종교(유일신교)**입니다. 이슬람교도들도 창조주 하느님을 섬기며, 아브라함을 신앙의 선조로 공경합니다. 이슬람교의 경전인 코란은 예수님을 위대한 예언자로, 성모님을 예언자의 어머

니로 여기고 있습니다. 교회는 자기 탓이 없이 예수 그리스도와 그분의 교회를 모르더라도 참다운 마음으로 하느님을 찾고 자기 양심의 소리를 따르는 모든 사람들은 영원한 구원에 이를 수 있다고 가르칩니다. 그러나 예수 그리스도가 "길이요 진리요 생명"이신 줄 알면서도 그분을 따르려 하지 않는 사람은 구원에 이르는 길을 벗어난 거라고 말합니다. '교회 밖에서는 구원을 찾지 못한다'는 말은 바로 이를 두고 하는 말입니다. → 199

? 종교의 자유

'종교의 자유'란, 모든 인간이 자기 양심에 따라 종교를 선택하고 신앙생활을 할 수 있는 권리를 말합니다. 그러나 종교의 자유를 인정한다고 해서, 명시적으로 모든 종교가 동등하며 똑같이 진실하다는 것을 뜻하는 것은 아닙니다.

99 교회는 현재의 신자 수에 결코 만족해서는 안 되며, 이슬람교나 힌두교 등 다른 종교의 신자들 또한 문제없이 잘 살고 있다고 말해서도 안 됩니다. 교회가 태평하게 그저 자신의 테두리 안에 물러나 있을 수는 없습니다. 교회에는 세상 전체와 모든 이들을 돌볼 책임이 있습니다.

베네딕토 16세 교황,
2006년 5월 7일

137 '사도로부터 이어 오는 교회'라고 하는 이유는 무엇인가요?

'사도로부터 이어 오는 교회'라는 말은, 교회가 사도들로부터 시작되었고 그들의 전통을 고수하고 있으며 그들의 후계자들에 의해 관리되고 있음을 의미합니다. [857-860, 869, 877]

예수님은 **사도**들을 당신의 가장 가까운 일꾼으로 부르셨습니다. 사도들은 예수님을 목격한 증인들이었습니다. 예수님은 부활하신 이후 사도들에게 여러 번 나타나셨습니다. 그분은 그들에게 성령을 베푸셨고, 그들을 당신의 전권 대리인으로 삼아 온 세상에 파견하셨습니다. 그들은 초대 교회에서 일치를 확인했습니다. 사도들은 안수를 통해 자신들의 후계자인 **주교**들에게 자신들이 지녔던 사명과 전권을 전해 주었습니다. 이는 오늘날까지 이어지고 있습니다. 우리는 이 과정을 **사도 전승**이라 부릅니다. → 92

> **열두 사도**(Twelve Apostles)
>
> "열두 사도의 이름은 이러하다. 베드로라고 하는 시몬을 비롯하여 그의 동생 안드레아, 제베대오의 아들 야고보와 그의 동생 요한, 필립보와 바르톨로메오, 토마스와 세리 마태오, 알패오의 아들 야고보와 타대오, 열혈당원 시몬, 그리고 예수님을 팔아넘긴 유다 이스카리옷이다."
>
> 마태 10,2-4

> **사도 전승**(apostolic succe-ssion, 라틴어로 '연속, 계승'을 뜻하는 'succe-ssio'에서 유래)
>
> 사도들로부터 끊임없이 이어져 내려온 주교들의 연속성과, 주교 직분을 지닌 후계자들을 일컫는 말. 예수님이 사도들에게 당신의 전권을 위임하신 이래로, 이 전권은 주님이 다시 오실 때까지 안수와 기도를 통해 주교에서 주교에게로 전달됩니다.

138 '하나이고 거룩하고 보편되며 사도로부터 이어 오는 교회'는 어떻게 구성되어 있나요?

교회에는 평신도와 성직자가 존재합니다. 그들은 하느님의 자녀로서 똑같은 품위를 지녔습니다. 그들의 품위는 똑같지만, 그들이 받은 사명은 서로 다릅니다. 평신도의 사명은 온 세상을 하느님 나라로 이끄는 데 있습니다. 성직자는 교회를 이끌고 가르치며 거룩하게 할 직무를 지녔으며, 따라서 봉사의 특징을 지닙니다. 그런데 이는 그리스도가 그들에게 맡기신 것이므로 그들은 모든 이들의 종이 되어야 합

니다. 평신도와 성직자 중에는 수도자들처럼 정결, 청빈, 순명을 통해 특별한 방식으로 하느님께 자신을 봉헌하는 신자들도 있습니다. [871-876, 934, 935]

모든 그리스도교 신자들은 자신의 삶을 통해 복음을 증언해야 할 사명을 띠고 있습니다. 하지만 하느님은 우리 한 사람 한 사람과 함께 고유한 길을 가십니다. 하느님은 많은 사람들을 **평신도**로 보내셔서, 그들이 가족과 직업을 통해 세상 한가운데에 하느님 나라를 세우도록 하셨습니다. 이를 위해 하느님은 세례성사와 **견진성사**로 그들에게 필요한 모든 성령의 은사를 베푸십니다. 하느님은 어떤 사람들에게는 사제직을 맡기셨습니다. 그들은 그분의 백성을 이끌고, 가르치며, 거룩하게 해야 합니다. 아무도 그 직무를 부당하게 차지할 수는 없습니다. 주님은 손수 그들을 파견하시고 축성을 통해 그 직무에 합당한 당신의 신적인 능력을 베푸십니다. 그렇게 해서 그들은 그리스도를 대신하여 행동하고 **성사**를 베풀 수 있습니다. → 259

? **평신도**(laity, '백성'을 뜻하는 그리스어 '라오스λαός'에서 유래)
교회 안의 일반적인 지위를 일컫는 말로, 세례를 통해 하느님 백성의 일원이 되었지만, 성품성사는 받지 않은 신자를 뜻합니다.

? **성직자**(clergy, '몫, 유산'을 뜻하는 그리스어 '클레로스κλῆρος'에서 유래)
교회 안에서 축성된 지위를 일컫는 말입니다.

139 평신도의 소명은 무엇인가요?

평신도는 하느님 나라가 사람들 사이에서 자라날 수 있도록 사회 속에서 힘써야 할 소명을 지닙니다.
[897-913, 940-943]

> 나는 무엇인가를 행하고 무엇이 되라는 소명을 받았는데, 그 소명은 어느 누구도 받지 못한 것입니다. 나는 하느님의 계획과 하느님 나라에 내 자리를 갖고 있는데, 그 자리는 어느 누구도 갖지 못한 것입니다.
>
> 존 헨리 뉴먼 복자

평신도도 그리스도의 사제직에 참여하고 있기 때문에(일반 사제직 또는 공통 사제직) 사제 아래 위치한다고 할 수 없습니다. 평신도는 학교나 가정, 직장 등에서 자기 주위 사람들이 복음을 접하고 그리스도를 사랑하는 법을 배우도록 보살펴야 합니다. 그뿐만 아니라 평신도는 자기 신앙을 통해 사회와 경제, 정치에도 영향을 끼쳐야 합니다. 평신도는 복사나 독서자, 단체장으로 봉사하고 본당 사목협의회와 회장단과 같은 교회의 위원회와 협의회에 참여함으로써 교회에도 도움을 주어야 합니다. 특히 젊은이들은 하느님이 자신을 어디에 쓰려고 하시는지 진지하게 숙고해야 합니다.

140 교회가 민주적인 조직이 아닌 이유는 무엇인가요?

? 교계 제도(hierarchy, '거룩한'을 뜻하는 그리스어 히에로스ἱερός와 '근원'을 뜻하는 그리스어 아르케ἀρχη에서 유래)

모든 권한과 권위의 근원이신 그리스도에 의해 세워진 교회의 서열 구조를 일컫는 말입니다.

'모든 권한은 국민으로부터 나온다'는 것이 민주주의의 원칙입니다. 그러나 교회의 모든 권한은 그리스도로부터 나오며, 따라서 교회는 교계 제도를 갖고 있습니다. 그와 동시에 그리스도는 교회에 합의체 구조도 부여하셨습니다. [874-879]

성직자들이 스스로의 힘으로는 행하거나 베풀 수 없는 일들을 하느님의 은총으로 수행하고 베풀 때, 다시 말해 그들이 그리스도를 대리하여 **성사**를 베풀고 그분의 전권을 받아 가르칠 때 교회 안에서 움직이시는 분은 그리스도이십니다. **교회의 위계질서**는 바로 이러한 사실에 바탕을 둡니다. 교회의 합의체적 요소는, 그리스도가 신앙에 관한 모든 것을 열두 **사도**들의 공동체에 맡기셨으며, 교황을 수장으로 하는 사도의 후계자들이 교회를 이끈다는 사실에 바탕을 둡니다. 교회의 공의회들은 바로 교회의 이러한 합의체적 속성에서 비롯되었습니다. 그뿐만 아니라 시노드(교회의 회의)나 평의회 같은 교회의 위원회들을 통해 세계 교회가 지닌 다양한 정신 유산과 보편성이 결실을 맺습니다.

141 교황의 직무는 무엇인가요?

베드로 사도의 후계자요 주교단의 수장으로서 교황은 교회의 일치를 보증합니다. 교황은 가장 큰 사목 권한을 행사하며, 교리와 규율을 결정하는 데 가장 높은 권위를 지닙니다. [880-882, 936-937]

예수님은 베드로 사도를 **사도** 가운데 가장 높은 자리에 앉히셨습니다. 그로써 베드로 사도는 초대 교회에서 가장 높은 권위를 지니게 되었습니다. 베드로 사도가 이끌었으며 그가 순교한 장소이기도 한 **로마 교회**는 그가 죽은 후 초대 교회의 내적 기준점이 되었습니다. 모든 교회 공동체들은 로마 교회와 일치해야 했고, 로마 교회는 사도로부터 이어 오는 올바르고 완전한 정통 신앙의 척도였습니다. 오늘에 이르기까지 교회의 머리이신 그리스도를 대신하여 베드로 사도처럼 교회의 수장 역할을 수행해 온 이

교황(Pope, '아버지'를 뜻하는 그리스어 '파파스 παπας'에서 유래)

베드로 사도의 후계자이자 로마의 주교를 일컫는 말. 베드로는 사도들 가운데 으뜸이었기 때문에, 그의 후계자로서 교황은 주교단의 수장이 됩니다. 또한 그리스도의 대리자로서 교회의 최고 목자이자 사제요, 교사라 할 수 있습니다.

주교(bishop, '주시하다'를 뜻하는 그리스어 '에피스코페 ἐπισκοπή'에서 유래)

사도들의 후계자요, 지역 교회인 교구의 교구장을 일컫는 말. 주교는 주교단의 일원으로서 교황의 지도하에 전체 교회를 돌보는 일에 관여합니다.

사제(priest, '원로'를 뜻하는 그리스어 '프레스뷔테로스 πρεσβύτερος'에서 유래)

복음을 선포하고 성사를 베푸는 일을 돕는 주교의 협조자. 사제는 공동체 안에서 주교의 지도 아래 다른 사제들과 함께 자신의 직무를 수행합니다.

> 제가 그분의 양 떼이자 거룩한 교회인 여러분을 개별적으로 또한 전체적으로 점점 더 깊이 사랑하는 법을 배우도록, 저를 위해 기도해 주십시오. 제가 늑대들 앞에서 겁에 질려 도망치지 않도록, 저를 위해 기도해 주십시오. 주님이 우리를 받아들이시고 그분을 통해 우리도 서로를 받아들이는 법을 배우도록, 서로를 위해 기도합시다.
>
> 베네딕토 16세 교황,
> 2005년 7월 24일,
> 교황 임기를 시작하며

들은 로마 교회의 **주교**들입니다. 오로지 이 역할에 있어서만 **교황**은 '그리스도의 지상 대리자'라 할 수 있습니다. 사목과 교리의 최고 권위자로서 교황은 정통 신앙의 보전을 책임지고 있습니다. 부득이한 경우에 교황은 성직자의 가르치는 권한을 환수하고 신앙이나 행실 면에서 중대한 과오를 범한 경우에는 성직자를 그 직무에서 물러나게 합니다. 신앙과 도덕 문제에서의 일치는 교황이 최고 권한을 갖고 있는 **교도권**을 통해 보장되는데, 이러한 일치는 가톨릭 교회의 회복력과 영향력의 한 부분을 이룹니다.

142 주교들이 교황의 의견을 거스르거나, 교황이 주교들의 의견을 거슬러 행동하고 가르칠 수 있나요?

주교들은 교황을 거슬러 행동하거나 가르칠 수 없고, 오로지 교황의 뜻에 일치하여 행동하고 가르칠 수 있습니다. 이에 반해 교황은 매우 명백한 경우에는 주교들의 동의 없이도 결정을 내릴 수 있습니다. [880-890]

물론 **교황**은 **교회**의 신앙과 일치하는 결정을 내립니다. 교회 안에는 일종의 공통된 신앙 관념이 존재합니다. 다시 말해 교회 안에는 성령의 작용을 통해 일반적으로 주어진 신앙 문제에 관한 기본적인 확신이 존재합니다. 어떤 의미로는 교회의 건전한 상식이라 할 수 있습니다. 레랭의 빈첸시오 성인의 말처럼 "언제나 어느 곳에서나 모든 이들이 믿었던" 내용이 존재합니다.

143 교황은 정말로 오류를 범할 수 없나요?

그렇습니다. 그러나 **교황**은 오로지 장엄한 교회 의식을 통해 교의를 선포할 때ex cathedra에만, 다시 말해 신앙과 도덕적 가르침에 있어 구속력 있는 결정을 선포할 때에만 무류성을 지닙니다. 공의회의 결정과 같이 주교단이 교황과 하나가 되어 내리는 교도권적인 결정들도 무류성을 지닙니다. [888-892]

교황의 무류성은, 그가 도덕적으로 결함이 없다거나 그의 지적 능력이 완벽하다는 것을 뜻하는 것이 아닙니다. 본래 오류를 범할 수 없는 존재는 교회입니다. 예수님이 교회에 성령을 약속하셨고, 성령은 교회를 진리 안에 머물게 하시며 점점 더 깊이 진리 속으로 이끌고 계시기 때문입니다. 자명한 신앙 진리를 갑작스레 부정하거나 잘못 해석하는 경우 교회는 무엇이 진실되고 무엇이 그릇된 것인지를 구속력 있게 선언하는 최종 결정권을 가져야 합니다. 이것이 바로 교황이 지닌 결정권입니다. 교황은 베드로 사도의 후계자요 **주교**들 가운데 으뜸으로서, 논란이 되는 진리를 교회의 신앙 전통에 비추어 정

로마 교회

초대 교회 때부터 로마 교회 공동체는 '가장 상위에 있는, 가장 오래된' 교회로 여겨졌습니다. 이레네오 성인은 교회 공동체에 대해 "가장 영광스러운 사도인 베드로와 바오로, 두 사도들에 의해 로마에 근거를 두고 설립되었습니다. …… 로마 교회 공동체가 지닌 우월한 지위에 입각하여 각 교회 공동체는 이 교회와 일치해야 합니다. 이 교회 안에서 사도들의 전통이 한결같이 보전되어 왔기 때문입니다." 라고 말했습니다. 이 두 사도가 로마에서 순교했다는 사실은 로마 교회 공동체에 또 다른 중요성을 더해 주었습니다.

너는 베드로이다. 내가 이 반석 위에 내 교회를 세울 터인즉, 저승의 세력도 그것을 이기지 못할 것이다. 또 나는 너에게 하늘나라의 열쇠를 주겠다. 그러니 네가 무엇이든지 땅에서 매면 하늘에서도 매일 것이고, 네가 무엇이든지 땅에서 풀면 하늘에서도 풀릴 것이다.

마태 16,18-19

> **세계 공의회**(ecumenical council, '사람이 살고 있는 전 세계'를 뜻하는 그리스어 '오이쿠메네οἰκουμενη'에서 유래)
>
> 전 세계 모든 주교들이 참석하는 교회 회의를 가리킵니다. 그러나 모든 그리스도교 신자들의 일치를 뜻하는 '교회 일치 운동 ecumenism'과 혼동하지 말아야 합니다.

> 그분께서는 열둘을 세우시고 그들을 사도라 이름하셨다. 그들을 당신과 함께 지내게 하시고, 그들을 파견하시어 복음을 선포하게 하셨다.
>
> 마르 3,14 참조

식화할 권한을 가집니다. 그것을 통해 교황은 신자들이 그 진리를 '영원히 확실하게 믿도록' 합니다. 이를 가리켜 '교황이 교의를 선포한다'고 합니다. 그런 까닭에 교의는 결코 '새로운 내용'을 담을 수 없으며, 매우 드물게 선포됩니다. 가장 최근에 선포된 교의는 1950년에 나온 '성모 승천'에 관한 것입니다.

144 주교의 직무는 무엇인가요?

주교들은 자신에게 맡겨진 지역 교회에 대한 책임과 전체 교회에 대한 공동 책임을 지고 있습니다. 그들은 공동체 안에서는 자신들의 권한을 함께 행사하며, 교황의 지도로 전체 교회에 권한을 행사하기도 합니다. [886-887, 893-896, 938-939]

주교는 우선 **사도**여야 합니다. 다시 말해 주교는, 자신을 특별히 가까이 부르시고 파견하신 예수님을 증언하는 믿을 만한 증인이어야 합니다. 이와 같이 주교는 그리스도를 사람들에게, 또한 사람들을 그리스도에게 데려옵니다. 이러한 일은 주교의 복음 선포와 **성사** 집전, **교회** 지도를 통해 이뤄집니다. 사도들의 후계자로서 주교는 자신이 지닌 사도적 권한에 의거하여 직무를 수행합니다. 따라서 주교는 교황의 대리인이나 협조자가 아닙니다. 하지만 그는 **교황**과 하나가 되고 교황의 지도하에 행동합니다.

> **교도권에 의거한**(ex cathedra, 라틴어로 '가르침의 자리에서', '주교좌 혹은 교황성좌에서'라는 뜻에서 유래)
>
> 이는 교황의 교도권에 의거한 결정이 지니는 무류성을 표시하는 말입니다.

145 예수님이 청빈, 정결, 순명의 삶을 영원히 살아가는 사람들이 있기를 바라시는 이유는 무엇인가요?

하느님은 사랑이시며, 그분은 또한 우리의 사랑을 그리워하십니다. 예수님의 삶처럼 하느님을 사랑하는 헌신의 한 형태가 바로 청빈, 정결, 순명의 삶입니다. 이러한 삶을 사는 사람은 하느님과 인간을 위해 자신의 머리와 가슴, 두 손을 내어놓은 것입니다.
[914-933, 944-945]

사유 재산과 자기 결정권, 혼인과 같은 멋진 선물들을 비롯한 모든 것을 "하늘나라 때문에"(마태 19,12) 하느님에게 바칠 만큼, 예수님이 자신을 완전히 지배하도록 언제나 내맡기는 사람들이 있습니다. **복음적 권고**에 따라 청빈, 정결, 순명의 삶을 사는 이 사람들은 이 세상이 전부가 아님을 모든 그리스도교 신자들에게 일깨워 줍니다. 인간은 신랑이신 하느님과

교의(dogma, '의견, 결의, 정리定理'라는 뜻의 그리스어 '도그마δόγμα'에서 유래)

공의회나 교황의 '교도권'에 의해 하느님의 계시로서 선포되고, 성경과 전승에 보존된 교리를 일컫는 말입니다.

너희 말을 듣는 이는 내 말을 듣는 사람이고, 너희를 물리치는 자는 나를 물리치는 사람이며, 나를 물리치는 자는 나를 보내신 분을 물리치는 사람이다.

루카 10,16

> **복음적 권고**
> 그리스도를 따르려면 청빈과 정결, 순명의 삶을 살아야 한다고 복음서들은 권합니다.

> 그리스도를 따르는 일에는 언제나 강을 거슬러 헤엄치는 용기가 포함되어 있습니다.
>
> 베네딕토 16세 교황, 2008년 5월 17일

> 예수님께서는 그를 사랑스럽게 바라보시며 이르셨다. "너에게 부족한 것이 하나 있다. 가서 가진 것을 팔아 가난한 이들에게 주어라. 그러면 네가 하늘에서 보물을 차지하게 될 것이다. 그리고 와서 나를 따라라."
>
> 마르 10,21

> 한 지체가 고통을 겪으면 모든 지체가 함께 고통을 겪습니다. 한 지체가 영광을 받으면 모든 지체가 함께 기뻐합니다.
>
> 1코린 12,26

'얼굴을 마주 보게' 될 때에야 비로소 영원한 행복을 누리게 될 것입니다.

모든 성인의 통공을 믿나이다

146 '모든 성인의 통공communion'은 무엇을 의미하나요?

'성인들의 공동체'에는 이미 죽었거나 아직 살아 있는 것과는 상관없이 그리스도에게 희망을 두고 세례를 통해 그분에게 속하게 된 모든 사람들이 소속되어 있습니다. 우리는 그리스도 안에서 한 몸을 이루고 있기에, 하늘과 땅을 아우르는 공동체 속에 살고 있습니다. [946-962]

교회는 우리가 생각하는 것보다 더 크고 생동감이 넘칩니다. 교회에는 살아 있는 사람들과 아직 연옥의 정화 과정 중에 있든지 이미 하느님의 영광 속에 있든지 간에 상관없이 세상을 떠난 사람들이 소속되어 있습니다. 또한 아는 사람들과 모르는 사람들, 위대한 성인들과 눈에 띄지 않는 사람들이 모두 소속되어 있습니다. 우리는 죽음을 뛰어넘어 서로를 도울 수 있습니다. 우리의 수호성인이나 좋아하는 성인들뿐만 아니라, 이미 하느님 곁에 있다고 믿는, 이 세상을 떠난 가족들에게도 대신 은혜를 빌어 달라고 청할 수 있습니다. 거꾸로 우리는 우리의 청원 기도를 통해 아직 연옥의 정화 과정 중에 있는 죽은 이들을 도울 수 있습니다. 한 사람 한 사람이 그리스도

안에서 또한 그리스도를 위해 일을 행하거나 고통을 감수하는 것은 모든 이들에게 유익합니다. 이와는 반대로 모든 죄는 공동체에 손상을 입힙니다.

→ 126

147 성모님이 모든 성인들 중에서도 탁월한 지위를 누리는 이유는 무엇인가요?

성모님은 하느님의 어머니이십니다. 성모님은 지상에서 어느 누구도 따라올 수 없을 만큼 긴밀하게 예수님과 연결되어 있고, 그 긴밀한 관계는 하늘나라에서도 계속되고 있습니다. 성모님은 하늘의 여왕이시며, 당신의 모성으로 우리 곁에 매우 가까이 계십니다. [972]

> 우리에게는 하늘나라에 어머니가 한 분 계십니다. 그분은 하느님 안에, 그리고 하느님과 함께 계시기 때문에, 우리 모두도 가까이 계십니다. 그분은 우리의 마음을 알고, 우리의 기도를 들으시며, 어머니다운 자애로 우리를 도울 수 있으십니다. 주님이 말씀하셨듯이 그분은 우리에게 '어머니'가 되시므로, 우리는 매 순간 그분에게 조언과 도움을 청할 수 있습니다.
>
> 베네딕토 16세 교황,
> 2005년 8월 15일

성모님은, 하느님의 뜻이라고는 하지만 위험하기만 한 계획에 온갖 위험을 무릅쓰고 자신의 영혼과 육신을 다 내맡기셨습니다. 그리하여 그분의 영혼과 육신은 하늘나라에 받아들여졌습니다. 이처럼 성모님과 같은 믿음을 갖고 살아가는 사람은 하늘나라에 이르게 됩니다. → 80-85

148 성모님은 실제로 우리를 도우실 수 있나요?

그렇습니다. 교회는 처음부터 성모님의 도우심을 체험해 왔습니다. 수많은 그리스도교 신자들이 이를 증언했습니다. [967-970]

> 하느님은 인간에게 하녀를 주신 것이 아니라 어머니를 주셨습니다.
>
> 복자 아돌프 콜핑
> (1813~1865년),
> 노동자와 수공업자를 위한
> 수호성인

예수님의 어머니이신 성모님은 우리의 어머니이기도 합니다. 좋은 어머니는 늘 자녀의 편을 듭니다.

> 포도주가 떨어지자 예수님의 어머니가 예수님께 "포도주가 없구나." 하였다. 예수님께서 어머니에게 말씀하셨다. "여인이시여, 저에게 무엇을 바라십니까? 아직 저의 때가 오지 않았습니다." 그분의 어머니는 일꾼들에게 "무엇이든지 그가 시키는 대로 하여라." 하고 말하였다.
>
> 요한 2,3-5

성모님이 바로 그런 분이십니다. 성모님은 이미 이 세상에서 다른 이들을 대신해 예수님에게 청하셨습니다. 카나의 혼인 잔치에서 신랑 신부를 도운 일이 그 예입니다. 또한 성모님은 예루살렘의 다락방에서 제자들과 함께 기도하셨습니다. 우리를 향한 성모님의 사랑은 멈추는 법이 없기에, 우리 인생에서 중요한 두 가지 순간에, 곧 '이제와 저희 죽을 때에' 성모님이 우리 편을 들어 주실 것을 우리는 확신할 수 있습니다. → 85

149 우리는 성모님도 흠숭할 수 있나요?

그럴 수 없습니다. 오로지 하느님만이 흠숭의 대상이십니다. 하지만 우리는 성모님을 우리 주님의 어머니로 공경합니다. [971]

'흠숭'이라는 말은, 모든 피조물을 뛰어넘는 하느님의 절대적인 숭고함을 겸손하게, 아무 조건 없이 인정하다는 뜻입니다. 성모님은 우리와 같은 피조물로서, 우리는 신앙 안에서 성모님을 우리의 어머니로 모십니다. 우리는 부모님을 공경해야 합니다. 이는 성경에도 잘 표현되어 있는데, 성모님은 다음과 같이 말씀하셨습니다. "이제부터 과연 모든 세대가 나를 행복하다 하리니"(루카 1,48) 이렇게 해서 교회는 성모님과 관련된 순례지와 축일, 성가, 묵주 기도와 같은 기도를 갖게 되었습니다. **묵주 기도**는 복음을 요약해 놓은 것이라 할 수 있습니다. → 353, 484

죄의 용서를 믿나이다

150 교회는 실제로 죄를 용서할 수 있나요?

그렇습니다. 예수님은 몸소 죄를 용서하셨을 뿐만 아니라, 사람들을 죄로부터 해방할 사명과 권한을 교회에 맡기셨습니다. [981-983, 986-987]

> 너희가 누구의 죄든지 용서해 주면 그가 용서를 받을 것이고, 그대로 두면 그대로 남아 있을 것이다.
>
> 요한 20,23

사제의 직무 수행을 통해 인간은 하느님의 용서를 받게 되며, 죄는 마치 원래 없었던 것처럼 완전히 소멸합니다. 예수님이 죄를 용서하는 당신의 고유한 신적인 권한에 사제를 참여시키셨기 때문에, 사제는 오로지 그것에 근거해서만 죄를 용서할 수 있습니다.

→ 225-239

> 사제들은, 하느님이 천사들이나 대천사들에게도 주시지 않았던 권한을 받았습니다. 사제들이 이 세상에서 행한 일을 하늘에 계신 하느님이 인정해 주십니다.
>
> 요한 크리소스토모 성인

151 교회 안에서 죄의 용서는 어떻게 이루어지나요?

죄의 용서는 근본적으로 세례성사를 통해 이뤄집니다. 세례 이후에 무거운 죄를 범한 경우에는 화해의 성사인 고해성사가 꼭 필요하며, 가벼운 죄를 범한 경우에는 참회가 권고됩니다. 그 밖에 성경 읽기와 기도, 단식, 선행 실천도 죄를 용서받는 효과를 지닙니다. [976-980, 984-987] → 226-239

> 비밀이 보장되는 고해성사가 없었다면, 내 마음은 불안했을 것입니다.
>
> 마르틴 루터(1483~1546년), 독일의 종교 개혁가

육신의 부활을 믿나이다

152 부활을 믿는 이유는 무엇인가요?

그리스도는 죽은 이들 가운데서 부활하시고 영원히 사시며 그 영원한 생명에 우리도 참여시키시기 때문에, 우리는 육신의 부활을 믿습니다. [988-991]

> 죽은 이들의 부활이 없다면 그리스도께서도 되살아나지 않으셨을 것입니다. 그리스도께서 되살아나지 않으셨다면, 우리의 복음 선포도 헛되고 여러분의 믿음도 헛됩니다. 우리가 현세만을 위하여 그리스도께 희망을 걸고 있다면, 우리는 모든 인간 가운데에서 가장 불쌍한 사람일 것입니다. 그러나 이제 그리스도께서는 죽은 이들 가운데에서 되살아나셨습니다. 죽은 이들의 맏물이 되셨습니다.
> 1코린 15,13-14.19-20

사람이 죽으면 그 시신을 땅에 묻거나 화장합니다. 그럼에도 불구하고 우리는 그 사람이 죽어서도 살고 있다고 믿습니다. 예수님은 당신의 부활을 통해 당신이 죽음을 다스리는 주인이심을 보여 주셨습니다. 그분의 말씀은 신뢰할 수 있습니다. "나는 부활이요 생명이다. 나를 믿는 사람은 죽더라도 살 것이다."(요한 11,25 참조) → 103-108

153 '육신'의 부활을 믿는 이유는 무엇인가요?

성경에서 '육신'이란 단어는 인간이 약하고 죽을 운명을 지닌 존재라는 것을 드러냅니다. 그렇다고 하느님이 인간의 육신을 열등한 것으로 여기시는 것은 아닙니다. 하느님은 인간을 구원하시기 위해 몸소 예수 그리스도 안에서 '육신'을 취하셨습니다(강생). 하느님은 인간의 정신뿐만 아니라, 영혼과 육신을 포함해 인간 전체를 구원하십니다. [988-991, 997-1001, 1015]

> 말씀이 사람이 되시어 우리 가운데 사셨다.
> 요한 1,14

> 하느님 안에는 육신을 위한 공간도 있습니다.
> 베네딕토 16세 교황, 2005년 8월 15일

하느님은 우리가 영혼과 육신을 지니도록 만드셨습니다. 하느님은 세상 종말 때 피조물 전체가 마치 낡은 장난감처럼 없어지게 놔두지 않으실 것입니다. '마지막 날'에 하느님은 우리가 육신을 지닌 상태로 부활하게 하실 것입니다. 다시 말해 우리는 변화된 상태이긴 하겠지만 우리의 특성은 여전히 지니고 있을 것입니다. 예수님도 일시적으로만 육신을 지니셨던 것은 아니었습니다. 부활하신 예수님이 나타나셨을 때 제자들은 그분 몸에 난 상처들을 보았습니다.

154 우리가 죽을 때 어떤 일이 벌어지나요?

영혼과 육신은 죽음을 통해 분리됩니다. 육신은 부패하지만 영혼은 하느님에게 나아가고 마지막 날에 부활한 육신과 다시 결합될 것을 기다립니다. [992-1004, 1016-1018]

육신의 부활이 어떻게 이뤄질지는 아무도 모릅니다. 하지만 다음과 같은 비유는 우리가 육신의 부활을 받아들이는 데 도움이 될 것입니다. 튤립의 둥근 뿌리를 바라볼 때 우리는 어두운 땅 속에서 그 뿌리가 어떤 아름다운 꽃으로 자라나게 될지 알지 못합니다. 이와 마찬가지로 우리는 우리의 새로운 육신이 앞으로 어떤 모습을 띠게 될지 전혀 알 수 없습니다. 그러나 바오로 사도는 다음과 같이 확신했습니다. "비천한 것으로 묻히지만 영광스러운 것으로 되살아납니다."(1코린 15,43)

155 우리가 그리스도를 신뢰한다면 우리가 죽을 때 그분은 우리를 어떻게 도우실까요?

그리스도가 우리를 마중 나오시고 우리를 영원한 생명으로 이끄실 것입니다. 이에 대해 아기 예수의 데레사 성녀는 "죽음이 아니라 하느님이 나를 데려가실 것입니다."라고 말씀하셨습니다. [1005-1014, 1016, 1019]

예수님의 수난과 죽음을 바라본다고 해서 죽는 일 자체가 쉬워지는 것은 아닙니다. 겟세마니에 오르신 예수님처럼 아버지 하느님을 신뢰하고 사랑함으로

> "죽은 이들이 어떻게 되살아나는가? 그들이 어떤 몸으로 되돌아오는가?" 하고 묻는 이가 있을 수 있습니다. 어리석은 사람이여! 그대가 뿌리는 씨는 죽지 않고서는 살아나지 못합니다. 그리고 그대가 뿌리는 것은 장차 생겨날 몸체가 아닙니다.
>
> 1코린 15,35-37 참조

> 우리는 이승의 삶에서 하느님을 찾고, 죽을 때 그분을 뵈며, 영원 속에서 그분을 차지하게 됩니다.
>
> 프란치스코 살레시오 성인

> 저는 죽는 것이 아니라, 생명 속으로 들어가는 것입니다.
>
> 아기 예수의 데레사 성녀
> (1873~1897년),
> 신비가이자 교회 학자

> 사랑하는 여러분, 이 한 가지를 간과해서는 안 됩니다. 주님께는 하루가 천년 같고 천년이 하루 같습니다.
>
> 2베드 3,8

> 우리의 삶이 저물 때 우리는 우리의 사랑으로 향하게 될 것입니다.
>
> 십자가의 요한 성인
> (1542~1591년),
> 스페인의 신비가,
> 교회 학자이자 시인

써 우리는 "네."라고 대답할 수 있습니다. 이러한 태도를 가리켜 우리는 '정신적 희생'이라 부릅니다. 즉, 죽음을 맞이하는 사람이 십자가 위의 그리스도의 희생과 하나가 되는 것입니다. 이처럼 하느님을 신뢰하고 사람들과 평화로운 관계 속에서, 다시 말해 무거운 죄가 없는 상태에서 죽음을 맞이하는 사람은 부활하신 그리스도와 하나가 되는 길에 있는 것입니다. 죽음은 그분의 손길이 닿는 곳보다 더 깊은 곳으로 우리를 떨어뜨리지 않습니다. 죽음을 맞이하는 사람은 아무 데도 가지 않는 것이 아니라, 그를 지어내신 하느님의 사랑 속으로 되돌아가는 것입니다.

→ 102

저는 영원한 삶을 믿나이다

156 영원한 삶이란 무엇인가요?

영원한 삶은 세례를 받음으로써 시작됩니다. 그것은 죽음을 뛰어넘는 것이며 끝이 없습니다. [1020]

사랑에 빠지는 것만으로도 우리는 그 상태가 더 이상 멈추지 않기를 바랍니다. "하느님은 사랑이십니다."(1요한 4,16)라고 요한의 첫째 서간은 이야기합니다. 바오로 사도가 코린토 신자들에게 보낸 첫째 서간은 "사랑은 언제까지나 스러지지 않습니다."(1코린 13,8)라고 말합니다. 하느님은 사랑이시기 때문에 영원하십니다. 그리고 사랑은 신적인 속성을 지녔기 때문에 영원합니다. 우리가 사랑 안에 머문다면, 하느님의 끝없는 현존 안으로 들어가는 것입니다.

→ 285

157 우리는 죽은 후에 심판을 받게 되나요?

사람은 누구나 죽은 후에 이른바 '사심판私審判'을 받게 됩니다. 최후 심판 또는 종말 심판이라 부르기도 하는 '공심판公審判'은 마지막 날, 즉 세상이 끝나는 날 주님이 다시 오실 때에 열립니다. [1021-1022]

심판

특별 심판이나 사심판私審判은 각 개인이 죽었을 때 받게 됩니다. 최후 심판이나 공심판은 세상이 끝나는 날 주님이 다시 오실 때 받게 됩니다.

우리는 모두 죽을 때 진리의 순간을 맞이합니다. 그 순간에 우리는 더 이상 아무것도 억눌러 숨길 수 없고, 또한 아무것도 바꿀 수 없습니다. 하느님은 우리를 있는 그대로 보실 것입니다. 우리는 그분의 법정에 서게 되고 거기에서 모든 것이 바로잡힐 것입니다. 우리는 오직 '참다운' 상태에 있을 때에만 거룩하신 하느님 곁에 있을 수 있고, 그렇지 않으면 아예 그분 곁에 있을 수 없기 때문입니다. 여기에서 참다운 상태란 하느님이 우리를 만드셨을 때 우리에게 바라셨던 바로 그 상태를 말합니다. 어쩌면 우리는 연옥에서 정화의 과정을 거쳐야 할지도 모르고, 즉시 하느님의 품에 안길지도 모릅니다. 그것도 아니면 우리는 악의와 미움으로 가득 차 모든 것을 부정하면서 사랑이신 하느님을 영원히 외면하게 될지도 모릅니다. 하지만 사랑이 없는 삶은 지옥과 다를 바 없습니다. → 163

우리가 지금은 거울에 비친 모습처럼 어렴풋이 보지만 그때에는 얼굴과 얼굴을 마주 볼 것입니다. 내가 지금은 부분적으로 알지만 그때에는 하느님께서 나를 온전히 아시듯 나도 온전히 알게 될 것입니다.

1코린 13,12

인간은 자기 의지와는 달리 세속적인 재물을 잃을 수 있지만, 자기 의지가 아닌 이상 결코 영원한 재물을 잃을 수는 없습니다.

아우구스티노 성인

> 그러므로 그가 죽은 이들을 위하여 속죄를 한 것은 그들이 죄에서 벗어나게 하려는 것이었다.
>
> 2마카 12,45

158 하늘나라의 본질은 무엇인가요?

하늘나라는 사랑의 순간이 끊임없이 이어지는 상태라 할 수 있습니다. 그곳에서는 우리 영혼이 사랑하면서 일생 동안 찾았던 하느님으로부터 우리를 떼어 놓을 수 있는 것이 더 이상 아무것도 없습니다. 또한 우리는 모든 천사들과 성인들과 함께 하느님에 대해, 그리고 하느님과 더불어 기뻐할 수 있습니다. [1023-1026, 1053]

사랑스러운 눈길로 서로를 바라보는 연인이나, 엄마의 미소를 영원히 간직하려는 듯이 엄마와 눈을 맞추는 아기를 보면 하늘나라가 어떤 것인지 어렴풋이 알게 됩니다. 하느님과 얼굴을 마주하고 바라볼 수 있다는 것은 사랑의 순간만이 영원히 계속되고 있다는 것을 의미합니다. → 52

159 연옥이란 무엇인가요?

연옥은 종종 어떤 장소로 오인되기도 하지만, 그보다는 오히려 어떤 상태를 의미합니다. 하느님의 은총 속에, 다시 말해 하느님이나 주위 사람들과 평화로운 관계 속에서 죽음을 맞이한 사람이라도 하느님의 얼굴을 뵙기 위해서는 먼저 정화의 시간이 필요한데, 그것이 바로 연옥입니다. [1030-1031]

베드로가 예수님을 모른다고 했을 때 주님은 몸을 돌려 그를 바라보셨습니다. 그러자 베드로는 "밖으로 나가 슬피 울었습니다."(루카 22,62 참조) 연옥의 느낌은 이와 같을 것입니다. 아마도 우리 대부분은 죽음을 맞이하는 순간 연옥을 겪게 될 것입니다. 주님은 사랑에 가득 찬 눈길로 우리를 바라보실 텐데, 우리는 자신의 악한 행실이나 '단순히' 사랑을 담지 않고 한 행동에 대해 얼굴이 화끈거리는 부끄러움과 뼈아픈 후회를 느끼게 될 것입니다. 이처럼 우리는 정화의 고통을 겪은 이후에야 비로소 사랑이 넘치는 그분의 시선을 천상의 순수한 기쁨 속에서 마주 볼 수 있게 될 것입니다.

> 주저하지 말고 죽은 이들을 돕고, 그들을 위해 기도를 바칩시다.
>
> 요한 크리소스토모 성인

160 우리는 연옥 상태에 있는 영혼들을 도울 수 있나요?

그렇습니다. 세례받은 이들은 모두 그리스도 안에서 공동체를 이루고 서로 연결되어 있으므로, 살아 있는 사람들은 연옥에 있는 영혼들을 도울 수 있습니다. [1032]

> 사랑하지 않는 자는 죽음 안에 그대로 머물러 있습니다. 자기 형제를 미워하는 자는 모두 살인자입니다. 그리고 여러분도 알다시피, 살인자는 아무도 자기 안에 영원한 생명을 지니고 있지 않습니다.
>
> 1요한 3,14-15

죽은 사람은 자신을 위해 더 이상 아무것도 할 수 없습니다. 그 사람이 적극적으로 자신의 사랑을 증명할 시기는 이미 지나갔습니다. 하지만 살아 있는 우리는 연옥에 있는 영혼을 위해 무엇인가를 할 수 있으며, 우리의 사랑은 저세상까지 이릅니다. 단식과 기도, 선행 그리고 무엇보다 미사성제의 성체성사를 통해서 우리는 죽은 이들을 위해 은총을 청할 수 있습니다. → 146

161 지옥이란 무엇인가요?

지옥은 하느님과 영원히 분리된, 사랑이 전혀 없는 상태를 말합니다. [1033-1037]

> 지옥이 무엇인지 자문해 봅니다. 나는 무능력을 사랑하는 것이 지옥이라고 생각합니다.
>
> 표도르 M. 도스토옙스키
> (1821~1881년),
> 러시아 작가

어떤 이들은 미루신다고 생각하지만 주님께서는 약속을 미루지 않습니다. 오히려 여러분을 위하여 참고 기다리시는 것입니다. 아무도 멸망하지 않고 모두 회개하기를 바라시기 때문입니다.

2베드 3,9

죽을 죄를 뉘우치지 않고 하느님의 자비로운 사랑을 받아들이기 않은 채 죽는 것은 영원히 하느님과 헤어져 있겠다고 우리 자신이 자유로이 선택하는 것을 의미합니다. 따라서 이러한 사람은 하느님과 함께하는 구원받은 이들의 공동체에서 스스로를 배제하는 사람입니다. 우리는 죽는 순간에도 절대적 사랑이신 하느님에 대해 양심의 가책을 느끼지 않고 여전히 하느님을 부정할 수 있는 사람이 실제로 있는지 알지 못합니다. 그러나 우리에게는 자유가 있기에 그러한 결정을 내릴 수도 있습니다. 예수님은 우리가 당신 형제자매들의 궁핍함을 외면함으로써 영원히 당신과 갈라서면 안 된다고 끊임없이 경고하셨습니다. "저주받은 자들아, 나에게서 떠나라. …… 너희가 이 가장 작은 이들 가운데 한 사람에게 해 주지 않은 것이 바로 나에게 해 주지 않은 것이다."(마태 25,41.45) → 53

162 하느님은 사랑이신데 어떻게 지옥이 존재할 수 있나요?

하느님이 인간에게 유죄 판결을 내리신 것은 아닙니다. 하느님의 자비로운 사랑을 거부하고 하느님과 함께하는 공동체에서 자신을 배제함으로써, 자유 의지로 자신에게서 영원한 생명을 앗아간 존재는 바로 인간 자신입니다. [1036-1037]

하느님은 가장 나쁜 죄인과도 하나가 되기를 갈망하십니다. 다시 말해 그분은 모든 사람들이 회개하고 구원받기를 원하십니다. 그렇지만 하느님은 인간에게 자유를 선물하셨고, 인간이 내린 결정을 존중하십니다. 따라서 하느님도 사랑을 강요할 수는 없습니다. 누군가 하늘나라 대신 지옥을 선택할 때에는 사랑의 행위자인 하느님조차도 어찌할 도리가 없으십니다. → 51, 53

> 하느님은 당신을 저버리려 하지 않는 이들을 당신의 무한한 자비로 결코 저버리지 않으실 것입니다.
>
> 프란치스코 살레시오 성인

163 최후의 심판이란 무엇인가요?

최후의 심판은 세상이 끝나는 날 그리스도가 다시 오실 때 열립니다. "선을 행한 이들은 부활하여 생명을 얻고 악을 저지른 자들은 부활하여 심판을 받을 것이다."(요한 5,29) [1038-1041, 1058-1059]

그리스도가 영광에 싸여 다시 오실 때에는 그분의 온전한 광채가 우리를 비출 것입니다. 그러면 진실이 뚜렷하게 드러날 것입니다. 다시 말해 우리의 생각과 행위, 하느님과의 관계나 인간과의 관계가 속속들이 드러날 것이며, 더 이상 숨길 수도 없을 것입니다. 우리는 창조의 궁극적 의미를 깨닫게 되고 우리를 구원하시는 하느님의 놀라운 방식들을 이해하게 될 뿐만 아니라, 본래 가장 큰 권능을 지니신 하느님이 왜 악이 그렇게 세력을 뻗치도록 놔두셨는지 마침내 그 답을 얻게 될 것입니다. 최후의 심판은 우리가 심판을 받는 날이기도 합니다. 우리가 부활하여 생명을 얻게 될지, 아니면 영원히 하느님과 갈라서게 될지 이때 결정됩니다. 하느님은 생명을 선택한 이들을 다시 새롭게 창조하실 것입니다. 그들은 '새로운 몸'(2코린 5장 참조)을 입고 하느님의 영광 속에서 영원히 살며, 영혼과 육신을 통해 그분을 찬양할 것입니다. → 110-112, 157

> 사람의 아들이 영광에 싸여 모든 천사와 함께 오면, 자기의 영광스러운 옥좌에 앉을 것이다. 그리고 모든 민족들이 사람의 아들 앞으로 모일 터인데, 그는 목자가 양과 염소를 가르듯이 그들을 가를 것이다. 이렇게 하여 그들은 영원한 벌을 받는 곳으로 가고 의인들은 영원한 생명을 누리는 곳으로 갈 것이다.
>
> 마태 25,31-32.46

"그들의 눈에서 모든 눈물을 닦아 주실 것이다. 다시는 죽음이 없고 다시는 슬픔도 울부짖음도 괴로움도 없을 것이다. 이전 것들이 사라져 버렸기 때문이다." 그리고 어좌에 앉아 계신 분께서 말씀하셨습니다. "보라, 내가 모든 것을 새롭게 만든다."

묵시 21,4-5

164 이 세상은 어떤 모습으로 완성되나요?

세상이 끝나는 날 하느님은 새 하늘과 새 땅을 창조하실 것입니다. 악은 더 이상 아무런 영향력도, 어떠한 매력도 갖지 못할 것입니다. 구원받은 이들은 친구처럼 하느님을 마주 보게 되고, 평화와 정의에 대한 그들의 열망이 이루어질 것입니다. 그들은 하느님을 뵙는 행복을 누리게 될 것입니다. 삼위일체의 하느님이 그들 가운데 사시며 그들의 눈에서 모든 눈물을 씻어 주실 것입니다. 다시 말해 죽음은 더 이상 존재하지 않으며, 슬픔도 비탄도 고난도 없을 것입니다. [1042-1050, 1060] → 110-112

165 우리의 신앙을 고백하기 위해 "아멘"이라고 말하는 이유는 무엇인가요?

하느님이 우리를 신앙의 증인으로 세우셨기 때문에, 우리의 신앙을 고백하기 위해 "아멘.", 곧 "네."라고 말합니다. "아멘."이라고 말함으로써 우리는 하느님의 창조 활동과 구원 활동에 기쁘고 자유롭게 동의하는 것입니다. [1061-1065]

히브리어 단어인 '아멘'은 '믿음'뿐만 아니라 '견고함, 성실, 신뢰'의 뜻을 지닌 한 단어에서 나왔습니다. 아우구스티노 성인은 "아멘을 말하는 것은 서명하는 것과 같습니다."라고 말했습니다. 예수님이 죽음과 부활을 통해 당신의 신의와 성실함을 우리에게 보여 주셨기 때문에, 우리는 오로지 이것만을 근거로 아무런 제약 없이 "네."라고 응답할 수 있습니다. 예수님은 당신 그 자체로 하느님의 모든 약속에 대한 인간의 동의뿐만 아니라, 우리에 대한 하느님의 최종적인 동의를 드러내는 표상이 되십니다. → 527

? 아멘(amen. 히브리어로 '확고하고 믿을 만함'이라는 뜻의 '아만אמן'에서 유래)

구약 성경에서 '아멘'이란 단어는 '그렇게 되기를 빕니다'라는 의미로 쓰이며, 그로써 하느님이 행동을 취해 주시길 바라는 소망을 강조하거나 하느님 찬양에 동참하게 됩니다. 신약 성경에서 이 단어는 종종 기도의 내용을 강조하며 끝맺는 말로 사용됩니다. 예수님은 당신 말씀이 지닌 권위를 강조하기 위해 이 단어를 사용하셨습니다.

하느님의 그 많은 약속이 그분에게서 "예"가 됩니다. 그러므로 하느님의 영광을 위하여 우리도 그분을 통해서 "아멘!" 합니다.

2코린 1,20

제2권

그리스도의 신비를 어떻게 거행하는가?

질문 166-278

제1부 거룩한 표징들을 통해 우리에게 작용하시는 하느님

제1장 하느님과 거룩한 전례

제2장 우리는 그리스도의 신비를 어떻게 거행하는가?

제2부 교회의 일곱 성사

제1장 입문 성사(세례 · 견진 · 성체)

제2장 치유 성사(고해 · 병자)

제3장 공동체 및 파견을 위한 성사(성품 · 혼인)

제4장 그 밖의 전례 예식

> **전례**(liturgy, '공적 행위, 봉사, 백성을 위한 백성의 실행'을 뜻하는 그리스어 '레이투르기아 λειτουργία'에서 유래)

그리스도교 전승에 따르면, 전례는 하느님 백성이 '하느님의 행위'에 참여함을 뜻합니다. 모든 전례 가운데 핵심은 무엇보다 미사입니다. 다른 성사들의 거행이나 축복, 행렬, 시간 전례와 같은 그 밖의 전례들은 미사에 귀속되어 있습니다.

그리스도의 신비(성사)를 거행하는 일은 지금 예수 그리스도를 만나는 것입니다. 세상이 끝나는 날까지 그분은 당신의 교회에 현존하십니다. 우리는 전례를 통해 이 세상에서 그분과 가장 깊이 만납니다. 그런 까닭에 성 베네딕토 수도회의 규칙서에는 이러한 규정이 있습니다. "무엇도 전례보다 우선시될 수 없다."
[베네딕토 성인(480~547년), 서양 수도 생활 창시자]

◈ 제1부 ◈
거룩한 표징들을 통해 우리에게 작용하시는 하느님

166 교회가 전례를 자주 거행하는 이유는 무엇인가요?

> 99 전례는 스스로 축제를 거행하는 무리의 모임에 불과한 것이 결코 아닙니다. 예수님과 함께 하느님 앞에 나아감으로써 …… 우리 또한 성인들의 공동체에 …… 속하게 됩니다. 그렇습니다. 그것은 어떤 면에서 하늘나라의 전례입니다.
>
> 베네딕토 16세 교황이 추기경 시절에 한 말, 〈하느님과 세상〉

이스라엘 백성은 "하루에도 일곱 번 하느님을 찬양"(시편 119,164)하려고 일을 중단했었습니다. 예수님도 당신 백성이 드리는 예배와 기도에 참석하셨고, 제자들에게 기도하는 법을 가르치셨으며, 당신 자신을 음식으로 내놓는 가장 참다운 예배를 제자들과 함께 드리기 위해 그들을 최후의 만찬에 초대하셨습니다. 교회는 "너희는 나를 기억하여 이를 행하여라."(1코린 11,24) 하고 말씀하신 예수님의 뜻에 따라 신자들을 전례에 초대합니다. [1066-1070]

사람이 숨을 쉬며 생명을 유지하듯, 교회도 전례 거행을 통해 숨을 쉬고 생명을 유지합니다. 하느님은 매일같이 교회에 새로운 생명을 불어넣으시고 당신 말씀과 **성사**를 통해 교회에 새 생명을 선물하십니다. 이런 비유를 들 수도 있습니다. 전례는 각각 하느님이 우리 일정표에 적어 놓으신 사랑을 만나는 장소와 같습니다. 하느님의 사랑을 이미 느낀 사람은 기쁜 마음으로 전례에 참석합니다. 때때로 아무것도 느끼지 못할 때도 있지만 그럼에도 불구하고 전례에 참석하는 사람은 하느님께 신의를 내보이는 사람입니다.

167 전례란 무엇인가요?

전례는 교회의 공식적인 예배입니다. [1077-1112]

전례는 기발한 아이디어와 멋진 노래들로 구성된 행사가 아닙니다. 또한 우리가 고안하고 만들어 낸 것도 아닙니다. 전례는 수천 년 동안 신앙 안에서 성장해 왔고 생생하게 살아 있는 것입니다. 예배는 거룩하고 신성한 사건입니다. 하느님이 전례의 거룩한 표징과 매우 오래된 소중한 기도에 몸소 현존하고 계심을 때때로 우리가 느낄 수 있다면, **전례**는 흥미진진한 일이 됩니다.

그분에게서 힘이 나와 모든 사람을 고쳐 주었다.
루카 6,19

168 교회와 개인의 삶에서 전례가 우선권을 지니는 이유는 무엇인가요?

"전례는 교회의 활동이 지향하는 정점이며, 동시에

> 우리는 주일 미사 없이 살 수 없습니다. 당신은 그리스도가 미사를 위해 존재하시고, 미사는 그리스도인들을 위해 존재한다는 사실을 모르고 있습니다.

305년경에 활동했던 순교자 사투르니노가 금지된 주일 집회에 참석했다는 혐의로 심문받을 때 한 말

나는 양들이 생명을 얻고 또 얻어 넘치게 하려고 왔다.

요한 10,10

그가 아직도 멀리 떨어져 있을 때에 아버지가 그를 보고 가엾은 마음이 들었다. 그리고 달려가 아들의 목을 껴안고 입을 맞추었다.

루카 15,20

제 기쁨과 즐거움이신 하느님께 나아가오리다. 하느님, 저의 하느님 비파 타며 당신을 찬송하오리다.

시편 43,4

거기에서 교회의 모든 힘이 흘러나오는 원천입니다."(제2차 바티칸 공의회, 거룩한 전례에 관한 헌장 〈거룩한 공의회〉) [1074]

예수님이 이 세상에서 사시는 동안 그분의 치유를 가까이에서 체험하려고 사람들이 떼 지어 몰려왔습니다. 그분은 교회에 살아 계시기 때문에 오늘날 우리도 그분을 찾을 수 있습니다. 예수님은 가장 가난한 이들을 돌보시고(마태 25,40 참조) **성체성사** 안에 당신이 현존하심을 우리에게 보증해 주셨습니다. 이 두 가지 일을 행할 때 우리는 그분을 직접 만나 뵐 수 있습니다. 그분이 우리에게 다가오는 것을 받아들이면, 그분은 우리를 가르치시고 먹이시며 우리를 변화시키고 치유하실 뿐만 아니라, 미사를 통해 우리와 하나가 되실 것입니다.

169 전례를 거행할 때 우리에게 어떤 일이 일어나나요?

전례를 거행할 때 우리는 하느님의 사랑 속에 빠져들고 치유되며 변화됩니다. [1076]

교회의 모든 전례와 **성사**는 오로지 우리가 생명을 충만하게 얻도록 돕기 위한 것입니다. 전례를 거행할 때 우리는 "나는 길이요 진리요 생명이다."(요한 14,6)라고 말씀하신 분을 만납니다. 의지할 곳 없는 사람은 전례 중에 하느님이 선물하시는 보호를 느낄 것입니다. 절망을 느끼는 사람은 전례 중에 자신을 기다리고 계신 하느님을 만나게 될 것입니다.

제1장
하느님과 거룩한 전례

170 전례의 가장 심오한 근원은 무엇인가요?

전례의 가장 심오한 근원은 하느님이십니다. 그리고 그분에게는 사랑이라는 영원한 천상 잔치, 다시 말해 성부와 성자와 성령의 기쁨이 있습니다. 하느님은 사랑이시기 때문에, 그분은 우리가 당신의 기쁜 잔치에 참석하길 바라며 우리에게 당신의 축복을 선물하려 하십니다. [1077-1109]

이 세상에서 우리가 거행하는 전례는 아름다움과 활력으로 가득 찬 잔치여야 합니다. 이는 우리를 지어내신 성부의 잔치이므로, 빵과 포도주, 기름과 초, 향과 천상의 음악, 멋진 색깔 등 땅 위의 제물들이 매우 중요한 역할을 합니다. 전례는 또한 우리를 구

? 축복(blessing, '좋게 말하다'라는 뜻의 라틴어 'bene-dicere'와 그리스어 '에울로게인εὐλογεῖν'에서 유래)

'축복'은 '하느님이 내려주시는 좋은 것'을 말합니다. 축복한다는 것은 생명을 선물하고 보호하는 신적 행위를 뜻합니다. 아버지시며, 존재하는 모든 것을 창조하신 하느님은 "네가 여기 있으니 좋다. 네가 있으니 정말 좋구나."라고 말씀하십니다.

원하신 성자의 잔치이므로 우리는 해방을 기뻐하고 그분의 말씀을 듣는 가운데 깊이 숨 쉬며 성체를 받아 모심으로써 강해집니다. 또한 전례는 우리 안에 거처하시는 성령의 잔치이기도 하므로 위로와 지식, 용기와 활력 그리고 **축복**이 그 거룩한 모임에서 차고 넘치게 흘러나옵니다. → 179

171 모든 전례의 본질적 요소는 무엇인가요?

모든 전례를 통해 우리는 무엇보다 그리스도와 하나가 됩니다. 미사뿐만 아니라 다른 모든 전례도 어떤 면에서는 부활을 기념하는 잔치라 할 수 있습니다. 예수님은 죽음에서 생명으로 넘어가는 부활로 가는 길을 보여 주시고, 우리와 함께 그것을 거행하십니다. [1085]

> 너희가 있는 집에 발린 피는 너희를 위한 표지가 될 것이다. 내가 이집트를 칠 때, 그 피를 보고 너희만은 거르고 지나가겠다. 그러면 어떤 재앙도 너희를 멸망시키지 않을 것이다.
> 탈출 12,13

세상에서 거행된 가장 중요한 전례는, 예수님이 돌아가시기 전날 밤에 제자들과 함께 최후의 만찬 자리에서 거행하셨던 파스카 예식이었습니다. 제자들은 예수님이, 이스라엘이 이집트에서 해방된 사건을 기념하는 예식을 거행하실 것이라고 예상했습니다. 그러나 예수님은 전 인류가 죄의 권세에서 해방된 것을 기념하셨습니다. 당시 이집트에서 이스라엘 백성을 죽음의 천사로부터 보호했던 것은 '어린양의 피'였습니다. 이제 예수님은 몸소 어린양이 되시어, 당신 피로 인류를 죄에서 구원하고자 하십니다. 예수님의 죽음과 부활은 우리가 죽더라도 생명을 얻는다는 사실의 증거가 되기 때문입니다. 이것이 그리스도교의 모든 전례가 담고 있는 본래의 내용입니다. 예수님은 몸소 당신의 죽음과 부활을 이스라엘

이 이집트의 종살이에서 해방된 사건에 비유하셨습니다. 그에 따라 예수님의 죽음과 부활이 지니는 구원의 효과는 '파스카의 신비'라는 말로 표현됩니다. 이스라엘 백성이 이집트에서 탈출할 때 어린양의 피가 생명을 구했던 것처럼(탈출기 12장 참조), 예수님은 죄와 죽음의 굴레에서 인류를 구원하신 참된 파스카 양이 되십니다.

172 성사에는 어떤 것들이 있나요?

교회에는 일곱 성사가 있는데, **세례성사**, **견진성사**, **성체성사**, **고해성사**, **혼인성사**, **성품성사**, **병자성사**입니다. [1210]

173 성사가 필요한 이유는 무엇인가요?

우리의 소소한 인간적인 삶을 뛰어넘어 예수님을 통해 예수님처럼 되기 위해, 즉 하느님의 자녀로서 자유와 영광을 누리기 위해 성사가 필요합니다. [1129]

세례성사를 통해 타락한 인간의 자녀들이 소중한 하느님의 자녀가 되고, **견진성사**를 통해 허약했던 이들이 강해집니다. 고해성사를 통해 잘못했던 이들이 화해하고, **성체성사**를 통해 굶주렸던 이들이 다른 사람들을 위한 빵이 됩니다. 혼인성사와 성품성사를 통해 개인주의자들이 사랑의 봉사자가 되며, 병자성사를 통해 절망에 빠졌던 사람들이 자신감을 갖게 됩니다. 성사 중의 **성사**는 그리스도 자신이십니다. 그분을 통해 우리는 이기심으로 가득 찬 마음에서 벗어나 영원히 지속되는 참생명을 누리게 됩니다.

? **성사**(sacrament, '군기軍旗에 대한 맹세'를 뜻하는 라틴어 'sacramentum'. 'sacramentum'은 '신비'를 뜻하는 그리스어 'μυστήριον'을 번역할 때 흔히 쓰이는 말)

그리스도가 제정한 성사는 눈에 보이지 않는 실재를 드러내는 거룩한 표징이라 할 수 있습니다. 그리스도인은 성사에서 우리를 치유하고 용서하고 양육하며 강하게 하시는 하느님의 현존을 체험합니다. 성사를 통해 우리는 사랑할 능력을 갖게 됩니다. 성사에는 하느님의 은총이 작용하기 때문입니다.

피조물도 멸망의 종살이에서 해방되어, 하느님의 자녀들이 누리는 영광의 자유를 얻을 것입니다.

로마 8,21

당신이 지니신 하느님의 권능으로 우리에게 생명과 신심에 필요한 모든 것을 내려 주셨습니다.

2베드 1,3

그분께서는 그 눈먼 이의 손을 잡아 마을 밖으로 데리고 나가셔서, 그의 두 눈에 침을 바르시고 그에게 손을 얹으신 다음, "무엇이 보이느냐?" 하고 물으셨다.

마르 8,23

우리의 구세주에게서 볼 수 있었던 것들이 그분이 세우신 성사들 속으로 들어갔습니다.

레오 1세 성인(390년경~461년), 교황이자 교부

174 예수 그리스도에 대한 신앙만으로는 부족한 이유는 무엇인가요? 하느님이 우리에게 성사를 선물하신 이유는 무엇인가요?

우리는 지적인 능력뿐만 아니라 모든 감각 기관을 동원해 하느님을 체험할 수 있고 또 체험해야 합니다. 그런 까닭에 하느님은 현세적 표징들을 통해, 무엇보다 그리스도의 몸과 피가 되는 빵과 포도주를 통해 우리에게 자신을 선물하십니다. [1084, 1146-1152]

사람들은 예수님을 보았고 그분의 말씀을 들었으며 그분을 만질 수 있었을 뿐만 아니라, 이 모든 것을 통해 영혼과 육신이 치유되고 구원되는 체험을 했습니다. 우리 감각으로 느낄 수 있는 성사의 표징들에서, 사람의 머리뿐만 아니라 사람 전체를 감동시키길 원하시는 하느님의 한결같은 흔적을 볼 수 있습니다.

175 교회만이 성사를 거행할 수 있는 이유는 무엇인가요? 개인이 원하는 대로 성사를 받을 수 없는 이유는 무엇인가요?

성사는 그리스도가 당신의 교회에 주신 선물입니다. 따라서 교회는 성사를 베풀어야 하며, 성사가 남용되지 않도록 해야 합니다. [1117-1119, 1131]

예수님은 당신의 말씀과 표징들을 익명의 대중에게 넘기신 것이 아니라, 구체적으로 **사도**들에게 맡기시어 전달하셨습니다. 오늘날에 비유하면, 그분은 당신이 남긴 유산을 아무나 볼 수 있도록 인터넷에 공개하신 것이 아니라 특정한 도메인을 통해 관리하게 하셨다고 말할 수 있습니다. **성사**는 교회를 위해, 또한 교회를 통해 현존합니다. 성사가 교회를 위해 현존하는 이유는, 그리스도의 몸인 교회가 성사를 통해 세워졌으며 성사를 통해 양분을 공급받고 성사를 통해 완성되기 때문입니다. 성사가 교회를 통해 현존하는 이유는, 고해성사 때 그리스도가 **사제**를 통해 우리의 죄를 용서해 주시는 것처럼 성사는 그리스도의 몸인 교회에서 나오는 힘이기 때문입니다.

> 주님의 몸을 분별 없이 먹고 마시는 자는 자신에 대한 심판을 먹고 마시는 것입니다.
> 1코린 11,29

176 일생에 한 번만 받는 성사에는 어떤 것이 있나요?

세례성사, 견진성사, 성품성사는 그리스도교 신자의 영혼에 지워지지 않는 인호印號를 새기기 때문에 일생에 한 번만 받습니다. 세례성사와 견진성사를 받음으로써 그리스도교 신자는 영원히 하느님의 자녀가 되며 그리스도를 닮게 됩니다. 이와 마찬가지로 성품성사도 그 수품자에게 지울 수 없는 인호를 새깁니다. [1121]

> 누구든지 우리를 그리스도의 시종으로, 하느님의 신비를 맡은 관리인으로 생각해야 합니다.
> 1코린 4,1

우리가 부모의 자녀며 '이따금' 또는 '일부만'이 아니라 언제나 그들의 자녀이듯, 세례성사와 **견진성사**를 통해 우리는 영구히 하느님의 자녀가 되고 그리스도를 닮게 되며 그분의 교회에 속하게 됩니다. 이와 마찬가지로 성품성사도 은퇴할 때까지만 수행하는 직업이 아니라 철회할 수 없는, 선물받은 은총인 것입니다. 하느님은 신실한 분이시기 때문에, 우리는 이들 **성사**의 효력을 하느님의 부르심에 대한 수용, 소명, 보호의 형태로 영원히 누리게 됩니다. 따라서 이

> 저마다 받은 은사에 따라, 하느님의 다양한 은총의 훌륭한 관리자로서 서로를 위하여 봉사하십시오.
> 1베드 4,10

세 성사는 반복해서 받을 수 없습니다.

177 성사는 왜 신앙을 전제로 하나요?

성사는 마술이 아닙니다. 우리가 신앙 안에서 성사를 이해하고 받아들일 때에만 그 효력을 발휘할 수 있습니다. 성사는 신앙을 전제로 할 뿐만 아니라, 신앙을 굳건하게 하고 신앙을 분명하게 드러내기도 합니다. [1122-1126]

> 그러나 우리 구원자이신 하느님의 호의와 인간애가 드러난 그때, 하느님께서 우리를 구원해 주셨습니다. …… 성령을 통하여 거듭나고 새로워지도록 물로 씻어 구원하신 것입니다.
>
> 티토 3,4-5

예수님은 먼저 복음 선포를 통해 사람들의 믿음을 일깨우고 그들에게 세례를 베풀어 당신의 제자로 만들라고 **사도**들에게 명하셨습니다. 따라서 우리는 교회로부터 신앙과 **성사**, 이 두 가지를 받게 됩니다. 오늘날에도 우리는 그저 전례 참여나 교적에 이름을 올리는 것을 통해서가 아니라, 올바른 신앙을 받아들임으로써 그리스도교 신자가 됩니다. 우리는 교회로부터 올바른 신앙을 받아들이며 교회는 그것을 보증합니다. 교회의 신앙은 **전례**를 통해 표현되기 때문에, 성사 예식을 바꾸거나 성직자 개인이나 공동체의 재량에 따라 다루어서는 안 됩니다.

> 나도 전해 받았고 여러분에게 무엇보다 먼저 전해 준 복음은 이렇습니다.
>
> 1코린 15,3

> 다른 초의 불꽃에서 촛불을 켜듯이, 신앙도 다른 이의 신앙을 통해 퍼져 갑니다.
>
> 로마노 구아르디니

178 자격이 없는 사람이 성사를 베푸는 경우 성사에는 효력이 없나요?

자격이 없는 사람이 성사를 베풀어도 성사에 효력은 있습니다. 성사는 성사의 행위가 이루어진 것을 기반으로 성사의 거행 그 자체로 효력을 갖게 되므로 성사 집전자의 도덕적 처신이나 영성적 견해의 영향을 받지는 않습니다. 교회가 행하는 것을 그가 행하

려 했다면, 그것으로 충분합니다. [1127-1128, 1131]

성사 집전자는 모범적인 삶을 살아야 합니다. 그러나 집전자의 **거룩함** 때문이 아니라, 그리스도가 몸소 성사를 통해 활동하시기 때문에 성사는 효력이 있습니다. 물론 그리스도는 성사를 받는 우리의 자유를 존중하십니다. 따라서 우리가 그리스도를 온전히 신뢰할 때에만 비로소 성사는 효력을 발휘합니다.

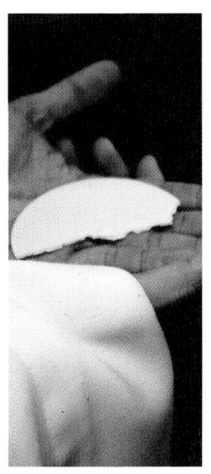

∽ 제2장 ∽
우리는 그리스도의 신비를 어떻게 거행하는가?

179 전례의 집전자는 누구인가요?

이 세상의 모든 전례를 통해 천사와 인간, 산 이와 죽은 이, 과거와 현재와 미래, 하늘과 땅을 포괄하는 우주적 전례를 집전하시는 분은 바로 주님이신 그리스도이십니다. 사제와 신자들이 서로 다른 방식으로 그리스도의 전례에 참례합니다. [1136-1139]

전례에 참여할 때 우리는 지금 일어나는 일이 얼마나 중요한지를 마음 깊이 새겨야 합니다. 지금 이곳에 그리스도가 계시며, 그분과 더불어 하늘나라 전체도 현존합니다. 하늘나라에 있는 모든 이들의 마음은 이루 형언할 수 없는 기쁨과 우리에 대한 애정으로 가득 차 있습니다. 신약 성경의 마지막 부분인 요한 묵시록에서는 우리가 이 세상에서 함께 참례하는 천상의 이 **전례**를 신비스러운 상징으로 묘사합니다. → 170

> 99 그러므로 모든 천사와 성인과 함께 저희도 주님을 찬미하며 끝없이 노래하나이다. 거룩하시도다! 거룩하시도다! 거룩하시도다! 온 누리의 주 하느님! ……
>
> 연중 주일 감사송 4

> 99 전례는 이미 끊임없이 거행되어 왔던 천상의 전례에 우리가 참여하는 것입니다. …… 그것은 인간이 고안해 낸 노래가 아니라, 천사들이 인간에게 전해 준 노래입니다.
>
> 베네딕토 16세 교황이 추기경 시절에 한 말, 〈주님을 위한 새로운 노래〉

> 나는 양들이 생명을 얻고 또 얻어 넘치게 하려고 왔다. 나는 착한 목자다. 착한 목자는 양들을 위하여 자기 목숨을 내놓는다.
>
> 요한 10,10-11

180 전례를 '하느님의 봉사'라고도 하는 이유는 무엇인가요?

전례는 무엇보다 '우리에 대한 하느님의 봉사'를 뜻하며, 그다음으로 '하느님에 대한 우리의 봉사'를 의미합니다. 하느님은 거룩한 표징들을 통해 우리에게 자신을 선물하셨고, 그로써 우리도 아무런 조건 없이 그분에게 우리 자신을 선물할 수 있게 하셨기 때문입니다. [1145-1192]

예수님은 말씀과 **성사**에 현존하십니다. 다시 말해 하느님이 전례에 함께 계신 것입니다. 이 점이 모든 전례의 가장 중요하고 으뜸가는 속성입니다. 우리 인간은 그다음 자리에 옵니다. 예수님은 우리를 위해 당신의 목숨을 바치셨고, 그로써 우리도 그분에게 우리 삶의 정신적 희생을 드리도록 하셨습니다. **성체성사**를 통해 그리스도는 우리에게 당신 자신을 내주시어 우리도 당신에게 우리 자신을 바치도록 하셨습니다. 우리는 우리 생명을 위해 그리스도에게 이른바 백지 수표를 끊어 드립니다. 그럼으로써 우리를 구원하고 변화시키는 그리스도의 희생에 우리도 참여하는 것입니다. 보잘것없던 우리의 삶에는 하느님 나라로 향하는 문이 활짝 열리게 되며, 하느님은 우리의 삶 속에서 당신 삶을 사실 수 있게 됩니다.

> 너희 가운데에서 첫째가 되려는 이는 모든 이의 종이 되어야 한다. 사실 사람의 아들은 섬김을 받으러 온 것이 아니라 섬기러 왔고, 또 많은 이들의 몸값으로 자기 목숨을 바치러 왔다.
>
> 마르 10,44-45

181 전례에 표징과 상징이 많은 이유는 무엇인가요?

하느님은 우리 인간이 정신뿐만 아니라 육체를 지닌 존재임을 알고 계십니다. 따라서 우리에게는 정신적이고 내적인 실재를 인식하고 표시하기 위해

표징과 상징이 필요합니다. [1145-1152]

우리가 내면에 있는 것을 표현하는 표징은 여러 가지가 있습니다. 예를 들면 붉은 장미와 결혼반지, 검정색 옷, 그라피티와 같은 표징들을 보면 그 의미를 이해할 수 있습니다. 사람이 되신 하느님은 우리 가운데 사시며 활동하고 계신다는 것을 드러내려고 인간의 표징들을 이용하시는데, 빵과 포도주, 세례수, 성령을 상징하는 도유(기름 부음)가 그 예입니다. 우리 인간은 그리스도가 정하신 하느님의 이 거룩한 표징들에 대해 경외심을 나타내는 표징으로 응답합니다. 무릎을 꿇어 경배하거나 복음을 들을 때 일어서는 행위, 고개를 숙이는 절과 합장한 손 등이 그 예입니다. 우리는 결혼식 때처럼 꽃과 초, 음악 등 우리에게 있는 가장 아름다운 것들로 하느님이 현존하시는 전례를 꾸밉니다. 물론 때때로 어떤 표징들은 설명이 필요합니다.

> 상징은 눈에 보이지 않는 실재를 볼 수 있도록 표현된 언어입니다.
>
> 게르트루트 폰 르 포르

> 상징 언어는 우리 모두가 배워야 할 유일한 외국어라고 생각합니다.
>
> 에리히 프롬(1900~1980년), 정신 분석가

182 전례의 거룩한 표징들에 여전히 말씀이 필요한 이유는 무엇인가요?

전례를 거행한다는 것은 하느님을 만나는 것을 의미합니다. 다시 말해 하느님이 행동하실 여지를 마련해 드리고, 하느님의 말씀을 들으며, 그분에게 응답하는 것입니다. 하느님과의 친근한 대화는 언제나 몸짓과 말로 표현됩니다. [1153-1155, 1190]

> 그들은 서로 주고받으며 외쳤다. "거룩하시다, 거룩하시다, 거룩하시다. 만군의 주님! 온 땅에 그분의 영광이 가득하다."
>
> 이사 6,3

예수님은 표징과 말씀을 통해 사람들에게 말씀하셨습니다. **사제**가 전례에서 예물을 가리키며 "이는 내 몸이다. …… 이는 내 피다."라고 말할 때 똑같은 일

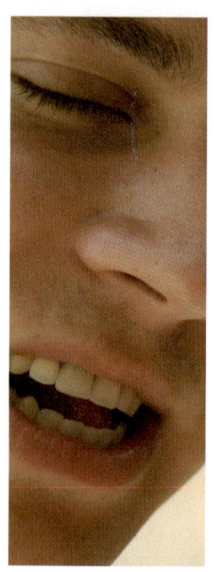

시편과 찬미가와 영가로 서로 화답하고, 마음으로 주님께 노래하며 그분을 찬양하십시오.
에페 5,19

99 노래로 기도하면 두 배로 기도하는 것입니다.
아우구스티노 성인

이 교회에서 일어납니다. 예수님의 이 해석 말씀만이 표징을 **성사**가 되게 하고 표징이 지닌 의미를 실현합니다.

183 전례 때 음악을 연주하는 이유는 무엇이며, 전례 음악은 어떤 특성이 있어야 하나요?

하느님을 찬양하는 데 말만으로 충분하지 않아 음악의 도움을 받습니다. [1156-1158, 1191]

우리가 하느님께 부탁드릴 때면 그분에게 말씀드리기 어렵거나 차마 말씀드리지 못한 것이 있기 마련입니다. 그럴 때 음악이 우리를 대신할 수 있습니다. 큰 기쁨을 느낄 때 말은 노래가 되며, 그런 까닭에 천사들이 노래하는 것입니다. 전례 음악을 통해 기도는 더 아름답고 경건해지고, 참여한 모든 이들은 더 깊이 마음이 사로잡혀 하느님에게 이끌립니다. 이처럼 전례 음악은 하느님을 위한 멜로디 축제가 되어야 합니다.

184 전례는 시간에 어떤 영향을 끼치나요?

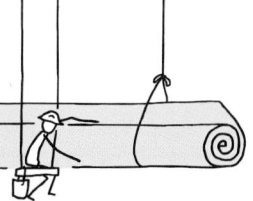

전례 시간은 하느님을 위한 시간이 됩니다.

우리는 때때로 시간을 어떻게 보내야 할지 고민하며 소일거리를 찾기도 합니다. 그러나 전례 시간은 매 순간이 의미로 채워진 밀도 깊은 시간입니다. 우리는 전례를 거행할 때 하느님이 시간을 거룩하게 하시고 매 순간을 영원으로 향하는 관문이 되게 하셨음을 깨닫습니다.

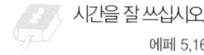 시간을 잘 쓰십시오
에페 5,16

185 전례를 매년 반복하는 이유는 무엇인가요?

매년 생일이나 결혼기념일을 기념하듯, 전례도 한 해를 주기로 그리스도의 가장 중요한 구원 사건들을 기념합니다. 그러나 전례력의 시간은 하느님의 시간이라는 점에서 인간의 시간과 다릅니다. 예수님이 전하신 복음과 그분의 삶을 '기억'하는 일은 살아 계신 하느님을 만나는 일과 같습니다. [1163-1165, 1194-1195]

> '하느님의 영원하심'은 단순히 시간의 초월이나 부정否定을 의미하는 것이 아니라, 시간 안에 함께 존재하며 시간을 다스리는 것을 의미합니다.
> 베네딕토 16세 교황이 추기경 시절에 한 말, 〈전례의 정신〉

덴마크의 철학자 쇠렌 키르케고르는 다음과 같이 말했습니다. "우리는 예수님과 동시대인이 될 수도 있고, 전혀 관계없는 사람이 될 수도 있습니다." 전례력에 따라 전례를 거행함으로써 우리는 실제로 예수님과 동시대인이 됩니다. 우리가 그분의 시대와 그분의 삶에 곧장 녹아들어 생각할 수 있기 때문이 아닙니다. 우리가 이런 방법으로 그분에게 자리를 내어 드릴 때 그분이 당신 부활의 힘으로 치유하고 용서하는 가운데 나의 시간과 나의 삶으로 들어오시기 때문입니다.

186 전례력이란 무엇인가요?

전례력은 그리스도가 사람이 되신 사건부터 영광스럽게 다시 오실 사건까지 그분의 일생에 관한 신비들로 한 해를 재편성해 놓은 연력年曆을 말합니다. 전례력은 주님을 기다리는 대림 시기로 시작하여, 첫 번째 정점이라 할 수 있는 성탄 시기를 거쳐, 두 번째 정점이며 그보다 더 높은, 그리스도가 우리를 구원하시면서 겪는 수난과 죽음, 부활을 기념하는 부활 시기에 이릅니다. 부활 시기는 성령이 교회에 내리신 것을 기념하는 성령 강림 대축일로 끝납니다. 그 밖에도 교회가 인간을 구원으로 이끄신 하느님의 은총을 찬양하는 날로, 성모 마리아 대축일과 성인들의 축일이 전례력 곳곳에 자리 잡고 있습니다. [1168-1173, 1194-1195]

> 그리스도의 생애를 늘 새롭고 생생하게 그려 내고 묘사하는 전례력은 인간이 만들어 낸 가장 위대한 예술 작품입니다. 하느님은 전례력을 인정하셨고, 그것을 매년 허락하시며, 매년 처음 맞이하는 것처럼 언제나 새로운 빛으로 선물하십니다.
>
> 요헨 클레퍼(1903~1942년), 독일의 작가

187 주일은 얼마나 중요한가요?

우리는 주일에 그리스도의 부활을 기념하며 모든 주일은 작은 부활 축일이라 할 수 있으므로, 그리스도교에서 주일은 시간의 중심이 됩니다. [1163-1167, 1193]

주일을 무시하거나 없애면 일주일 내내 일하는 날만 남습니다. 그러면 기쁨을 누리라고 창조된 인간은 일벌레로 전락하고 맙니다. 우리는 이 세상에서 주일을 적절하

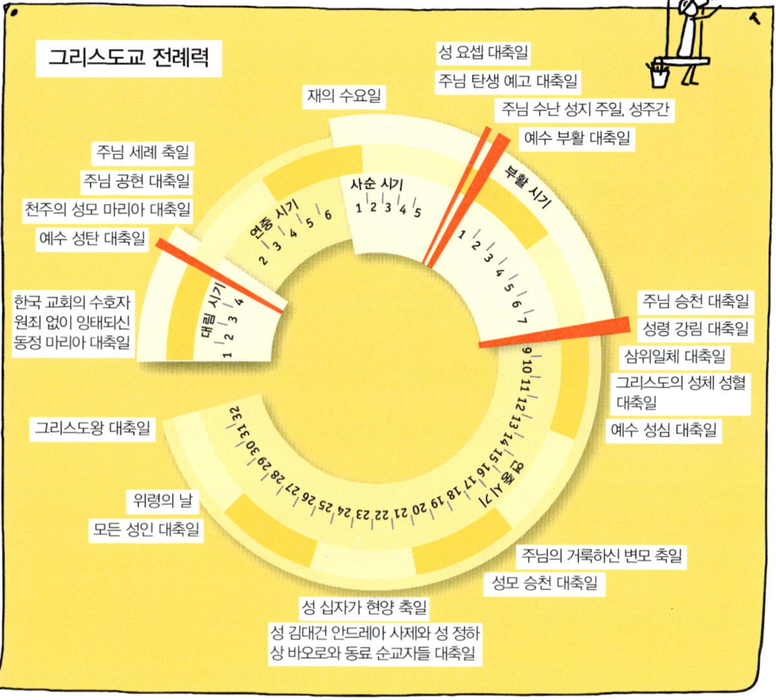

그리스도교 전례력

- 성 요셉 대축일
- 주님 탄생 예고 대축일
- 재의 수요일
- 주님 수난 성지 주일, 성주간
- 예수 부활 대축일
- 주님 세례 축일
- 주님 공현 대축일
- 천주의 성모 마리아 대축일
- 예수 성탄 대축일
- 사순 시기 1 2 3 4 5
- 연중 시기 2 3 4 5 6
- 부활 시기 1 2 3 4 5 6 7
- 한국 교회의 수호자 원죄 없이 잉태되신 동정 마리아 대축일
- 대림 시기 1 2 3 4
- 주님 승천 대축일
- 성령 강림 대축일
- 삼위일체 대축일
- 그리스도의 성체 성혈 대축일
- 예수 성심 대축일
- 그리스도왕 대축일
- 연중 시기 9 10 11 12 13 14 15 16 17 18 19 20 21 22 23 24 25 26 27 28 29 30 31 32 33
- 위령의 날
- 모든 성인 대축일
- 주님의 거룩하신 변모 축일
- 성모 승천 대축일
- 성 십자가 현양 축일
- 성 김대건 안드레아 사제와 성 정하상 바오로와 동료 순교자들 대축일

게 지내는 법을 배워야 합니다. 그러지 않으면 하늘나라에서는 무엇을 해야 할지 알 수 없을 것입니다. 하늘나라에서는 주일이 끝없이 계속되기 때문입니다. → 104-107

● 교회의 새해는 '대림 제1주일'로 시작되며, 예수 부활 대축일에 정점에 이릅니다.

188 시간 전례란 무엇인가요?

'시간 전례'는 교회 공동체가 다 같이 바치는 공적 기도입니다. 성경 본문들로 구성된 기도문을 통해 기도하는 사람은 예수 그리스도의 일생에 관한 신비로 점점 더 깊이 이끌립니다. 전 세계에서 날마다 특정한 시간에 바치는 시간 전례로, 삼위일체 하느님에게는 기도하는 사람과 세상을 아주 천천히 변화시킬 기회가 생깁니다. 사제와 수도자만 시간 전례를

● 시간 전례를 바치는 일곱 기도는 아래와 같습니다.

· 독서 기도
· 아침 기도
· 삼시경
· 육시경
· 구시경
· 저녁 기도
· 끝 기도

하루에도 일곱 번 당신을 찬양하니 당신의 의로운 법규 때문입니다.

시편 119,164

바치는 것은 아닙니다. 신앙을 중요하게 여기는 수많은 그리스도교 신자들이 세상 곳곳에서 하느님에게 올라가는 수천 번의 외침에 동참하고 있습니다. [1174-1178, 1196]

하루 동안 일곱 번 있는 '기도 시간'에 바치는 시간 전례에는 **교회가 기도에 사용하는 모든 어휘가 담겨 있습니다**. 기쁨, 걱정, 두려움으로 말문이 막힐 때 그 어휘 덕분에 말문이 열립니다. 시간 전례를 바칠 때 우리는 끊임없이 놀랍니다. 문장 하나 또는 본문 전체가 '우연히'도 나의 상황에 딱 맞아떨어지기 때문입니다. 하느님은 당신께 간청하는 우리의 기도를 들으시고, 시간 전례의 기도문을 통해 때때로 깜짝 놀랄 만큼 아주 구체적으로 우리에게 응답해 주십니다. 또한 우리의 충직함을 기대하시면서, 우리에게 무미건조하고 긴 침묵의 시간을 요구하기도 하십니다.

→ 473, 492

> 교회는 사람들이 하느님을 찾고 싶어 하는 신학적 장소입니다. 교회는 이 세상을 더욱 살 만한 곳으로 만들어 줍니다. 우리가 살고 있는 도시나 마을의 명성이 교회를 통해 어떻게 높아지는지는, 대성당이 없는 쾰른을 상상해 보면 금방 알 수 있을 것입니다. 이처럼 하느님이 이 세상에 현존하심으로써 이 세상은 더 살 만한 곳이 됩니다.
>
> 요아힘 마이스너 추기경
> (1933년 출생), 쾰른 대교구장

189 전례는 우리가 살고 있는 공간에 어떤 영향을 미치나요?

그리스도는 당신의 승리가 세상의 모든 공간에 스며들게 하셨습니다. 그분 자신이 참된 성전이며, "영과 진리 안에서"(요한 4,24) 하느님에게 미사드리는 일은 이제 더 이상 특정 장소에 국한되지 않습니다. 그런데도 교회 건물과 거룩한 표징들은 그리스도교의 확고한 기반을 이룹니다. 우리에게는 모일 구체적인 장소와 새로운 현실을 떠올리도록 도와줄 표징이 필요하기 때문입니다. 성전은 모두 하늘에 있는 아버지의 집을 상징적으로 드러내고 있으며, 우리는

그곳으로 가는 여정에 있습니다. [1179-1181, 1197-1198]

물론 우리는 숲이나 바닷가, 침대 등 어디에서나 기도할 수 있습니다. 그러나 우리 인간에게는 정신뿐만 아니라 육체도 있기 때문에 서로 보고 듣고 느낄 수 있어야 합니다. 다시 말해 '그리스도의 몸'을 이루려고 우리가 만나려면 구체적인 장소가 있어야 하고, 하느님에게 경배드리려면 무릎을 꿇을 곳이 필요합니다. 또한 우리는 성변화聖變化를 이룬 빵이 제공되는 곳에서 그 빵을 먹고, 그분이 우리를 부르실 때 몸을 움직여야 합니다. 길가에 세워진 십자가를 보고서 이 세상의 주인이 누구이고 우리가 어디로 가는 여정에 있는지를 깨닫습니다.

190 그리스도교에서 성전은 무엇을 의미하나요?

그리스도교 성전은 구체적인 지역의 주민이 이룬 교회 공동체일 뿐만 아니라, 하느님이 우리 모두를 위해 마련해 놓으신 하늘의 거처를 상징합니다. 우리는 개인적으로 또는 공동체와 더불어 기도하려고, 또한 성체성사를 비롯한 성사들을 거행하려고 성전에 모입니다. [1179-1186, 1197-1199]

"여긴 마치 천국 같아.", "이곳에선 고요하고 경건한 마음이 드는데!" 성당은 대부분 기도가 절로 나올 만한 분위기를 냅니다. 우리는 그 성당에서 하느님의 현존을 느낍니다. 성당의 아름다움을 통해 하느님의 아름다움과 위대함 그리고 사랑을 깨닫습니다. 성당은 신앙을 전해 주는 전달자일 뿐만 아니라, 제단에

> 하느님은 교회를 바다에 있는 항구처럼 만드셔서, 여러분이 현세적 근심의 소용돌이에서 구원되고 평온과 고요를 찾을 수 있게 하셨습니다.
>
> 요한 크리소스토모 성인

서 이뤄지는 **성사**에 실제로, 실체적으로 현존하시는 하느님의 거처입니다.

191 성전을 이루는 필수적인 전례 장소에는 어떤 것이 있나요?

성전에서 중심 역할을 하는 장소로는 십자가가 있는 제대와 감실, 사제석, 독서대, 세례대, 고해소 등을 꼽을 수 있습니다. [1182-1188]

제대는 성당의 중심이라 할 수 있습니다. 제대에서 거행되는 미사를 통해 십자가에서 예수 그리스도의 희생과 부활이 재현됩니다. 또한 제대는 하느님 백성을 초대하는 식탁이기도 합니다. **감실**은 성당에서 가장 기품 있고 눈에 띄는 자리에 설치하는데, 주님이 몸소 현존하시는 성체가 모셔져 있는 성스러운 금고라고 할 수 있습니다. 성체등은 감실에 예수님이 '살고 계심'을 표시하는데, 성체등이 꺼진 것은 감실이 비어 있음을 의미합니다. 눈에 띄는 곳에 위치한 **주교**나 **사제**의 자리는, 공동체를 이끄는 분이 바로 그리스도라는 것을 말해 줍니다. 하느님의 말씀이 선포되는 독서대는 살아 있는 하느님의 말씀으로서 성경에 담긴 가치와 품위를 일깨워 줍니다. 세례대에서는 세례식이 거행되며, 성수대는 우리의 세례서약을 생생하게 떠올리는 역할을 합니다. 고해소는 우리가 죄를 고백하고 용서받는 곳입니다.

192 교회가 전례를 바꾸거나 쇄신할 수 있나요?

전례에는 바꿀 수 있는 요소와 바꿀 수 없는 요소가 있습니다. 최후의 만찬 때 예수님이 하신 말씀처럼 예수님으로부터 직접 전해 받은 모든 요소는 바꿀 수 없습니다. 그러나 바꿀 수 있는 요소도 있는데, 교회가 그런 요소들을 바꿔야 할 때도 있습니다. 그리스도의 신비는 어느 시대에나 어느 장소에서나 선포되고 거행되며 살아 있는 것이 되어야 하기 때문입니다. 전례는 개별 민족들의 정신과 문화에 상응해야 합니다. [1200-1209]

예수님은 인간의 정신과 지성, 마음과 의지 등 인간 전체에게 말을 거셨습니다. 그분이 오늘날 전례에서 원하시는 것도 바로 이것입니다. 그런 까닭에 아프리카의 전례는 유럽의 전례와는 다르고, 양로원에서 거행하는 전례는 세계 청년 대회에서 거행되는 **전례**와는 다르며, 본당 공동체의 전례는 수도원의 전례와는 다른 특징을 갖고 있습니다. 그러나 전례는 전 세계 모든 교회에 공통된 전례로 여전히 인식되어야 합니다.

> 우리가 전례를 오로지 매력적이고 흥미로우며 아름답게 꾸밀 방법만을 모색한다면, 전례는 쇠퇴하게 됩니다. 전례의 관건은 본래의 주체이신 하느님과 함께하는 '하느님의 행위Opus Dei'냐, 그렇지 않느냐에 달려 있습니다.
>
> 베네딕토 16세 교황, 2007년 9월 9일

> 주님도 한 분이시고 믿음도 하나이며 세례도 하나이고, 만물의 아버지이신 하느님도 한 분이십니다.
>
> 에페 4,5-6

입문(initiation, '시작'을 뜻하는 라틴어 'initium'에서 유래)

'입문'은 이미 존재하는 공동체에 외부인이 편입되는 것을 일컫는 말입니다.

∽ 제2부 ∽
교회의 일곱 성사

> 너희는 가서 모든 민족들을 제자로 삼아, 아버지와 아들과 성령의 이름으로 세례를 주어라.
>
> 마태 28,19

> 99 세례를 통해 모든 아이는 새로운 친구 집단에 들어가는데, 이 집단은 아이가 사는 동안뿐만 아니라 죽더라도 결코 그를 버리지 않을 것입니다. …… 이제 아이가 구성원이 된 이 친구 집단 즉 하느님의 가정은, 고통의 시기와 인생의 어두운 시기에도 언제나 아이와 동행하며 그에게 위로와 격려, 빛을 선물할 것입니다.
>
> 베네딕토 16세 교황, 2006년 1월 8일

> 그래서 누구든지 그리스도 안에 있으면 그는 새로운 피조물입니다. 옛것은 지나갔습니다. 보십시오, 새것이 되었습니다.
>
> 2코린 5,17

193 성사들을 하나로 묶어 주는 내적 논리가 존재하나요?

모든 성사는 원래 성사이신 예수 그리스도와의 만남을 의미합니다. 신앙으로 이끄는 입문 성사로는 세례성사와 견진성사, 성체성사가 있고, 치유 성사로는 고해성사와 병자성사가 있으며, 공동체와 파견을 위한 성사로는 혼인성사와 성품성사가 있습니다. [1210-1211]

세례성사는 우리를 그리스도와 연결해 주고, 견진성사는 우리에게 그분의 영을 선물합니다. 성체성사는 우리를 그리스도와 하나 되게 하고, 고해성사는 우리를 그분과 화해시킵니다. 병자성사를 통해 그리스도는 우리를 치유하고 위로하며 강하게 해 주십니다. 혼인성사를 통해서 그리스도는 우리 사랑에 당신의 사랑이, 우리의 신의에 당신의 신의가 함께 할 것임을 약속하십니다. 성품성사를 통해 **사제**들은 죄를 용서하고 미사를 거행할 권한을 위임받습니다.

∽ 제1장 ∽
입문 성사

세례성사

194 세례성사란 무엇인가요?

세례는 죽음의 세계에서 생명으로 넘어가는 길이자

교회로 들어가는 관문이며, 하느님과 함께하는 영원한 공동체의 시작입니다. [1213-1216, 1276-1278]

> 밤이 물러가고 낮이 가까이 왔습니다. 그러니 어둠의 행실을 벗어 버리고 빛의 갑옷을 입읍시다. …… 주 예수 그리스도를 입으십시오.
> 로마 13,12,14

세례는 기본적인 **성사**로, 다른 모든 성사를 받기 위한 조건이 됩니다. 세례를 통해 우리는 예수 그리스도와 하나가 되고, 십자가에서 돌아가신 그분의 죽음에 동참합니다. 또한 우리는 성사를 통해 원죄와 개인적인 모든 죄의 속박에서 해방되고, 그분과 함께 영원한 생명을 누릴 수 있도록 새로 태어납니다. 세례는 하느님과 맺는 계약이므로 우리는 "네."라고 응답해야 합니다. 유아 세례에서는 부모가 자녀를 대신하여 신앙을 고백합니다. → 197

195 세례성사는 어떻게 베푸나요?

세례를 베푸는 전통 방식은 세례받는 사람을 물속에 세 번 잠기게 하는 것입니다. 그러나 오늘날에는 대부분 세례를 베푸는 사람이 먼저 세례받는 사람의 세례명을 부릅니다. 그리고 "나는 성부와 성자와 성령의 이름으로 당신에게 세례를 줍니다."라고 말하며 세례받는 사람의 이마에 물을 세 번 붓습니다. [1229-1245, 1278]

> 새로 태어난 아기들은 태어날 때 받은 선물을 성인이 되었을 때 스스로 자유롭고 책임 있는 방식으로 받아들여야 합니다. 이러한 성숙 과정을 통해 그들은 그들이 받은 세례를 공고히 하고 각자 성령의 '인호印號'를 새기는 견진성사를 받을 것입니다.
> 베네딕토 16세 교황, 2006년 1월 8일

물은 요한 세례자가 베풀었던 회개의 세례에서 표현된 것처럼 정화와 새로운 생명을 상징합니다. '성부와 성자와 성령의 이름'으로, 물로써 베푸는 세례는 회개와 참회의 징표를 뛰어넘어, 그리스도 안에 있는 새로운 생명을 뜻하게 됩니다. 그런 까닭에 도유(기름 부음)와 흰옷, 세례초라는 표징을 더합니다.

예비 신자 교리 교육
(catechumenate, '강의하다, 시를 낭송하다'라는 뜻의 그리스어 '카테케인κατηχειν'에서 유래)

예전에 성인 예비 신자들은 세 단계로 이뤄진 세례 준비 과정을 마쳐야 했는데, 그들은 이 과정 중에 교리 교육을 받았고 점차로 '말씀의 전례'에 참례하는 것도 허락되었습니다.

196. 어떤 사람이 세례를 받을 수 있으며, 세례 후보자에게 요구되는 조건은 무엇인가요?

아직 세례받지 않은 사람이라면 누구나 받을 수 있습니다. 세례받기 위한 유일한 조건은 세례를 받을 때 공개적으로 신앙을 고백하는 것입니다. [1246-1254]

그리스도교로 돌아서는 사람은 세계관만 바꾸는 것이 아닙니다. 그는 **예비 신자 교리 교육**이라는 학습 과정을 거친 후, 개인적인 회개와 무엇보다 세례라는 선물을 통해 새사람이 됩니다. 그는 이제 그리스도의 몸을 이루는, 살아 있는 일부인 것입니다.

197. 교회가 유아 세례의 전통을 고수하는 이유는 무엇인가요?

교회는 예로부터 유아 세례를 고수해 왔습니다. 우리가 하느님을 선택하기에 앞서 하느님이 우리를 선택하셨기 때문입니다. 다시 말해 세례는 은총이며, 우리를 조건 없이 받아들이시는 하느님에게 거저 받은 선물입니다. 자녀에게 가장 좋은 것을 주고 싶은 부모들은, 자녀가 원죄의 영향과 죽음의 권세에서 벗어나도록 세례받기를 원합니다. [1250, 1282]

유아 세례는 그리스도교 신자인 부모가 세례받는 아기를 신앙으로 잘 이끌겠다는 약속을 전제로 합니다. 개인의 자유를 잘못 이해한 나머지 자녀에게 세례 베푸는 것을 미룬다면, 이는 잘못된 일입니다. 자녀가 장차 스스로 사랑을 선택할 수 있게 하기 위해 우리가 자녀에게 주는 사랑을 미루지는 않는 것처

> 우리는 그분의 죽음과 하나 되는 세례를 통하여 그분과 함께 묻혔습니다. 그리하여 그리스도께서 아버지의 영광을 통하여 죽은 이들 가운데에서 되살아나신 것처럼, 우리도 새로운 삶을 살아가게 되었습니다.
> 로마 6,4

럼, 신자인 부모가 자녀에게 세례를 통해 하느님의 은총을 받을 수 있는 기회를 주지 않는다면 이는 잘못된 일입니다. 누구나 말할 수 있는 능력을 타고나지만 말하는 법을 배워야 하듯, 누구나 믿을 수 있는 능력을 타고나더라도 신앙을 배워야 합니다. 그러나 누구에게든지 세례를 억지로 베풀 수는 없습니다. 유아 세례를 받은 사람은 나중에 자신의 삶에서 세례를 '받아들여야' 합니다. 다시 말해 자기가 받은 세례에 대해 "네."라고 말함으로써, 세례가 열매를 맺도록 해야 합니다.

> 하느님께서는 모든 사람이 구원을 받고 진리를 깨닫게 되기를 원하십니다.
>
> 1티모 2,4

198 세례성사를 베풀 수 있는 사람은 누구인가요?

일반적으로 주교나 사제 또는 부제가 세례성사를 베풉니다. 그러나 긴급한 상황에서는 그리스도교 신자뿐만 아니라 인간이면 누구나 세례를 베풀 수 있습니다. 이때 세례받는 사람의 이마에 물을 부으며, "나는 성부와 성자와 성령의 이름으로 당신에게 세례를 줍니다."라는 세례 양식을 말해야 합니다. [1256, 1284]

> 누구든지 물과 성령으로 태어나지 않으면, 하느님 나라에 들어갈 수 없다.
>
> 요한 3,5

세례는 매우 중요하기 때문에 그리스도교 신자가 아닌 사람도 누구나 세례를 줄 수 있습니다. 이때 세례를 주는 사람은 **교회**가 세례를 줄 때 의도하는 것과 같은 의도만 있으면 됩니다.

> 우리는 살아도 주님을 위하여 살고 죽어도 주님을 위하여 죽습니다. 그러므로 우리는 살든지 죽든지 주님의 것입니다.
>
> 로마 14,8

199 세례성사만이 실제로 구원에 이르는 유일한 길인가요?

복음을 받아들이고 그리스도가 "길이요 진리요 생

> 우리는 유다인이든 그리스인이든 종이든 자유인이든 모두 한 성령 안에서 세례를 받아 한 몸이 되었습니다. 또 모두 한 성령을 받아 마셨습니다.
>
> 1코린 12,13

명"(요한 14,6)이시라는 것을 전해 들은 모든 이들에게 세례는 하느님과 구원에 이르는 유일한 길입니다. 그렇지만 그리스도가 모든 이들을 위해 돌아가신 것도 사실입니다. 따라서 그리스도와 신앙을 실제로 알게 될 기회를 갖지 못했더라도 진지한 마음으로 하느님을 찾고 양심에 따라 사는 이들은 모두 구원에 이르게 됩니다(이른바 화세火洗로, 자기 열성熱誠으로 죄를 씻는다는 뜻 - 편집자 주). [1257-1261, 1281, 1283]

하느님은 구원을 **성사**와 결부하셨습니다. 따라서 교회는 사람들에게 끊임없이 성사를 베풀어야 합니다. 이러한 사명을 포기한다면 하느님의 분부를 저버리는 것입니다. 그러나 하느님은 성사에 종속되지 않으십니다. 교회가 죄나 그 밖의 다른 이유로 기대에 상응하지 못하거나 성과 없이 머물게 되는 경우, 하느님이 몸소 구원에 이르는 다른 길을 사람들에게 열어 주십니다. → 136

200 세례성사를 통해 어떤 일이 일어나나요?

세례를 통해 우리는 그리스도의 몸의 일부가 되며, 우리 구세주의 형제자매이자 하느님의 자녀가 됩니다. 또한 우리는 죄에서 해방되고 죽음에서 벗어나며, 그 순간부터 구원받은 기쁨을 누리며 살게 됩니다. [1262-1274, 1279-1280]

> 자녀이면 상속자이기도 합니다. 우리는 하느님의 상속자입니다. 그리스도와 더불어 공동 상속인인 것입니다.
> 로마 8,17

세례받았다는 것은, 자기 인생의 역사가 하느님 사랑의 강물 속에 잠겼다는 것을 의미합니다. 베네딕토 16세 교황은 다음과 같이 말했습니다. "우리의 삶은 그리스도의 것이며, 더 이상 우리의 것이 아닙니다. …… 그분이 우리와 함께하시며 우리를 당신 사랑 속에 받아들이시기 때문에 우리는 두려워하지 않습니다. 우리가 어디를 가든지 생명 그 자체이신 그분은 우리를 감싸고 업고 가십니다."(2007년 4월 7일)

→ 126

201 세례성사 때 세례명을 받는 것에는 어떤 의미가 있나요?

하느님은 우리가 세례 때 받는 이름으로 우리를 부르십니다. "내가 너를 지명하여 불렀으니 너는 나의 것이다."(이사 43,1) [2156-2159, 2165-2167]

> 나는 무언가를 행하고 무엇이 되라는 소명을 받았는데, 그 소명은 어느 누구도 받지 못한 것입니다. 하느님의 계획과 하느님 나라에 내 자리가 있는데, 그 자리는 어느 누구도 갖지 못한 것입니다. 내가 부유하든 가난하든 존경받든 멸시받든 상관없이, 하느님은 나를 알고 계시며 내 이름을 통해 나를 부르고 계십니다.
> 존 헨리 뉴먼 복자

세례 때 인간은 이름 없이 신성神性 속으로 사라지는 것이 아니라 바로 그 이름을 통해 하나의 개인으로서 자신을 확인받습니다. 세례 때 이름을 받는다는 것은, 하느님이 나를 알고 계시며 나에게 동의해 주시고, 다른 것과 혼동되지 않는 고유한 모습을 지닌 나

를 영원히 받아들이신다는 것을 의미합니다. → 361

202 위대한 성인들의 이름 중에서 세례명을 고르는 이유는 무엇인가요?

성인들보다 더 훌륭한 본보기와 조력자는 없습니다. 나를 수호하는 분이 성인이라는 것은, 내게 하느님과 가까운 친구가 있음을 의미합니다. [2156-2159, 2165]

견진성사

203 견진성사란 무엇인가요?

견진성사는 세례를 완성하는 성사며, 이 성사를 통해 우리는 성령의 은사를 받습니다. 하느님의 자녀로 살 것을 자유로이 선택하고, 안수와 축성 성유(크리스마)의 도유(기름 부음)라는 표징을 통해 성령을 청하는 사람은 하느님의 사랑과 권능을 말과 행동으로 증언할 능력을 얻게 됩니다. 이제 그는 가톨릭 교회의 완전하고 책임 있는 구성원이 됩니다. [1285-1314]

감독은 축구 선수를 경기장으로 내보낼 때 선수의 어깨에 손을 얹고 마지막 지시를 내립니다. 견진성사도 이렇게 이해할 수 있습니다. 우리도 안수를 받고 생활에 뛰어듭니다. 성령을 통해 우리는 해야 할 일을 알게 되고, 성령은 우리가 그 일을 할 수 있도록 우리에게 큰 힘을 불어넣으십니다. 우리는 성령

견진성사(confirmation, '강화'를 뜻하는 라틴어 'firmatio'에서 유래)

견진성사는 세례성사, 성체성사와 더불어 입문 성사에 속합니다. 오순절에 모여 있던 제자들에게 성령이 내려오셨던 것처럼, 교회에 성령의 은사를 청하며 세례받은 모든 이에게 성령이 내려오십니다. 세례받은 이들은 견진성사를 통해 삶으로 그리스도를 증거할 수 있도록 신앙을 굳건하게 세웁니다.

축성 성유(chrism, 바르는 기름'을 뜻하는 '크리스마χρισμα'와 '기름 부음 받은 자'를 뜻하는 그리스어 '크리스토스χριστός'에서 유래)

축성 성유는 올리브기름과 발삼 수지를 섞어 만듭니다. 주교는 성목요일 아침에 축성 성유를 축성함으로써, 세례성사와 견진성사와 성품성사 때, 그리고 제대와 종을 축성할 때 이 성유를 사용할 수 있습니다. 축성 성유를 바른 사람들은 "그리스도의 향기"(2코린 2,15)를 퍼뜨려야 합니다.

의 파견을 생생하게 기억하며, 성령의 도우심을 느낍니다. 우리는 성령의 신뢰를 저버리지 않으며, 시합에서 이길 것입니다. 우리는 오로지 그분을 원하고, 그분의 말씀을 따라야 합니다. → 119-120

204 성경은 견진성사에 관해 무엇을 이야기하나요?

이미 구약 성경에서 하느님 백성은 성령이 메시아에게 내려오기를 고대했습니다. 예수님은 사랑의 영 안에서 삶을 영위하셨고, 하늘에 계신 당신 아버지와 완전한 일치를 이루는 특별한 영을 통해 사셨습니다. 예수님이 지니셨던 그 영이 바로 이스라엘 백성이 열망하던 '성령'이었고, 그것은 또한 예수님이 당신 제자들에게 약속하셨으며 부활 후 50일이 지난 오순절 때 제자들에게 내려왔던 성령이기도 합니다. 그 밖에도 예수님이 지니셨던 성령은 견진성사를 받

 예루살렘에 있는 사도들은 사마리아 사람들이 하느님의 말씀을 받아들였다는 소식을 듣고, 베드로와 요한을 그들에게 보냈다. 베드로와 요한은 내려가서 그들이 성령을 받도록 기도하였다. 그들이 주 예수님의 이름으로 세례를 받았을 뿐, 그들 가운데 아직 아무에게도 성령께서 내리지 않으셨기 때문이다.

사도 8,14-16

는 모든 사람에게 내리는 성령이기도 합니다. [1285-1288, 1315]

예수님이 돌아가신 지 수십 년이 지났을 때 쓰인 사도행전은 베드로와 요한의 '견진 여행'을 언급합니다. 이 두 사도는 여행을 통해, 앞서 '주님이신 예수님의 이름으로 세례만 받은' 새 신자들에게 안수함으로써 그들의 마음을 성령으로 가득 채웠습니다.

→ 113-120, 310-311

205 견진성사를 받으면 어떤 일이 일어나나요?

세례성사와 견진성사를 받은 신자들의 영혼에는 지워지지 않는 인호印號가 새겨집니다. 이 인호는 한 번만 받을 수 있으며, 그들을 영원히 그리스도교 신자로 만들어 줍니다. 성령의 은사는 하느님에게서 오는 능력으로, 이 능력을 받은 사람은 자기 삶에서 세례에서의 은총을 증가시키고 심화시킵니다. 또한 그리스도에 대한 '증인'이 됩니다. [1302-1305, 1317]

> 주님께서 나에게 기름을 부어 주시니 주 하느님의 영이 내 위에 내리셨다. 주님께서 나를 보내시어 가난한 이들에게 기쁜 소식을 전하고 마음이 부서진 이들을 싸매어 주며 잡혀간 이들에게 해방을, 갇힌 이들에게 석방을 선포하게 하셨다.
> 이사 61,1

> 하느님, 깨끗한 마음을 제게 만들어 주시고 굳건한 영을 제 안에 새롭게 하소서.
> 시편 51,12

견진을 받는다는 것은 하느님과 '계약'을 맺는 것을 의미합니다. 견진을 받는 사람은 다음과 같이 말합니다. "하느님, 저는 당신을 믿습니다. 제가 온전히 당신 것이 되고, 당신과 결코 떨어지지 않으며, 일생 동안 몸과 마음을 다하고 말과 행동을 통해 좋은 날이나 궂은 날이나 당신을 증언할 수 있게 저에게 당신의 성령을 내려 주소서." 이에 대해 하느님은 다음과 같이 답하십니다. "아이야, 나도 너를 믿는다. 그리고 너에게 나의 영, 곧 나 자신을 선물하겠다. 나도 온전히 네 것이 되고, 현세의 삶이나 영원한 삶에서도 결코 너와 떨어지지 않겠다. 나는 네 몸과 마음, 네 말과 행동 속에 있을 것이다. 네가 나를 잊는다 해도 좋은 날이나 궂은 날이나 나는 네 곁에 있을 것이다." → 120

> 하느님께 가까이 가십시오. 그러면 하느님께서 여러분에게 가까이 오실 것입니다.
>
> 야고 4,8

206 견진성사를 받을 수 있는 자격은 무엇인가요?

세례성사를 받고 '은총의 상태'에 있는 가톨릭 신자라면 누구나 견진성사를 받을 수 있습니다. [1306-1311, 1319]

'은총의 상태'에 있다는 것은 대죄(죽을 죄)를 짓지 않은 상태에 있음을 의미합니다. 대죄를 지은 사람은 하느님에게서 떨어져 나가게 되고, 오로지 고해성사를 통해서만 하느님과 다시 화해할 수 있습니다. 견진성사를 준비하는 신자는 인생의 중요한 시기에 있는 것입니다. 그는 지성과 감성을 통해 신앙을 이해하려는 노력을 모두 기울이며, 혼자서나 다른 이들과 함께 성령을 청할 것입니다. 대죄를 범하지 않은 경우, 하느님에게 좀 더 가까이 이끄는 고해성사를 비롯한 모든 수단을 동원하여 그는 자기 자신과 주위 사람들 그리고 하느님과 화해할 것입니다. → 316–317

> 나는 오늘 하늘과 땅을 증인으로 세우고, 생명과 죽음, 축복과 저주를 너희 앞에 내놓았다. 너희와 너희 후손이 살려면 생명을 선택해야 한다.
>
> 신명 30,19

> 결연한 마음으로 시작하는 것이 무엇보다 중요합니다.
>
> 예수의 데레사 성녀

> 하느님이 당신 자신보다 더 위대한 것을 갖고 계셨다면, 그것을 우리에게 주셨을 것입니다.
>
> 요한 마리아 비안네 성인
> (1786~1859년),
> 아르스의 본당 신부

207 견진성사를 줄 수 있는 사람은 누구인가요?

견진성사는 통상적으로 주교가 베풉니다. 필요한 경우 주교는 사제에게 성사권을 위임할 수 있습니다. 죽을 위험에 처한 사람이 있을 때, 사제라면 누구나 그 사람에게 견진성사를 베풀 수 있습니다. [1312-1314]

성체성사

208 성체성사란 무엇인가요?

성체성사는 예수 그리스도가 당신의 몸과 피, 곧 당신 자신을 우리에게 내주심으로써 우리도 사랑하는 마음으로 우리 자신을 그분에게 바치고, 거룩한 영성체를 통해 그분과 하나가 되는 성사입니다. 이를 통해 우리는 하나인, 그리스도의 몸, 교회의 몸으로 결합됩니다. [1322, 1324, 1409]

> 성체성사의 본래 효과는 인간이 하느님으로 변화하는 데 있습니다.
> 토마스 아퀴나스 성인

성체성사(Eucharist, '감사 인사'를 뜻하는 그리스어 '에우카리스티아 εὐχαριστία'에서 유래)

'성체성사Eucharstie'는 본래 초대 교회의 미사에서 빵과 포도주가 그리스도의 몸과 피로 바뀌는 성변화聖變化에 앞서 바쳤던 '감사 기도'를 뜻했습니다. 나중에 이 단어는 미사 전체를 가리키는 말이 되었습니다.

성체성사는 세례성사, 견진성사와 더불어 가톨릭 교회의 입문 성사들 가운데 하나며, 그 입문 성사들의 신비로운 중심이 되는 성사라 할 수 있습니다. 예수님의 역사적인 십자가 위의 희생이 성변화를 통해 피를 흘리지 않는 은밀한 방식으로 현존하게 되었기 때문입니다. 그런 까닭에 "전례는 교회 생활의 정점이며 원천"(제2차 바티칸 공의회, 거룩한 전례에 관한 헌장 〈거룩한 공의회〉)이 됩니다. 그리스도인의 모든 삶은 성체성사를 지향하며, 그것을 뛰어넘어 도달해야 할 목표는 없습니다. 성체를 받아 모심으로써 우리는 십자가 위에서 당신의 몸을 우리에게 내주신 예수님의 사랑과 하나가 되며, 성혈을 마심으로써 우리는 우리를 위한 희생으로 피까지 흘리신 예수님과 하나가 됩니다. 이 예식은 우리가 고안해 낸 것이 아닙니다. 예수님이 몸소 당신 제자들과 함께 최후의 만찬을 거행하셨고, 그것을 통해 당신의 죽음을 미리 보여 주셨습니다. 다시 말해 예수님은 빵과 포도주의 형상으로 당신 자신을 제자들에게 내주셨고, 그 순간부터 당신이 돌아가신 이후에도 성체성사를 거행하도록 제자들에게 요청하셨습니다. "너희는 나를

기억하여 이를 행하여라."(1코린 11,24)

→ 126, 193, 217

209 그리스도는 언제 성체성사를 제정하셨나요?

돌아가시기 전날 저녁, "주 예수님께서는 잡히시던 날 밤에"(1코린 11,23) 예루살렘의 다락방에서 사도들을 당신 주위로 불러 모으시고 그들과 최후의 만찬을 거행하는 가운데 거룩한 성체성사를 제정하셨습니다. [1323, 1337-1340]

> 파스카 축제가 시작되기 전, 예수님께서는 이 세상에서 아버지께로 건너가실 때가 온 것을 아셨다. 그분께서는 이 세상에서 사랑하신 당신의 사람들을 끝까지 사랑하셨다.
>
> 요한 13,1

210 그리스도는 어떤 방식으로 성체성사를 제정하셨나요?

"사실 나는 주님에게서 받은 것을 여러분에게도 전해 주었습니다. 곧 주 예수님께서는 잡히시던 날 밤에 빵을 들고 감사를 드리신 다음, 그것을 떼어 주시며 말씀하셨습니다. '이는 너희를 위한 내 몸이다. 너희는 나를 기억하여 이를 행하여라.' 또 만찬을 드신 뒤에 같은 모양으로 잔을 들어 말씀하셨습니다. '이 잔은 내 피로 맺는 새 계약이다. 너희는 이 잔을 마실 때마다 나를 기억하여 이를 행하여라.'"(1코린 11,23-25)

최후의 만찬 때 있었던 일들에 관한 가장 오래된 기록은 바오로 **사도**가 쓴 것입니다. 그는 그 일들을 직접 목격하지는 못했지만, 초대 그리스도교 공동체가 거룩한 신비로서 보존하고 미사 때 거행하던 내용을 기록했습니다. → 99

> 예수님은 어떻게 당신의 몸과 피를 나누어 주실 수 있습니까? 그분은 빵과 포도주를 당신의 몸과 피로 만드시고, 그것들을 나누어 주심으로써 당신의 죽음을 미리 보여 주셨고, 당신의 죽음을 마음 깊이 받아들이셨으며, 당신의 죽음을 사랑의 행위가 되게 하셨습니다. 겉보기에는 십자가형이라는 잔인한 폭력이 내적으로는 자기 자신을 전적으로 선물하는 사랑의 행위가 되었습니다.
>
> 베네딕토 16세 교황, 2005년 8월 21일

> 나는 하늘로부터 다음과 같은 소리를 들었습니다. "나는 강한 이들을 위한 음식이다. 그러니 나를 먹고 자라거라! 하지만 너는 육신을 위한 음식처럼 나를 너로 변화시키지는 못하며, 오히려 네가 나로 변화될 것이다."
>
> 아우구스티노 성인이 개종할 때 하신 말씀

211 성체성사는 교회 안에서 어떤 의미를 지니나요?

성체성사를 거행하는 일은 그리스도교 공동체의 핵심입니다. 그것을 통해 교회는 교회다운 모습을 지니게 됩니다. [1325]

우리가 교회인 것은 헌금이나 교무금을 내고 서로를 잘 이해하며 같은 공동체에 소속되어 있기 때문이 아니라, 우리가 **성체성사**를 통해 그리스도의 몸을 받아들이고 늘 새롭게 그리스도의 몸으로 변화되기 때문입니다. → 126, 217

212 예수님과 우리가 함께하는 식사인 성체성사를 가리키는 말에는 어떤 것이 있으며, 각기 어떤 의미를 지니고 있나요?

> 샘을 옆에 두고도 목말라 죽어 가는 사람처럼, 그렇게 성체를 모시지는 마십시오.
>
> 요한 마리아 비안네 성인

불가해한 신비인 성체성사를 가리키는 말들은 다음과 같습니다. 거룩한 희생 제사, 거룩한 미사, 성찬례, 주님의 만찬, 빵 나눔, 감사 기도 모임, 주님의 수난과 죽음과 부활의 기념, 하느님의 거룩한 전례, 거룩한 신비들의 거행, 지극히 거룩한 전례, 친교(영성체). [1328-1332]

> 음식이 육신과 하나 되듯, 성체성사를 통해 우리는 하느님과 하나가 됩니다.
>
> 프란치스코 살레시오 성인

거룩한 희생 제사, 거룩한 미사, 성찬례: 모든 제물을 완성시키며, 그것들을 능가하는 그리스도의 유일무이한 제물은 미사 중에 현존합니다. **교회와 신자**들은 자신들이 바치는 제물 자체를 그리스도의 제물과 합칩니다. '미사'라는 말은 "너희는 파견되었으니, 이제 가거라Ite, missa est."라는 라틴어의 파견 양식에서 나왔습니다.

주님의 만찬: 모든 미사는 아직도 여전히 그리스도가 당신 제자들과 함께 하셨던 식사라고 할 수 있으며, 동시에 세상이 끝나는 날 주님이 구원받은 이들과 함께 나눌 식사를 미리 맛보는 것이기도 합니다. 미사를 거행하는 분은 우리 인간이 아니라, 미사에 우리를 부르고 미사 가운데 신비롭게 현존하시는 주님 자신이십니다.

빵 나눔: 빵을 나누는 행위는 유다인의 오랜 식사 의식으로, 예수님은 "우리 모두를 위하여 내어 주신"(로마 8,32) 당신의 희생을 표현하기 위해 최후의 만찬 때 이를 행하셨습니다. 제자들은 '빵을 나누는 행위'에서 부활하신 예수님을 알아보았습니다. 초대 교회에서는 자신들의 전례적 식사 거행을 '빵 나눔'이라 일컬었습니다.

감사 기도 모임: 미사는 '감사 기도'를 하는 모임이기

> 성체성사를 중심으로 삶을 엮어 가십시오. 빛이신 그분에게 눈길을 돌리고, 여러분의 마음을 그분의 마음과 아주 가깝게 두십시오. 그분을 알아볼 수 있는 은총, 그분을 사랑하는 마음, 그분을 섬기는 용기를 그분에게 청하십시오. 그분을 애타게 찾으십시오.

마더 데레사 성녀

> 우리는 우리의 삶과 성체성사를 떼어 놓아서는 안 됩니다. 그렇게 하는 순간 무엇인가 깨지게 됩니다. 사람들은 우리에게 묻습니다. "수녀님들은 일을 수행하는 기쁨과 힘을 어디에서 얻으시나요?" 성체성사는 단순히 받는다는 것 이상의 의미를 지닙니다. 다시 말해 성체성사는 그리스도의 굶주림을 충족하는 것도 포함합니다. 그분은 "나에게 오라"라고 말씀하시며, 영혼들을 얻기를 바라십니다.
>
> 마더 데레사 성녀

축성(consecration, '축성'이라는 뜻의 라틴어 'consecratio'에서 유래)

'축성'은 사람이나 물건을 성스럽게 만드는 장엄한 행위를 일컫습니다. 미사 중 성변화 때 빵과 포도주가 축성되며 그리스도의 몸과 피로 변화됩니다. 주교와 신부, 부제뿐 아니라, 성당과 제대처럼 특별히 하느님을 섬기는 데 쓰이는 물건들도 축성됩니다. 사제가 신자들을 바라보고 전례를 집전하는 '제대'를 가리켜 때때로 '축성 제대'라고 부르기도 합니다.

도 한데, 이를 통해 **교회**는 자기 모습을 명백하게 드러냅니다.

주님의 수난과 죽음과 부활의 기념: 미사를 통해 교회 공동체는 자기 자신을 칭송하는 것이 아니라, 수난과 죽음을 통해 생명에 이르는 그리스도의 구원 과정이 현존함을 늘 새롭게 깨달으며 이를 거행합니다.

하느님의 거룩한 전례, 거룩한 신비들의 거행, 지극히 거룩한 전례: 미사를 통해 천상의 교회와 지상의 교회는 단 하나의 잔치로 결합됩니다. 그리스도가 현존하시는 성체는 어떤 의미로는 세상에서 가장 거룩한 것이기 때문에, 우리는 성체를 '모든 것들 가운데 가장 거룩한 것'이라고 부릅니다.

친교(영성체): 우리는 미사 때 그리스도와 하나가 되며 그분을 통해 공동체를 이룹니다. 그런 까닭에 우리는 **영성체**를 '거룩한 공동체Holy Communion(라틴어 communio는 '공동체'를 뜻함)'라고 부르기도 합니다.

213 미사에 필수적인 요소는 무엇인가요?

미사는 크게 '말씀 전례'와 '성찬 전례'로 이루어져 있습니다. [1346-1347]

'말씀 전례'에서 우리는 **구약 성경**과 **신약 성경**에 나오는 독서들과 복음을 듣습니다. 그 밖에 강론과 보편 지향 기도도 말씀 전례에 속합니다. 이어서 거행되는 '성찬 전례'에서는 빵과 포도주가 봉헌되고 축성되며 **영성체**를 통해 신자들에게 주어집니다.

214 미사는 어떻게 구성되나요?

미사는 신자들이 모인 가운데 사제와 복사, 독서자, 선창자 등 제단 봉사자들이 입장하며 시작합니다. 인사 후 공동 참회 예절이 이어지며, 참회는 '자비송'으로 끝납니다. 대림 시기와 사순 시기를 제외한 모든 주일과 축일에는 '대영광송'을 노래나 말로 바칩니다. 본기도를 통해 신약 성경과 구약 성경에서 하나나 두 개의 독서를 준비하며, 독서 후에는 화답송을 합니다. 복음을 듣기 전에 '알렐루야'와 같은 복음 환호송을 노래나 말로 바치며, 최소한 주일과 축일에는 복음이 선포된 이후 사제나 부제가 강론을 합니다. 주일과 대축일, 지역의 성대한 축제에는 신경信經을 통해 교회 공동체의 공통된 신앙을 고백하고, 이어 보편 지향 기도를 바칩니다. 미사의 둘째 부분인 성찬 전례는 예물 준비로 시작되는데, 예물 준비는 예물 기도로 마감합니다. 성찬 전례의 정점은 감사 기도인데, 감사 기도는 '감사송'과 '거룩하시도다'로 시작됩니다. 감사 기도 중에 빵과 포도주의 예물이 그리스도의 몸과 피로 변화합니다. 감사 기도는 '마침 영광송'으로 끝나며, 바로 '주님의 기도'가 이어집니다. 그다음 '평화 예식'과 '빵 나눔', '하느님의 어린양', 영성체가 순서대로 진행되는데, 신자들의 영성체는 대부분의 경우 그리스도의 몸의 형상으로만 이뤄집니다. 미사는 '감사 침묵 기도'와 '영성체 후 기도', '사제의 강복(축복)'으로 끝납니다. [1348-1355]

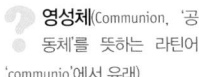 **영성체**(Communion, '공동체'를 뜻하는 라틴어 'communio'에서 유래)

'영성체'는 성변화가 이뤄진 축성된 빵과 포도주의 형태로 그리스도의 몸과 피를 받아 모심을 의미합니다. 영성체는 통상적으로 미사 중에 하지만, 봉성체와 같은 특별한 사유가 있는 경우에는 미사 없이 하기도 합니다. 빵의 형상으로만 이뤄지는 영성체도 그리스도를 모시는 온전한 영성체라 할 수 있습니다.

'자비송'은 다음과 같습니다.

✝ 주님, 자비를 베푸소서.

자비송(Kyrie eleison, '주님, 자비를 베푸소서.' 그리스어 '퀴리에 엘레에손κύριε ἐλέησόν'이라는 뜻)

'자비송'은 고대에 신이나 통치자에게 경의를 표하던 외침으로, 이미 일찍이 그리스도에 대해서도 쓰였으며, 500년 무렵에는 그리스 전례에서 서방 교회의 로마 전례로 원문 그대로 도입되었습니다.

◎ 주님, 자비를 베푸소서.
✚ 그리스도님, 자비를 베푸소서.
◎ 그리스도님, 자비를 베푸소서.
✚ 주님, 자비를 베푸소서.
◎ 주님, 자비를 베푸소서.

대영광송(Gloria, 라틴어로 '영광'이라는 뜻)

예수님이 탄생하신 날 밤에 목자들이 들었던 천사들의 환호(루카 2,14 참조)가 9세기 이후 이 형태로 굳어져 오래된 그리스도교의 찬미가의 도입부를 장식하고 있습니다. 이 찬미가는 하느님을 장엄하게 찬양하는 내용을 담고 있습니다.

'대영광송'은 다음과 같습니다.

✚ 하늘 높은 데서는 하느님께 영광
○ 땅에서는 주님께서 사랑하시는 사람들에게 평화.
● 주 하느님, 하늘의 임금님
○ 전능하신 아버지 하느님
● 주님을 기리나이다, 찬미하나이다.
○ 주님을 흠숭하나이다, 찬양하나이다.
● 주님 영광 크시오니 감사하나이다.
○ 외아들 주 예수 그리스도님
● 주 하느님, 성부의 아드님
○ 하느님의 어린양
● 세상의 죄를 없애시는 주님, 저희에게 자비를 베푸소서.

○ 세상의 죄를 없애시는 주님, 저희의 기도를 들어주소서.
● 성부 오른편에 앉아 계신 주님, 저희에게 자비를 베푸소서.
○ 홀로 거룩하시고, 홀로 주님이시며, 홀로 높으신 예수 그리스도님

알렐루야(Alleluia, '찬양하라, 찬미하라'를 뜻하는 '할렐ת'과 하느님의 이름인 '야훼ㅠㅠ'를 합성한 히브리어 '하느님을 찬양합시다!'라는 뜻)

시편에 스물네 번이나 나오는 이 환호성은, 미사에서는 복음을 통해 주님의 말씀을 듣기에 앞서 환영하는 외침으로 쓰입니다.

◎ 성령과 함께 아버지 하느님의 영광 안에 계시나이다. 아멘.

'거룩하시도다'는 다음과 같습니다.

◎ 거룩하시도다! 거룩하시도다! 거룩하시도다!
온 누리의 주 하느님!
하늘과 땅에 가득 찬 그 영광!
높은 데서 호산나!
주님의 이름으로 오시는 분, 찬미받으소서.
높은 데서 호산나!

'하느님의 어린양'은 다음과 같습니다.

◎ 하느님의 어린양, 세상의 죄를 없애시는 주님,
자비를 베푸소서.
하느님의 어린양, 세상의 죄를 없애시는 주님,
자비를 베푸소서.
하느님의 어린양,
세상의 죄를 없애시는 주님,
평화를 주소서.

215 미사는 누가 집전할 수 있나요?

본래 미사 집전자는 그리스도 자신이지만, 주교나 사제가 그분을 대신해서 미사를 집전합니다. [1348]

미사 집전자는 교회의 머리이신 그리스도를 대신하여(In persona Christi capitis) 제단에 선다는 것이 **교회의 신앙**입니다. 다시 말해 사제는 그리스도의 명을 받아 그분을 그저 대신하여 미사를 집전하는 것이 아니라, 사제 자신이 성품성사에 근거하여 교회의 머리로

> ❓ **거룩하시도다**(Sanctus, 라틴어로 '거룩한'이라는 뜻)
>
> '거룩하시도다'는 미사의 가장 오래된 구성 요소들 가운데 하나입니다. 이 환호성은 기원전 8세기에 나온 것으로, 미사에서 결코 생략될 수 없는 부분입니다. '거룩하시도다'는 이사야서 6장 3절에 나오는 천사들의 외침과, 시편 118장 25-26절에 나오는 그리스도의 현존과 관련된 환영 외침을 조합한 것입니다.

> ❓ **강론**(homily, '남을 설득하다, 남에게 인간적으로 이야기하다'라는 뜻의 그리스어 '호밀레인ὁμιλειν'에서 유래)
>
> '강론'은 설교를 뜻하는 또 다른 말입니다. 미사 중에 강론자는 복음(그리스어로 에우앙겔리온εὐαγγέλιον)을 선포하고, 신자들이 선포된 하느님 말씀의 결론을 알아듣고 받아들일 수 있도록 돕고 격려할 임무를 띱니다. 미사에서 강론은 사제와 부제만 할 수 있지만, 특별한 경우에는 평신도도 행할 수 있습니다.

❓ **성변화**(transsubstantiation, '너머, 저편에'을 뜻하는 라틴어 'trans'와 '본질'을 뜻하는 라틴어 'substantia'에서 유래)

미사 때 빵과 포도주의 예물 속에 예수님이 어떻게 현존하실 수 있는지 설명하는 것은 신학의 매우 중요한 연구 과제들 중 하나입니다. 성변화를 청하는 기도 때 성령의 작용을 통해 빵과 포도주의 '실체'('본질'을 뜻함)가 그리스도의 몸과 피로 변화되는 반면, 외적인 형상은 변함없이 유지됩니다. 빵과 포도주의 형상이 유지되는 한 예수 그리스도는 그 형상 안에 계시지만, 눈에 보이지 않는 숨겨진 형태로 계십니다.

서 그를 통해 활동하시는 그리스도가 됩니다.

→ 249-254

❓ **하느님의 어린양**(라틴어로 Agnus Dei)

요한 세례자는 예수님을 가리키는 상징으로서 탈출기 12장에 나오는, 이스라엘 민족을 종살이에서 해방한 어린양의 희생을 사용했습니다(요한 1,29 참조). 우리는 도살장에 끌려가는 어린양과 같은 예수님을 통해 죄에서 해방되고 하느님과 화해했습니다. 그리스도에 대한 청원 기도인 '하느님의 어린양'은 선창자와 공동체가 주고받는 기도인데, 7세기 이래로 모든 미사 때마다 바쳤습니다.

216 미사가 거행될 때 그리스도는 어떤 방식으로 현존하시나요?

그리스도는 성체성사 안에 신비로운 방식으로, 그러나 실제로 현존하십니다. 교회가 "너희는 나를 기억하여 이를 행하여라."(1코린 11,24)라는 예수님의 분부를 실행하고 빵과 포도주를 나눌 때마다 그 당시에 있었던 일이 오늘날에도 똑같이 일어납니다. 다시 말해 그리스도는 정말로 당신 자신을 우리에게 내어 주시고, 우리는 정말로 그분의 일부를 우리 안에 모시는 것입니다. 단 한 번 일어났던 그리스도의 십자가 위의 희생이 제대 위에 현존하고, 그를 통해 우리에 대한 그리스도의 구원 사업이 이루어지게 됩니다. [1362-1367]

217 미사를 거행할 때 교회에는 어떤 일이 일어나나요?

성체성사를 거행할 때마다 다시 말해 교회는 그리스도의 몸을 '모심'으로써 그 자신이 그리스도의 몸이 되기 때문에, '그리스도의 몸'은 교회를 가리키는 또 다른 이름이 되기도 합니다. 영혼과 육신을 지닌 우리에게 자신을 내주신 그리스도의 희생 안에 우리 삶 전체를 위한 자리가 존재합니다. 우리는 우리의 일과 고통, 기쁨 등 모든 것을 그리스도의 희생과 결합할 수 있습니다. 이러한 방식으로 우리 자신을 봉헌할 때 우리는 변화됩니다. 즉 우리는 이렇게 하느님 마음에 들게 되며, 우리 이웃들을 위해 유익하고 영양이 풍부한 빵이 됩니다. [1368-1372, 1414]

> 사실 주님께서 오실 때까지, 여러분은 이 빵을 먹고 이 잔을 마실 적마다 주님의 죽음을 전하는 것입니다.
>
> 1코린 11,26

우리는 마치 **교회**가 선한 사람들로만 이루어진 집단인 양 더 냉정한 잣대로 교회를 자주 비난하곤 합니다. 그러나 사실 교회는 매일같이 신비로운 방식으로 제단에서 생성됩니다. 하느님은 우리 각자에게 자신을 내주시며, **영성체**를 통해 우리를 변화시키고자 하십니다. 변화된 자로서 우리는 이 세상을 변화시켜야 합니다. 그 밖의 다른 모든 교회의 속성들은 부수적인 것들입니다. → 126, 171, 208

성광(monstrance, '현시하다'라는 뜻의 라틴어 'monstrare'에서 유래)

특별한 계기가 있을 때 신자들이 축성된 빵의 형상 안에 계시는 그리스도를 흠숭할 수 있도록, 성체를 현시하는 성물聖物을 가리켜 '성광'이라 합니다.

218 빵과 포도주 안에 현존하시는 주님에게 올바른 흠숭을 드리려면 어떻게 해야 하나요?

하느님은 축성된 빵과 포도주의 형상 안에 실제로 현존하시므로, 우리는 지극히 경외하는 마음으로 거룩한 제물을 보관하고, 성체 안에 현존하시는 우리

구세주 주님을 조배해야 합니다. [1378-1381, 1418]

성체성사를 거행한 후 축성된 성체가 남으면 그것을 성합에 담아 감실에 보관합니다. **감실**은 '성체'가 모셔져 있기 때문에 성당 안에서 가장 거룩한 장소 가운데 하나입니다. 감실 앞에서 우리는 고개 숙여 절합니다. 그리스도를 따르는 사람은 가장 가난한 사람들 속에서 그분을 발견하고, 그들 가운데에 계신 그리스도에게 봉사할 것입니다. 또한 감실 앞에서 조용히 성체 안에 계신 주님에게 조배하며 자신의 사랑을 선물할 시간도 가질 것입니다.

219 가톨릭 신자는 얼마나 자주 미사에 참례해야 하나요?

가톨릭 신자는 모든 주일과 규정된 대축일에 미사에 참례할 의무가 있습니다. 예수님과 우정을 나누길 원하는 사람은 언제든지 예수님의 미사 초대에 응할 수 있습니다. [1389, 1417]

열심한 신자에게 '주일 미사에 참례해야 한다'고 말하는 것은 사랑에 빠진 연인에게 '키스를 해야 한다'고 말하는 것처럼 너무나 당연해서 굳이 말로 할 필요조차 없는 일입니다. 그리스도가 기다리고 계신 곳에 가지 않으면서 그분과 살아 있는 관계를 맺을 수는 없습니다. 그래서 예부터 미사 참례는 그리스도교 신자들에게 '주일의 중심'이자 한 주간의 가장 중요한 약속이 되어 왔습니다.

? **감실**(tabernacle, '오두막, 천막'을 뜻하는 라틴어 'tabernaculum'에서 유래)

구약 성경에 나오는 '계약의 궤'를 본받아, 가톨릭 교회에서는 성체, 곧 빵의 형상으로 계신 그리스도를 보관하는 소중한 장소로 감실이 있습니다.

? **마침 영광송**(doxology, '영광'을 뜻하는 그리스어 '독사δόξα'에서 유래)

감사 기도를 장엄하게 맺는 찬양 양식을 '마침 영광송'이라 부릅니다. 그 내용은 다음과 같습니다. "그리스도를 통하여, 그리스도와 함께, 그리스도 안에서 성령으로 하나 되어 전능하신 천주 성부 모든 영예와 영광을 영원히 받으소서." '마침 영광송'은 종종, 통상적으로 그리스도교의 기도를 맺는 양식인 '영광송'("영광이 성부와 성자와 성령께 처음과 같이 이제와 항상 영원히, 아멘.")처럼 삼위일체이신 하느님에게 바쳐지기도 합니다.

220 성체를 내 안에 모시려면 어떤 준비를 해야 하나요?

가톨릭 신자만이 성체를 받아 모실 수 있으며, 중대한 죄를 지은 경우에는 먼저 고해성사를 받아야 합니다. 또한 제대 앞으로 나아가기에 앞서 이웃과 화해해야 합니다. [1389, 1417]

몇십 년 전까지만 해도 미사 시간 세 시간 전부터는 아무것도 먹지 않는 것이 통상적인 일이었습니다. 사람들은 그렇게 하여 **영성체**를 통한 그리스도와의 만남을 미리 준비하고자 했습니다. 오늘날 **교회**는 적어도 미사 시간 한 시간 전부터는 아무것도 먹지 않는 '공복재'를 지킬 것을 권고합니다. 미사 참례 시에 좋은 옷을 골라 입는 것도 경외심을 표현하는 또 다른 표징이 되는데, 세상의 주인이신 분과 우리가 만나는 자리이기 때문입니다.

221 영성체를 통해 나는 어떻게 변화되나요?

영성체를 통해 나는 그리스도와 더 깊이 결합되고 그리스도의 몸의 살아 있는 일부가 됩니다. 또한 세례성사와 견진성사 때 받은 은총이 새로워지고, 죄에 맞서 싸우는 힘이 강해집니다. [1391-1397, 1416]

222 가톨릭 신자가 아닌 다른 그리스도교 신자들도 성체를 받아 모실 수 있나요?

영성체는 그리스도의 몸이 지닌 단일성을 표현합니다. 가톨릭 교회에서 세례를 받고 가톨릭 교회의 신

> 우리가 운영하는 병원과 '임종자의 집'은 환자들로 넘쳐 나기 때문에, 우리에게는 할 일이 많습니다. 우리가 하루를 성체 조배로 시작할 때 그리스도를 향한 사랑은 더욱 깊어지고, 서로 더욱 깊이 이해하게 됩니다. 또한 가난한 이들에 대한 사랑이 연민으로 가득 차고, 부르심을 받은 이들의 수가 늘어납니다.
>
> 마더 데레사 성녀

> 죽음의 위험이 있거나 …… 가톨릭 교회와 온전한 친교가 없는 기타 그리스도교 신자들이 그들의 공동체의 교역자에게 갈 수 없고, 이 성사들을 자진하여 청할 때, 그들이 이 성사들에 대하여 가톨릭적 신앙을 표명하고 또한 올바로 준비한 경우에 한하여, 가톨릭 교역자들이 이들에게 적법하게 이 성사들을 집전할 수 있다.
>
> 《교회법전》 제844조 4항

> 주님, 저는 주님을 제 지붕 아래로 모실 자격이 없습니다. 그저 한 말씀만 해 주십시오. 그러면 제 종이 나을 것입니다.
>
> 마태 8,8

모든 가톨릭 신자들은, 백인대장이 예수님께 했던 이 고백의 변형된 양식("주님, 제 안에 주님을 모시기에 합당치 않사오나 한 말씀만 하소서. 제가 곧 나으리이다.")을 성체를 모시기에 앞서 바칩니다.

앙을 공유하며 가톨릭 교회와 일치하는 가운데 사는 사람은 가톨릭 교회에 속한 사람입니다. 교회가 교회의 신앙과 삶을 아직 공유하지 못한 사람들을 영성체에 초대한다면, 그것은 모순된 일이 될 것입니다. 또한 그것은 성체성사라는 표징이 지닌 신뢰성에 금이 가는 일이 될 것입니다. **[1398-1401]**

동방 정교회 신자들은 가톨릭 교회의 전례에서 개별적으로 **영성체**를 청할 수 있습니다. 그들의 교회가 가톨릭 교회와 완전한 일치를 이루고 있지는 못하지만, 그들도 가톨릭 교회의 성체 신앙을 공유하고 있기 때문입니다. 그리스도교의 다른 종파 신자들은 매우 위급한 상황에 처해 있을 때, 성체 안에 그리스도가 현존하신다는 완전한 믿음이 있는 경우에 한해 개별적으로 성체를 받아 모실 수 있습니다. 가톨릭 교회와 개신교 신자들이 공동으로 성체성사를 거행하는 일은, 교회 일치를 위한 모든 노력이 지향하는 목표요, 열망입니다. 그러나 그리스도의 몸이라는 실재가 하나의 신앙과 하나의 교회 안에 조성되지 않은 상태에서 위와 같은 일을 하는 것은 그릇된 일이므로 허용되지 않습니다. 하지만 서로 다른 종파의 그리스도교 신자들이 함께 모여 기도하는, 교회 일치를 위한 그 밖의 전례들은 유익하기 때문에 가톨릭 교회도 이를 적극 권장합니다.

223 왜 미사가 영원한 생명을 미리 맛보는 의미를 가지나요?

예수님은 당신 제자들이 당신과 한 식탁에 앉게 되리라고 약속하셨고, 그 약속은 우리에게도 유효합니다. 따라서 미사 통상문의 감사 기도 제1양식에 나오는 말처럼 모든 미사는 "수난을 기억하고, 은총이 충만한 일이며, 앞으로 누리게 될 영광의 보증"이 됩니다. [1402-1405]

> 사람의 아들은 잃은 이들을 찾아 구원하러 왔다.
>
> 루카 19,10

〜 제2장 〜
치유 성사

고해성사

224 그리스도가 우리에게 고해성사와 병자성사를 선사하신 이유는 무엇인가요?

그리스도의 사랑은 그분이 잃어버린 이들을 찾으시고 병자들을 고쳐 주신 일에서 드러납니다. 그런 까닭에 그분은 우리를 죄에서 해방하고 영혼과 육신의 허약함을 개선해 줄 치유와 회복의 성사를 우리에게 선사하셨습니다. [1420-1421] → 67

> 건강한 이들에게는 의사가 필요하지 않으나 병든 이들에게는 필요하다. 나는 의인이 아니라 죄인을 부르러 왔다.
>
> 마르 2,17

225 고해성사를 일컫는 이름으로는 어떤 것이 있나요?

고해성사는 화해의 성사, 회개의 성사, 참회의 성사, 고백 성사, 용서의 성사로도 불립니다. [1422-1424, 1486]

226 세례성사를 통해 하느님과 화해했는데도 불구하고, 우리에게 또 다른 화해의 성사가 필요한 이유는 무엇인가요?

> 만일 우리가 죄 없다고 말한다면, 우리는 자신을 속이는 것이고 우리 안에 진리가 없는 것입니다.
>
> 1요한 1,8

세례성사를 통해 우리는 죄와 죽음의 권세에서 벗어나 하느님의 자녀로서 새 생명을 누리게 되었지만, 인간적 약점과 죄에 빠지기 쉬운 성향에서 자유로워진 것은 아닙니다. 따라서 우리에게는 하느님과 늘 새롭게 화해할 자리가 필요하며, 그것이 바로 고해성사입니다. [1425-1426]

> 아들이 아버지에게 말하였다. "아버지, 제가 하늘과 아버지께 죄를 지었습니다. 저는 아버지의 아들이라고 불릴 자격이 없습니다." 그러나 아버지는 종들에게 일렀다. "어서 가장 좋은 옷을 가져다 입히고 손에 반지를 끼우고 발에 신발을 신겨 주어라."
>
> 루카 15,21-22

죄를 고백하는 일은 시류를 따르지 않는 일이며, 어려운 일이고, 처음에는 노력이 많이 필요할지도 모릅니다. 그러나 그 일은 우리 삶을 늘 새롭게 시작할 수 있게 하는 가장 큰 은총들 가운데 하나입니다. 다시 말해 죄의 고백을 통해 우리는 새로워져서 과거의 짐에서 완전히 벗어나 사랑 안에 받아들여지고 새로운 힘을 갖추게 됩니다. 하느님은 자비로우시며, 그분은 우리가 당신의 자비로우심을 받아들이기를 열망하십니다. 죄를 고백함으로써 우리는 우리 인생을 기록한 책자의 비어 있는 새 페이지를 펼치게 됩니다. → 67-70

227 고해성사를 제정하신 분은 누구인가요?

> 너희가 누구의 죄든지 용서해 주면 그가 용서를 받을 것이고, 그대로 두면 그대로 남아 있을 것이다.
>
> 요한 20,23

예수님은 부활하신 날에 당신 사도들에게 나타나셔서 "성령을 받아라. 너희가 누구의 죄든지 용서해 주면 그가 용서를 받을 것이고, 그대로 두면 그대로 남아 있을 것이다."(요한 20,22-23)라고 말씀하심으로써 몸소 고해성사를 제정하셨습니다. [1439, 1485]

'자애로운 아버지'에 관한 비유 말씀(루카 15,11-32 참조)이야말로 예수님이 고해성사 때 일어나는 일을 가장 아름답게 이야기하신 부분입니다. 우리가 혼란에 빠져 길을 잃고 더 이상 아무것도 하지 못할 때에도 우리 아버지이신 하느님은 한없이 그리워하는 마음으로 우리를 기다리십니다. 우리가 되돌아오기만 하면 그분은 우리에게 용서를 베푸십니다. 그분은 한결같이 우리를 받아들이고 우리 죄를 용서해 주십니다. 예수님도 몸소 많은 이들의 죄를 용서해 주셨습니다. 죄를 용서하는 일은 그분에게 있어 기적을 행하는 것보다 더 중요한 일이었습니다. 예수님은 하느님 나라가 죄를 용서하는 일에서 시작된다는 뚜렷한 표징을 보이셨습니다. 그 나라에서는 모든 상처들이 아물고 모든 눈물이 씻길 것입니다. 예수님은 성령의 능력으로 죄를 용서하셨고, 그 능력을 당신 **사도**들에게 전해 주셨습니다. 우리가 **사제**에게 가서 죄를 고백할 때 하늘에 계신 우리 아버지의 품에 안기게 됩니다. → 314, 524

> 어떤 성인들은 자기 자신을 사악한 범죄자라고 불렀는데, 그분들은 하느님과 자신의 차이점을 깨달았기 때문입니다.
>
> 마더 데레사 성녀

228 죄를 용서하실 수 있는 분은 누구인가요?

오로지 하느님만이 죄를 용서하실 수 있습니다. 예수님은 하느님의 아드님이라는 이유만으로 "너는 죄를 용서받았다."(마르 2,5)라고 말씀하실 수 있었습니다. 또한 예수님은 사제들에게 죄를 용서할 전권을 주셨기 때문에 이를 근거로 사제들은 예수님을 대리하여 죄를 용서할 수 있습니다. [1441-1442]

> 주님, 저희를 당신께 되돌리소서, 저희가 돌아오리다.
>
> 애가 5,21

많은 사람들이 "내 죄는 하느님과 직접 해결할 거야. 그러니까 내게 사제는 필요 없어."라고 말하기도 합니다. 그러나 하느님은 다른 방식을 원하십니다. 하느님은 우리가 속임수를 써서 죄를 모면하거나, 우리 죄를 얼버무려 넘기려 한다는 것을 잘 알고 계십

> 회한은 진리를 깨닫는 데에서 나옵니다.
>
> 토머스 스턴스 엘리엇
> (1888~1965년),
> 미국 태생의 영국 시인

니다. 따라서 하느님은 우리가 얼굴을 맞대고 자신이 지은 죄를 고백하길 바라십니다. 그러므로 사제들에게 하신 다음의 말씀은 유효합니다. "너희가 누구의 죄든지 용서해 주면 그가 용서를 받을 것이고, 그대로 두면 그대로 남아 있을 것이다."(요한 20,23)

229 우리를 참회로 이끄는 것은 무엇인가요?

우리가 자신의 잘못을 성찰하다 보면 자신을 개선하고자 하는 열망이 생기는데, 이를 참회라 부릅니다. 우리의 죄가 하느님의 사랑에 어긋난다는 것을 느낄 때 우리는 참회에 이르게 됩니다. 그럴 때 우리는 지은 죄에 대해 진심으로 아파하고 자신의 삶을 바꿀 결심을 하며, 하느님이 도와주시기를 간절하게 희망합니다. [1430-1433, 1490]

> 넘어지는 즉시 일어나십시오! 한순간도 마음속에 죄를 담아 두지 마십시오.
> 요한 마리아 비안네 성인

> 회한이란 무엇입니까? 그것은 있는 그대로의 우리 모습을 크게 슬퍼하는 일입니다.
> 마리 폰 에브너에셴바흐
> (1830~1916년),
> 오스트리아의 작가

죄는 종종 축소됩니다. 심지어 죄책감에 대해 그저 심리적으로만 대처해야 한다고 생각하는 사람들도 있습니다. 그러나 진심 어린 죄책감은 소중합니다. 그것은 자동차 운전에 비유할 수 있습니다. 속도계가 제한 속도 위반을 가리킬 때 잘못은 속도계가 아니라 운전자에게 있습니다. 우리가 빛 자체이신 하느님에게 다가갈수록 우리의 약점과 단점은 점점 더 뚜렷하게 드러납니다. 그러나 하느님은 태워 없애는 빛이 아니라 치유하는 빛이십니다. 따라서 참회는 우리로 하여금 하느님의 완전히 치유해 주시는 빛을 향해 나아가게 합니다. → 312

> 참회는 두 번째 세례, 즉 눈물의 세례입니다.
> 나지안조의 그레고리오 성인
> (329/330~389/390년),
> 주교이자 교회 학자

230 보속이란 무엇인가요?

보속은 저지른 잘못에 대해 보상하는 일입니다. 보속은 그저 머릿속으로만 이루어져서는 안 되며, 사랑의 행위와 다른 이들을 위한 봉사를 통해 드러나야 합니다. 우리는 기도하고 단식하며 가난한 이들을 영적·물적으로 도움으로써 보속을 행합니다. [1434-1439]

> 하느님은 털끝만큼의 참회라도 그것이 진실하기만 하다면 어떤 종류의 죄라도 다 잊으시며, 참회하기만 한다면 심지어 악마들의 죄도 모두 용서하실 정도로 참회를 높이 평가하십니다.
>
> 프란치스코 살레시오 성인

보속은 스스로 폄하하거나 극도로 양심의 가책을 느끼는 일로 이해되기도 하는데, 이는 잘못된 생각입니다. 보속은 자신이 얼마나 나쁜 사람인지 숙고하는 일도 아닙니다. 보속은 우리를 해방하며 우리가 새롭게 시작할 수 있도록 용기를 북돋워 줍니다.

231 고해성사로 죄를 용서받으려면 필요한 두 전제 조건은 무엇인가요?

먼저 회개하는 사람이 있어야 하고, 하느님의 이름으로 그에게 사죄赦罪를 베푸는 사제가 있어야 합니다. [1448]

> 악을 행할 기회를 멀리하는 것이 진실로 회개했다는 징표입니다.
>
> 클레르보의 베르나르도 성인

232 고해성사 때 고백자가 해야 할 일에는 어떤 것이 있나요?

모든 고해성사에는 양심 성찰과 통회, 같은 죄를 다시 짓지 않겠다는 결심, 죄의 고백, 보속이 수반되어야 합니다. [1450-1460; 1490-1492; 1494]

> 하느님은 모든 것을 다 알고 계십니다. 그분은 여러분이 고해성사를 본 이후에도 다시 죄를 짓게 되리라는 것도 미리 알고 계십니다. 그럼에도 불구하고 그분은 용서하십니다. 우리를 용서하시려고 의도적으로 미래를 잊기까지 하십니다.
>
> 요한 마리아 비안네 성인

양심 성찰은 철저하게 해야 하며, 그렇게 하더라도 성찰할 것이 고갈되는 법은 없습니다. 또한 진정한 뉘우침 없이 말로만 고백한다면 자기 죄를 용서받

> 사랑은 많은 죄를 덮어 줍니다.
> 1베드 4,8

> 저는 여러분보다 훨씬 죄가 많습니다. 그러니 여러분은 죄의 고백을 망설이지 마십시오.
> 요한 마리아 비안네 성인

을 수 없습니다. 이와 마찬가지로 같은 죄를 더 이상 반복하지 않겠다는 결심도 꼭 필요합니다. 고백자는 고해 사제에게 자기 죄를 반드시 고백해야 합니다. 끝으로, 죄로 인한 피해를 보상하기 위해 고해 사제가 고백자에게 주는 보속도 고해성사의 중요한 요소입니다.

233 반드시 고해성사를 봐야 할 죄에는 어떤 것이 있나요?

사죄(absolution, '떼어 내다, 풀다, 무죄 판결하다'라는 뜻의 라틴어 'absolvere'에서 유래)

사제가 죄를 사하는 것은 고백자가 죄를 고백한 이후 그 죄들을 성사의 측면에서 용서하는 것을 말합니다.

양심을 꼼꼼히 성찰해서 기억해 냈지만 아직 고백하지 않은 모든 대죄들은, 보통 개별적인 고해성사를 통해서만 용서받을 수 있습니다. [1457]

물론 고해성사에 대한 심리적 압박감이 존재합니다. 하지만 그것을 극복한다면 내적으로 건강해지기 위한 첫걸음을 떼는 것입니다. **교황**도 다른 **사제**에게 고백할 때 하느님에게 자기 잘못과 약점을 고백하는 용기를 지녀야 한다는 것을 생

각한다면, 용기를 내는 데 좀 더 도움이 될 것입니다. 사제는 전쟁이나 공습, 그 밖에 여러 사람들이 집단으로 죽을 위험에 처한 위급 상황에서만 개별적인 고해성사 없이 집단으로 모여 있는 사람들에게 사죄를 베풀 수 있습니다. 이를 '공동 사죄'라고 하는데, 이때 고백하지 못한 죄들은 다음 개별 고해성사 때 고백해야 합니다.

→ 315-320

234 몇 살 때부터 고해성사를 봐야 하며, 또한 얼마나 자주 고해성사를 봐야 하나요?

선과 악을 식별할 수 있는 나이에 이를 때 우리는 고해성사를 볼 의무를 지니게 됩니다. 교회는 적어도 일 년에 한 번은 고해성사를 볼 것을 신자들에게 권고합니다. 중대한 죄를 범한 경우에는 늦어도 영성체를 하기 전에는 고해성사를 봐야 합니다. [1457]

교회에서 말하는 '식별 나이'란, 이성을 사용할 수 있으며 선과 악의 구별을 배운 나이를 뜻합니다. → 315-320

> 고해 사제와 가장 비슷한 역할을 하는 사람은 바텐더일 것입니다.
> 피터 셀러스(1925~1980년), 영국의 영화배우

> 사죄경의 내용은 다음과 같습니다.
> "인자하신 천주 성부께서 당신 성자의 죽음과 부활로 세상을 당신과 화해시켜 주시고 죄를 사하시기 위하여 성령을 보내 주셨으니 교회의 직무 수행으로 몸소 이 교우에게 용서와 평화를 주소서. 나도 성부와 성자와 성령의 이름으로 이 교우의 죄를 사하나이다."

> 그것은 우리가 더 이상 용서를 필요로 하지 않는 삶을 살아야 한다는 얘기가 아닙니다. 우리의 허약함을 받아들이되 포기하지 않고 계속 노력하며 전진하고, 새로운 출발을 위해 화해의 성사를 통해 끊임없이 회개해야 합니다. 또한 그런 방식으로 주님을 위해 성장하고, 그분과 우리의 공동체 안에서 성숙해져야 합니다.
>
> 베네딕토 16세 교황,
> 2007년 2월 17일

235 죄가 크지 않은 경우에도 고해성사를 봐야 하나요?

엄밀한 의미에서 고해성사를 볼 필요가 없는 경우에도 고해를 하는 것은, 치유라는 은총과 주님과의 더욱 깊은 결합이라는 큰 은총을 얻는 일입니다. [1458]

우리는 때때로 가톨릭 교회의 행사들, 세계 청년 대회 등을 통해 도처에서 하느님과 화해하고자 하는 젊은이들을 보게 됩니다. 진지한 마음으로 예수님을 따르고자 하는 그리스도인들은 하느님과 근본적으로 새로 시작하는 기쁨을 찾습니다. 성인聖人들도 상황이 허락하는 한 정기적으로 고해성사를 봤습니다. 그들은 겸손과 사랑이 자라나고, 하느님의 치유의 빛이 자기 영혼 구석구석을 비추도록 하려면 고해성사가 필요했습니다.

236 사제만이 죄를 용서할 수 있는 이유는 무엇인가요?

하느님은 사제에게 죄를 용서해 주라고 분부하셨고, 또한 그들은 하느님에게서 고백자에게 베푸는 죄의 사함이 실제로 이루어지게 하는 권한을 받았습니다. 따라서 그들 이외에는 그 어떤 사람도 다른 사람의 죄를 용서할 수 없습니다. 죄를 용서해 주라는 임무는 우선 주교가 받았고, 그다음으로 주교의 협조자인 축성된 사제도 그 임무를 지니게 되었습니다. [1461-1466, 1495] → 150, 228, 249-250

> 형제에 대한 개방성과 고해성사를 혼동하지 마십시오. 고해성사는 그 권한을 위임받은 사제를 통해 하늘과 땅의 주인이신 분께 올리는 것입니다.
> 로제 슈츠 수사

237 보통의 사제가 사죄를 베풀지 못하는 중대한 죄가 있나요?

인간이 하느님에게 완전히 등을 돌려서, 그 행위의 중대함 때문에 파문破門을 불러온 죄들도 존재합니다. 파문을 불러온 죄들에 대한 사면은 오로지 주교나 특별한 위임을 받은 사제만이 할 수 있고, 심지어 어떤 경우에는 오로지 교황만이 할 수 있습니다. 죽음의 위험이 있는 경우에는 어떤 사제라도 모든 죄와 파문으로부터 사면할 수 있습니다. [1463]

예를 들면 살인했거나 낙태에 관여한 가톨릭 신자는 성사로 맺어진 공동체인 교회로부터 자동적으로 배제되며, 교회는 그 상태를 확인해 줄 뿐입니다. **파문**은 죄인을 교화하고 다시 올바른 길로 이끄는 것을 의도하는 것입니다.

파문(excommunication, '밖으로'를 뜻하는 'ex'와 '참여, 공동체'를 뜻하는 라틴어 'communicatio'에서 유래)

가톨릭 신자가 여러 성사로부터 제외됨을 뜻하는 말.

> 고해성사를 어색하게 여길 수도 있지만, 그것은 우리가 복음의 원기를 새롭게 체험하고 새롭게 태어나는 결정적인 장소입니다. 아이가 떨어지는 낙엽을 불어 날리듯, 우리는 고해성사를 통해 죄의식을 떨쳐 버리는 것을 배웁니다. 고해성사에서 우리는 하느님의 행복, 즉 완전한 기쁨의 여명을 발견합니다.
> 로제 슈츠 수사

238 사제가 고해성사 때 들은 내용을 남에게 이야기할 수 있나요?

어떤 경우에도 그럴 수 없습니다. 고해의 비밀은 절대적입니다. 사제가 고해성사에서 들은 내용을 다른 이에게 전하는 경우 그 사제는 파문됩니다. 사제는 경찰에게도 고해성사 때 들은 내용을 말하거나 암시해서는 안 됩니다. [1467]

사제가 고해의 비밀보다 더 중대하게 받아들여야 할 일은 거의 없습니다. 고해의 비밀을 지키다가 고문을 받고 죽임을 당한 사제들도 있습니다. 따라서 우리는 사제에게 모든 것을 털어놓을 수 있고, 그를 전적으로 신뢰할 수 있습니다. 고해성사 때 사제의 유일한 임무는 온전히 '하느님의 귀'가 되는 것이기 때문입니다.

> 예수님을 사랑하십시오. 두려워하지 마십시오. 당신이 이 세상에서 온갖 죄를 범했다 할지라도, 예수님은 당신에게 이 말씀을 반복하십니다. "네가 많이 사랑했기 때문에, 너의 많은 죄도 용서받았다."
> 오상의 비오 성인(1887~1968년)

239 고해성사의 긍정적인 효과는 무엇인가요?

참회자는 고해성사를 통해 하느님과 화해하고 교회와 화해합니다. [1468-1470, 1496]

죄의 사함을 받고 난 뒤의 기분은, 운동 후 샤워를 하고 난 느낌이나 여름에 뇌우가 지나간 뒤 맑은 공기를 마시는 느낌, 여름날 밝아 오는 아침 햇살을 받으며 잠에서 깨는 느낌, 잠수부가 물 속에서 몸이 가벼워지는 느낌 등에 비유할 수 있습니다. '화해'(독일어로 Versöhnung, '다시 사랑과 보살핌을 받는 아들이 됨'을 의미함. - 역자 주)라는 말 속에는 '우리가 다시 하느님과 일치하게 되었다'는 의미가 내포되어 있습니다.

> 이사야 예언자를 통하여 "그는 우리의 병고를 떠맡고 우리의 질병을 짊어졌다." 하신 말씀이 이루어지려고 그리된 것이다.
> 마태 8,17

병자성사

240 구약 성경에서는 '질병'을 어떻게 해석하나요?

구약 성경에서는 질병을, 종종 사람들이 받아들이길 거부하지만 그 안에서 하느님의 손길을 알아채기도 하는 혹독한 시련으로 이해했습니다. 예언자들은, 고통은 하느님의 저주지만 그렇다고 항상 개인이 저지른 죄의 결과를 의미하는 것은 아니며, 고통을 참을성 있게 받아들임으로써 다른 사람들을 위할 수 있다고 생각하기도 했습니다. [1502]

> 병자는 더 이상 다른 사람들처럼 예감하거나 느낄 수 없습니다.
>
> 라인홀트 슈나이더
> (1903~1958년), 독일의 작가

241 예수님이 병자들에게 큰 관심을 보이신 이유는 무엇인가요?

예수님은 하느님의 사랑을 보여 주시려고 이 세상에 오셨습니다. 특히 우리가 생명의 위협을 느낄 때, 다시 말해 질병으로 인해 우리 생명이 약해지고 있음을 느낄 때 그분은 종종 하느님의 사랑을 보여 주셨습니다. 하느님은 우리의 영혼과 육신이 건강해지기를 바라시며, 우리가 그것을 믿으면서 다가오는 하느님 나라를 알아차리기를 바라십니다. [1503-1505]

> 예수님께서 이 말을 들으시고 그들에게 말씀하셨다. "건강한 이들에게는 의사가 필요하지 않으나 병든 이들에게는 필요하다. 나는 의인이 아니라 죄인을 부르러 왔다."
>
> 마르 2,17

때때로 우리는 건강할 때나 아플 때나 우리에게 가장 필요한 존재는 하느님이라는 사실을, 병을 앓고 나서야 비로소 깨닫기도 합니다. 하느님을 통하지 않고서는 우리가 생명을 지닐 수 없습니다. 그런 까닭에 병자들과 죄인들은 본질적인 것을 알아차리는 남다른 직관을 갖고 있다는 것과 그 직관에 따라 병자들이 예수님에게 다가가는 모습을 우리는 이미 **신약 성경**에서 확인할 수 있습니다. "군중은 모두 예수

> 가장 열등한 그리스도교 사회라 할지라도 나는 그것을 가장 훌륭한 이교도 사회보다 선호할 것입니다. 왜냐하면 그리스도교 사회에는, 이교도 사회가 기회를 제공하지 않는 이들, 즉 절름발이나 병자, 노인, 허약한 이를 위한 기회가 있기 때문입니다. 또한 그리스도교 사회는 그들에게 기회 이상의 것, 즉 그들을 위한 사랑을 제공합니다. 그러나 이교적이거나 신을 부인하는 사회는 이러한 사랑을 과거에도 현재에도 무익하게 여깁니다.
>
> 하인리히 뵐(1917~1985년), 독일의 작가

님께 손을 대려고 애를 썼다. 그분에게서 힘이 나와 모든 사람을 고쳐 주었기 때문이다."(루카 6,19) → 91

242 교회가 병자들을 특별히 보살펴야 하는 이유는 무엇인가요?

예수님은 우리가 고통받을 때 하늘도 함께 고통을 겪는다는 것을 우리에게 보여 주셨습니다. 심지어 하느님은 "가장 작은 이들 가운데"(마태 25,40)에서 그들이 당신을 알아보기를 바라십니다. 그런 까닭에 예수님은 병자들을 돌보는 일을 제자들의 주요 임무로 삼으셨습니다. 예수님은 '앓는 이들을 고쳐 주어라.'(마태 10,8 참조) 하고 제자들에게 분부하셨고, 그들에게 신적인 권한을 약속하셨습니다. "내 이름으로 마귀들을 쫓아내고, …… 또 병자들에게 손을 얹으면 병이 나을 것이다."(마르 16,17-18) [1506-1510]

> 병자들을 돌보는 일은 모든 일보다 앞서야 하고 모든 일 위에 있어야 합니다. 우리는 실제로 그리스도를 대하듯이 그들에게 봉사해야 합니다.
>
> 베네딕토 성인 (480년경~547년경), 베네딕토 수도회의 창시자, 수도원장

노인들과 병자들, 보살핌이 필요한 사람들이 주된 활동 대상이라는 점은 그리스도교의 결정적인 특징들 가운데 하나였습니다. 콜카타의 빈민가에서 죽어 가는 사람들을 돌본 마더 데레사 성녀도, 다른 이들로부터 소외되고 기피의 대상이 된 사람들 안에서 그리스도를 발견하는 오랜 전통을 이어 온 수많은 그리스도인 가운데 한 사람일 뿐이었습니다. 참된 그리스도인은 다른 사람들이 치유되도록 영향을 줄 수 있습니다. 심지어 그들 가운데 몇몇은 성령의 힘으로 다른 이들의 몸을 낫게 하는 능력을 받았습니다(치유의 은사, **특별한 은사**).

> 우리는 어느 누구도 하지 않는 또 하나의 서원을 합니다. 즉 우리는 우리의 주인인 병자들의 하인이며 종이 되겠다는 약속을 합니다.
>
> 성 요한 기사 수도회 (몰타 기사 수도회)의 수도 규칙

243 병자성사는 어떤 이들을 위한 것인가요?

건강이 위급한 상태에 있는 신자라면 누구나 병자성사를 받을 수 있습니다. [1514-1515, 1528-1529]

일생 동안 우리는 병자성사를 여러 번 받을 수 있습니다. 따라서 젊은 사람일지라도 큰 수술을 앞두었다면 이 **성사**를 청하는 것이 좋을 것입니다. 이 경우 많은 그리스도교 신자들은 총고해總告解를 하고 병자성사를 받습니다. 위급한 상황이 닥치더라도 그들은 깨끗한 마음으로 하느님 앞에 서기를 바라기 때문입니다.

> 여러분 가운데에 앓는 사람이 있습니까? 그런 사람은 교회의 원로들을 부르십시오. 원로들은 그를 위하여 기도하고, 주님의 이름으로 그에게 기름을 바르십시오.
>
> 야고 5,14

244 병자성사는 어떤 방식으로 받나요?

병자성사의 본질적인 예식은 기도와 더불어 축성된 성유를 병자의 이마와 두 손에 바름으로써 이루어집니다. [1517-1519, 1531]

> 제가 비록 어둠의 골짜기를 간다 하여도 재앙을 두려워하지 않으리니 당신께서 저와 함께 계시기 때문입니다.
>
> 시편 23,4

245 병자성사는 어떤 효력을 발휘하나요?

병자성사는 위로와 평화와 힘을 주며, 위태로운 상황에 처한 고통받는 병자를 심오한 방식으로 그리스도와 결합시킵니다. 그리스도는 우리가 겪는 두려움들을 이미 견뎌 내셨고, 우리의 아픔도 당신 몸으로 이미 겪으셨기 때문입니다. 많은 사람들이 병자성사를 통해 건강을 회복하기도 합니다. 그러나 하느님이 병자를 데려가고자 하시는 경우, 병자가 마지막 길에서 모든 영육 간의 싸움을 이겨 낼 수 있도록 병자성사를 통해 힘을 주십니다. 또한 병자성사는 죄

> 그러나 내 살을 먹고 내 피를 마시는 사람은 영원한 생명을 얻고, 나도 마지막 날에 그를 다시 살릴 것이다.
>
> 요한 6,54

를 용서하는 효력도 발휘합니다. [1520-1523, 1532]

많은 병자들이 병자**성사**에 대해 두려워하며 그것을 마지막 순간까지 미룹니다. 이를 일종의 사형 선고로 생각하기 때문입니다. 그러나 오히려 병자성사는 일종의 생명 보험과 같습니다. 그리스도교 신자로서 병자를 돌보는 사람은, 그가 모든 그릇된 두려움을 떨쳐 내도록 도와야 합니다. 위급한 상황에 처한 대부분의 병자들은, 생명이시며 죽음을 이기신 구세주 예수님에게 전적으로 매달리는 것보다 더 중요한 일은 없음을 본능적으로 느낍니다.

> 영원한 행복이란, 원하는 것을 먹을 수 있는 상태를 말합니다.
> 시몬 베유(1909~1943년),
> 프랑스의 무정부주의자이자 철학자, 신비가

246 병자성사를 베풀 수 있는 사람은 누구인가요?

병자성사는 주교와 사제만 줄 수 있습니다. 축성된 그들을 통해 그리스도가 활동하시기 때문입니다. [1516, 1530]

> 주님께서는 당신의 자비로우신 사랑과 기름 바르는 이 거룩한 예식으로 성령의 은총을 베푸시어 이 병자를 도와주소서. 또한 이 병자를 죄에서 해방시키고 구원해 주시며 자비로이 그 병고도 가볍게 해 주소서.
> 〈병자성사 예식서〉

247 '노자路資 성체'란 무엇인가요?

'노자 성체'란 임종자가 죽기 전에 마지막으로 받아 모시는 성체를 말합니다. [1524-1525]

사람이 현세의 삶을 마감하는 길을 떠날 때에는 영성체가 꼭 필요합니다. 그는 **영성체**를 통해 하느님과 일치를 이루어야만 생명을 누리게 될 것입니다.

제3장
공동체 및 파견을 위한 성사

248 공동체에 이바지하고 봉사하기 위해 받는 성사에는 무엇이 있나요?

세례성사와 견진성사를 받은 신자는 교회 안에서 성품성사와 혼인성사라는 두 가지 고유한 성사를 통해 하느님으로부터 특별한 사명을 받고 그것을 수행하게 됩니다. [1533-1535]

두 **성사**는 다른 이들을 위해 받는다는 공통점을 지닙니다. 자신만을 위해 사제가 되는 사람은 없고, 마찬가지로 자신만을 위해 결혼하는 사람도 없습니다. 성품성사와 혼인성사는 하느님 백성을 형성하기 위한 성사입니다. 다시 말해 이 두 가지 성사는 하느님의 사랑이 흘러들게 하는 수로의 역할을 합니다.

성품성사

249 성품성사를 통해 어떤 일이 일어나요?

성품성사를 받는 사람은 주교를 통해 그리스도가 내리시는 성령의 은사를 받게 되는데, 이 은사는 그에게 거룩한 권한을 부여합니다. [1538]

사제가 된다는 것은 단순히 직책이나 직무를 맡는 것만을 뜻하지 않습니다. 성품성사를 통해 사제는 같은 신앙을 지닌 형제자매들을 위한 특별한 능력과 사명을 선사받게 됩니다. → 150, 215, 228, 236

> 💬 성품성사는 개인이 아니라 교회 전체를 치유하기 위해 거행됩니다.
> 토마스 아퀴나스 성인

> 그리스도만이 유일한 참사제시고, 다른 제자들은 그리스도의 대리자일 뿐입니다.
>
> 토마스 아퀴나스 성인

250 교회는 성품성사를 어떻게 이해하나요?

구약의 사제들은 천상적인 것과 지상적인 것 사이에서, 또한 하느님과 그분의 백성 사이에서 중개 역할을 하는 데에 자신의 직무가 있다고 생각했습니다. 그러나 그리스도만이 유일하게 "하느님과 사람 사이의 중개자"(1티모 2,5)이시므로, 그분은 구약의 사제직을 완성하고 끝내셨습니다. 그리스도 이후에 축성된 사제직은 오로지 그리스도를 통해서만, 다시 말해 그리스도의 십자가상 희생과 그리스도의 부르심 그리고 사도들의 파견을 통해서만 존재할 수 있습니다. [1539-1553, 1592]

가톨릭 **사제**는 자신의 능력이나 (안타깝게도 사제에게 종종 부족한) 완벽한 도덕성을 토대로 하지 않고, '머리이신 그리스도를 대신하여' **성사**를 베풉니다. 변화시키고 치유하시며 구원하시는 그리스도의 능력이 성품성사를 통해 사제에게 주어집니다. 사제가 자기 능력으로 갖게 된 것이 없으며, 무엇보다 사제는 주님의 종이라 할 수 있습니다. 따라서 진정한 사제라는 표징은 자신이 받은 성소를 겸손하고 경이로운 마음으로 바라보는 데 있습니다. → 215

> 사제는 이 세상에서 그리스도의 구원 사업을 속행합니다.
>
> 요한 마리아 비안네 성인

251 성품성사에는 몇 가지 품계가 있나요?

성품성사에는 주교품과 사제품, 부제품이라는 세 가지 품계가 있습니다. [1554, 1593] → 140

252 주교 서품을 통해 어떤 일이 일어나나요?

주교 서품을 통해 사제에게 성품성사의 온전한 충만함이 전달됩니다. 그는 사도들의 후계자로 축성되며 주교단의 일원이 됩니다. 이제부터 그는 다른 주교들과 교황과 더불어 교회 전체에 대한 책임을 지게 됩니다. 특별히 교회는 그에게 가르치고 치유하며 지도하는 직무를 맡깁니다. [1555-1559]

주교직은 교회 안에 있는 진정한 목자牧者의 직책이라 할 수 있습니다. 주교직은 예수님을 가장 먼저 증언했던 **사도**들에게로 거슬러 올라가며, 그리스도가 세우신 사도들의 사목직을 계승하기 때문입니다. 한편, **교황**은 주교인 동시에 주교들 가운데 으뜸이며 주교단의 수장입니다. → 92, 137

253 주교는 가톨릭 신자에게 어떤 의미를 지니나요?

주교는 신자들을 위해 그리스도의 대리자로 임명되었기 때문에, 가톨릭 신자는 주교의 말을 따를 의무가 있습니다. 그 외에도 주교는 축성된 협조자들인 사제 및 부제들과 더불어 사목직을 수행하며, 지역 교회인 교구의 뚜렷한 원칙이자 기반이라 할 수 있습니다. [1560-1561]

254 사제 서품을 통해 어떤 일이 일어나나요?

사제 서품 때 주교는 서품 후보자에게 하느님의 능력이 내리기를 기도합니다. 또한 지워지지 않는 인호印號가 서품 후보자에게 새겨져 하느님의 능력이 결코 그를 떠나지 않도록 합니다. 주교의 협조자로서 사제는 하느님의 말씀을 선포하고 성사를 집전하

99 나는 여러분을 위한 주교지만, 여러분과 같은 그리스도교 신자입니다. 전자는 직무를 가리키지만 후자는 은총을 뜻합니다. 전자는 위험성을 내포하지만 후자는 구원을 내포합니다.

아우구스티노 성인

> 예수 그리스도가 성부의 뜻을 따르셨듯이 여러분은 주교의 뜻을 따르고, 사도들의 뜻을 따르는 것처럼 사제들의 뜻을 따르십시오. 그리고 하느님의 계명을 존중하듯이 부제들을 존중하십시오. 어느 누구도 주교의 허가 없이 교회와 관련된 일을 해서는 안 됩니다.
>
> 안티오키아의 이냐시오 성인
> (35년경~107년), 주교

며, 무엇보다 미사를 거행합니다. [1562-1568]

미사 중에 서품 후보자들의 이름을 호명하는 것으로 사제 서품이 시작됩니다. **주교**의 강론이 끝난 후 서품 후보자는 주교와 그의 후계자들에게 순명을 약속합니다. 본격적인 사제 서품은 주교의 안수와 기도를 통해 이루어집니다. → 215, 236, 259

255 부제 서품을 통해 어떤 일이 일어나나요?

부제 서품 때 서품 후보자는 성품성사에서의 고유한 직무를 맡게 됩니다. 부제는 "섬김을 받으러 온 것이 아니라 섬기러 왔고, 또 많은 이들의 몸값으로 자기 목숨을 바치러"(마태 20,28) 오신 그리스도를 대리하기 때문입니다. 서품 전례에서는 이를 "말씀과 제단과 애덕에 봉사함으로써 모든 이의 종임을 드러낼 것입니다."라고 표현합니다. [1569-1571]

? **부제**(deacon, '종, 하인, 봉사자'를 뜻하는 그리스어 '디아코노스διάκονος'에서 유래)

부제품은 가톨릭 교회의 성품성사 중 첫 단계에 있는 성사입니다. 명칭이 시사하듯이 부제는 무엇보다 자선을 베푸는 일(디아코니아διάκονια, 봉사)에 전력하지만, 교리 등을 가르치거나 복음을 선포하고 미사 때 강론하며 집전자를 도와 복사를 서기도 합니다.

부제의 본보기는 순교자 스테파노 성인에게서 찾을 수 있습니다. 예루살렘의 초대 공동체에 있던 **사도**들이 수많은 자선 활동으로 인해 일에 과중함을 느끼게 되자, 그들은 '식탁 봉사를 할' 일곱 명의 남자들을 임명하고 이들을 축성했습니다. 이들 가운데 첫 번째로 언급된 스테파노 성인은 '은총과 능력이 충만하여' 새로운 신앙과 공동체의 가난한 이들을 위해 일했습니다. 수백 년 동안 부제직은 그저 사제직으로 가는 과정 중에 받는 서품에 불과했던 적도 있었지만, 오늘날에는 독신 남자뿐만 아니라 기혼 남자들에게도 줄 수 있는 독립적인 성소가 되었습니다. 이를 통해 교회의 봉사적 특성을 새롭게 강조했고, 한편으로는 초대 교회에서처럼 교회의 사목과 사회복지의 임무를 맡을 품계를 세움으로써 **사제**를 돕고자 했습니다. 부제 서품도 서품 후보자에게 일생 동안 지워지지 않는 인호를 새깁니다. → 140

> 봉사자들(부제)도 마찬가지로 품위가 있어야 하고, 한 입으로 두말하지 않으며, 술에 빠져서도 안 되고 부정한 이익을 탐해서도 안 됩니다. 봉사자들은 한 아내의 충실한 남편이어야 하고, 자녀들과 자기 집안을 잘 이끄는 사람이어야 합니다.
>
> 1티모 3,8.12

256 어떤 사람이 성품성사를 받을 수 있나요?

가톨릭 교회에서 세례를 받았으며 교회로부터 성직으로 부르심을 받은 남자는, 부제와 사제, 주교로 유효하게 축성될 수 있습니다. [1577-1578]

257 남성만 성품성사를 받을 수 있다는 것은 결국 여성을 경시하는 것이 아닌가요?

남성만 성품성사를 받을 수 있다는 규정이 여성을 폄하하는 것이라고 할 수는 없습니다. 남성과 여성은 하느님 앞에서 동등한 존엄성을 지니지만, 서로 다른 임무와 특별한 은사를 맡습니다. 교회는 예수님이 최후의 만찬을 통해 사제직을 제정하실 때 오로지 남성들만 부르셨던 사실에서 그 근거를 찾습니다. 요한 바오로 2세 교황은 1994년에 "교회는 여성에게 사제 서품을 할 어떠한 권한도 없으며, 교회의 모든 신자들은 이러한 판단을 따라야 한다고 선언"했습니다.

여성이 차별당했던 고대에 예수님만큼 대담하게 여성의 가치를 높이 평가하고 여성과 우정을 나누며 여성을 보호했던 분은 없습니다. 여성들은 예수님의 뒤를 따랐고, 예수님은 그들의 믿음을 높이 평가하셨습니다. 무엇보다 부활의 첫 증인은 여성입니

> 어느 누구도 성모님보다 더 훌륭한 사제가 될 수는 없을 것입니다. 성모님이 주저 없이 "이는 내 몸이다."라고 말씀하실 수 있는 것은, 그분이 실제로 예수님께 자기 몸을 내주셨기 때문입니다. 그럼에도 불구하고 성모님은 주님의 겸손한 여종으로 남아 있었고, 그로써 우리는 언제나 우리 어머니이신 성모님께 도움을 청할 수 있게 되었습니다. 성모님은 우리 가운데 한 사람이며, 우리는 언제나 그분과 하나입니다. 성모님은 당신 아드님이 돌아가신 후에도 이 세상에 사시면서, 그로써 막 태어난 교회가 형태를 갖추기까지 봉사를 통해 사도들을 지원하고 그들의 어머니가 되셨습니다.
>
> 마더 데레사 성녀

다. 그런 까닭에 마리아 막달레나 성녀는 '사도 중의 사도'라고 불렸습니다. 그럼에도 불구하고 사제직은 늘 남성들에게만 전수되어 왔습니다. 교회는 남성 **사제**의 모습에서 예수 그리스도를 발견했던 것이 분명합니다. 사제직은 남성이자 아버지로서 특정한 한쪽 성에 국한된 역할을 필요로 하는 특별한 직무입니다. 그렇다고 해서 사제직이 남성을 여성보다 우월하게 여기는 제도라고 할 수는 없습니다. 성모님이 보여 주시듯이 여성들은 교회 안에서 남성들 못지않게 매우 중요한 역할을 수행합니다. 그것들은 엄연히 여성만의 역할입니다. 예를 들어 하와는 "살아 있는 모든 것의 어머니"(창세 3,20)가 되었습니다. '살아 있는 모든 것의 어머니'로서 여성들은 특별한 재능과 능력들을 지녔다는 것입니다. 가르침과 복음 선포, 자선, 영성 및 사목 활동에 여성들의 고유한 방식이 없었다면 교회는 '절반이 마비'되었을 것입니다. 교회 안에서 남성들이 사제직을 권력의 수단으로 이용하면서, 고유하고 **특별한 은사**들을 지닌 여성들의 활동을 허락하지 않는다면, 그들은 예수님의 사랑과 그분의 성령을 거스르는 것입니다. → 64

독신 서약(celibacy, '혼자 사는'이라는 뜻의 라틴어 'caelebs'에서 유래)

독신 서약은 '하느님 나라를 위해' 결혼하지 않고 살겠다는 자발적인 서원을 뜻합니다. 가톨릭 교회에서 이 서약을 지키는 사람들은 무엇보다 수도 공동체(수도 서원)나 성직(독신 서원)에 있는 사람들입니다.

258 교회가 사제들과 주교들에게 독신 생활을 요구하는 이유는 무엇인가요?

예수님은 독신 생활을 하셨고 그것을 통해 하느님 아버지에 대한 당신의 온전한 사랑을 표현하고자 하셨습니다. 예수님의 이러한 생활 방식을 본받아 "하늘나라 때문에"(마태 19,12) 결혼하지 않고 정결을 지키며 사는 것은 예수님 시대 이래로 사랑과, 주님에 대해 온전히 헌신하고 봉사하겠다는 의지를 드러내는 표징이 되어 왔습니다. 로마 가톨릭 교회는 이러한 생활 방식을 주교들과 사제들에게 요구하며, 동방 가톨릭 교회는 이를 주교들에게만 요구합니다. [1579-1580, 1599]

베네딕토 16세 교황은 독신제가 "사랑 없이 머무는" 것을 의미하지 않으며, "오히려 하느님에 대한 열정에 사로잡혀 있음을 의미해야 한다."고 말합니다. 독신 생활을 하는 **사제**는 하느님과 예수님이 지니신 부성父性을 드러냄으로써 풍부한 결실을 맺어야 합니다. 계속해서 교황은 이렇게 말합니다. "그리스도는, 성숙하고 남자다우며 정신적인 아버지 역할을 참되게 수행할 수 있는 사제들을 필요로 하신다."

> 가톨릭 교회는 독신제 폐지가 어떤 급격한 가치의 전환을 가져오게 될지 알고 있을까요? 복음적 어리석음이라 할 수 있는 사제 독신제는 숨겨진 실재를 보존해 왔습니다. 교회는 사제 독신제를 통해 눈에 보이지 않는 그리스도의 신비를 지향해 왔습니다.
>
> 로제 슈츠 수사

259 모든 신자들이 지니고 있는 보편 사제직은 서품 사제직과 어떻게 다르나요?

세례를 통해 그리스도는 "우리가 한 나라를 이루어 당신의 아버지 하느님을 섬기는 사제가 되게 하셨습니다."(묵시 1,6) 보편 사제직을 통해 모든 그리스도교 신자는 하느님의 이름으로 이 세상에서 활동하고, 이 세상에 축복과 은총을 가져오도록 부르심을 받았습니다. 한편 그리스도는 최후의 만찬 자리에서 사도들을 파견하시면서 신자들에게 봉사할 거룩한 권한을 몇몇 사람에게 주셨습니다. 이처럼 축성된 사제들은 그분 백성의 목자이며 그분의 몸인 교회의 머리로서 그리스도를 대리합니다. [1546-1553, 1592]

> 여러분도 살아 있는 돌로서 영적 집을 짓는 데에 쓰이도록 하십시오. 그리하여 하느님 마음에 드는 영적 제물을 예수 그리스도를 통하여 바치는 거룩한 사제단이 되십시오.
>
> 1베드 2,5

사제라는 동일한 단어는 두 가지의 유사한 개념들을 가리키기에 종종 잘못 이해되기도 합니다. "신자들의 보편 사제직과 직무 또는 교계 사제직은, 정도만이 아니라 본질에서 다르기는 하지만, 서로 밀접히 관련되어 있으며, 그 하나하나가 각기 특수한 방법으로 그리스도의 유일한 사제직에 참여하고 있습니다."(제2차 바티칸 공의회, 교회에 관한 교의 헌장, 〈인류의 빛〉) 세례받은 우리 모두는 그리스도 안에서 살고 그분의 존재와 행위에 참여하기 때문에, 우리 모두가 '사제'라는 점을 기쁘게 받아들여야 합니다. 그런데 우리가 이 세상에 영원한 **축복**을 가져오지 못하는 이유는 무엇일까요? 다른 한편으로 우리는 하느님이 당신 교회에 주신 선물이자 공동체 안에서 주님을 대리하는 축성된 사제들을 새롭게 발견해야 합니다.

→ 138

그러나 여러분은 "선택된 겨레고 임금의 사제단이며 거룩한 민족이고 그분의 소유가 된 백성입니다. 그러므로 여러분은" 여러분을 어둠에서 불러내어 당신의 놀라운 빛 속으로 이끌어 주신 분의 "위업을 선포하게 되었습니다." 여러분은 한때 하느님의 백성이 아니었지만 이제는 그분의 백성입니다.

1베드 2,9-10

너는 복이 될 것이다.

창세 12,2

혼인성사

260 하느님이 남자와 여자가 서로를 위하도록 정해 놓으신 이유는 무엇인가요?

하느님이 남자와 여자가 서로를 위하도록 정해 놓으심으로써, 그들은 "이제 둘이 아니라 한 몸"(마태 19,6)입니다. 이러한 방식으로 남자와 여자는 사랑 속에 살며 자손을 낳습니다. 그리하여 그들은 넘쳐흐르는 사랑 그 자체이신 하느님을 가리키는 표징이 되어야 합니다. [1601-1605] → 64, 400, 417

교회에 의해 하나가 된 혼인의 행복을 제가 어떻게 묘사할 수 있을까요? 그들은 어떤 한 쌍의 사람들일까요? 그들은 두 명의 신자들이지만, 하나의 희망과 하나의 열망, 하나의 생활 양식과 하나의 직무를 지녔으며, …… 마음도 하나요, 몸도 하나인 이들입니다. 몸이 하나일 때 마음도 하나가 됩니다.

테르툴리아노
(160년경~220년 이후),
교부, 라틴 교회 작가

261 혼인성사는 어떻게 성립되나요?

혼인성사는 신랑과 신부가 하느님과 교회 앞에서 서약함으로써 성립하는데, 이 서약은 하느님에 의해 받아들여지고 확인되며 부부의 육체적 결합을 통해 성취됩니다. 하느님이 몸소 혼인성사의 끈을 묶으시기 때문에, 부부 중 한 사람이 죽을 때까지 그 끈은 묶인 채로 있습니다. [1625-1631]

혼인성사는 신랑과 신부가 서로에게 베푸는 것입니다. **사제**나 **부제**는 하느님의 **축복**이 부부에게 내리기를 기도합니다. 또한 혼인이 합당한 조건들 속에서 성립되었고 혼인 서약도 포괄적이며 공적으로 이뤄졌음을 증언합니다. 혼인은 혼인 합의가 있어야만, 다시 말해 신랑과 신부가 두려움이나 강요 때문이 아니라 온전한 자유 의지로 혼인을 원하며, 혼인에 장애가 되는 자연법이나 교회법에 저촉되지 않는 경우에만 성립됩니다. 즉 이미 혼인이나 독신 서약을 한 상태가 아닌 경우에만 성립됩니다.

262 그리스도교의 성사혼, 즉 성사를 통한 결혼에 필수적인 요소로는 어떤 것들이 있나요?

성사혼에 필수적인 세 가지 요소에는 ① 자유 의지에 의한 결혼 동의 ② 평생 독점적인 관계에 대한 동의 ③ 출산 용의가 있습니다. 그러나 그리스도교 성사혼의 가장 심오한 요소는, 부부가 그리스도와 교회 사이에 존재하는 사랑의 상징임을 깨닫는 일입니다. [1644-1654, 1664]

혼인의 단일성과 불가해소성(한 번 맺은 것을 절대 풀 수 없는 관계)에 대한 요구는 무엇보다도 **복혼**polygamy에

> 남편 여러분, 그리스도께서 교회를 사랑하시고 교회를 위하여 당신 자신을 바치신 것처럼, 아내를 사랑하십시오. 그리스도께서 그렇게 하신 것은 교회를 말씀과 더불어 물로 씻어 깨끗하게 하셔서 거룩하게 하시려는 것이었습니다. …… 남편도 이렇게 아내를 제 몸같이 사랑해야 합니다.
>
> 에페 5,25-26.28

> 그리스도인들이 남들과 다르게 사랑하는 것은 아닙니다. 그들은 그저 더 많이 도울 뿐입니다.
>
> 출처 미상

단혼單婚과 **복혼**複婚
(monogamy, polygamy, '하나'를 뜻하는 그리스어 '모노스μόνος'와 '많다'라는 뜻의 그리스어 '폴뤼스πολύς', '혼인'을 뜻하는 그리스어 '가모스γάμος'에서 유래)

그리스도교에서는 배우자가 동시에 두 명 이상과 혼인하는 복혼을 금합니다. 국가도 복혼을 아내나 남편이 있는 사람과 다른 사람이 다시 혼인하는 중혼重婚의 구성 요건으로 간주해 처벌합니다.

> 개방 결혼open marriage은 결코 성립되지 않은 혼인입니다.
>
> 테오도어 바이센보른,
> 1933년 출생, 독일의 작가

> 사랑은 신 안에서 완성됩니다.
>
> 쇠렌 키르케고르

반대하기 위한 것입니다. 그리스도교에서는 복혼이 사랑과 인권을 근본적으로 거스르는 일이라 여깁니다. 또한 더 이상 번복할 수 없는 중대한 동의에 이르지 못하고 서로에 대한 구속력이 없는 일련의 연애 관계도 반대합니다. 배우자에게 신의를 요구하는 것은 평생 혼외 연애를 하지 않겠다는 상대의 의견을 존중하겠다는 각오를 그 내용으로 합니다. 출산을 기꺼이 받아들이도록 요구하는 것은, 그리스도교 신자 부부라면 하느님이 그들에게 주시려는 자녀들에 대해 열린 마음을 지녀야 함을 의미합니다. 자녀를 낳지 못한 부부들은 하느님이 입양 등 다른 방식으로 자손을 두라고 부르는 것입니다. 위의 요소들 가운데 하나라도 부족하면 혼인은 성립되지 않습니다.

> 다른 사람을 사랑한다는 것은, 하느님이 만드신 그대로 그를 바라보는 것입니다.
>
> 표도르 M. 도스토옙스키

> 누군가를 사랑한다는 것은, 다른 이들이 보지 못하는 기적을 유일하게 보는 것과 같습니다.
>
> 프랑수아 모리아크

263 한 번 맺은 혼인은 풀 수 없나요?

한 번 맺은 혼인은 풀 수 없습니다. 그 이유에는 세 가지가 있습니다. 먼저 혼인은 서로에게 자신을 아낌없이 내주는 사랑의 본질에 상응하기에 풀 수 없습니다. 또한 혼인은 하느님이 피조물에게 조건 없이 부어 주신 신의를 비추고 있는 것이기에 풀 수 없습니다. 끝으로 혼인은 십자가 위에서 돌아가시기까지 그리스도가 당신 교회에 쏟으신 헌신을 드러내기에 풀 수 없습니다. [1605, 1612-1617, 1661]

> 다른 사람을 사랑하는 사람은 상대방의 현재와 과거와 미래를 있는 그대로 인정합니다.
>
> 미셸 콰스트(1921~1997년),
> 프랑스의 사제이자 작가

여러 나라에서 이혼율이 50퍼센트에 달하는 요즘 시대에 혼인 관계를 유지한다는 것은 결국 하느님을 드러내는 커다란 표징이 됩니다. 상대적인 것들이 넘쳐 나는 이 세상에서 우리는 유일하게 절대적이신 하느님을 믿어야 합니다. 그러므로 상대적이지

않은 모든 것, 곧 절대적으로 진리를 말하고 절대적으로 신의 있는 존재가 매우 중요합니다. 혼인 관계에서 절대적으로 신의를 지키는 일은 사람의 능력이라기보다는, 우리가 때로 하느님을 배반하고 잊는다 할지라도 여전히 우리 곁에 계시는 하느님의 신의를 증언하는 일입니다. 교회에서 혼인한다는 것은 자신의 사랑보다는 하느님의 도우심에 더 많이 의지한다는 것을 의미합니다.

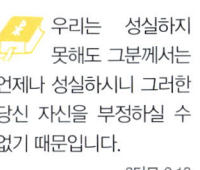

우리는 성실하지 못해도 그분께서는 언제나 성실하시니 그러한 당신 자신을 부정하실 수 없기 때문입니다.

2티모 2,13

264 혼인 관계는 무엇으로부터 위협을 받나요?

혼인 관계를 위협하는 것은 사실 죄입니다. 반면 혼인 관계를 새롭게 하는 것은 용서이며 혼인 관계를 강화하는 것은 기도와 하느님의 현존에 대한 신뢰입니다. [1606-1608]

이따금 서로를 미워하는 데까지 이르게 하는 부부

싸움은, 남성과 여성이 양립할 수 없다는 것을 드러내는 것이 아닙니다. 그리고 배우자에 대한 부정不貞을 쉽게 저지르는 유전적 성향이나 평생 동안 이어지는 약속을 지키기 어려운 특수한 심리적 장애 같은 것은 존재하지 않습니다. 혼인 관계는 많은 경우에 의사소통이 부족하거나 주의 깊지 못해서 위기에 처하게 됩니다. 그 외에 경제적·사회적 문제도 위기의 원인이 됩니다. 혼인 관계를 결정적으로 위협

> 미움은 싸움을 일으키지만 사랑은 모든 허물을 덮어 준다.
> 잠언 10,12

하는 것은 질투, 지배욕, 논쟁을 좋아하는 성격, 정욕, 부정不貞, 그 밖에 파괴적인 폭력과 같은 실제적인 죄입니다. 그러므로 용서와 화해는 모든 혼인 관계에 꼭 필요하며, 그것은 고해성사를 통해서도 이룰 수 있습니다.

> 하느님께서 우리를 통하여 권고하십니다. 우리는 그리스도를 대신하여 여러분에게 빕니다. 하느님과 화해하십시오.
> 2코린 5,20

265 모든 사람이 결혼으로 부르심을 받았나요?

모든 사람이 그런 것은 아니며, 독신으로 사는 사람도 충만한 삶을 살 수 있습니다. 그들 중 여러 사람에게

예수님은 특별한 길을 제시하고 "하늘나라 때문에"(마태 19,12) 독신으로 살도록 초대하십니다. [1618-1620]

독신 생활을 하는 많은 이들이 고독을 그저 부족함과 약점으로 여기며, 그것을 고통스러워합니다. 그러나 독신자는 배우자나 가족을 돌볼 필요가 없기에

자유와 독립을 누릴 수 있습니다. 또한 기혼자라면 감히 꿈꾸지도 못할 의미 있고 중대한 일들을 행할 시간도 갖습니다. 이런 사람을 하느님이 특별히 당신 가까이로 부르시는 경우도 드물지 않습니다. "하늘나라 때문에" 결혼을 포기하고자 하는 열망을 자신 안에서 느끼는 경우가 이에 해당합니다. 물론 그리스도교에서 이야기하는 성소가 결코 결혼이나 성생활을 경시하는 것이 될 수는 없습니다. 자발적인 독신 생활은 오로지 사랑 속에서 사랑을 통해서만 유지되며, 이는 하느님이 다른 어떤 것보다 중요하

여러분의 모든 걱정을 그분께 내맡기십시오. 그분께서 여러분을 돌보고 계십니다.

1베드 5,7

시다는 것을 드러내는 강력한 표징이 됩니다. 독신 생활을 하는 사람이라도 결코 사랑을 포기한 것이 아닙니다. 열망에 가득 찬 그는 오고 계시는 신랑을 마중 나갑니다(마태 25,6 참조).

266 교회의 혼인식은 어떻게 거행되나요?

일반적으로 혼인식은 공적으로 거행되어야 합니다. 주례자는 먼저 신랑과 신부에게 혼인 의사가 있는지 묻습니다. 그다음 주례자인 사제나 부제가 반지를 축복합니다. 신랑과 신부는 서로에게 반지를 끼워 주고, "즐거울 때나 괴로울 때나, 성할 때나 아플 때나 일생 신의를 지킬 것"을 약속하며, "서로 사랑하고 존경할 것"을 맹세합니다. 주례자는 성혼成婚을 선포하고, 신랑 신부에게 강복(축복)합니다.
[1621-1624, 1663]

어머님 가시는 곳으로 저도 가고 어머님 머무시는 곳에 저도 머물렵니다. 어머님의 겨레가 저의 겨레요 어머님의 하느님이 제 하느님이십니다. 어머님께서 숨을 거두시는 곳에서 저도 죽어 거기에 묻히렵니다. 주님께 맹세하건대 오직 죽음만이 저와 어머님 사이를 갈라놓을 수 있습니다.
룻 1,16-17

교회는 혼인 예식 때 신랑과 신부에게 다음과 같이 질문합니다.

✚ 신랑과 신부는 어떠한 강박도 없이, 완전히 자유로운 마음으로 혼인하려고 합니까?
◎ 예, 그렇습니다.

✚ 두 분은 혼인생활을 하면서 일생 서로 사랑하고 존경하겠습니까?
◎ 예, 사랑하고 존경하겠습니다.

✝ 두 분은 하느님께서 주실 자녀를 사랑으로 받아들이고, 그들을 그리스도와 교회의 가르침에 따라 기르겠습니까?

◎ 예, 그렇게 기르겠습니다.

267 가톨릭 신자가 다른 종파의 그리스도교 신자와 결혼하려는 경우에 어떻게 해야 하나요?

혼인식을 위해 교회의 동의를 얻어야 합니다. 이른바 '혼종 혼인混宗婚姻'은 그리스도에 대한 혼인 당사자들의 특별한 신의가 필요합니다. 그럼으로써 그리스도교 신자들의 분열이라는 아직 극복되지 않은 문제들이 사소한 일을 통해 지속되어, 종교적 무관심이라는 데까지 이르는 일이 없게 해야 합니다. [1633-1637]

> 부부가 각기 자신의 교단에서 받은 것을 공유하고 상대방에게서 그리스도에 대하여 충실하게 사는 방식을 배우게 된다면, 서로의 교파가 다른 것이 혼인에 극복할 수 없는 장애가 되지는 않는다.
>
> 《가톨릭 교회 교리서》, 1634항

268 가톨릭 신자가 다른 종교를 가진 사람과 결혼할 수 있나요?

가톨릭 신자가 다른 종교에 속한 사람과 혼인하고 결혼 생활을 하는 것은 자신의 신앙뿐만 아니라 앞으로 태어날 자녀들의 신앙에도 어려움을 초래할 수 있습니다. 그런 까닭에 가톨릭 교회는 신자들에 대한 책임감을 고려하여 종교 차이로 인한 혼인 장애를 설정해 놓았습니다. 따라서 다른 종교를 가진 사람과의 혼인은 혼인식 전에 그 장애를 관면받아야만 유효하게 체결될 수 있습니다. 이러한 혼인은 성사혼이 아닙니다. [1633-1637]

❓ 관면(dispensation, 중세 라틴어 '자유를 주다'라는 뜻의 'dispensare'에서 유래)
가톨릭 교회의 교회법에서 관면은 법 규정의 면제를 뜻합니다. 관면은 주교나 교황만이 줄 수 있습니다.

> 해가 질 때까지 노여움을 품고 있지 마십시오. 악마에게 틈을 주지 마십시오.
>
> 에페 4,26-27

> 사랑은 신의를 통해서 그 진실됨이 드러나지만 용서를 통해 비로소 완성됩니다.
>
> 베르너 베르겐그루엔
> (1892~1964년), 독일의 작가

> 그러나 이혼한 다음 재혼한 이들도 여전히 교회에 속해 있으며, 교회는 특별한 관심으로 그들과 함께하고, 그들이 비록 영성체를 할 수 없다 하더라도 정기적인 미사 참례와 하느님 말씀의 경청, 성체 조배, 기도, 공동체 생활 참여, 사제나 영성 지도자와의 솔직한 대화, 헌신적인 사랑 실천, 참회 행위, 자녀 교육을 위한 노력 등을 통하여 그리스도인의 삶을 최대한 충만하게 살도록 격려하여야 합니다.
>
> 베네딕토 16세 교황,
> 권고 〈사랑의 성사〉

269 부부가 서로 다툼으로 갈라진 상태라면 별거할 수 있나요?

교회는 약속을 준수하며 일생 동안 신의를 지키는 인간의 능력을 높이 존중할 뿐만 아니라, 인간에게 약속을 지키라고 요구합니다. 어느 혼인 관계든 위기로 인해 위험에 처할 수 있습니다. 부부는 함께 대화하고 함께 기도하며 때로는 상담을 받음으로써 위기에서 벗어날 수 있습니다. 무엇보다 성사혼에는 그리스도가 늘 함께하심을 기억함으로써 끊임없이 희망을 불러일으킬 수 있습니다. 그러나 결혼 관계를 더 이상 감당할 수 없게 되었거나, 영적·육체적 폭력에 시달리는 사람은 별거할 수 있습니다. 이를 '탁상 이혼(별거, 부분 이혼)'이라고 부르는데, 교회에도 이 사실을 통보해야 합니다. 이처럼 생활 공동체가 깨졌더라도 혼인 관계는 여전히 유효합니다. [1629, 1649]

물론 혼인 계약을 맺을 당시 신랑과 신부 중 한 사람이나 두 사람 모두가 혼인을 성립할 능력이나 온전한 혼인 의사를 지니지 못했던 사실 때문에 혼인의 위기가 초래되는 경우도 있습니다. 이러한 혼인은 교회법적으로 무효가 됩니다. 이런 경우에는 교구 법원에 혼인 무효 소송을 제기할 수 있습니다. → 424

270 교회는 이혼 후 재혼한 사람들에 대해 어떤 입장을 취하나요?

교회는 예수님의 모범을 따라 그들을 사랑으로 받아들입니다. 하지만 교회에서 혼인한 후 이혼하고, 배우자가 살아 있는데도 다른 사람과 새로운 관계를 맺는 사람은 혼인의 불가해소성을 존중하라는 예수님의 분명한 요구를 저버리는 것입니다. 교회는 예수님의 이러한 요구를 폐지할 수 없습니다. 신의를 지키지 못하는 것은 성체성사에 반하는 일입니다. 교회가 성체성사를 통해 기념하는 것은 바로 돌이킬 수 없는 하느님의 사랑이기 때문입니다. 따라서 위와 같은 모순된 상황에 있는 사람에게는 영성체가 허락되지 않습니다. [1665, 2384]

> 이 세상에 가정이 없는 사람은 없습니다. 교회는 '고생하며 무거운 짐을 진'(마태 11,28) 사람들을 비롯해 모든 이를 위한 집이며 가정입니다.
>
> 요한 바오로 2세 성인 교황,
> 〈가정 공동체〉

베네딕토 16세 교황은 구체적인 사례들을 모두 똑같이 다루지는 않으면서 "힘든 상황"을 거론했고, "교회의 사목자들은 진리에 대한 사랑으로 여러 상황들을 주의 깊게 식별하여 관련된 신자들을 영적으로 올바르게 이끌어 줄 수 있어야 합니다."(베네딕토 16세 교황, 세계주교대의원회의 후속 교황 권고 〈사랑의 성사〉)라고 요청했습니다. → 424

271 가정을 '작은 교회'라고 부르는 이유는 무엇인가요?

하느님 사랑의 재현이라 할 수 있는 인간 공동체 가운데 큰 것을 교회, 작은 것을 가정이라 할 수 있습니다. 혼인 관계는 다른 이들에게 그리고 하느님이 선사하신 자녀들에게 열린 마음을 갖고, 서로를 받아들이며, 손님을 환대하고, 다른 이들을 위해 살아감으로써 완성됩니다. [1655-1657]

초대 그리스도교에서 그리스도인들이 지닌 '새로운 방식' 가운데 '가정 교회'만큼 사람들을 매혹시켰던

것은 없습니다. 종종 사람들은 "온 집안과 함께 주님을 믿게 되었으며 …… 다른 많은 사람도 믿고 세례를 받았"(사도 18,8)습니다. 믿음이 없는 세상 속에서 살아 있는 믿음의 섬들과 기도하고 가진 것을 나누며 진심으로 손님을 환대하는 장소들이 생겨났습니다. 고대의 대도시였던 로마와 코린토, 안티오키아에는 가정 교회들이 금세 널리 퍼졌습니다. 오늘날에도 그리스도가 거처하시는 가정들은 우리 사회를 새롭게 하는 누룩 역할을 톡톡히 수행하고 있습니다. → 368

> 당신이 누군가가 그리스도인이 되기를 바란다면, 일 년 동안 그를 당신 집에 살게 하십시오.
> 요한 크리소스토모 성인

◇ 제4장 ◇
그 밖의 전례 예식

272 준성사란 무엇인가요?

준성사는 축복이 주어지는 거룩한 표징들과 행위들을 말합니다.
[1667-1672, 1677-1678]

전형적인 준성사로는 이마에 재를 바르는 예식과 발 씻김 예식, 성수의 사용, 식사 강복을 비롯한 여러 가지 축복, 청원 행렬, 구마 예식, 수도회의 서원식 등이 있습니다.

273 교회는 오늘날에도 여전히 구마 예식을 거행하나요?

세례 때마다 이른바 작은 구마 예식이 거행되는데, 이는 세례받는 사람을 악에서 벗어나게 하고 예수님이 이미 승리를 거두셨던 '세력과 권력'에 대항할 힘을 강화해 주는 기도입니다. 성대한 구마 예식은 예수님의 전권을 받아 행하는 기도로서, 세례를 받은 그리스도교 신자는 이를 통해 예수님의 능력에 힘입어 악의 영향력과 권세에서 벗어나게 됩니다. 성대한 구마 예식은 교회 안에서 드물게 거행되는데, 엄격한 조사가 이뤄진 뒤에야 비로소 실행될 수 있습니다. [1673]

할리우드 영화에서 묘사되는 **구마 예식**은 대부분 예수님과 교회에 관한 진실과 동떨어져 있습니다. 예수님이 악령들을 쫓아내셨다는 기록은 종종 볼 수 있습니다. 예수님은 악한 세력과 권력을 지배할 수 있는 힘을 갖고 계셨고, 그로부터 인간을 해방할 수 있었습니다. 그분은 **사도**들에게 '더러운 영들을 쫓아내고, 질병과 고통을 치유할 권한을 주셨습니다.'(마태 10,1 참조) 오늘날 교회는 교회의 허락을 받은 **사제**가 구마 예식을 청하는 이에게 구마 기도를 함으로써 똑같은 일을 합니다. 정신 질환을 다루는 일은 사전에 제외되어야 하는데, 이런 일은 정신과 의사가 할 일이기 때문입니다. 이와 달리 구마 예식은 정신적인 유혹과 압박에 저항하고, 악의 영향력에서 해방시켜 주는 일입니다.

→ 90-91

274 이른바 '대중 신심'은 얼마나 중요한가요?

'대중 신심'은 신앙 토착화의 중요한 양식 가운데 하

구마 예식(exorcism. '밖으로 쫓아 버리다'라는 뜻의 그리스어 '엑소리코스 ἐξορκισμὸς'에서 유래)

구마 예식은, 인간을 악으로부터 보호하거나 악에서 해방하는 기도를 말합니다.

정신을 차리고 깨어 있도록 하십시오. 여러분의 적대자 악마가 으르렁거리는 사자처럼 누구를 삼킬까 하고 찾아 돌아다닙니다. 여러분은 믿음을 굳건히 하여 악마에게 대항하십시오.
1베드 5,8-9

대중 신심은 우리의 장점들 중 하나인데, 그것은 인간의 마음속에 깊이 뿌리박혀 있는 기도에 관한 것이기 때문입니다. 교회 생활과 다소 멀리 떨어져 있고 신앙에 대해 아는 것이 별로 없는 사람이라도 이러한 기도에서 내적인 감동을 받을 수 있습니다. 우리는 대중 신심이 교회의 현실적인 삶이 되도록 그 의미를 '밝히고' 그 전통을 '순화해야' 합니다.

베네딕토 16세 교황,
2007년 2월 22일

> **성유물**(relics, 라틴어로 '유물'을 뜻하는 'relictum'에서 유래)
>
> '성유물'은 성인들의 유해나 그들이 생전에 사용하던 물건을 말합니다.

나로, 성유물聖遺物의 공경과 행렬, 성지 순례, 기도회 등으로 표현됩니다. 또한 대중 신심은, 그것이 교회 내에서 이루어지고 그리스도에게 이끄는 것인 한, 또한 하느님의 은총보다는 자신의 선행으로 하늘나라를 얻으려 하는 것이 아닌 한 유익하다고 할 수 있습니다. [1674-1676]

275 성유물을 공경해도 되나요?

성유물을 공경하는 것은 존경하는 인물에게 존경과 경외심을 표현하려는 인간의 자연스러운 욕구라고 할 수 있습니다. 하느님에게 온전히 헌신했던 사람들을 통해 하느님의 업적을 찬양하는 것이 성유물을 올바르게 공경하는 것입니다. [1674]

> "주님의 집으로 가세!" 사람들이 나에게 이를 제 나는 기뻤네. 예루살렘아, 네 성문에 이미 우리 발이 서 있구나.
>
> 시편 122,1-2

276 성지 순례는 어떤 의미를 지니나요?

성지 순례를 하는 사람은 '걸으면서 기도하고', 자신의 온 생애가 하느님에게 가는 하나의 긴 여정임을 온몸으로 체험합니다. [1674]

> 주님의 십자가가 이 세상을 껴안고 있으며, 그분이 걸으셨던 십자가의 길은 대륙과 시대를 가로지르고 있습니다. 이 십자가의 길에서 우리가 그저 관중일 수는 없습니다. 우리도 그 길에 함께 받아들여졌으므로 우리의 자리를 찾아야 합니다. 우리는 어디에 있습니까?
>
> 베네딕토 16세 교황, 2006년 4월 14일

이미 고대 이스라엘에서도 사람들은 예루살렘 성전을 순례하곤 했으며, 그리스도인들은 이런 관습을 받아들였습니다. 이렇게 해서 중세에는 (주로 예루살렘과 **로마**와 산티아고 데 콤포스텔라에 있는 사도들의 무덤으로) 성지를 참배하는 본격적인 순례 운동이 일어났습니다. 사람들은 보속을 실천하기 위해 여러 번 순례를 떠났습니다. 종종 이러한 순례는 자신을 학대하는 행위를 통해 하느님의 은총으로 자신의 내면이 변화(의화, justification)됐음을 하느님 앞에 보이겠다는 잘못된 생각에 사로잡혀 있기도 했습니다. 성지 순례는 오늘날 유례없는 부흥기를 맞이했습니다. 사람들은 평화와 은총의 장소에서 나오는 기운을 찾고 있습니다. 혼자 힘으로 나아가는 것에 지친 그들은 단조

로운 일상에서 벗어나 거추장스러운 짐을 내려놓고 하느님을 향해 나아갑니다.

277 '십자가의 길'은 무엇인가요?

예수님이 걸으셨던 십자가의 길을 14처에 걸쳐 묵상하고 뒤따르며 바치는 기도입니다. 그것은 교회의 매우 오래된 신심 행위 가운데 하나이며, 특히 사순 시기와 성금요일에 바치는 기도입니다. [1674-1675]

14처는 다음과 같습니다.

> 99 하느님의 길은, 그분이 몸소 걸으셨고 이제 우리가 그분과 함께 걷게 될 길입니다.
>
> 디트리히 본회퍼

> **그분의 십자가**

하느님의 무한한 지혜가 영원으로부터 당신에게 귀한 선물을 보내왔습니다. 그것은 바로 당신의 십자가입니다. 하느님은 이 십자가를 당신에게 보내시기에 앞서 그것을 갖고 계셨고, 모든 것을 아는 그분의 눈으로 그것을 보셨으며, 그분의 신적인 사유 능력으로 그것을 생각하셨습니다. 또한 그분의 온화한 의로움으로 그것을 시험하셨으며, 그분의 부드러운 자비로 그것을 가득 채우셨습니다. 그러고 나서 그분은 그것이 너무 크지는 않은지 그분 손으로 재어 보시고, 너무 무겁지는 않은지 들어 보셨습니다. 이어서 그분은 그분의 거룩한 이름으로 그것을 축복하시고, 그분의 은총으로 그것에 도유(기름 부음)하시며, 그분의 위로로 그것을 가득 채우셨습니다. 그 후에 그분은 다시 한 번 당신의 용기를 헤아려 보셨습니다. 그렇게 해서 이제 그것이 사랑하는 하느님의 선물이며 그분의 자비로운 사랑의 선물로 하늘에서 당신에게 내려왔습니다.

　　프란치스코 살레시오 성인

제1처 예수님께서 사형 선고 받으심을 묵상합시다.

제2처 예수님께서 십자가 지심을 묵상합시다.

제3처 예수님께서 기력이 떨어져 넘어지심을 묵상합시다.

제4처 예수님께서 성모님을 만나심을 묵상합시다.

제5처 시몬이 예수님을 도와 십자가 짐을 묵상합시다.

제6처 베로니카, 수건으로 예수님의 얼굴을 닦아 드림을 묵상합시다.

제7처 기력이 다하신 예수님께서 두 번째 넘어지심을 묵상합시다.

제8처 예수님께서 예루살렘 부인들을 위로하심을 묵상합시다.

제9처 예수님께서 세 번째 넘어지심을 묵상합시다.

제10처 예수님께서 옷 벗김 당하심을 묵상합시다.

제11처 예수님께서 십자가에 못 박히심을 묵상합시다.

제12처 예수님께서 십자가 위에서 돌아가심을 묵상합시다.

제13처 제자들이 예수님 시신을 십자가에서 내림을 묵상합시다.

제14처 예수님께서 무덤에 묻히심을 묵상합시다.

278 그리스도교의 장례는 어떤 특징을 지니나요?

그리스도교의 장례는 망자亡者에 대한 교회 공동체의 봉사라고 할 수 있습니다. 그리스도교 장례는 유가족의 슬픔을 위로하기도 하지만, 무엇보다 그리스도인의 죽음이 지닌 파스카 성격을 드러냅니다. 우리는 그리스도 안에서 죽음으로써 결국 그리스도와 함께 부활하는 기쁨을 누리게 됩니다. [1686-1690]

> 우리는 죽어서도 서로 헤어지는 것이 아닙니다. 우리는 모두 같은 길을 걸어가 같은 곳에서 다시 만날 것이기 때문입니다.
>
> 테살로니카의 시메온 성인
> (1429년 선종),
> 신학자이자 신비가

제3권

3

그리스도를 통해 어떻게 생명을 얻는가?

질문 279 - 468

제1부 우리가 이 세상에 사는 목적은 무엇이며, 우리가 해야 할 일은 무엇이고, 성령은 우리가 그 일을 행하는 것을 어떻게 도우시는가?

제1장 인간의 존엄성
제2장 인간 공동체
제3장 교회

제2부 십계명

제1장 너희는 마음을 다하고 목숨을 다하고 힘을 다하여
주 너희 하느님을 사랑해야 한다
제2장 네 이웃을 너 자신처럼 사랑해야 한다

～ 제1부 ～
우리가 이 세상에 사는 목적은 무엇이며, 우리가 해야 할 일은 무엇이고, 성령은 우리가 그 일을 행하는 것을 어떻게 도우시는가?

> 너희는 나 없이 아무 것도 하지 못한다.
> 요한 15,5

279 착하고 올바르게 살기 위해 우리에게 신앙과 성사가 필요한 이유는 무엇인가요?

우리가 오로지 우리 자신과 우리의 능력에만 의존한다면, 착하게 살려는 우리의 노력은 그리 오래가지 않을 것입니다. 우리는 신앙을 통해 우리가 하느님의 자녀며 하느님이 우리를 굳건하게 해 주신다는 사실을 깨닫습니다. 하느님이 당신의 능력을 우리에게 주시는 것을 가리켜 '은총'이라고 부릅니다. 특히 우리가 성사라고 일컫는 거룩한 표징들을 통해 하느님은 우리가 행하려는 선을 실제로 행할 수 있는 능력을 주십니다. [1691-1695]

> 99 어떤 일에도 불안에 떨지 말고 놀라지 마십시오. 모든 것은 지나가며, 하느님만이 한결같으십니다. 끈기 있는 사람은 모든 것을 이루고, 하느님을 모시는 사람은 모든 것을 갖고 있습니다. 하느님만으로 충분합니다.
> 예수의 데레사 성녀

> 하느님께서는 이렇게 당신의 모습으로 사람을 창조하셨다.
> 창세 1,27

하느님은 우리의 고통을 보시고 당신의 아드님 예수 그리스도를 통해 "우리를 어둠의 권세에서 구해 내셨습니다."(콜로 1,13) 하느님은 당신과 하나가 되어 새롭게 시작하고 사랑의 길을 걸어갈 수 있는 가능성을 열어 주셨습니다. → 172-178

～ 제1장 ～
인간의 존엄성

> 하느님을 무시한다고 해서 인간이 훌륭해지는 것은 아닙니다. 그와는 반대로, 인간은 자신이 지녔던 신적인 품위와 자기 얼굴에서 빛나던 신적인 광채를 잃게 됩니다. 결국 그는 맹목적인 진화의 산물에 지나지 않게 되며, 그런 존재로서 이용되고 오용될 수 있을 뿐입니다. 우리 시대의 체험이 바로 이 점을 증명하고 있습니다.
>
> 베네딕토 16세 교황, 2005년 8월 15일

280 그리스도인들은 인간의 존엄성을 어떻게 설명하나요?

인간은 누구나 임신되는 첫 순간부터 침해할 수 없는 존엄성을 지닙니다. 하느님이 그를 영원토록 원하셨고 사랑으로 지어 내셨을 뿐만 아니라, 그가 구원받고 영원한 행복을 누리도록 정해 놓으셨기 때문입니다. [1699-1715]

만약 인간의 존엄성이 각 개인이 성취한 성과와 업적에만 기인한다면, 약한 이들과 병든 이들, 무기력한 사람들은 아무런 존엄성도 지니지 못했을 것입니다. 그리스도인들은 인간의 존엄성이 무엇보다 하느님의 존엄성에서 온다고 믿습니다. 하느님은 모든 사람을 각각 바라보고 계시며, 세상에서 유일한 피조물인 양 그를 사랑하십니다. 하느님은 가장 보잘것없는 사람에게도 관심을 기울이시기 때문에, 인간은 인간에 의해 침해될 수 없는 무한한 가치를 지닙니다.

→ 56-65

281 인간이 행복을 갈망하는 이유는 무엇인가요?

하느님이 우리 마음속에 행복을 향한 무한한 갈망을 심어 주셨기 때문에 그 갈망을 채울 수 있는 분은 오로지 그분밖에 없습니다. 현세의 모든 충족감은 영원한 행복을 미리 조금 맛보는 것에 불과합니다. 우리의 마음은 현세의 충족감을 넘어 하느님에게로 향해야 합니다. [1718-1719, 1725] → 1-3

> 하느님은 우리가 행복하기를 원하십니다. 그런데 이러한 희망은 어디에 근거를 두고 있습니까? 이 희망은, 모든 인간의 마음속 깊은 곳에 살아 계신 하느님과 하나가 되는 일에 근거하고 있습니다.
>
> 로제 슈츠 수사

282 성경을 읽으면 행복으로 가는 길을 알 수 있나요?

우리는 예수님이 산상 설교에서 하신 '행복 선언'의 내용을 신뢰함으로써 행복해집니다. [1716-1717]

복음은 하느님의 길을 가려는 모든 사람에게 행복을 약속합니다. 특히 예수님은 '행복 선언'(마태 5,3-12 참조)을 통해 우리가 당신 삶의 방식을 따르고 순수한 마음으로 평화를 찾을 때 무한한 **축복**을 받을 것이라고 구체적으로 말씀하셨습니다

> 행복은 우리 안에도, 우리 밖에도 없습니다. 행복은 오로지 하느님 안에만 있습니다. 그리고 우리가 하느님을 발견하면, 행복은 도처에 있게 됩니다.
>
> 블레즈 파스칼

283 '행복 선언'은 어떤 내용인가요?

> 그분만이 따를 가치가 있는 길이고, 불붙일 가치가 있는 빛이며, 살아 볼 가치가 있는 삶이고, 사랑할 가치가 있는 사랑입니다.
>
> 마더 데레사 성녀

"행복하여라, 마음이 가난한 사람들!
하늘나라가 그들의 것이다.
행복하여라, 슬퍼하는 사람들!
그들은 위로를 받을 것이다.
행복하여라, 온유한 사람들!
그들은 땅을 차지할 것이다.
행복하여라, 의로움에 주리고 목마른 사람들!
그들은 흡족해질 것이다.
행복하여라, 자비로운 사람들!
그들은 자비를 입을 것이다.
행복하여라, 마음이 깨끗한 사람들!
그들은 하느님을 볼 것이다.
행복하여라, 평화를 이루는 사람들!
그들은 하느님의 자녀라 불릴 것이다.
행복하여라, 의로움 때문에 박해를 받는 사람들!
하늘나라가 그들의 것이다.
사람들이 나 때문에 너희를 모욕하고 박해하며, 너희를 거슬러 거짓으로 온갖 사악한 말을 하면, 너희는 행복하다! 기뻐하고 즐거워하여라. 너희가 하늘에서 받을 상이 크다.
사실 너희에 앞서 예언자들도 그렇게 박해를 받았다."(마태 5,3-12)

284 '행복 선언'이 중요한 이유는 무엇인가요?

하느님 나라를 갈망하는 사람은 예수님이 행복에서 중요하다고 말씀하신 것, 곧 행복 선언에 희망을 둡니다. [1716-1717, 1725-1726]

아브라함 때부터 하느님은 당신 백성에게 약속하셨습니다. 예수님은 그 약속이 하늘나라에서도 유효하다고 말씀하실 뿐만 아니라 그것을 당신의 인생 계획으로 삼으십니다. 다시 말해 하느님의 아드님이 우리의 가난을 함께 나누기 위해 가난해지시고, 기뻐하는 사람들과는 함께 기뻐하고 슬퍼하는 사람들과는 함께 슬퍼하십니다(로마 12,15 참조). 그분은 폭력을 사용하지 않으시며 다른 뺨마저 돌려 대십니다(마태 5,39 참조). 그분은 자비로우시고 평화를 이루시며, 이를 통해 하늘나라로 가는 확실한 길을 알려 주십니다.

> 하느님이 원하시는 모든 일을 기회가 있을 때마다 아무 조건 없이 따르는 것이, 마음속 깊은 곳에 있는 하느님 나라입니다.
>
> 프랑수아 페넬롱(1651~1715년), 프랑스의 신학자, 대주교

285 영원한 행복이란 무엇인가요?

영원한 행복이란 하느님을 바라보며 하느님의 기쁨 안으로 받아들여지는 것입니다. [1720-1724, 1729]

영원한 행복이란 성부와 성자와 성령이신 하느님 안에서 영원히 살고 기뻐하며 그분과 하나가 되는 것입니다. 그분 안으로 받아들여지는 것은 인간으로서는 상상할 수도 없는 무한한 행복입니다. 그 행복은 순전히 하느님의 은총으로 받는 선물입니다. 우리는 그런 행복을 스스로 만들 수도 없고, 그 고귀함을 이해하지도 못하기 때문입니다. 하느님은 우리가 행복을 선택하기를 바라십니다. 우리는 자유 의지로 하느님을 선택하고, 그분을 그 무엇보다 더 사랑하며, 힘닿는 데까지 선을 행하고 악을 피해야 합니다.

→ 52, 156-158

> 세상의 어떤 것도 인간을 충족시키지 못할 정도로 인간은 위대합니다. 인간은 오로지 하느님을 향할 때에만 만족합니다. 물고기를 물 밖으로 꺼내면 살지 못하듯, 하느님 없는 인간도 이와 같습니다.
>
> 요한 마리아 비안네 성인

> 우리는 그분을 있는 그대로 뵙게 될 것입니다.
>
> 1요한 3,2

> 자유는 자신이 주체가 되는 것을 의미합니다.
>
> 앙리 라코르데르(1802~1861년), 도미니크 수도회 소속의 저명한 설교가

286 자유란 무엇이며, 무엇을 위해 존재하나요?

자유란 하느님이 주신 선물로, 온전히 스스로 행동할 수 있는 능력을 말합니다. 자유로운 사람은 더 이상 다른 이의 결정에 따라 행동하지 않습니다. [1730-1733, 1743-1744]

하느님은 우리를 자유인으로 만드셨고 우리의 자유를 원하시며, 그로써 우리가 진심으로 선행을 선택하고 마침내 최고의 '선'이신 하느님을 선택할 수 있게 하셨습니다. 선을 행하면 행할수록 우리는 점점 더 자유로워집니다. → 51

287 진정한 '자유'란 악을 선택할 수도 있음을 의미하는 것은 아닌가요?

> 하느님 손에 전적으로 자신을 내맡긴다고 해서 하느님의 꼭두각시나 지루한 예스맨이 되는 것은 아닙니다. 자신을 온전히 하느님께 내맡기는 사람만이 참된 자유, 즉 선이신 하느님이 지닌 크나큰 창조적 자유를 발견합니다. 하느님을 향할 때 인간은 작아지지 않고 오히려 더 큰 존재가 됩니다. 하느님을 통해서 하느님과 함께할 때 인간은 위대해지며, 하느님을 닮게 되고, 참된 자기 자신이 됩니다.
>
> 베네딕토 16세 교황, 2005년 12월 8일

악은 그저 추구할 만한 가치가 있거나 그것을 선택하면 자유로워질 것처럼 보일 뿐입니다. 그러나 악은 우리를 불행하게 만들며, 우리에게서 참된 선을 빼앗아 갑니다. 악은 쓸모없는 일에 우리를 옭아매서 결국 우리의 온전한 자유를 깨뜨립니다. [1730-1733, 1743-1744]

이를 우리는 병적 욕망에서 확인할 수 있습니다. 병적 욕망을 지닌 사람은 자신에게 좋아 보이는 일에 자유를 팝니다. 사실상 그는 그 일의 노예가 되는 것입니다. 인간은 선하고 옳은 일에 동의하고 그것을 선택하여 행할 때나 어떠한 병적 욕망과 강박감, 습

관에도 방해받지 않을 때 비로소 가장 자유로워집니다. 선을 선택하는 것은 늘 하느님에게 향하는 길을 선택하는 것입니다. → 51

> 선량한 사람은 비록 그가 종일지라도 자유롭습니다. 악한 사람은 비록 그가 왕일지라도 종에 지나지 않습니다.
>
> 아우구스티노 성인

288 인간은 자기가 행한 모든 일에 대해 책임이 있나요?

인간은 의식이 뚜렷한 상태에서 자유 의지로 행한 모든 일에 대해 책임이 있습니다. [1734-1737, 1745-1746]

> 목적지로 향하는 길은 당신이 자신의 행동을 전적으로 책임지는 날 시작됩니다.
>
> 단테 알리기에리(1265~1321년), 이탈리아의 철학자이자 저명한 시인

강압, 공포, 무지, 환각 상태, 나쁜 습관의 영향을 받아 행한 일에 대해 누구도 전적으로 책임질 수는 없습니다. 선에 대해 더 많이 알고 선행을 익힐수록 인간은 죄의 종살이에서 점점 더 벗어나게 됩니다(로마 6,17; 1코린 7,22 참조). 하느님은 자기 자신과 주변 세계(환경), 나아가 온 세상에 대해 책임질 수 있는 자유로운 사람들을 원하십니다. 그러나 자유롭지 못한 사람들도 하느님의 자비로운 사랑을 받고 있으며, 하느님은 매일같이 그들에게 자유롭게 해방될 수 있는 기회를 제공하십니다.

289 인간이 악을 선택하더라도 그에게 자유 의지를 허락해야 하나요?

> 초대 교회의 순교자들은 예수 그리스도 안에서 자신을 계시하신 하느님에 대한 믿음 때문에 목숨을 잃었고, 그로써 그들은 또한 양심의 자유와, 자신의 신앙 고백의 자유를 위해 목숨을 바쳤습니다. 다시 말해 그들은 어떤 국가도 강요할 수 없고 오로지 하느님의 은총을 통해 자기 양심에 따라 자유로이 선택한 신앙을 고백하기 위해 목숨을 바친 것입니다. 선교하는 교회는 신앙의 자유를 위해 전적으로 투신해야 합니다.
>
> 베네딕토 16세 교황,
> 2005년 12월 22일

인간은 인간의 존엄성에 근거한 기본 권리에 따라 자유를 행사할 수 있습니다. 개인의 자유는 다른 이들의 자유가 침해되는 경우에만 제약을 받을 수 있습니다. [1738, 1740]

비록 그릇된 일이라 해도 그것을 선택할 자유가 없다면 진정한 자유라 할 수 없습니다. 인간의 자유를 존중하지 않는 것은 인간의 존엄성을 해치는 일입니다. 국가가 수행해야 할 중요한 과제 가운데 하나는 종교·집회·결사·표현·직업의 자유와 같은 국민의 기본권을 보호하는 일입니다. 그러나 한 사람의 자유는 다른 사람의 자유를 제한합니다.

290 하느님은 우리가 자유로운 사람이 되도록 어떻게 도우시나요?

그리스도는 우리를 자유롭게 하시려고 해방시켜 주셨고(갈라 5,1 참조) 우리가 형제애를 나눌 수 있기를 바라십니다. 그런 까닭에 그분은 우리에게 성령을 보내셨습니다. 성령은 우리가 세상의 권력으로부터 자유롭고 종속받지 않으며 사랑과 책임이 있는 삶을 살 수 있도록 우리를 굳건하게 해 주셨습니다. [1739-1742, 1748]

> 여러분은 사람을 다시 두려움에 빠뜨리는 종살이의 영을 받은 것이 아니라, 여러분을 자녀로 삼도록 해 주시는 영을 받았습니다. 이 성령의 힘으로 우리가 "아빠! 아버지!" 하고 외치는 것입니다. 그리고 이 성령께서 몸소, 우리가 하느님의 자녀임을 우리의 영에게 증언해 주십니다.
> 로마 8,15-16

죄를 지을수록 우리는 점점 더 자기 자신만을 생각하게 되고, 점점 더 자유로이 발전하기 어려워집니다. 또한 죄로 말미암아 우리는 선을 행하고 사랑하며 사는 일에 무능력해집니다. 우리 마음속에 자리 잡은 성령은 하느님과 인간에 대한 사랑으로 가득 찬 마음을 우리에게 선물하십니다. 우리는 성령의 힘으로 사랑에 마음을 열고, 자신을 내적 자유로 이끌며, 자신을 선과 사랑을 행하는 훌륭한 도구로 쓸 수 있습니다. → 120, 310-311

291 자기 행실이 선한지 악한지를 어떻게 판단할 수 있나요?

인간에게는 명확하게 판단할 수 있는 이성과 양심이 있어 선한 행동과 악한 행동을 구별할 수 있습니다. [1749-1754, 1757-1758]

다음과 같은 기준들은 선한 행동과 악한 행동을 더 잘 구별할 수 있게 도와줍니다.

1) 내가 선한 의도로 행동하는 것만으로는 충분하지 않습니다. 가난한 이들을 돕겠다는 좋은 의도로 은행을 털었다 할지라도, 은행 강도는 언제나 나쁜 짓입니다.
2) 내가 하는 행위가 실제로 선한 일일지라도 악한 의도로 행한다면 그 행위 전체는 악한 것이 됩니다. 만약 어떤 할머니를 집까지 모셔다 드리고 집에 들어가시는 것을 돕는다면 그것은 분명 착한 일입니다. 그런데 나중에 그 집을 도둑질하기 위해 도운 것이라면, 할머니를 도운 행위 전체는 나쁜 짓이 되고 맙니다.
3) 행위하는 상황이 행위에 대한 책임을 덜어 줄 수는 있지만, 그 행위가 지닌 선하거나 악한 속성 자체를 바꿀 수는 없습니다. 예를 들면 어머니가 먼저 자녀에게 많은 사랑을 베풀지 못했다 하더라도, 자녀가 자기 어머니를 폭행하는 것은 예외 없이 나쁜 행위입니다. → 295-297

> 환경과 인간을 파괴하는 거짓 자유로 가득 찬 이 세상에서 우리는 성령의 힘으로 참된 자유를 함께 배우는 학교를 세우며, 우리 삶을 통해서 우리가 자유롭다는 것과, 하느님의 자녀가 누리는 참된 자유가 얼마나 멋진 일인지를 다른 이들에게 보여 줍니다.
>
> 베네딕토 16세 교황, 2006년 성령 강림 대축일 전야 미사

> 양심은 인간의 가장 은밀한 핵심이며 지성소입니다. 거기에서 인간은 홀로 하느님과 함께 있고 그 깊은 곳에서 하느님의 소리를 듣습니다.
>
> 제2차 바티칸 공의회, 사목 헌장 〈기쁨과 희망〉

292 선한 결과를 얻기 위해 악한 짓을 해도 되나요?

그렇지 않습니다. 선한 결과를 얻으려고 악한 일을 하거나 그 일을 용인해서도 안 됩니다. 더 큰 악을 피하려고 그보다 작은 악을 용인해야 하는 경우는 더러 있을 수 있습니다. [1755-1756, 1759-1761]

> 인간이 진정으로 선을 원한다면, 선을 위해 모든 일을 행하거나 선을 위해 모든 것을 감내해야 합니다.
>
> 쇠렌 키르케고르

목적이 수단을 정당화하지는 않습니다. 혼인 관계를 굳건하게 만들려고 바람을 피우는 일은 옳지 않습니다. 이와 마찬가지로 의학 분야에서 획기적인 성과를 얻을 수 있다고 하더라도 줄기 세포를 연구하려고 배아를 사용하는 것은 그릇된 일입니다. 성폭행 피해자가 원치 않는 임신을 했을 때 낙태 수술을 해서 그를 '돕겠다는' 것도 그릇된 일입니다.

> 악이 없는 선은 존재하지만, 선이 없는 악은 존재하지 않습니다.
> 토마스 아퀴나스 성인

293 하느님이 우리에게 열정을 주신 이유는 무엇인가요?

우리는 옳은 일에 대해 강렬하고 명확한 감정을 지님으로써 악에서 벗어나 선으로 나아가기 위한 열정을 품습니다. [1762-1766, 1771-1772]

하느님은 인간이 사랑하고 미워하며 무엇인가를 열

망하거나 경멸할 수 있게 지으셨습니다. 또한 그분은 인간이 무언가에 마음을 빼앗기고 다른 이들을 두려워하며, 기쁨이나 슬픔, 분노에 차게 만드셨습니다. 인간은 마음속 깊은 곳에서 항상 선을 사랑하고 악을 미워합니다.

> 모든 일에서, 무엇보다 당신 자신에게 인내하십시오.
> 프란치스코 살레시오 성인

294 자기 안에서 강한 열정을 느끼면 죄가 되나요?

그렇지 않습니다. 열정은 매우 소중한 것입니다. 그러나 본래 선을 강화하기 위해 고안된 열정이 그릇된 방향으로 향할 때 악의 조력자가 됩니다. [1767-1770, 1773-1775]

> 덕행은 사람들이 열정을 갖고 행하는 일이며, 악습은 사람들이 열정 때문에 떨쳐 버리지 못하는 일입니다.
> 아우구스티노 성인

열정이 선을 지향하면 덕행이 됩니다. 그런 경우 열정은 사랑과 의로움을 추구하는, 투지가 가득한 삶의 원동력이라 할 수 있습니다. 그와는 달리 인간을 지배하며 그의 자유를 빼앗고 악으로 이끄는 열정을 우리는 악습이라 부릅니다.

295 양심이란 무엇인가요?

양심은 인간 내면에 있는 내적 소리로, 무조건 선을 행하고 악을 피하도록 인간을 설득합니다. 그와 더불어 양심은 한 가지 일을 다른 일과 구별할 수 있는 능력이기도 합니다. 하느님은 양심을 통해 인간에게 말씀하십니다. [1776-1779]

> 양심을 거슬러 일어나는 모든 일은 죄입니다.
> 토마스 아퀴나스 성인

양심은 하느님이 인간 안에서 몸소 자신을 드러내시

는 내적 소리입니다. 하느님은 양심을 통해 당신을 분명하게 느낄 수 있게 하십니다. "그건 양심에 어긋나는 일이야."라는 말은 그리스도인에게는 "그건 나의 창조주 하느님 눈앞에서 할 수 없는 일이야."라는 말이 됩니다. 양심을 따르느라 이미 많은 사람들이 감옥에 가기도 하고 처형당했습니다. → 120, 290-292, 312, 333

> 지금은 무엇인가를 해야 할 때입니다. 물론 무엇을 감행하는 사람은 자신이 배신자로 역사에 기록되리라는 것을 알아야 합니다. 그러나 그 일을 하지 않는다면, 그는 자신의 양심을 거스르는 배신자가 될 것입니다.
>
> 클라우스 폰 슈타우펜베르크 (1907~1944년), 1944년 7월 20일, 히틀러 암살 계획 실행을 앞두고 한 말로 그는 이 사건에 연루되어 처형됨.

296 누군가에게 자신의 양심에 어긋나는 일을 강요할 수 있나요?

어떤 사람의 행위가 공동선을 해치지 않는 한, 우리는 누군가에게 자신의 양심에 어긋나는 일을 강요할 수 없습니다. [1780-1782, 1798]

인간의 양심을 간과하고 무시하여 무엇인가를 강요한다면, 그것은 인간의 존엄성을 해치는 일입니다. 스스로 선과 악을 구별하고 선택할 수 있는 재능이야말로 인간을 인간답게 만드는 것입니다. 객관적으로 찬찬히 살펴봤을 때 설령 그릇된 선택이었음을 알게 될지라도 이는 유효합니다. 양심이 잘못된 경우가 아니라면, 양심의 소리는 하느님 앞에서 일반적으로 합리적이고 정당하며 선한 의견과 일치합니다.

> 양심의 소리를 거스른 잘못에 우리가 책임을 느끼고 부끄러워하며 경악한다는 것은, 여기에 한 분이 계셔서, 우리가 그분에게 변명할 의무가 있고 그분 앞에서 부끄러움을 느끼며 우리에 대한 그분의 요구를 두려워한다는 것을 의미합니다.
>
> 존 헨리 뉴먼 복자

297 우리는 자기 자신의 양심을 올바르게 형성할 수 있나요?

그렇습니다. 더구나 그것은 우리가 해야 할 일이기

> 사람들의 양심을 왜곡한다는 것은 그들에게 깊은 상처를 입히고 그들의 존엄성을 심하게 훼손하는 것을 뜻합니다. 어떤 면에서 그것은 그들을 죽이는 것보다 더 나쁩니다.
>
> 요한 23세 성인 교황 (1881~1963년), 제2차 바티칸 공의회를 개최함.

도 합니다. 이성을 지닌 인간이라면 누구나 타고난 양심이 잘못되거나 마비될 수 있습니다. 따라서 우리는 우리의 양심이 올바른 행동을 가려내는 도구가 되도록 형성해야 합니다. [1783-1788, 1799-1800]

양심을 올바로 형성하는 첫 번째 방법은 자기비판입니다. 사람들은 자기에게 유리한 쪽으로 판단하는 경향이 있기 때문입니다. 두 번째 방법은 다른 이들의 선한 행동을 본받는 일입니다. 인간이 양심을 올바르게 형성하면, 선을 바르게 인식하고 그것을 행할 자유를 누리게 됩니다. 교회는 오랜 역사를 거치는 동안 성령과 성경의 도움으로 올바른 행위에 관한 아주 많은 지식을 축적했습니다. 따라서 교회는 그것에 관해 사람들에게 가르치고 지시할 사명을 갖고 있습니다. → 344

298 양심에 따라 한 행동이 그릇된 경우 하느님 앞에 죄가 되나요?

그렇지 않습니다. 철저하게 검토하고 확실하게 판단했다면, 설령 그릇된 일을 행할 위험이 있을지라도 무조건 양심의 소리를 따라야 합니다. [1790-1794, 1801-1802]

> 도덕과 관련한 모든 사항은 논리적으로 결국은 신학에 뿌리를 두고 있습니다. 결코 세속적인 이유들에 근거를 두지 않습니다.
>
> 막스 호르크하이머 (1895~1973년), 독일의 철학자, 사회학자

하느님은 양심의 잘못된 판단으로 이 세상에 초래된 불행의 책임을 우리에게 묻지 않으십니다. 우리는 궁극적으로 자신의 양심을 따라야 합니다. 그러나 우리는 자신의 양심을 따랐다고 잘못 생각한 것에

근거해서 다른 사람을 속이고 죽이고 고문하며 배반하는 일도 일어날 수 있다는 것을 분명히 인식하고 있어야 합니다.

299 '덕행'이란 말은 어떻게 이해할 수 있나요?

'덕행'은 내적 태도요, 유익한 습관이며, 선행에 필요한 열정입니다. [1803, 1833]

"하늘의 너희 아버지께서 완전하신 것처럼 너희도 완전한 사람이 되어야 한다."(마태 5,48) 이것은 우리가 하느님에게 가는 여정 중에 변화해야 함을 의미합니다. 우리의 인간적인 능력으로는 이것을 단지 시작만 할 수 있을 뿐입니다. 하느님은 당신의 은총으로 인간의 덕행을 지원하시고, 나아가 우리에게 이른바 신적 덕행을 선사하셨습니다. 그리하여 하느님은 우리가 확실하게 하느님의 빛과 친밀한 관계를 이룰 수 있게 하십니다. → 293-294

> 당신 삶이 언젠가 끝날 것을 두려워하지 마십시오. 오히려 당신 삶을 제대로 시작하지 못하는 것을 더 두려워하십시오.
>
> 존 헨리 뉴먼 복자

300 우리가 훌륭해지려고 노력해야 하는 이유는 무엇인가요?

우리는 훌륭해지려고 노력함으로써 자유롭고 기쁜 마음으로 쉽게 선을 행할 수 있습니다. 선을 행할 때 하느님에 대한 확고한 믿음은 무엇보다 도움을 줍니다. 덕행을 쌓는 일, 곧 하느님의 도움으로 확고한 태도를 자기 안에 자리 잡게 하고, 무질서한 열정에 자신을 내맡기지 않으며, 이성과 의지가 점점 더 분

> 훌륭한 삶을 산다는 것은. 마음을 다하고 정신을 다하고 생각을 다하여 하느님을 사랑한다는 것을 의미합니다. 우리는 절제를 통해 그분께 온전한 사랑을 드리는데, 어떤 불행도 그 사랑을 뒤흔들지 못하며 이것은 또한 용감함과 관련됩니다. 그 사랑은 오로지 그분께만 순종하는 것이고 이것이 바로 의로움입니다. 그리고 그 사랑은 간계와 거짓말이 우리를 놀랠 수 있다는 염려에서 모든 일을 주시하기 위해 깨어 있음을 뜻하며, 이것이 바로 현명함입니다.
>
> 아우구스티노 성인

명하게 선을 지향하도록 하는 것도 훌륭해지기 위한 노력입니다. [1804-1805, 1810-1811, 1834, 1839]

가장 중요한 덕행에는 현명, 정의, 용기, 절제가 있으며, 이를 '사추덕四樞德'이라 부릅니다.

301 어떻게 해야 현명한 사람이 될 수 있나요?

우리는 본질적인 것을 본질적이지 않은 것과 구별하고, 올바른 목표를 설정하며, 목표에 도달하기 위해 가장 좋은 수단을 선택하는 것을 배움으로써 현명을 얻게 됩니다. [1806, 1835]

> 현명함은 두 개의 눈을 갖고 있는데, 하나는 해야 할 일을 미리 내다보고 다른 하나는 이미 행한 일을 주시합니다.
>
> 이냐시오 데 로욜라 성인

현명의 덕은 다른 모든 덕행의 근본이 됩니다. 현명은 올바른 것을 식별하는 능력이기 때문입니다. 선한 삶을 살려면 먼저 '선'이 무엇이며 선의 가치는 어떤 것인지 알아야 합니다. 복음에 나오는 상인처럼 말입니다. "그는 값진 진주를 하나 발견하자, 가서 가진 것을 모두 처분하여 그것을 샀다."(마태 13,46) 현명한 사람만이 선을 행하려고 정의, 용기, 절제를 사용할 줄 압니다.

302 정의롭게 행동한다는 것은 어떤 것인가요?

우리가 하느님과 이웃에게 속한 것을 본래의 주인에게 되돌려 주는 일에 언제나 주의를 기울인다면 그것은 정의로운 행동이 됩니다. [1807, 1836]

> 자비가 없는 정의는 불친절하고, 정의가 없는 자비는 명예롭지 못합니다.
>
> 프리드리히 폰 보델슈빙
> (1831~1910년), 개신교 신학자.
> '벧엘 요양원' 설립자

정의의 요지는 '각자의 것을 각자에게 주라'는 것입니다. 예를 들면 지적 장애아는 재능이 매우 뛰어난 아이와는 다른 방식으로 자신의 재능을 찾는 것을 지원받아야 합니다. 그러면 그들은 모두 동등한 권리를 보장받게 됩니다. 정의는 균형을 추구하며, 사람들이 자기에게 귀속된 것을 얻는 것을 보고 싶어 합니다. 우리는 하느님에 대해서도 정의롭게 행동해야 하므로, 본래 그분의 것인 우리의 사랑과 흠숭을 그분에게 돌려 드려야 합니다.

> 말씀을 선포하십시오. 기회가 좋든지 나쁘든지 꾸준히 계속하십시오.
>
> 2티모 4,2

303 용기는 무엇을 의미하나요?

용감한 사람은 극단적인 경우에 자신의 목숨까지 바치더라도 자기가 깨달은 선을 계속 옹호합니다.

[1808, 1837] → 295

> 용감한 이에게 행복과 불행은 그의 오른손, 왼손과 같습니다. 그는 양손을 사용합니다.
>
> 시에나의 가타리나 성녀

304 절제를 덕행으로 여기는 이유는 무엇인가요?

모든 분야에서 무절제에 파괴적인 힘이 있다는 것이 입증되었기에, 절제는 덕행이라 할 수 있습니다.

[1809, 1838]

> 과연 모든 사람에게 구원을 가져다 주는 하느님의 은총이 나타났습니다. 이 은총이 우리를 교육하여, 불경함과 속된 욕망을 버리고 현세에서 신중하고 의롭고 경건하게 살도록 해 줍니다.
>
> 티토 2,11-12

무절제한 사람은 본능의 지배에 자신을 내맡기며, 자신의 욕망 때문에 다른 사람들뿐만 아니라 자기

자신도 해칩니다. **신약 성경에서는 '중용' 또는 '신중'이란 단어가 '절제'의 동의어로 쓰입니다.**

305 '향주삼덕向主三德'이란 무엇인가요?

신적인 덕행에는 믿음, 희망, 사랑이 있습니다. 이 세 덕행은 하느님에게 근거를 두고 있고, 하느님과 직접 관계하며, 우리 인간에게는 직접 하느님에게 가는 길이 되기 때문에, '향주삼덕'이라고 부릅니다. [1812-1813, 1840]

> 그러므로 이제 믿음과 희망과 사랑, 이 세 가지는 계속됩니다. 그 가운데에서 으뜸은 사랑입니다.
> 1코린 13,13

306 믿음, 희망, 사랑을 덕행이라 할 수 있는 이유는 무엇인가요?

믿음, 희망, 사랑은 물론 하느님께 받은 참된 능력입니다. 인간은 '넘치는 생명을' 얻기 위해(요한 10,10 참조) 하느님 은총에 힘입어 이를 키울 수 있습니다. [1812-1813, 1840-1841]

> 하느님은 사랑이십니다. 사랑 안에 머무르는 사람은 하느님 안에 머무르고 하느님께서도 그 사람 안에 머무르십니다.
> 1요한 4,16

307 믿음이란 무엇인가요?

믿음은 우리가 하느님에게 동의하고, 그분의 진실됨을 인정하며, 그분과 개인적인 가약佳約을 맺는 힘입니다. [1814-1816, 1842]

믿음은 하느님이 만드신 길이며, 그 길은 당신 자체인 진리로 우리를 이끕니다. 예수님은 "길이요 진리요 생명"(요한 14,6)이시기 때문에, 이러한 믿음은 단

순히 어떤 태도나 무엇인가에 대한 '깊은 신뢰'를 말하는 것이 아닙니다. 믿음은 한편으로 교회가 고백하는 **신경**에 명확하게 나와 있으며, 교회는 이를 보호해야 할 사명이 있습니다. 신앙이라는 선물을 받으려는 사람은 시대와 문화를 초월하여 충실하게 보전된 교회의 그 믿음을 고백합니다. 다른 한편으로 믿음은 감성과 이성 그리고 모든 정서적 능력을 동원하여 하느님을 신뢰하는 관계를 말합니다. 믿음은 사랑을 통해 그 진실됨이 드러나기 때문입니다(갈라 5,6 참조). 누가 실제로 사랑의 하느님을 믿는지 아닌지는 그의 맹세가 아니라 그가 행하는 사랑의 행위를 통해서 드러납니다.

> "나는 그분을 안다." 하면서 그분의 계명을 지키지 않는 자는 거짓말쟁이고, 그에게는 진리가 없습니다.
>
> 1요한 2,4

> 그러므로 누구든지 사람들 앞에서 나를 안다고 증언하면, 나도 하늘에 계신 내 아버지 앞에서 그를 안다고 증언할 것이다.
>
> 마태 10,32

308 희망이란 무엇인가요?

희망은 우리가 이 세상에 사는 목적을 끊임없이 굳건하게 열망하도록 만드는 힘입니다. 그 목적이란 하느님을 찬양하고 그분을 섬기는 일이며, 하느님 안에서 우리의 참된 행복을 성취하는 것이고, 또한 우리의 최종적인 고향인 하느님 안에 있는 것입니다. [1817-1821, 1843]

희망이란, 하느님이 세상을 창조하셨을 때 약속하셨던 것을 믿는 것입니다. 또한 예언자를 통해, 특별히 예수 그리스도를 통해 우리에게 약속하신 것을 신뢰하는 것입니다. 우리가 아직 그것을 보지 못했을지라도 말입니다. 우리가 끈기 있게 참된 것을 바랄 수 있도록 하느님은 우리에게 성령을 보내 주셨습니다.

→ 1-3

> 희망한다는 것은, 사랑의 모험을 믿고 인간을 신뢰하며 불확실함 속으로 뛰어들고, 자신을 온전히 하느님께 내맡기는 것을 의미합니다.
>
> 아우구스티노 성인

> 하늘나라에 있는 당신의 자리는 당신만을 위해 만들어진 것처럼 보일 것입니다. 왜냐하면 그 자리를 위해 당신이 만들어졌기 때문입니다.
>
> C. S. 루이스

309 사랑이란 무엇인가요?

사랑은 하느님의 사랑을 받은 우리가 하느님에게 헌신하는 힘입니다. 그로써 우리는 하느님과 하나가 되고, 하느님에 대한 사랑으로 이웃을 자신처럼 무조건적으로 진심을 다해 받아들일 수 있습니다. [1822-1829, 1844]

예수님은 모든 율법 위에 사랑을 세우셨으므로 사랑이 없는 율법은 폐기하셨습니다. 그러므로 "사랑해라! 네가 원하는 일을 행하라."라고 한 아우구스티노

> 사랑은 매우 아름다운 덕행입니다. 사랑은 한 사람에게 목적이자 수단이요, 목표이자 그를 향한 움직임이고, 사랑 그 자체로 이끄는 길입니다. 사랑하기 위해 우리는 무엇을 해야 합니까? 그저 사랑하는 것 이외에 다른 요령이 필요하지 않습니다. 이는 비파를 연주함으로써 비파 연주를 배우고, 춤을 춤으로써 춤추는 것을 배우는 것과 같습니다.
>
> 프란치스코 살레시오 성인

성인의 말은 옳습니다. 그러나 이것은 결코 말처럼 쉽지만은 않습니다. 결국 사랑은 다른 모든 힘에 혼을 불어넣으며 하느님의 생명을 채우는 가장 큰 동력이라 할 수 있습니다.

310 '성령의 일곱 은사'란 무엇인가요?

성령의 일곱 은사에는 '지혜, 통찰, 의견, 용기, 지식, 공경, 하느님에 대한 경외'가 있습니다. 성령은 그리스도인들에게 이 은사들을 베푸십니다. 다시 말해 성령은 그들에게 그들의 천부적인 소질을 뛰어넘는 특별한 능력을 선물하시고, 이 세상에서 하느님의 특별한 도구가 될 기회도 주십니다. [1830-1831, 1845]

> 하느님은 그분을 사랑하는 이들을 위해 모든 것을 좋게 바꿔 놓으십니다. 하느님은 그들의 오류와 실수까지도 그들에게 선이 되게 하십니다.
>
> 아우구스티노 성인

바오로 사도는 "어떤 이에게는 성령을 통하여 지혜의 말씀이, 어떤 이에게는 같은 성령에 따라 지식의 말씀이 주어집니다. 어떤 이에게는 같은 성령 안에서 믿음이, 어떤 이에게는 그 한 성령 안에서 병을 고치는 은사가 주어집니다. 어떤 이에게는 기적을 일으키는 은사가, 어떤 이에게는 예언을 하는 은사가, 어떤 이에게는 영들을 식별하는 은사가, 어떤 이에게는 여러 가지 신령한 언어를 말하는 은사가, 어떤 이에게는 신령한 언어를 해석하는 은사가 주어집니다."(1코린 12,8-10)라고 말씀하셨습니다. → 113-120

> 내가 진실로 진실로 너희에게 말한다. 나를 믿는 사람은 내가 하는 일을 할 뿐만 아니라, 그보다 더 큰 일도 하게 될 것이다. 내가 아버지께 가기 때문이다.
>
> 요한 14,12

311 '성령의 열매'란 무엇인가요?

> 여러분은 예수님에 대한 기쁨에서 힘을 얻으십시오. 행복하고 평화로운 삶을 사십시오. 그분이 주시는 모든 것을 받아들이고, 그분이 가져가시는 모든 것을 커다란 미소로 드리십시오.
>
> 마더 데레사 성녀

성령의 열매는 '사랑, 기쁨, 평화, 인내, 호의, 선의, 성실, 온유, 절제'입니다(갈라 5,22-23 참조). **[1832]**

성령의 열매는, 하느님이 자신을 택하여 이끌어 주시고 양육해 주시도록 전적으로 그분에게 자신을 내어 드리는 사람들이 어떤 결실을 맺는지를 세상에 보여 줍니다. 또한 하느님이 그리스도인들의 삶에서 실제적인 역할을 하신다는 것을 보여 줍니다.

→ 120, 295-297

312 인간은 죄를 지었다는 것을 어떻게 깨닫나요?

인간은 양심을 통해 자기의 죄를 깨닫습니다. 양심 덕분에 자신의 잘못을 비난하고, 이를 하느님 앞에서 시인합니다. **[1797, 1848]** → 229, 295-298

> 만일 우리가 죄 없다고 말한다면, 우리는 자신을 속이는 것이고 우리 안에 진리가 없는 것입니다.
>
> 1요한 1,8

313 죄를 지은 사람이 하느님에게 도움을 구하고 용서를 청해야 하는 이유는 무엇인가요?

모든 죄는 선을 파괴하고 은폐하며 부정합니다. 그러나 하느님은 전적으로 선한 분이시며, 선의 근원이십니다. 따라서 모든 죄는 하느님을 거스르는 것이며, 그분과 맺는 관계를 통해 다시 원상태를 회복해야 합니다. **[1847]** → 224-239

> 우리가 우리 죄를 고백하면, 그분은 성실하시고 의로우신 분이시므로 우리의 죄를 용서하시고 우리를 모든 불의에서 깨끗하게 해 주십니다.
>
> 1요한 1,9

314 우리는 하느님이 자비로운 분이심을 어떻게 알 수 있나요?

수많은 성경 구절이 하느님을 자비로운 분으로 묘사합니다. 그중에서도 특히 잃어버렸던 아들을 반갑게 맞이해 아무 조건 없이 그를 받아들이고 잔치를 열어 아들의 귀환과 화해의 기쁨을 나누는 아버지의 모습으로 나타납니다(루카 15 참조). [1846, 1870]

> 어떤 경우에도 하느님의 자비로움에 대한 희망을 잃지 마십시오!
>
> 베네딕토 성인

이미 하느님은 **구약 성경**에서 에제키엘 예언자를 통해 "나는 악인의 죽음을 기뻐하지 않는다. 오히려 악인이 자기 길을 버리고 돌아서서 사는 것을 기뻐한다."(에제 33,11)라고 말씀하셨습니다. 예수님은 "이스라엘 집안의 길 잃은 양들에게"(마태 15,24) 파견되셨으며, "튼튼한 이들에게는 의사가 필요하지 않으나 병든 이들에게는 필요하다."(마태 9,12)라는 것을 알고 계십니다. 그런 까닭에 그분은 이 세상을 떠나시기 전에 세리들, 죄인들과 함께 식사하신 후에 "이는 죄를 용서해 주려고 많은 사람을 위하여 흘리는 내 계약의 피다."(마태 26,28)라고 자신의 죽음을 하느님의 자비로우며 주도적인 사랑의 표현으로 해석하셨습니다. → 227, 524

> "나는 죄가 너무 많아서, 하느님은 나를 용서하시지 않을 거야."라고 말하는 사람들이 있습니다. 이는 하느님에 대한 명백한 모독입니다. 하느님의 자비로움에 한계를 짓는 말이기 때문입니다. 하느님의 자비는 무한하고 끝이 없습니다. 그분의 자비를 의심하는 것보다 더 크게 그분을 모욕하는 행위는 없습니다.
>
> 요한 마리아 비안네 성인

315 죄란 무엇인가요?

죄란 인간이 뚜렷한 의식 상태에서 의지를 지닌 채 하느님이 사랑으로 계획했던 일들의 참된 질서를 깨뜨리려는 의도나 말, 또는 행동을 말합니다. [1849-1851, 1871-1872]

죄짓는 것은 사람들이 합의한 어떤 규정을 어기는

일 이상을 의미합니다. 죄는 뚜렷한 의식 상태에서 자유 의지로 하느님의 사랑을 거스르며 하느님을 무시하는 것입니다. 죄란 결국 아우구스티노 성인의 말처럼 "하느님을 경멸하는 데까지 이르게 되는 자기애"라고 할 수 있으며, 극단에까지 이르면 이 죄짓는 피조물은 "나는 하느님처럼 될 거야."라고 말합니다(창세 3,5 참조). 죄가 나 자신에게 책임을 지우고 상처를 입히며 그 결과로 나 자신을 파괴하듯, 내가 살고 있는 세계 또한 오염시키고 파괴합니다. 그러나 하느님과 가까워지면 죄와 그 죄의 무게를 깨달을 수 있습니다. → 67, 224-239

> 마음이 우리를 단죄하더라도 그렇습니다. 하느님께서는 우리의 마음보다 크시고 또 모든 것을 아시기 때문입니다.
> 1요한 3,20

> 인간이 희망을 둘 곳은 하느님의 자비뿐입니다.
> 요한 바오로 2세 성인 교황

316 대죄(죽을 죄)와 소죄(용서받을 죄)를 어떻게 구별할 수 있나요?

대죄는 인간의 마음속에 있는 사랑이라는 신성한 힘을 파괴하는데, 그 힘이 없으면 영원한 행복을 누릴 수 없게 됩니다. 그런 까닭에 대죄를 사죄死罪(죽을 죄)라고 부르기도 합니다. 소죄는 그저 하느님과 맺은 관계에 해를 끼치는 데 그치지만, 대죄는 그 관계를 끊어 버립니다. [1852-1861, 1874]

> 십자가가 얼마나 무거울지를 진지하게 생각해 본 사람만이 죄가 얼마나 무거운지 깨달을 수 있습니다.
> 안셀모 성인

대죄는 인간이 하느님에게 등을 돌리게 합니다. 다음과 같은 경우를 대죄라고 합니다. 생명이나 하느님과 직접 관련된 매우 중요한 가치에 맞서는 죄, 즉 살인, 신성모독, 간음 등이 대죄입니다. 또한 이를 온전한 의식 상태에서 완전한 동의하에 행했을 경우에 대죄입니다. 소죄는 명예나 진실, 재산과 같은 하위 가치들과 관련한 것이든지, 죄의 결과를 충분히 인식하지 못했거나 완전한 동의가 없는 상태에서 지은 죄를 말합니다. 소죄는 하느님과 맺은 관계를 방해하지만, 그 관계를 끊어 버리지는 않습니다.

> 저는 값비싼 것을 재로 만들었습니다. 500프랑짜리 지폐를 불태웠기 때문입니다. 하지만 소소한 죄를 범하는 것보다는 그것이 차라리 더 낫습니다.
>
> 요한 마리아 비안네 성인

317 대죄에서 벗어나 하느님과 다시 결합할 수 있는 방법은 무엇인가요?

가톨릭 신자는 고해성사를 통해 대죄로 끊긴 하느님과 우리 자신의 관계를 회복하고, 하느님과 화해해야 합니다. [1856] → 224-239

> 교회 안에 죄의 용서가 없었다면, 영원한 생명과 영원한 해방에 대한 희망도 없었을 것입니다. 교회에 이러한 선물을 주신 하느님에게 감사합시다.
>
> 아우구스티노 성인

318 악습이란 무엇인가요?

악습이란 양심을 마비시키고 흐려지게 하며, 인간을 악으로 기울게 하고 습관적으로 악을 저지르게 하는 나쁜 습관을 말합니다. [1865-1867]

인간의 악습은 '교만, 인색, 질투, 분노, 음욕, 탐욕, 나태'라는 일곱 죄와 관련합니다.

> 이와 같이 우리의 권력에는 덕행도 있고 악습도 있습니다. 우리의 권력에 행위가 있다면 태도도 있으며, 부정否定이 있는 곳에는 긍정도 있기 때문입니다.
>
> 아리스토텔레스(기원전 384~322년), 플라톤과 함께 고대 그리스의 위대한 철학자

319 우리에게 다른 이의 죄에 대한 책임이 있나요?

그렇지 않습니다. 죄는 개인적 행위이기 때문입니다. 하지만 우리가 다른 사람이 죄를 짓도록 유혹하거나 그의 죄에 동참했다면, 또한 다른 사람이 죄를 짓도록 부추기거나 제때에 경고하지 않아 도와주는 일을 게을리했다면, 우리도 다른 이들이 지은 죄에

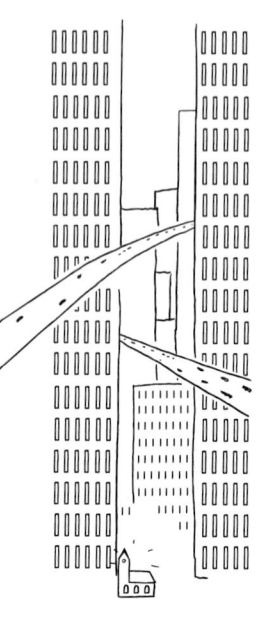

대한 책임이 있습니다. [1868]

320 죄가 있는 조직도 있나요?

죄스런 구조들이란 비유적으로만 특정 부류에 한해서 이야기할 수 있습니다. 죄는 언제나 온전한 의식 상태에서 기꺼이 악에 동의한 개인과 연관되기 때문입니다. [1869]

그런데도 하느님의 계명에 어긋나는 입장을 취하는 사회 조직과 기관들이 있으며, 이들을 '죄스런 구조들'이라 부릅니다. 이들은 개인적인 죄들이 모인 결과물이라 할 수 있습니다.

◇ 제2장 ◇
인간 공동체

321 그리스도인이 완벽한 개인주의자가 될 수 있나요?

그렇지 않습니다. 인간은 본성적으로 공동체를 지향하도록 창조되었기 때문에, 그리스도인은 결코 완벽한 개인주의자가 될 수 없습니다. [1877-1880, 1890-1891]

모든 인간은 다른 이들에게 도움을 받고 다른 이들을 도우며 모든 이의 이익을 위해 자기 재능을 펼칠 의무가 있습니다. 인간은 하느님의 모상을 따라 창

> 하늘 아래 인간이 가질 수 있는 가장 큰 선물은, 함께하는 이들과 잘 사는 것입니다.
>
> 아시시의 에지디오 복자
> (1262년 사망),
> 아시시의 프란치스코 성인의 친한 친구 중 한 사람

조되었으므로, 어느 정도 하느님의 모습을 드러냅니다. 하느님은 본래 혼자가 아니라 삼위일체이므로, 생명과 사랑, 대화와 나눔을 이루십니다. 결국 모든 그리스도인들에게 핵심 계명은 사랑이며, 그것을 통해 우리는 모든 것을 함께하고 근본적으로 서로 의존합니다. 그러므로 예수님은 "네 이웃을 너 자신처

럼 사랑해야 한다."(마태 22,39)라고 말씀하셨습니다.

322 개인과 사회 중에 어느 쪽이 더 중요한가요?

하느님 앞에서는 무엇보다 각 개인이 인격체로서 의미가 있으며, 공동체는 그다음 자리를 차지합니다. [1881, 1892]

> 혼자 넘어질까 봐 걱정하는 것이 아니라면, 당신이 주제넘게 혼자 일어서려는 까닭은 무엇입니까? 보십시오. 둘이 함께할 때 혼자서 하는 것보다 더 많은 일을 할 수 있습니다.
>
> 십자가의 요한 성인

사회는 결코 개인보다 더 중요할 수 없습니다. 따라서 어떤 경우에도 인간은 사회적 목표를 이루기 위한 수단이 될 수 없습니다. 그럼에도 국가나 가정 같은 사회 제도는 개인에게 꼭 필요하며, 심지어 인간의 본성에 상응하는 것이라고도 말할 수 있습니다.

> 우리 모두는 하느님 생각의 열매입니다. 하느님은 우리 모두를 원하시고, 사랑하시며, 필요로 하십니다.
>
> 베네딕토 16세 교황,
> 로마 주교좌 착좌 미사 강론

가톨릭 사회 교리/ 가톨릭 사회 원리

'가톨릭 사회 교리'는 사회의 공동생활 질서와, 개인 및 사회의 정의 실현에 관한 가톨릭 교회의 가르침입니다. '가톨릭 사회 교리'의 네 가지 주요 원리는, 인간 존엄성의 원리, 공동선의 원리, 연대성의 원리, 보조성의 원리입니다.

> 오늘의 정의는 어제의 사랑이고, 오늘의 사랑은 내일의 정의입니다.
>
> 에티엔-미셸 질레 복자
> (1758~1792년), 사제, 순교자

323 개인이 자유롭게 발전할 수 있으려면 어떤 방식으로 사회에 통합되어야 하나요?

'보조성의 원리Principle of Subsidiarity'를 지킬 때 개인은 사회에서 자유롭게 발전할 수 있습니다. [1883-1885, 1894]

가톨릭 사회 교리의 원리 가운데 하나인 '보조성의 원리'는 '개인이 자신을 위해 자기 힘으로 할 수 있는 일을 상위 기관이 빼앗을 수 없다'는 것을 말합니다. 상위 기관이 하위 기관의 임무를 떠맡거나 하위 기관의 권한을 빼앗아서는 안 된다는 것입니다. 상위 기관은 개인이나 하위 기관이 어떤 임무가 과중하다고 느낄 때 지원하려고 존재합니다.

324 사회는 어떤 원리들에 근거를 두나요?

모든 사회는 정의와 사랑이 실현되는 가치 질서에 근거합니다. [1886-1889, 1895-1896]

사회가 관계의 의로운 질서와 그 의로움을 적극적으로 실천하는 일을 통해 드러나는 가치에 근거하지 않는다면 결코 오래 존속될 수 없습니다. 그러므로 인간은 어떤 경우에도 사회적 행위의 목표를 이루기 위한 수단으로 이용될 수 없습니다. 모든 사회는 의롭지 못한 구조를 끊임없이 외면해야 합니다. 결국 가장 위대한 사회적 계명이라 할 수 있는 사랑만이 사회의 원리들을 이룹니다. 사랑은 다른 이들을 존중

하고, 의로움을 요구하며, 그릇된 관계에서 돌아서는 일을 가능하게 합니다. → 449

325 사회에 존재하는 권위는 무엇에 근거하나요?

모든 사회는 질서, 결속 그리고 발전이 정당한 권위를 통해 추진되느냐에 달려 있습니다. 그것은 인간이 정당한 권위의 지배를 받는다는, 하느님이 만드신 인간의 본성에도 부합합니다. [1897-1902, 1918-1919, 1922]

물론 사회에 존재하는 권위는 결코 찬탈에서 비롯된 것이 아니라 법적으로 정당한 것이어야 합니다. 누가 다스리고 어떤 헌법 질서가 적합한지를 결정하는 것은 국민의 뜻입니다. 교회는 어떤 특정한 헌법 질서를 따르라고 하지 않으며, 다만 헌법 질서가 공동선에 어긋나서는 안 된다고 말합니다.

> 교회는 민주주의를 높이 평가하는데, 이 체제는 확실히 시민들에게 정치적 결정에 참여할 중요한 권한을 부여하며, 피지배자들에게는 지배자들을 선택하거나 통제하거나 필요한 경우에는 평화적으로 대치할 가능성을 보장해 줍니다. 따라서 교회는 사적 이익이나 이데올로기적 목적을 위하여 국가 체제를 점령하고 폐쇄된 지배자들의 집단을 형성하는 것을 도와주면 안 됩니다.
>
> 요한 바오로 2세 성인 교황, 회칙 《백주년》

326 권위는 언제 적법하게 실현되나요?

공동선의 목표에 도달하려고 권위가 공동선의 직무를 수행하고 정당한 수단을 사용할 때, 권위는 적법하게 작용합니다. [1903-1904, 1921]

> 최종 법원을 두지 않는 공동체는 없습니다.
> 아리스토텔레스

한 나라의 국민들은 모두 구속력이 있는 규범이 존재하는 '법치 국가'에 살고 있다는 사실을 믿을 수 있어야 합니다. 임의적이고 부당하거나 자연적인 도덕 질서에 어긋나는 법률은 지킬 필요가 없습니다. 그

런 경우에는 법률에 항거할 권리뿐만 아니라 상황에 따라서는 그것에 항거할 의무도 존재합니다.

327 공동선은 어떤 방식으로 신장될 수 있나요?

공동선은 개인의 기본권이 존중되고 인간이 정신적으로나 종교적으로 마음껏 발전할 수 있는 곳에서 형성됩니다. 공동선은 인간이 자유와 평화, 사회적 안전 속에서 살 수 있음을 의미합니다. 세계화 시대에 공동선은 전 세계적으로 통용되어야 하며, 전 인류의 권리와 의무를 고려해야 합니다. [1907-1912, 1925, 1927]

공동선은 사회가 개인의 안녕에 주목하고, 가정처럼 작은 사회 집단의 복지가 관심의 초점이 될 때 신장될 수 있습니다. 개인과 작은 사회 집단은 국가 기관의 강력한 힘을 통해 보호되고 후원받아야 합니다.

328 개인은 어떤 방식으로 공동선에 기여할 수 있나요?

공동선을 위해 일한다는 것은 다른 이들에 대한 책임을 떠맡는 것을 의미합니다. [1913-1917, 1926]

공동선은 모든 이들과 관련된 일입니다. 공동선은 무엇보다 사람들이 가정과 이웃, 직장과 같은 자신의 주변 환경에서 책임을 맡고 힘껏 노력함으로써 실현됩니다. 사회적이고 정치적인 책임을 지는 일도

? 공동선

'공동선'은 모두가 공유하는 선을 말합니다. 공동선은 "집단이든 구성원 개인이든 자기완성을 더욱 충만하고 용이하게 추구하도록 하는 사회생활 조건의 총화"(제2차 바티칸 공의회, 현대 세계의 교회에 관한 사목 헌장 〈기쁨과 희망〉)를 의미합니다.

> 사물의 질서는 인간의 질서에 종속되어야 하며, 그 반대가 되어서는 안 됩니다.
> 제2차 바티칸 공의회, 현대 세계의 교회에 관한 사목 헌장 〈기쁨과 희망〉

> 우리는 의로움과 인간다움이 모든 이들을 지배하게 해야 합니다.
> 제2차 바티칸 공의회, 종교 자유에 관한 선언 〈인간 존엄성〉

중요합니다. 그런데 책임을 맡는 사람은 권력을 행사하게 되며, 권력을 남용할 위험에 놓이게 됩니다. 그런 까닭에 책임을 맡은 사람은 누구나 끊임없이 개심하라는 요청을 받으며, 이를 통해 그는 의로움과 사랑으로 다른 이들을 지속적으로 돌볼 수 있습니다.

> 어느 누구도 카인처럼 자기 형제의 운명에 책임이 없다고 말할 수 없습니다.
>
> 요한 바오로 2세 성인 교황

329 한 사회에서 사회적 정의는 어떻게 실현되나요?

사회적 정의는 다른 사람에게 양도할 수 없는 각 개인의 존엄성이 존중되고, 그로부터 나오는 개인의 권리가 제약 없이 보호되고 성취되는 곳에서 실현됩니다. 개인이 사회의 정치적·경제적·문화적 삶에 적극적으로 참여할 수 있는 권리도 사회적 권리에 속합니다. [1928-1933, 1943-1944]

> 여러분의 적들이 갖고 있는 좋은 평판을 존중하십시오.
>
> 요한 마리아 비안네 성인

모든 정의의 근간은 인간의 양도될 수 없는 존엄성을 존중하는 일입니다. 요한 바오로 2세 교황도 "중요한 것은 인간의 존엄성이며, 그 존엄성의 수호와 촉진을 창조주께서 우리 각자에게 맡기셨다는 것이고, 역사의 어느 시점에서도 남녀 인간은 창조주께 엄정하게 책임을 진다는 것이다."(회칙 〈사회적 관심〉)라고 말했습니다. 즉 인간의 존엄성으로부터 인간의 권리가 나오는데, 이 권리는 어떤 국가도 폐지하거나 바꿀 수 없습니다. 이 권리를 짓밟는 국가나 권력자는 부당한 정권이므로, 자신의 권위를 잃게 됩니다. 사회는 법규를 통해서 완성되는 것이 아니라, "저마다의 이웃을 어떠한 예외도 없이 또 하나의 자

> 너희가 내 형제들인 이 가장 작은 이들 가운데 한 사람에게 해 준 것이 바로 나에게 해 준 것이다.
>
> 마태 25,40

> 모든 학문과 예술은 목표를 이루기 위한 자산을 갖고 있으며, …… 그중 최고의 자산은 정의입니다. 그런데 정의는 공동선을 실현하는 데 있습니다.
>
> 아리스토텔레스

> 그리스도교 신자 여러분, 여러분은 문명 전체를 산산조각 내고 세상을 발칵 뒤집어 놓은 전쟁으로 황폐화된 이 세상에 평화를 가져오기에 충분한 힘을 지닌 문헌을 갖고 있습니다. 하지만 여러분은 그 문헌이 한 편의 훌륭한 문학 작품에 불과하며 그 이상의 것은 아닌 것처럼 그것을 다루고 있습니다.
>
> 마하트마 간디(1869~1948년), 인도 독립 운동의 정신적 지도자, 정치적 비폭력 운동의 창시자

신으로 여기는"(제2차 바티칸 공의회 문헌, 현대 세계의 교회에 관한 사목 헌장 〈기쁨과 희망〉) 이웃 사랑을 통해 완성됩니다. → 280

330 모든 인간은 하느님 앞에서 얼마나 평등한가요?

모든 인간은 같은 창조주를 모시고 있으며, 하느님의 모상에 따라 이성을 지닌 영혼으로 창조되었고, 같은 구세주를 모시고 있습니다. 따라서 모든 인간은 하느님 앞에 평등합니다. [1934-1935, 1945]

하느님 앞에 모든 인간은 평등하기에, 인간은 누구나 같은 존엄성을 지니며 인간으로서 동등한 권리를 요구할 수 있습니다. 따라서 인간을 사회적·인

종적 · 성적 · 문화적 · 종교적으로 폄하하는 것은 받아들일 수 없는 부당한 일입니다.

331 그럼에도 사람들 사이에 불평등이 존재하는 이유는 무엇인가요?

모든 인간은 같은 존엄성을 지녔지만, 그렇다고 모두 동일한 삶의 조건을 가진 것은 아닙니다. 사람들 사이에 불평등이 존재할 때 인간의 존엄성은 복음과 모순된 상태에 있게 됩니다. 하느님은 우리에게 서로 다른 천성과 재능을 주심으로써 우리가 서로 의지해야 한다는 것을 알려 주셨습니다. 다시 말해 우리는 사랑으로 서로 부족한 부분을 채워 줘야 합니다. [1936-1938, 1946-1947]

사람들 사이에는 하느님으로부터 유래한 것이 아니라 사회적 관계들에 기인하는 불평등이 있습니다. 특히 전 세계적으로 원자재와 재산, 자본의 불공정한 분배로 야기된 불평등이 존재합니다. 하느님은 복음에 반대되고 인간의 존엄성을 무시하는 모든 것을 세상에서 몰아내야 할 책임을 우리에게 주셨습니다. 그러나 하느님의 뜻에 따라 생겨난 불평등도 존재합니다. 즉 재능과 출생 조건, 재력 면에서 그렇습니다. 그러한 불평등 속에는 다른 뜻이 숨어 있습니다. 따라서 인간으로 산다는 것은 다른 이들을 사랑하기 위해 존재하고, 가진 것을 나누며, 다른 이들의 삶을 고취해야 한다는 것입니다. → 61

> 하느님을 흠숭한다고 하면서, 다른 한편으로 동료를 멸시할 수는 없습니다. 이 둘이 양립할 수는 없습니다.
>
> 마하트마 간디

> 하느님이 다음과 같이 말씀하셨습니다. "나는, 너희가 서로에게 의지하고, 그래서 나의 종인 너희 모두가 내게 받은 은총과 선물을 다른 이들과 나누기를 바랐다."
>
> 시에나의 가타리나 성녀

> 우리가 나누기 전에는 실제로 우리의 것은 아무것도 없습니다.
>
> C. S. 루이스

332 다른 이들에 대한 그리스도인들의 연대성은 어디에서 드러나나요?

그리스도인들은 의로운 사회 구조를 만들기 위해 노력합니다. 이러한 노력에는 이 세상의 물질적·정신적 재화에 누구나 접근할 수 있는 기회를 갖게 하는 것도 포함됩니다. 또한 그리스도인들은 정당한 임금을 비롯하여 인간의 노동 가치가 확실하게 존중되도록 해야 합니다. 신앙을 전하는 일도 모든 이와의 연대성을 드러내는 행위라 할 수 있습니다. [1939-1942, 1948]

> 가난한 이들을 사랑하십시오. 그리고 그들에게 등을 돌리지 마십시오. 가난한 이들에게 등을 돌리는 것은 그리스도께 등을 돌리는 일이기 때문입니다. 그리스도는 몸소 굶주린 이, 헐벗은 이, 나그네가 되셨으며, 그로써 당신과 내가 그분을 사랑할 기회를 갖게 되었습니다.
> — 마더 데레사 성녀

연대성은 그리스도인임을 실제로 드러내는 표징입니다. 연대성을 갖는 것은 그저 이성의 명령에 따르는 행위가 아닙니다. 우리 주님이신 예수 그리스도가 자신을 가난하고 보잘것없는 이들과 완전히 동일시하셨기 때문입니다(마태 25,40 참조). 따라서 그들에 대한 연대성을 거부하는 것은 그리스도를 거부하는 것입니다.

> 옷을 두 벌 가진 사람은 못 가진 이에게 나누어 주어라. 먹을 것을 가진 사람도 그렇게 하여라.
> — 루카 3,11

연대성의 원리(principle of solidarity, 라틴어로 '촘촘한, 견고한, 강한'이라는 뜻의 'solidus'에서 유래) 인간들 사이의 연대감과 "사랑의 문명"(요한 바오로 2세 성인 교황)을 목표로 삼는, 가톨릭 사회 교리의 원리를 가리켜 '연대성의 원리'라고 부릅니다.

333 모든 인간에게 천부적인 도덕률이 존재하나요?

인간이 선을 행하고 악을 피해야 한다고 할 때, 무엇이 선하고 악한지를 알 수 있는 확신이 인간의 마음에 새겨져 있는 것이 분명합니다. 이처럼 사람이면 누구나 자신의 지성을 통해 기본적으로 알 수 있는 것, 즉 어떤 의미로 인간의 '천부적인' 도덕률이 실제로 존재합니다. [1949-1960, 1975, 1978-1979]

천부적인 도덕률은 모든 이에게 유효합니다. 이 도덕률은 인간이 어떤 기본적인 권리와 의무를 지니고 있는지를 이야기하며, 가정과 사회, 국가에서의 공동생활을 위한 진정한 근거를 제시합니다. 그러나 이 타고난 인식은 죄와 인간의 약점들로 종종 흐려지기 때문에, 인간은 올바른 길을 계속 가기 위한 하느님의 도우심과 **계시**가 필요합니다.

334 '천부적인 도덕률'과 구약의 율법은 어떤 관계가 있나요?

구약 시대의 율법은 본래 인간의 지성을 통해 파악된 것이지만, 이제는 하느님의 법이라고 공표되고 확인된 진실들을 표현합니다. [1961-1963, 1981]

335 구약 시대의 '율법'은 어떤 의미를 지니나요?

'율법'과 율법의 핵심인 십계명을 통해 하느님의 뜻이 이스라엘 백성들에게 알려졌습니다. 이스라엘에게는 율법을 지키는 것이 구원에 이르는 근본적인 수단입니다. 그리스도인들은 '율법'을 통해 무엇을 행해야 하는지 알게 됩니다. 그러나 그들은 '율법'이 인간을 구원하는 것은 아님을 알고 있습니다. [1963-1964, 1981-1982]

인간은 누구나, 어떤 의미에서 선이 '규정되어' 있는지 알고 있습니다. 그러나 우리 안에는 이것을 실행할 힘이 없습니다. 이것은 너무 어렵고, 사람들은 '무

> **천부적인 도덕률**
> 모든 문화에는 다양하고 특별한 윤리적 합의들이 있는데, 이는 창조주가 원하시는 것과 똑같은 인간 본성의 표현으로서, 인류의 윤리적 지혜가 자연법이라고 부르는 것입니다.
>
> 베네딕토 16세 교황, 회칙 〈진리 안의 사랑〉

> 창조주는 우리 안에 '자연법'을 직접 새기셨는데, 이는 삶의 이정표요 내적인 척도로서 우리 마음속에 당신의 창조 계획을 투영한 것입니다.
>
> 베네딕토 16세 교황, 2006년 5월 27일

> 율법은 미래에 관한 교육이며 예언입니다.
> 이레네오 성인

력감'을 느낍니다(로마 7,14-25; 8,3 참조). 그런데 우리는 '율법'을 보며 우리가 죄의 수중에 있음을 느낍니다. 또한 율법을 통해 우리가 율법을 지키려면 얼마나 절실하게 내적인 힘에 의존하고 있는지도 드러냅니다. 그러므로 '율법'이 아무리 좋고 중요하다고 해도, 그것은 그저 우리를 구원하시는 하느님에 대한 믿음을 마련할 뿐입니다. → 349

336 예수님은 구약 시대의 '율법'에 대해 어떤 입장이셨나요?

예수님은 산상 설교를 통해 "내가 율법이나 예언서들을 폐지하러 온 줄로 생각하지 마라. 폐지하러 온 것이 아니라 오히려 완성하러 왔다."(마태 5,17)라고 말씀하셨습니다. [1965-1972, 1977, 1983-1985]

> 하느님은 인간이 마음으로 읽지 않았던 내용을 십계명 판에 기록하셨습니다.
> 아우구스티노 성인

예수님은 신심 깊은 유다인으로서 당대의 도덕적 관념과 요구에 완전히 부합하는 삶을 사셨습니다. 그러나 그분은 율법을 글자 그대로, 순전히 형식적으로만 해석하는 일련의 견해들과는 거리를 두셨습니다.

337 우리는 어떻게 구원되나요?

자기 자신을 구원할 수 있는 사람은 아무도 없습니다. 그리스도인들은, 하느님이 인간을 구원하기 위해 당신의 아드님 예수 그리스도를 이 세상에 보내셨고, 그분에 의해 자신들이 구원받는다고 믿습니다. 우리에게 구원은 성령을 통해 우리가 죄의 권세에서 해방되고 죽음의 영역에서 벗어나, 다시 하느님을 마주할 수 있는 영원한 생명에 이른 것을 의미합니다. [1987-1995, 2017-2020]

바오로 사도는 "모든 사람이 죄를 지어 하느님의 영광을 잃었습니다."(로마 3,23)라고 말했습니다. 죄는 의로우며 자비로우신 하느님 앞에 존재할 수 없습니다. 죄가 아무런 가치를 지니지 않는다면, 죄인은 어떤 가치를 지닙니까? 하느님은 당신의 사랑으로 죄는 없애고 죄인은 구원할 방법을 찾아내셨습니다. 그분은 죄인을 다시 '올바로', 즉 그를 '의롭게' 만드십니다. 그런 까닭에 예로부터 구원을, 하느님의 은총으로 내면이 변화되었다는 뜻으로 '의화'라고 불렀습니다. 자신의 힘으로는 우리의 내면이 변화되지 않습니다. 어느 누구도 자기 자신의 죄를 용서할 수 없고, 죽음으로부터 자신을 구해 낼 수도 없기 때문입니다. 이를 위해서는 하느님이 우리에게 자비를 베푸셔야 합니다. 그 자비를 얻을 자격이 우리에겐 없지만 말입니다. 하느님은 세례로써 우리에게 "예수 그리스도에 대한 믿음을 통하여 오는 하느님의 의로움"(로마 3,22)을 선물하셨습니다. 우리 마음속에 부어져 있는 성령을 통해 우리는 그리스도의 죽음과 부활에 참여하게 됩니다. 우리는 죄를 갖고 죽지만, 하느님 안에서는 새 생명으로 태어납니다. 하느님에게 오는 믿음과 희망과 사랑이 우리를 사로잡고, 우리로 하여금 빛 속에서 살게 하며 하느님의 뜻에 따를 수 있게 합니다.

> 내가 진실로 너희에게 말한다. 하늘과 땅이 없어지기 전에는, 모든 것이 이루어질 때까지 율법에서 한 자 한 획도 없어지지 않을 것이다. 그러므로 이 계명들 가운데에서 가장 작은 것 하나라도 어기고 또 사람들을 그렇게 가르치는 자는 하늘나라에서 가장 작은 자라고 불릴 것이다. 그러나 스스로 지키고 또 그렇게 가르치는 이는 하늘나라에서 큰 사람이라고 불릴 것이다.
>
> 마태 5,18-19

의화

'의화'는 '은총론'에 나오는 핵심 개념으로, 하느님과 인간의 올바른 관계가 회복됨을 의미합니다. 예수 그리스도만이 이 올바른 관계('의로움')를 회복하셨기에 우리는 오로지 그리스도를 통해 '의화'됩니다. 어떤 의미로는 하느님과 그리스도의 온전한 관계 속에 들어감으로써만 다시 하느님 앞에 설 수 있습니다. 따라서 믿는다는 것은 자신과 자기 생명을 위해 예수님의 의로움을 받아들인다는 뜻입니다.

> 여러분은 믿음을 통하여 은총으로 구원을 받았습니다. 이는 여러분에게서 나온 것이 아니라 하느님의 선물입니다. 인간의 행위에서 나오는 것이 아니니 아무도 자기 자랑을 할 수 없습니다.
>
> 에페 2,8-9

338 은총이란 무엇인가요?

은총은 우리에 대한 하느님의 자유롭고 사랑이 넘치는 관심이자 우리를 도우려는 그분의 호의며, 그분에게서 나오는 생명력으로 이해할 수 있습니다. 하느님은 십자가와 부활을 통해 우리에게 전적으로 관심을 기울이시며, 은총 속에 있는 우리에게 당신의 속마음을 털어놓으십니다. 우리는 그중 가장 작은 것 하나도 얻을 자격이 없는데도 하느님이 우리에게 선물하시는 모든 것이 바로 은총입니다. [1996-1998, 2005, 2021]

베네딕토 16세 교황은 "은총은 하느님의 눈길을 받고, 그분의 사랑으로 어루만져지는 것"이라 말했습니다. 은총은 어떤 사건이 아니라, 하느님이 인간에게 당신을 알리시는 통지라 할 수 있습니다. 하느님은 어떤 경우에도 당신 자신보다 못한 것을 주시지 않습니다. 우리는 은총을 통해 하느님 안에 있게 됩니다.

339 하느님의 은총을 통해 우리는 어떤 일을 할 수 있나요?

하느님의 은총은 삼위일체 하느님의 내적인 삶 안에, 곧 성부와 성자와 성령이 나누시는 사랑 안에 우리가 머물도록 해 줍니다. 하느님의 은총은 우리가 하느님의 사랑 안에 살면서 그분의 사랑으로 행동할 수 있게 합니다. [1999-2000, 2003-2004, 2023-2024]

은총은 위로부터 우리에게 내려오는 것이며, 자연적 근거의 용어로는 설명할 수 없는 것입니다(초자연적 은총). 은총은 무엇보다 세례를 통해 우리를 하느님의 자녀이자 하늘나라의 상속자가 되게 합니다(성화聖化 은총 또는 신화神化 은총). 은총은 우리에게 지속적으로 선을 지향하는 마음을 선물합니다(상존常存 은총). 은총은 선과 하느님에게로, 또한 하늘나라로 우리를 이끄는 모든 것을 우리가 인식하고 원하며 행하도록 돕습니다(조력助力 은총). 은총은 하느님과 만나는 특별한 방법인 각 **성사**에서 우리 구세주의 뜻에 따라 특별한 방식으로 받기도 합니다(성사 은총). 또한 그리스도교 신자 개인에게 선사되는 특별한 은총(**특별한 은사**)이나, 교회 안에서 직무를 수행하는 데 따르는 직분의 은총, 즉 혼인 직분과 수도 직분, 성직 직분에 약속된 특별한 능력(직분 은총)으로 구분되기도 합니다.

> 하느님은 하느님 자신보다 적게 주시는 법이 없으십니다.
>
> 아우구스티노 성인

> 모든 것이 은총입니다.
>
> 아기 예수의 데레사 성녀

340 하느님의 은총은 우리의 자유와 어떤 관계에 있나요?

하느님의 은총은 자유로이 인간을 찾고 그에게 다가가며, 그가 온전한 자유 속에 있기를 바랍니다. 은총은 강요하지 않습니다. 하느님의 사랑은 우리의 자유로운 동의를 원합니다. [2001-2002, 2022]

사람들은 은총을 받는 것을 거부할 수도 있습니다. 그럼에도 은총은 인간에게 피상적이거나 낯선 것이 아니며, 인간의 가장 깊은 내면의 자유가 본래 원하는 것입니다. 하느님은 당신의 은총으로 우리를 움직이게 하심으로써, 우리의 자유로운 응답을 앞서 가십니다.

341 우리는 선행을 통해 하늘나라에 갈 수 있나요?

그렇지 않습니다. 어떤 사람도 자신의 힘으로만 하늘나라에 갈 수는 없습니다. 우리가 구원받는 것은 전적으로 하느님의 은총 덕분이지만, 하느님의 은총은 인간의 자발적인 참여를 요구합니다. [2006-2011, 2025-2027]

우리가 구원받는 것은 은총과 신앙 덕분이라 하더라도, 우리는 우리에 대한 하느님의 영향력이 초래한 사랑을 착한 행실을 통해 드러내야 합니다.

그대가 가진 것 가운데에서 받지 않은 것이 어디 있습니까?
1코린 4,7

나는 더 이상 과거를 염려하지 않습니다. 과거는 하느님의 자비에 해당하는 일이기 때문입니다. 또한 나는 아직 미래를 걱정하지 않습니다. 미래는 하느님의 섭리에 해당하는 일이기 때문입니다. 내가 걱정하고, 내가 필요한 것은 오늘입니다. 오늘은 하느님의 은총에 해당하는 일일 뿐만 아니라, 내 마음과 선한 의지를 봉헌해야 하는 일이기 때문입니다.
프란치스코 살레시오 성인

마리아가 말하였다. "보십시오, 저는 주님의 종입니다. 말씀하신 대로 저에게 이루어지기를 바랍니다."
루카 1,38

342 우리는 모두 '성인saints'이 되어야 하나요?

그렇습니다. 우리 인생의 의미는 사랑으로 하느님과 하나가 되며, 하느님의 소망을 전적으로 따르는 것입니다. 마더 데레사 성녀의 말처럼 하느님이 "당신의 삶을 우리 안에서 사실 수 있게" 허락해 드려야 합니다. 그것이 바로 거룩해지는, 즉 넓은 의미의 '성인'이 되는 길입니다. [2012-2016, 2028-2029]

인간은 누구나 '나는 누구이며, 내가 사는 이유는 무엇이고, 어떻게 나 자신을 찾을 수 있는가?' 하고 자문합니다. 이에 대해 신앙은 인간이 거룩해짐으로써 비로소 하느님이 그를 창조하신 목적을 이루게 된다고 답합니다. 거룩해짐으로써 비로소 인간은 자기 자신과 자신을 창조한 창조주와 실제로 조화를 이루게 됩니다. 그러나 이 거룩함은 스스로 만든 완벽함이 아니라, 사랑 그 자체이며 인간이 되신 그리스도와 하나가 되는 것을 말합니다. 이처럼 새로운 삶을 얻은 사람은 자신을 거룩하게 여기며, 또한 거룩해집니다.

> 소명은 우리 스스로 선택하는 것이 아니라 받는 것이기 때문에, 우리는 소명을 깨달으려고 노력해야 합니다. 우리는 하느님의 뜻을 알아듣기 위해 그분의 목소리에 귀를 기울여야 합니다. 그리고 그분의 뜻을 깨달았다면, 우리는 그 뜻이 무엇이건 간에 무조건 그것을 행해야 합니다.
> 샤를 드 푸코 복자

> 주님은 우리에게 위대한 행위가 아니라 그저 헌신과 감사만을 원하십니다. 그분은 우리의 업적이 아니라 오로지 우리의 사랑만을 필요로 하십니다.
> 아기 예수의 데레사 성녀

> 성덕이란 소수의 사람들이 누리는 호사가 아니라, 당신과 내게 주어진 소박한 의무입니다.
> 마더 데레사 성녀

제3장
교회

343 교회는 우리가 선하고 책임감 있는 삶을 살도록 어떻게 돕나요?

우리는 교회에서 세례를 받고, 2천 년 가까이 교회

> 그리스도를 사랑하는 일과 교회를 사랑하는 일은 같습니다.
>
> 로제 슈츠 수사

가 온전하게 보전해 온 신앙을 교회 안에서 받아들입니다. 또한 우리는 교회에서 하느님의 살아 있는 말씀을 듣고, 하느님 마음에 들려면 어떻게 살아야 하는지를 배웁니다. 예수님이 당신 제자들에게 맡기신 성사들을 통해 교회는 우리의 용기를 북돋우고 우리를 굳건하게 만들며 위로합니다. 교회 안에는 성인들의 불꽃이 타오르고 있으며, 그 불꽃으로 우리의 마음도 타오릅니다. 교회 안에서는 거룩한 성체성사가 거행되며, 그것을 통해 그리스도의 희생과 능력이 우리를 위해 새로워져서 그분과 하나가 된 우리는 그분의 몸이 되고 그분의 힘으로 살게 됩니다. 교회가 지닌 모든 인간적인 약점에도 교회를 벗어나서는 어느 누구도 그리스도인이 될 수 없습니다. [2030-2031, 2047]

344 교회가 윤리적 문제나 개인의 생활 태도에 관한 문제에 의견을 표명하는 이유는 무엇인가요?

> 교회는 오늘날에도 여전히 내게 예수님을 전하고 있으며, 그것이 모든 것을 설명해 줍니다. 교회가 없었다면 나는 그분을 알지 못했을 것이고, 그분과 나는 아무 관계도 아니었을 것입니다.
>
> 앙리 드 뤼박 추기경(1896~1991년), 프랑스의 신학자

신앙은 하나의 길입니다. 우리가 이 길에 어떻게 머물지, 다시 말해 우리가 어떻게 행동하고 착하게 살지에 관해 복음의 가르침을 통해서만 배우는 것이 아닙니다. 교회의 교도권은 사람들에게 천부적인 도덕률도 일깨워 주어야 합니다. [2032-2040, 2049-2051]

두 개의 진리란 존재하지 않습니다. 인간적으로 옳은 일이라면 그리스도교적 관점에서 보아도 그릇된 일일 수 없습니다. 반대로 그리스도교적 관점에서 옳은 일은 인간적으로 보아도 그릇된 일일 수 없습

니다. 그런 까닭에 교회는 윤리 문제에 관해서도 폭넓게 의견을 제시해야 합니다.

345 교회가 정한 다섯 가지 법규는 무엇인가요?

1) 주일과 의무 대축일에는 미사에 참례하고, 육체노동을 삼가야 한다.
2) 최소한 일 년에 한 번은 자기의 죄를 고백해야 한다.
3) 적어도 한 번 부활 시기에 성체를 받아 모셔야 한다.
4) 교회가 정한 날에 금식재와 금육재를 지켜야 한다.
5) 교회의 필요를 지원해야 한다.

[2042-2043]

346 교회가 정한 법규는 무엇을 위한 것이고, 어떤 구속력을 지니나요?

'교회의 다섯 가지 법규'는 신자들이 지켜야 할 최소한의 사항입니다. 도덕적인 노력을 하지 않고 교회의 성사나 교회와 관련된 삶에 구체적으로 참여하지 않는 등 교회와 연대하지 않는다면 그리스도인이라 말할 수 없음을 일깨우기 위한 것입니다. 가톨릭 신자라면 누구나 이 법규들을 지킬 의무가 있습니다.

[2041, 2048]

347 신앙생활에서 자신의 신앙을 고백한 대로 실천하지 않는 것이 그리스도인에게 심각한 결함이 되는 이유는 무엇인가요?

> 당신은 신앙을 갖기를 원하지만, 그 방법은 모른다고 생각하나요? 이미 당신처럼 괴로워했던 예전 사람들로부터 배우십시오. 그들의 행동 방식을 따르고, 당신이 이미 신자가 된 것처럼 신앙이 요구하는 모든 것을 행하십시오. 미사에 참례하고, 성수를 사용하는 등 신앙의 요구를 따른다면 당신은 틀림없이 단순해지고, 신앙을 갖게 될 것입니다.
>
> 블레즈 파스칼

> **위선**
>
> '위선'은 공적으로 또는 암묵적으로 실행되는, 이중 잣대를 지닌 도덕을 말합니다. 위선을 지닌 사람은 겉으로 내세우는 목표와 가치들을 정작 본인은 따르지 않습니다. "자녀 여러분, 말과 혀로 사랑하지 말고 행동으로 진리 안에서 사랑합시다."(1요한 3,18)

복음 선포를 위한 첫째 조건은 자신이 믿고 고백한 신앙을 실천하는 언행의 일치입니다. 따라서 위선은 '세상의 빛'과 '세상의 소금'이 되어야 하는 그리스도인의 사명을 저버리는 것이 됩니다. [2044-2046]

바오로 사도는 코린토 교회 공동체를 다음과 같이 일깨웁니다. "여러분은 분명히 우리의 봉사직으로 마련된 그리스도의 추천서입니다. 그것은 먹물이 아니라 살아 계신 하느님의 영으로 새겨지고, 돌 판이 아니라 살로 된 마음이라는 판에 새겨졌습니다."(2코린 3,3) 그리스도인들이 전하는 내용이 아니라, 그리스도인들 자신이 바로 그리스도가 세상에 보낸 '추천서'라는 뜻입니다. 그런 까닭에 아동에게 추행을 하는 **사제**나 수도자가 있다면 그것은 다른 것보다도 더 끔찍한 일이 될 것입니다. 그들은 희생자들에게 아주 큰 범죄를 저지를 뿐만 아니라, 많은 이들에게서 하느님에 대한 희망을 빼앗고, 다른 이들의 마음에서 신앙의 불빛도 꺼뜨립니다.

> " 세상은 남에게 물을 마시라고 해 놓고 자기는 포도주를 마시는 사람들로 가득합니다.
>
> 조반니노 과레스키
> (1908~1968년),
> 《돈 카밀로와 페포네》 등을 쓴 이탈리아의 작가

❧ 제2부 ❧
십계명

348 "스승님, 제가 영원한 생명을 얻으려면 무슨 선한 일을 해야 하나요?"(마태 19,16)

예수님은 "네가 생명에 들어가려면 계명들을 지켜라."(마태 19,17)라고 말씀하시며, "와서 나를 따라라."(마태 19,21) 하고 덧붙이셨습니다. [2052-2054, 2075-2076]

그리스도인이 된다는 것은 계명을 지키는 올바른 삶을 산다는 것 이상을 의미합니다. 그리스도인이 된다는 것은 예수님과 살아 있는 관계 속에 있게 되는 것입니다. 그리스도인은 주님과 깊이 하나가 되며, 참생명으로 이끄는 길을 그분과 함께 걷습니다.

여러분을 부르신 분께서 거룩하신 것처럼 여러분도 모든 행실에서 거룩한 사람이 되십시오. '내가 거룩하니 너희도 거룩한 사람이 되어야 한다.'고 성경에 기록되어 있기 때문입니다.

1베드 1,15-16

349 '십계명'은 어떤 내용을 담고 있나요?

1) 한 분이신 하느님을 흠숭하여라.
2) 하느님의 이름을 함부로 부르지 마라.
3) 주일을 거룩히 지내라.
4) 부모에게 효도하여라.
5) 사람을 죽이지 마라.
6) 간음하지 마라.
7) 도둑질을 하지 마라.
8) 거짓 증언을 하지 마라.
9) 남의 아내를 탐내지 마라.
10) 남의 재물을 탐내지 마라.

> 예수님이 원하시는 건 숭배자가 아니라 추종자입니다.
>
> 쇠렌 키르케고르

> 사람들은 대부분 자신을 그저 하느님께 내맡기면서도 그분이 자신을 통해 무슨 일을 이루실 수 있는지는 모릅니다.
>
> 이냐시오 데 로욜라 성인

350 십계명은 무작위로 만든 목록인가요?

그렇지 않습니다. 십계명은 전체가 같은 맥락에서 파악되는 통일성이 있으며, 하나의 계명은 다른 계명들과 연관되어 있습니다. 사실 우리는 각각의 계명들을 분리해 낼 수 없으므로, 하나의 계명을 어기면 십계명 전체를 어기는 것이 됩니다. [2069, 2079]

'십계명'의 부수적인 서술은 성경 원문에는 나오지 않습니다. 십계명의 본문은 두 가지의 성경 원전에 근거하는데, 하나는 탈출기 20장 2절에서 17절까지의 내용이고 다른 하나는 신명기 5장 6절에서 21절까지의 내용입니다. 예로부터 이 두 원전에서 십계명이 교훈적 목적으로 요약되었고, 전통적인 교리 문답의 형태로 신자들에게 제시되었습니다.

십계명은 인간의 삶 전체를 포괄한다는 점에서 특별합니다. 우리 인간은 하느님(1~3계명)뿐만 아니라 다른 사람들과(4~10계명) 관계를 맺고 있으므로, 종교적이며 사회적인 존재라 할 수 있습니다.

351 십계명이 시대에 뒤떨어진 것은 아닌가요?

그렇지 않습니다. 십계명은 결코 시간의 제약을 받지 않기 때문입니다. 십계명은 하느님과 이웃에 대해, 언제 어디서나 유효하고 변함없는 인간의 기본 의무들을 담고 있습니다. [2070-2072]

십계명은 하느님의 구속력 있는 **계시**의 한 부분이란 점에서 이성의 계명이라 할 수 있습니다. 십계명은 근본적인 구속력을 지니므로, 아무도 그것을 지켜야 하는 의무에서 면제될 수 없습니다.

> **십계명**(Decalogue. 그리스어로 '10, 열 개'를 뜻하는 '데카δέκα'와 '말, 말씀'를 뜻하는 '로고스λόγος'가 합쳐진 말에서 유래)
>
> '십계명'은 구약 성경에 나오는, 인간 행위에 관한 기본 법규들의 핵심적인 요약이라 할 수 있습니다. 유다교 신자들뿐만 아니라 그리스도교 신자들도 이 기본적인 계명을 따르고 있습니다.

제1장
너희는 마음을 다하고 목숨을 다하고 힘을 다하여 주 너희 하느님을 사랑해야 한다

제1계명
한 분이신 하느님을 흠숭하여라

352 "나는 …… 주 너의 하느님이다."(탈출 20,2)라는 말은 무슨 뜻인가요?

전능하신 분이 우리에게 당신 자신이 우리의 하느님이요 주님이라고 알려 주셨습니다. 그러므로 우리는 어떤 것도 그분 위에 모실 수 없고, 그분보다 더 중요하게 여기는 것이 있어서도 안 되며, 어떤 일이나 사람에게 그분보다 앞서는 우선권을 주어서도 안 됩니다. 하느님을 인식하고 섬기며 흠숭하는 일이 우리의 삶에서 절대적인 우선권을 지닙니다. [2083-2094, 2133-2134]

> 십계명은 결코 임의로 부과된 의무가 아닙니다. …… 십계명은 이기주의와 증오와 거짓의 파괴적인 힘으로부터 인간을 보호해 줍니다. 십계명은 인간을 종으로 만드는 모든 거짓 신들, 즉 하느님을 몰아내는 자기애와 권세욕과 향락 추구를 경계하는데, 그것들이 법질서를 무너뜨리고 우리 자신과 우리 이웃이 지닌 인간다운 품위를 떨어뜨리기 때문입니다.
>
> 요한 바오로 2세 성인 교황, 시나이 산에서 한 말, 2002년 2월 26일

하느님은 우리가 당신에게 온전한 믿음을 보이기를 고대하십니다. 다시 말해 우리는 우리의 모든 희망을 그분에게 두고, 사랑의 모든 능력을 그분에게 쏟

> 우리가 사랑하는 것은 그분께서 먼저 우리를 사랑하셨기 때문입니다.
>
> 1요한 4,19

아부어야 합니다. 하느님을 사랑하라는 계명은 모든 계명들 가운데 가장 중요하며, 다른 모든 계명들의 기준이 됩니다. 따라서 이 계명은 십계명의 첫자리를 차지합니다.

353 우리가 하느님을 흠숭하는 이유는 무엇인가요?

하느님이 존재하시고, 흠숭과 경외만이 그분의 현현과 현존에 합당한 응답이 되기 때문에 우리는 그분을 흠숭해야 합니다. "주 너의 하느님께 경배하고 그분만을 섬겨라."(마태 4,10) [2083-2094, 2133-2134]

> 하느님이 커지신다고 해서 인간이 작아지는 것은 아닙니다. 하느님이 커지시면 인간도 커지고, 세상도 밝아집니다.
>
> 베네딕토 16세 교황, 2006년 9월 11일

하느님을 흠숭하는 일은 인간에게도 유익합니다. 이를 통해 인간은 이 세상의 권세를 섬기는 일에서 자유로워지기 때문입니다. 우리가 하느님을 더 이상 흠숭하지 않고 생명과 죽음을 주재하시는 분으로 섬기지 않는다면, 다른 것들이 그 자리를 차지하게 되고 인간의 존엄성은 상실될 위기에 처할 것입니다.

→ 485

354 하느님을 믿도록 누구에게 강요할 수 있나요?

그럴 수 없습니다. 누구에게도 하느님을 믿지 않도록 강요할 수 없듯이 누구도 자기 자녀를 비롯한 다른 이들에게 신앙을 강요해서는 안 됩니다. 인간은 오로지 온전한 자유 의지로 신앙을 선택할 수 있습니다. 그러나 그리스도인들은 말과 모범을 통해 다른 이들이 신앙에 이르는 길을 발견하도록 도우라는

> 인간은 무엇인가를 섬기지 않고는 존재할 수 없습니다.
>
> 표도르 M. 도스토옙스키

소명을 받았습니다. [2104-2109, 2137]

요한 바오로 2세 교황은 "그리스도를 선포하고 증언하는 일은 양심을 존중하며 이루어질 때에 자유를 침해하지 않습니다. 신앙은 인간의 자유로운 동의를 요구하지만, 인간에게 제시되기도 하여야 합니다."라고 말했습니다(회칙 〈교회의 선교 사명〉).

> 우리는 아무에게도 우리의 신앙을 강요하지 않습니다. 그러한 형태의 개종 활동은 그리스도교다운 모습에 어긋납니다. 신앙은 오로지 자유 속에서만 이뤄질 수 있는 것입니다. 그러나 우리가 간구하는 인간의 자유는, 하느님께 마음을 열고 그분을 찾으며 그분 말씀에 귀를 기울이는 것입니다.
>
> 베네딕토 16세 교황, 2006년 9월 10일

355 "너는 나 말고 다른 신을 알아서는 안 된다."(호세 13,4)라는 말은 무슨 뜻인가요?

이는 십계명의 첫째 계명과 관련된 말로, 우리는 다음과 같은 일들을 금해야 합니다.

- 다른 신이나 우상을 섬기거나 돈과 권력, 성공, 아름다움, 젊음과 같은 현세적 숭배 대상을 받들고, 재산 증식에 몰두하는 일.
- 하느님의 권능과 인도와 축복을 믿는 대신, 미신을 믿거나 밀교적·마술적·신비적 처방에 매달리거나 점이나 심령론과 관련을 맺는 일.
- 말이나 행위로 하느님을 시험하는 것.
- 신성 모독을 범하는 것.
- 매수를 통해 영적인 힘을 얻거나, 성직이나 성물을 사고파는 등 거래를 통해 신성한 것을 모독하는 것.

[2110-2128, 2138-2140]

집요한 개종 활동(proselytism, '가입하다'라는 뜻의 그리스어 '프로세오|proserchomai'에서 유래)

다른 사람을 자신이 믿는 신앙으로 끌어들이기 위해 상대방의 지적 결핍이나 신체적 결핍을 이용하는 것을 말합니다.

356 밀교는 그리스도교의 신앙과 합치될 수 있나요?

? 미신

비이성적인 견해, 특정한 주문(呪文)이나 행위, 부정한 사건, 사물이 그 안에 마술적인 능력을 지녔다거나 거기에서 능력이 나온다고 믿는 일을 가리켜 '미신'이라 부릅니다.

? 신성 모독(sacrilege, '성물 절취'를 뜻하는 라틴어 'sacrilegium'에서 유래)

거룩한 것을 강탈하거나 더럽히거나 모독하는 일을 일컬어 '신성 모독'이라 부릅니다.

> 제 자신으로부터 저를 구원하신 주님, 찬미 받으소서!
>
> 예수의 데레사 성녀

? 밀교(esotericism, '전수(傳授)를 통해서만 이해할 수 있는 정신적인 모임, 또는 정신적인 것을 뜻하는 그리스어 '에소테리코스ἐσωτερικός'에서 유래)

'밀교'는 19세기 이래로 일반화된 영적인 이론과 실제를 가리키는 총칭인데, 이를 통해 인간은 이미 언제나 자기 안에 있던 이른바 '참지식'에 이르게 된다고 합니다. 이에 반해, 하느님이 외적으로 인간에게 자신을 드러내신 계시는 밀교적 사고에서는 낯선 개념입니다.

그렇지 않습니다. 밀교는 하느님의 실재를 비껴간 것입니다. 하느님은 인격적 존재입니다. 다시 말해 그분은 사랑이고 생명의 근원이시지, 우주의 에너지가 아니십니다. 하느님이 인간을 원하셨고 창조하셨기에, 인간은 신적 존재가 아니며 죄로 인해 상처를 받고 죽음의 위협을 받으며 구원을 필요로 하는 피조물이라 할 수 있습니다. 밀교의 추종자들은 대부분 인간이 자신을 직접 구원할 수 있다고 여기는 반면, 그리스도인들은 오로지 예수 그리스도와 하느님의 은총만이 자신을 구원해 줄 수 있다고 믿습니다. 자연과 우주 또한 하느님이라 할 수 없습니다(범신론). 창조주 하느님은 우리를 사랑하십니다. 그 사랑은 당신이 만드신 모든 피조물에 대한 사랑과 다르며, 그 모든 것보다 무한히 큽니다. [2110-2128]

오늘날 많은 사람들이 건강상의 이유로 요가를 배우고, 마음의 고요와 정신 집중을 위해 명상 강좌에 참여하며, 자기 몸을 새롭게 느끼려고 댄스 강좌에 등록합니다. 그러나 이런 강좌들이 언제나 무해한 것만은 아닙니다. 이따금 그것들은 그리스도교에 생소한 가르침인 **밀교**를 전하는 수단이 되기도 합니다. 이성적인 사람이라면, 영들과 요괴들과 (밀교의) 천사들이 활개를 치고 마술을 부리는 것을 믿는 '어리석은 백성들'에게는 숨겨져 있는 비밀들을, '전수자들'은 알고 있다고 하는 비이성적 세계관에 동의할 이유가 없습니다. 고대 이스라엘에서도 주변 민족들의 우상 숭배나 정령 숭배의 이야기가 전해지기도 합니다. 그러나 오로지 하느님만이 주님이시며, 그분 이외에 다른 신은 없습니다. 우리가 '신적인 것'을 몰아내고 우리의 바람을 천지만물에 실현한다고 해도 우리 자신을 구원할 수 있는 마술은 존재하지 않습니다. 그리스도교의 관점에서 볼 때 밀교의 많은 부분은 **미신**이거나 **심령론**에 지나지 않습니다.

범신론(pantheism, 그리스어로 '모든'을 뜻하는 '판 παν'과 '하느님'을 뜻하는 '테오 σθεός'에서 유래)

하느님 이외에는 아무것도 존재하지 않는다는 세계관을 '범신론'이라 부릅니다. 범신론에 따르면, 존재하는 모든 것은 하느님이 되고, 하느님은 곧 존재하는 모든 것이 됩니다. 그러나 이러한 가르침은 그리스도교의 신앙과 일치하지 않습니다.

심령론(occultism, '가려진, 비밀'이라는 뜻의 라틴어 'occultus'로, 오늘날 종종 '밀교'와 동의어로 쓰이는 비밀 교의)

'심령론'은 인간이 심령론적 행위를 통해 자기 운명과 물질, 주변 환경을 지배할 수 있는 힘을 부여받는다는 이론과 실제 전체를 가리키는 명칭입니다. 심령론적 행위로는 진자 운동, 컵 옮기기, 점성술, 예언 등이 있습니다.

357 어떤 경우든 무신론은 첫째 계명을 거스르는 죄가 되나요?

하느님에 관해 아무것도 들은 적이 없거나, 자기 양심을 토대로 하느님에 관한 질문을 해 본 적이 없어 믿지 못하는 경우, 무신론은 죄가 되지 않습니다. [2127-2128]

믿을 수 없는 것과 믿지 않으려 하는 것 사이의 경계는 불분명합니다. 때때로 심사숙고 후 이르게 된 **무신론**보다 신앙을 깊이 생각해 보지도 않고 중요하지

무신론(atheism, '하느님, 신'이라는 그리스어 '테오스θεός'에 부정을 나타내는 알파α, 주의主義를 나타내는 이즘ism이 붙어 만들어진 말)

하느님은 존재하지 않는다는 견해를 가리켜 '무신론'이라 부릅니다. 하느님의 존재를 부정하는 다양한 이론과 실제를 일컫는 포괄적인 개념입니다.

않은 것으로 치부하는 태도가 더 나쁩니다. → 5

불가지론(agnosticism, 그리스어로 '앎, 지식'이라는 뜻의 '그노시스γνῶσις'에 부정의 뜻인 알파α가 합쳐져 만들어진 용어)

하느님은 인식될 수 없다는 견해를 '불가지론'이라 합니다. 이는 신에 관한 문제는 판단할 수 없으며 하느님은 인간이 확실하게 인식할 수 있는 존재가 아니기에 신에 관한 문제를 미해결 상태로 두겠다는 견해를 가리키는 포괄적인 개념입니다.

358 구약 성경이 신상神像을 금지하는 이유는 무엇인가요? 그리고 오늘날 우리 그리스도인들이 그 규정을 더 이상 지키지 않는 이유는 무엇인가요?

하느님의 신비를 보호하고 이교의 우상 숭배 관행과 거리를 두기 위해 첫째 계명은 "너는 …… 어떤 신상도 만들어서는 안 된다."(탈출 20,4)라고 규정합니다. 그러나 하느님은 예수 그리스도 안에서 직접 인간의 모습을 보이셨기에, 신상 금지 규정은 그리스도교에서 폐지되었습니다. 심지어 동방 교회에서는 이콘icon(성화聖畫나 성상聖像)을 거룩한 것으로 여깁니다. [2129-2132, 2141]

초월성(transcendent, 라틴어로 '제한이나 범위를 넘어서다'라는 뜻의 'transcendere'에서 유래)

'감각적인 체험을 넘어선다'는 의미나 또는 '현실적으로 존재하지 않는 관념적으로 생각해 낸 세계'을 가리켜 '초월성'이라 부릅니다.

이스라엘 선조들은, 하느님은 모든 것을 뛰어넘고(초월성), 이 세상의 모든 것보다 훨씬 더 크신 분이라고 믿었습니다. 오늘날에도 여전히 유다교와 이슬람교에서는 이를 계속 믿고 있습니다. 이에 따라 이들 두 종교에서는 예나 지금이나 신상을 금지합니다. 그리스도교에서는 4세기부터 그리스도와 관련한 신상 금지 규정이 완화되었고, 제2차 니케아 공의회(787년)에서 폐지되었습니다. 하느님은 인간이 되심으로써 우리가 전혀 상상할 수 없는 분으로 남지 않으셨고, 예수님 이래로 우리는 하느님을 상상할 수 있게 되었습니다. "나를 본 사람은 곧 아버지를 뵌 것이다."(요한 14,9) → 9

> 예수님의 용모 속에서 우리는 실제로 하느님이 누구이며 어떤 분이신지를 보게 됩니다.
>
> 베네딕토 16세 교황, 일반 알현 때 하신 말씀, 2006년 9월 6일

이콘(icon, '그림'을 뜻하는 그리스어 '이코나'에서 유래)

이콘은 동방 교회의 전례 때 쓰이는 성화聖畫나 성상聖像으로, 기도하고 단식하는 가운데 신성한 본을 떠서 그린 그림입니다. 그림에 그려진 그리스도와 천사들과 성인들 같은 인물들과, 그림을 보는 사람 사이에 신비로운 관계를 형성합니다.

제2계명
하느님의 이름을 함부로 부르지 마라

359 하느님이 우리가 당신의 이름을 거룩하게 받들기를 바라시는 이유는 무엇인가요?

누군가에게 자기 이름을 밝힌다는 것은 그를 신뢰한다는 표징입니다. 하느님은 우리에게 당신 이름을 알려 주심으로써 당신을 알 수 있게 하시고, 우리가 그 이름을 통해 당신에게 다가갈 수 있도록 허락하십니다. 하느님은 진리 그 자체이십니다. 하느님의 이름을 통해 진리를 불러야 하는데, 만약 거짓을 증언하기 위해 그 이름을 이용하는 사람은 대죄를 범하는 것입니다. [2142-2149, 2150-2155, 2160-2162, 2163-2164]

우리는 하느님의 이름을 함부로 불러서는 안 됩니다. 하느님이 우리에게 당신의 이름을 밝힘으로써

> 경외는 이 세상의 핵심입니다.
>
> 요한 볼프강 폰 괴테
> (1749~1832년), 독일의 시인

우리가 그 이름을 알게 되었기 때문입니다. 그 이름은 전능하신 그분의 마음을 여는 열쇠입니다. 따라서 하느님을 모독하고 하느님의 이름으로 저주하거나 거짓 맹세를 하는 것은 심각한 위법 행위입니다. 또한 이 둘째 계명은 '거룩한 것' 전체를 지키기 위한 보호 규정입니다. 하느님의 손길이 닿은 장소나 사물, 이름, 사람은 '거룩합니다'. 거룩한 것에 대한 마음을 우리는 '경외심'이라 부릅니다. → 31

360 십자 성호聖號는 무엇을 의미하나요?

십자 성호를 통해 우리는 삼위일체이신 하느님의 보호에 우리 자신을 맡깁니다. [2157, 2166]

> 주님의 이름은 찬미 받으소서, 이제부터 영원까지.
>
> 시편 113,2

하루를 시작하거나 기도를 시작할 때, 또는 중요한 일을 시작할 때, 그리스도교 신자는 십자 성호를 그음으로써 '성부와 성자와 성령의 이름으로' 그 일을 시작합니다. 우리 전체를 감싸고 있는 삼위일체이신 하느님의 이름을 부름으로써 우리는 우리가 하려는 일을 거룩하게 만듭니다. 십자 성호는 우리에게 **축복**을 주며, 어려움과 유혹에서 우리를 굳건하게 해 줍니다.

> 십자가에 못 박히신 분에 관한 신앙 고백을 부끄러워하지 맙시다. 믿음에 가득 차서 손가락으로 이마에 십자 성호를 그읍시다. 그리고 우리가 먹는 빵과 우리가 마시는 잔 등 모든 것에 십자 성호를 합시다. 오고 갈 때와, 잠자리에 눕거나 잠자리에서 일어날 때, 길을 걸을 때나 휴식을 취할 때 십자 성호를 그읍시다.
>
> 예루살렘의 치릴로 성인

361 세례성사 때 받는 세례명은 그리스도인들에게 어떤 의미가 있나요?

'성부와 성자와 성령의 이름으로' 우리는 어떤 이름 하에 세례를 받습니다. 인간을 유일무이하게 만드는

> 것은 이름과 얼굴이며, 그것은 결국 하느님 앞에서도 마찬가지입니다. "내가 너를 구원하였으니 두려워하지 마라. 내가 너를 지명하여 불렀으니 너는 나의 것이다."(이사 43,1) **[2158]**

그리스도인들은 경외하는 마음으로 사람의 이름을 대합니다. 이름은 그 사람의 정체성, 존엄성과 깊이 연관되어 있기 때문입니다. 예로부터 그리스도인들은 성인들의 명부에서 자녀의 이름을 찾아 정했습니다. 그들은 수호성인이 자녀에게 모범이 되어 주고, 자녀를 위해 하느님에게 특별히 기도드려 줄 것을 믿습니다. → 201

> 나는 생명의 책에서 그의 이름을 지우지 않을 것이고, 내 아버지와 그분의 천사들 앞에서 그의 이름을 안다고 증언할 것이다.
>
> 묵시 3,5

제3계명
주일을 거룩히 지내라

362 이스라엘 사람들이 안식일을 지키는 이유는 무엇인가요?

안식일은 창조주이자 해방자이신 하느님을 이스라엘 백성에게 기억하게 하는 위대한 표징입니다. **[2168-2172, 2189]**

안식일은 한편으로 창조의 일곱째 날을 상기시킵니다. 그날 하느님은 "쉬면서 숨을 돌렸기 때문에"(탈출

> 안식일을 기억하여 거룩하게 지켜라. …… 이렛날은 주 너의 하느님을 위한 안식일이다. 그날 너와 너의 아들과 딸, 너의 남종과 여종, 그리고 너의 집짐승과 네 동네에 사는 이방인은 어떤 일도 해서는 안 된다.
>
> 탈출 20,8.10

31,17) 그날은 모든 이들이 일을 중단하고 한숨을 돌릴 수 있는 날입니다. 종들도 안식일을 지켜야 했습니다. 안식일은 또한 이집트의 종살이에서 해방된 것을 기억하게 하는 위대한 표징이기도 합니다. "너는 이집트 땅에서 종살이를 하였고, 주 너의 하느님이 강한 손과 뻗은 팔로 너를 그곳에서 이끌어 내었음을 기억하여라."(신명 5,15) 따라서 안식일은 인간의 자유를 축하하는 잔칫날입니다. 안식일에 사람들은 숨을 돌리고, 이날에는 주인과 종이라는 세상의 구분도 없어집니다. 전통적인 유다교에서 안식일은 자유와 휴식의 날일 뿐만 아니라, 도래할 세상을 미리 맛보는 날이기도 합니다. → 47

363 예수님은 안식일을 어떻게 대하셨나요?

> 안식일(Sabbath, '휴식'을 뜻하는 히브리어 '샤바트ṇʊ'에서 유래)
>
> '안식일'은 창조의 일곱째 날과 이집트에서 탈출을 기념하는 유다인들의 휴일을 말합니다. 안식일은 금요일 저녁에 시작해서 토요일 저녁에 끝납니다. 정통 유다교에서는 안식일의 휴식을 수호하기 위해 그것에 관한 수많은 규정들을 정해 놓았습니다.

예수님은 안식일을 존중하시지만, 동시에 가장 높은 주권과 자유를 행사하며 안식일을 대하셨습니다. "안식일이 사람을 위하여 생긴 것이지, 사람이 안식일을 위하여 생긴 것은 아니다."(마르 2,27) [2173]

예수님이 **안식일**에 병을 고쳐 주시고 안식일 계명을 자비롭게 해석할 것을 홀로 요구하시자, 당대의 유다인들은 선택의 기로에 서게 되었습니다. 즉 그들은, 예수님은 하느님이 보내신 메시아이므로 "안식일의 주인"(마르 2,28)이라고 인정할 것인지, 아니면 그분은 단지 인간에 불과하기 때문에 안식일을 대하

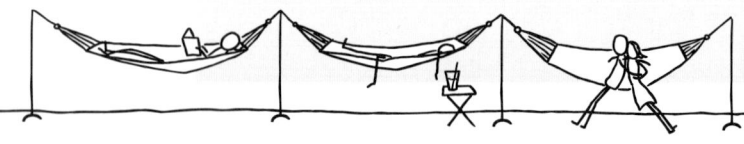

는 그분의 태도는 율법을 거스르는 죄에 해당한다고 여길 것인지 자신들의 의견을 정해야 했습니다.

364 그리스도교 신자들이 안식일을 주일로 대체한 이유는 무엇인가요?

예수 그리스도가 주일에 죽은 이들로부터 부활하셨기 때문에 그리스도인들은 안식일을 주일로 대체했습니다. 그러나 '주님의 날'을 뜻하는 주일은 안식일의 요소들을 모두 받아들였습니다. [2174-2176, 2190-2191]

> 우리는 이교도들이 주일을 '일요일(태양의 날)'이라 부르는 것을 기꺼이 인정합니다. 왜냐하면 오늘 세상의 빛이 떠올랐고 오늘 정의의 태양이 나타났기 때문입니다. 그리고 그 광채는 구원을 가져옵니다.
>
> 예로니모 성인

그리스도교의 주일은 세 가지 필수 요소를 지닙니다.
1) 주일은 천지 창조를 기억하게 하며, 하느님의 빛나는 자비를 시간 속에 끌어들입니다.
2) 주일은 그리스도를 통해 세상이 새롭게 된 '여덟 번째 창조의 날'을 기억하게 합니다. (부활 성야 미사 때에는 "세상이 창조된 것은 참으로 오묘하옵니다. 그러나 그리스도께서 파스카 제물이 되시어 저희를 구원하신 것은 더욱 오묘한 업적이옵니다."라고 기도합니다.)
3) 주일은 그저 일을 쉬는 것을 거룩하게 하려고 있는 것만이 아니라, 인간이 하느님 안에서 영원한 안식을 누리게 되리라는 것을 미리 알려 주기 위한 것입니다.

> 인간은 주일 예복을 갖고 있다는 점에서 동물과 구별됩니다.
>
> 마르틴 루터

365 그리스도인들은 '주님의 날'인 주일을 어떻게 지내나요?

> 우리는 주일 없이 살 수 없습니다.
>
> 주일 미사 금지 조치에 반대한 아비테네의 그리스도교 순교자들이 304년에 디오클레티아누스 황제에게 처형당하기 전에 했던 말

> 예전에는 "영혼에게 주일을 선사하라!"라고들 했지만, 지금은 "주일에 혼을 불어넣으래"라고들 이야기합니다.
>
> 페터 로제거(1843~1918년), 오스트리아의 작가

> 우리는 주일에 일하지 않는 대신 어떤 대가를 치러야 합니까? 이런 질문 자체가 이미 주일에 대해 잘못 생각하고 있음을 말해 줍니다. 왜냐하면 주일은 아무런 대가를 요구하지 않고 경제적인 의미에서 아무런 수익도 가져오지 않는다는 점에서 주일이라 할 수 있기 때문입니다. 따라서 이 대가를 치러야 하느냐는 질문은, 이미 우리가 주일을 일하는 날로 잘못 생각했음을 전제로 합니다.
>
> 로베르트 슈페만(1927년 출생), 독일의 철학자

가톨릭 신자는 주일이나 토요일 저녁에 미사에 참례합니다. 이날에는 하느님을 흠숭하는 일을 방해하거나 주일이 지닌 축제와 기쁨, 휴식, 원기 회복의 속성을 훼손하는 모든 일을 하지 않습니다. [2177-2186, 2192-2193]

그리스도교 신자들은 초대 교회 때부터 자신들의 구세주를 기념하고 그분에게 감사드리며 그분과 동료 신자들과 새롭게 하나가 되기 위해 주일에 모였는데, 주일은 매주 돌아오는 부활 축일이기 때문입니다. 따라서 주일과 교회의 의무 대축일을 '거룩히 지내는 것'은 성실한 가톨릭 신자라면 누구에게나 가장 중요한 관심사라 할 수 있습니다. 오로지 급박한 가정사나 중대한 사회적 임무가 있을 때에만 예외로 인정받을 수 있습니다. 주일 미사 참례는 그리스도인의 삶에서 근간을 이루는 일이므로, 교회는 긴급한 이유 없이 주일 미사를 거르는 것은 중대한 죄라고 분명하게 선언합니다. → 219, 345

366 국가가 주일을 보장해 주어야 하는 이유는 무엇인가요?

주일은 인간이 일의 노예가 되는 것을 막아 주는 표징이기 때문에 인간 사회에 기여합니다. [2188, 2192-2193]

따라서 그리스도교 국가에 사는 그리스도인들은 국가가 주일을 보장할 것을 강력하게 요청합니다. 또

한 자신들도 주일에 일하지 않는 만큼, 다른 이들이 주일에 일을 하라고 부당하게 요구하지 않습니다. 이는 모든 이들이 피조물의 휴식에 참여해야 한다고 생각하기 때문입니다.

제2장
네 이웃을 너 자신처럼 사랑해야 한다

제4계명
부모에게 효도하여라

367 넷째 계명은 누구와 관련된 것이며, 우리에게 무엇을 요구하나요?

넷째 계명은 누구보다 부모와 관련한 것이지만, 우리의 생명과 행복, 안전, 신앙에 대해 감사해야 할 사람들도 그 대상이 됩니다. [2196-2200, 2247-2248]

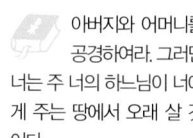
아버지와 어머니를 공경하여라. 그러면 너는 주 너의 하느님이 너에게 주는 땅에서 오래 살 것이다.

탈출 20,12

우리가 가장 먼저 부모에게 돌려 드려야 하는 사랑과 감사와 존경은 우리를 이끌어 주고 우리를 위해 애쓰시는 분들에게도 마땅히 돌려 드려야 합니다. 우리 주위에는 하느님이 주신 천부적이고 훌륭한 권위를 지닌 사람들이 많이 있습니다. 예를 들면 양부모나 계부모, 연세가 높은 친척들과 선조들, 스승, 고용주나 직장 상사 등이 바로 그들입니다. 우리는 넷째 계명에 따라 그들도 마땅히 공경해야 합니다. 나아가 이 계명은 넓은 의미로는 우리가 국민으로서 국가에 지는 의무들을 가리키는 말이기도 합니다. → 325

368 하느님의 창조 계획에서 가정은 어떤 위치를 차지하나요?

결혼한 부부는 그들의 자녀들과 함께 한 가정을 이룹니다. 하느님은 가능하다면 부부의 사랑 안에서 자녀들이 태어나길 바라십니다. 부모의 보호와 보살핌에 맡겨진 자녀들도 부모와 똑같은 존엄성을 지닙니다. [2201-2206, 2249]

하느님은 삼위일체의 심오함 속에서 공동체를 이루십니다. 가정은 인간의 영역에서 공동체의 원형이라 할 수 있습니다. 가정은, 많은 관계를 맺으며 살게 되는 인생에서의 유일한 학교입니다. 자녀들이 건전한 가정에서 진심 어린 애정을 품고 서로 존중하고 서로에 대한 책임을 느끼며 사는 것보다 더 훌륭한 성장의 기회는 없습니다. 결국 신앙도 가정 안에서 성장합니다. 교회가 이야기하는 것처럼 가정은, 그것이 지닌 빛나는 후광을 통해 다른 이들을 믿음과 사랑, 희망의 공동체로 이끌어야 하는 작은 교회, 곧 '가정 교회'입니다. → 271

> 부모들의 삶은, 자녀들이 읽는 책이 됩니다.
> 아우구스티노 성인

> 가정은 사람들에게 꼭 필요한 자산이고, 사회에 없어서는 안 될 기초이며, 부부에게는 일생의 소중한 보물입니다. 부모의 사랑의 열매이며, 부모의 고결하고 전적인 헌신의 열매이기도 한 자녀들에게 가정은 그 무엇과도 바꿀 수 없는 자산입니다.
> 베네딕토 16세 교황, 2006년 7월 8일

> 가장 고약한 병은 결핵이나 암이 아닙니다. 그보다 훨씬 더 고약한 병은 환영받지 못하고 사랑받지 못하는 것입니다.
> 마더 데레사 성녀

> 남녀 간의 전적이고 철회할 수 없는 사랑의 굳건함만이 모든 이에게 가정이 되는 사회를 건설할 토대가 될 수 있습니다.
> 베네딕토 16세 교황, 2006년 5월 11일

369 가정을 다른 것과 대체할 수 없는 이유는 무엇인가요?

자녀는 누구나 한 아버지와 한 어머니 사이에서 태어나며, 안전하고 행복하게 성장하려면 가정의 따뜻함과 안전이 필요합니다. [2207-2208]

가정은 인간 사회의 가장 기본적인 구성 단위입니다. 가정이라는 작은 영역에서 실현되는 가치와 원칙들이 큰 규모의 사회적·연대적 삶을 가능하게 합니다.
→ 516

> 함께 기도하는 가정은 함께 오래갑니다.
> 마더 데레사 성녀

370 국가가 가정을 보호하고 지원해야 하는 이유는 무엇인가요?

국가의 가장 작은 조직인 가정이 살아 있고 발전할 수 있느냐에 국가의 번영과 미래가 달려 있습니다. [2209-2213, 2250]

어떤 국가도 사회의 가장 기본 구조인 가정에 개입하여 제멋대로 다스리거나 가정의 생존권을 빼앗을

> 젊은이들은 나이 든 이들을 존경하고, 나이 든 이들은 젊은이들을 사랑해야 합니다.
> 베네딕토 성인

권한이 없습니다. 어떤 국가도 가정에 부여된 창조 임무에 위배되는 방식으로 가정을 정의할 수 없습니다. 또한 가정이 지닌 기본 기능, 특히 훈육의 기능을 빼앗을 수 없습니다. 오히려 국가는 가정을 돕고 지지하며, 물질적인 궁핍을 겪는 가정을 보살필 의무가 있습니다.

> 가정이 건강하면 국가도 건강하고, 국가가 건강하면 인류가 평화 속에 살게 됩니다.
>
> 여불위(기원전 236년경 사망), 중국의 철학자

371 자녀는 어떻게 부모를 공경할 수 있나요?

자녀는 사랑과 감사하는 마음으로 부모를 대함으로써 그분들을 공경합니다. [2214-2220, 2251]

> 마음을 다해 네 아버지를 영광스럽게 하고 어머니의 산고를 잊지 마라. …… 그들이 네게 베푼 것을 어떻게 그대로 되갚겠느냐?
>
> 집회 7,27-28

자녀는 부모의 사랑을 통해 생명을 얻었다는 이유만으로도 부모에게 마땅히 감사해야 합니다. 그런 감사의 마음은 사랑과 존경, 책임, 올바른 의미의 순종이라는, 평생 지속되는 관계를 낳습니다. 특히 부모가 환난과 질병에 시달리거나 고령에 이르렀을 때 자녀는 정성과 신의를 다해 그분들을 보살펴야 합니다.

372 부모는 어떻게 자녀를 존중할 수 있나요?

하느님은 부모에게 자녀를 맡기셨습니다. 그래서 부모가 자녀에게 올바르고 건실한 모범이 되며, 자녀를 사랑하고 존중할 뿐만 아니라, 자녀의 몸과 마음이 성장할 수 있도록 모든 노력을 기울이게 하셨습니다. [2221-2231]

> 사람들이 어린이들을 예수님께 데리고 와서 그들을 쓰다듬어 달라고 하였다. 그러자 제자들이 사람들을 꾸짖었다. 예수님께서는 그것을 보시고 언짢아하시며 제자들에게 이르셨다. "어린이들이 나에게 오는 것을 막지 말고 그냥 놓아두어라. 사실 하느님의 나라는 이 어린이들과 같은 사람들의 것이다."
>
> 마르 10,13-14

> 아이들이 지닌 복됨은, 그들 각자와 더불어 모든 것이 새롭게 창조되고 우주가 다시 시도된다는 데 있습니다.
>
> G. K. 체스터튼(1874~1936년), 영국의 소설가이자 평론가

> 자녀들은 부모에게 뿌리와 날개를 얻어야 합니다.
>
> 요한 볼프강 폰 괴테

자녀는 하느님의 선물이지 부모의 소유물이 아닙니다. 자녀는 부모의 자녀이기 이전에 하느님의 자녀입니다. 부모의 가장 고결한 의무는 자녀에게 복음을 선물하고 그리스도교의 신앙을 전하는 일입니다.

→ 374

아버지 여러분, 자녀들을 들볶지 마십시오. 그러다가 그들의 기를 꺾고 맙니다.

콜로 3,21

373 가정은 어떤 방식으로 신앙생활을 함께할 수 있나요?

그리스도교 신자의 가정은 작은 의미의 교회가 되어야 합니다. 그리스도인인 가족 구성원은 모두 신앙 안에서 서로를 격려하고, 하느님을 위하는 열정을 키워 가도록 초대받았습니다. 그들은 서로를 위해 함께 기도하고, 이웃 사랑이라는 공동 작업을 실천해야 합니다. [2226-2227]

형제애로 서로 깊이 아끼고, 서로 존경하는 일에 먼저 나서십시오. 열성이 줄지 않게 하고 마음이 성령으로 타오르게 하며 주님을 섬기십시오.

로마 12,10-11

부모는 자신들의 신앙을 통해 자녀가 세례받을 수 있게 해 주며, 신앙의 모범이 됨으로써 자녀에게 봉사합니다. 다시 말해 부모는, 사랑하시는 하느님의 현존 속에 그분과 가까이 사는 것이 얼마나 가치 있고 유익한 일인지를 자녀에게 보여 줘야 합니다. 물론 부모도 언젠가는 자기 자녀의 신앙에서 배우고, 하느님이 자녀를 통해 어떻게 말씀하시는지 경청하게 될 것입니다. 젊은이들의 신앙은 종종 더 헌신적이고 광대한데, 이는 "주님은 종종 더 좋은 것을 젊은이들에게 계시하시기 때문입니다."(베네딕토 성인, 《성 베네딕토의 규칙서》, 3장 3절)

여러분이 서로 지니고 있는 사랑과 다른 모든 사람을 향한 사랑도, 여러분에 대한 우리의 사랑처럼 주님께서 더욱 자라게 하시고 충만하게 하시며, 여러분의 마음에 힘을 북돋아 주시어, 우리 주 예수님께서 당신의 모든 성도들과 함께 재림하실 때, 여러분이 하느님 우리 아버지 앞에서 흠 없이 거룩한 사람으로 나설 수 있게 되기를 빕니다.

1테살 3,12-13

374 하느님이 가정보다 더 중요한 이유는 무엇인가요?

인간은 관계를 맺지 않고는 살 수 없습니다. 인간에게 가장 중요한 관계는 하느님과 맺은 관계며, 이는 가족 관계를 비롯한 모든 인간관계보다 앞섭니다. [2232-2233]

자녀는 부모의 소유물이 아니며, 부모 또한 자녀의

소유물이 아닙니다. 그러나 인간은 누구나 전적으로 하느님의 것입니다. 인간은 오직 하느님에게만 절대적으로 영원히 구속됩니다. 따라서 우리는 부르심을 받은 이에게 하신 예수님의 다음 말씀을 이해할 수 있습니다. "아버지나 어머니를 나보다 더 사랑하는 사람은 나에게 합당하지 않다. 아들이나 딸을 나보다 더 사랑하는 사람도 나에게 합당하지 않다."(마태 10,37) 그러므로 주님이 만약 자녀를 수도자나 **사제**라는 봉헌의 삶으로 부르신다면 부모는 오롯이 신뢰하는 마음으로 자녀를 그분의 손에 맡겨야 합니다.

→ 145

375 어떻게 해야 권위를 올바르게 행사할 수 있나요?

권위는 예수님의 모범을 따라 봉사하기 위해 행사할 때에야 올바르게 행사할 수 있습니다. 권위를 결코 제멋대로 행사해서는 안 됩니다. [2234-2237, 2254]

예수님은 권위를 어떻게 행사해야 하는지 우리에게 확실히 보여 주셨습니다. 가장 큰 권위를 지니신 그분은 섬김의 삶을 사셨고, 자신을 가장 끝자리에 세우셨습니다. 예수님은 심지어 당신 제자들의 발을 씻어 주기까지 하셨습니다(요한 13,1-20 참조). 부모와 교육자, 직장 상사는 자신들에게 맡겨진 이들을 지배하기 위해서가 아니라 그들은 이끌고 교육하기 위해, 자신들의 직무를 봉사로 이해하고 수행하도록 하느님에게 권위를 받았습니다. → 325

> 너희 가운데에서 첫째가 되려는 이는 너희의 종이 되어야 한다. 사람의 아들도 섬김을 받으러 온 것이 아니라 섬기러 왔고, 또 많은 이들의 몸값으로 자기 목숨을 바치러 왔다.
>
> 마태 20,27-28

376 국민은 국가에 대해 어떤 의무를 지고 있나요?

모든 국민은 국가 기관에 협력하여 충성스럽게 일하고, 진실과 의로움, 자유와 연대감 속에서 공동선에 기여할 의무가 있습니다. [2238-2246]

그리스도인도 자기 조국을 사랑하고, 조국이 곤경에 처한 경우 여러 가지 방식으로 조국을 수호하며, 국가 기관의 직무에도 기꺼이 나서야 합니다. 그리스도인은 선거권과 피선거권을 행사해야 하며, 정당한 납세의 의무를 행해야 합니다. 한편으로 한 국가의 국민은 기본권을 지닌 자유로운 존재며, 국가와 국가 기관에 대해 건설적인 비판을 할 권리가 있습니다. 국가가 국민을 위해 존재하는 것이지, 국민이 국가를 위해 존재하는 것은 아닙니다.

> 나는 알바니아인의 혈통이지만, 국적은 인도이고, 신분은 가톨릭 교회의 수녀입니다. 나의 사명으로 인해 나는 전 세계의 것이지만, 내 마음은 오직 예수님의 것입니다.
>
> 마더 데레사 성녀

377 국가의 명령을 따르지 말아야 할 때는 언제인가요?

하느님의 법을 거스르는 국가 기관의 명령은 누구도 따라서는 안 됩니다. [2242-2246, 2256-2257]

베드로 **사도**는 국가의 명령에 선별적으로 복종하라고 가르쳤습니다. "사람에게 순종하는 것보다 하느님께 순종하는 것이 더욱 마땅합니다."(사도 5,29) 국가가 인종 차별적 또는 성차별적인 규정이나 생명을 파괴하는 규정을 정하고 그런 조치들을 취하는 경우, 그리스도인은 양심에 따라 복종을 거부하고 그 일

> 황제의 것은 황제에게 돌려주고, 하느님의 것은 하느님께 돌려 드려라.
>
> 마태 22,21

에 참여하지 않으며 명령에 항거할 의무를 지닙니다.

→ 379

 **제5계명**
사람을 죽이지 마라

378 우리가 자기 자신이나 다른 이들의 목숨을 빼앗을 수 없는 이유는 무엇인가요?

오로지 하느님만이 생명과 죽음을 주재하는 주인이십니다. 정당방위나 긴급 구조의 경우를 제외하고는 아무도 사람을 죽여서는 안 됩니다. [2258-2262, 2318-2320]

생명을 훼손하는 일은 하느님을 모독하는 행위입니다. 인간의 생명은 거룩한 것입니다. 다시 말해 인간의 생명은 하느님에게 속해 있으며 그분의 것입니다. 우리 자신의 생명도 그저 주님이 우리에게 맡기신 것일 뿐입니다. 하느님이 몸소 우리에게 생명을 선물하셨기에, 오로지 그분만이 우리에게서 다시 가져가실 수 있습니다. 성경에도 "살인해서는 안 된다."(탈출 20,13)라고 나와 있습니다.

> "살인해서는 안 된다. 살인한 자는 재판에 넘겨진다."고 옛사람들에게 이르신 말씀을 너희는 들었다. 그러나 나는 너희에게 말한다. 자기 형제에게 성을 내는 자는 누구나 재판에 넘겨질 것이다.
>
> 마태 5,21-22

> 처음에는 기본적인 태도에서 미묘한 변화가 있었을 뿐입니다. 그것은 더 이상 살 만한 가치가 없는 생명 같은 것이 존재한다는 견해, 즉 안락사 운동의 토대가 되는 견해에서 시작되었습니다. 초창기에 안락사 운동은 오직 만성적인 난치병을 앓고 있는 이들만을 대상으로 했습니다. 그러나 시간이 갈수록 안락사 운동의 범주에 속하는 이들의 범위가 확대되었습니다. 사회적으로 비생산적인 이들, 사상이나 인종 면에서 환영받지 못하는 이들도 여기에 포함된 것입니다. 어쨌든 난치병 환자들에 대한 입장과 같은 아주 작은 불씨에서 시작한 생각이지만 그것이 이 모든 생각의 변화를 가져왔다는 점을 반드시 인식해야 합니다.
>
> 레오 알렉산더(1905~1985년), 유다계 미국인 의사, 나치의 안락사 범죄에 관해 한 말

379 다섯째 계명은 어떤 행위들을 금하나요?

이 계명은 살인과 살인 방조, 전쟁으로 인한 살인, 임신 이후에 행해지는 모든 낙태, 자살과 자해 및 자기 파괴 행위, 장애인과 병자와 임종을 앞둔 이에 대한 안락사 등을 금하고 있습니다. [2268-2283, 2322-2325]

오늘날 다섯째 계명은 얼핏 인도적으로 보이는 논란거리들을 통해 종종 도전받습니다. 그러나 안락사나 낙태 모두 인도적인 해결책이 아닙니다. 그래서 교회는 이런 문제들에 대해 매우 단호한 입장을 보입니다. 낙태에 관여하거나 낙태하도록 남에게 강요하거나 부추기는 사람은 누구나, 생명을 거스르는 다른 위법 행위와 마찬가지로 자동으로 파문됩니다. 그러나 정신 질환자가 자살한 경우에는, 그 책임이 줄어들기도 하며 많은 경우에 완전히 면제받기도 합니다. → 288

380 정당방위인 경우에 살인이 용인되는 이유는 무엇인가요?

실제로 다른 사람의 목숨을 해치려는 이를 저지해야 하며, 긴급한 경우에는 그 공격자를 죽여서라도 막아야 합니다. [2263-2265, 2321]

정당방위는 권리일 뿐만 아니라, 다른 이들의 생명을 책임진 사람에게는 의무이기도 합니다. 그러나

정당방위 조치를 잘못 취하거나 필요 이상으로 가혹하게 해서는 안 됩니다.

381 교회는 왜 사형제도에 반대하나요?

교회는 "복음에 비추어 사형은 개인의 불가침과 인간 존엄에 대한 모욕이기에 용납될 수 없다."고 가르치며, "단호히 전 세계의 사형 제도 폐지를 위하여 노력"합니다. [2266-2267]

모든 법치국가에는 근본적으로 적절한 형벌을 시행할 권한이 있습니다. 그러나 교회는 오래 전부터 사형 제도에 반대해 왔습니다. 프란치스코 교황은 《가톨릭 교회 교리서》의 개정판에서 이러한 입장을 강조한 바 있습니다. "어떤 사람이 심지어 매우 중대한 범죄를 저질렀다 하더라도 그의 존엄성이 박탈되어서는 안 된다. …… 또한 국가가 시행하는 형벌 제재의 의미에 대한 새로운 이해가 확산되고 있다. 마침내 시민들에게 합당한 보호를 보장하고 동시에 범죄자에게서 그 죄에 대한 속죄의 가능성을 앗아 가지 않는 더욱 효과적인 수감 제도가 마련되어 있다."

국가가 규정한 형벌이 적절하고 정당한 것이 되려면, 다음 네 조건을 충족해야 합니다.
1. 위법 행위에 대해 그에 상응하는 대가를 치러야 합니다.
2. 국가는 형벌을 통해 공적 질서를 회복하고 국민의 안전을 돌봐야 합니다.
3. 형벌은 죄지은 이를 교화해야 합니다.
4. 형벌은 범죄의 무게에 상응하는 것이어야 합니다.

382 안락사는 허용되나요?

그렇지 않습니다. 의도적인 죽음의 유도는 언제나 "살인해서는 안 된다."(탈출 20,13)라는 계명을 어기는 것입니다. 이에 반하여 자연적인 죽음의 과정에 있는 사람을 돕는 것은 인간적 의무입니다. [2278-2279]

> 인간은 남의 손에 의해서가 아니라, 남의 손에 기댄 채 죽음을 맞이해야 합니다.
>
> 호르스트 쾰러,
> 독일의 전직 대통령

> 인간다운 해결책은 안락사 운동이 아니라 호스피스 운동입니다. 우리가 직면한 엄청난 문제들과 관련해서 손쉬운 해결책('안락사'를 뜻함 – 역자 주)을 계속 엄격하게 차단해야만 상상과 연대의 힘('호스피스'를 뜻함 – 역자 주)이 발휘될 것입니다. 죽음이 삶의 한 부분으로 이해되지 않는다면, 죽음의 문명이 시작될 것입니다.
>
> 로베르트 슈페만

환자를 죽이는 행위인가, 아니면 자연적인 죽음을 맞이하도록 환자를 도와주는 행위인가를 구분하는 것이 이 문제의 핵심입니다. 죽음이 임박한 환자를 의도적으로 죽이는(안락사) 사람은 제5계명을 어기는 것이며, 반면 자연스러운 죽음의 과정에서 환자를 동반하는 사람은 이웃을 사랑하라는 계명을 실천하는 것입니다. 이는 환자의 죽음이 임박했을 때 기대하는 결과에 비해 예외적이고 부담을 주며 불균형적인 조치를 포기한다는 것이지, 결코 어떤 상황에서도 이로운 결과를 얻을 수 있는 조치를 포기한다는 의미는 아닙니다. 이에 대한 결정은 환자 자신에게 맡겨져 있으며, 혹은 의료계획서에 명시할 수도

있습니다. 환자가 그러한 능력이 없는 경우에 대리인이 죽어 가는 사람의 밝혀진, 또는 추정되는 의사를 올바로 판단해야 합니다. 죽어 가는 사람에 대한 돌봄은 결코 포기되어서는 안 됩니다. 돌봄은 이웃 사랑과 자비의 계명입니다. 그렇지만 환자의 생명이 단축될 위험이 있다 해도 고통을 줄이는 진통제를 투여하는 것은 정당하며 인간 존엄에 부합할 수 있습니다. 그러나 결정적으로 중요한 것은 죽음이 목적이나 수단으로 추구되어서는 안 된다는 것입니다.

→ 393

383 배아가 어떤 성장 단계에 있든지 간에 낙태를 용인할 수 없는 이유는 무엇인가요?

하느님으로부터 받은 생명은 하느님의 전적인 소유물이기 때문에, 그것은 첫 순간부터 거룩하며 인간의 모든 손길로부터 벗어나 있는 것입니다. "모태에서 너를 빚기 전에 나는 너를 알았다. 태중에서 나오기 전에 내가 너를 성별하였다."(예레 1,5) [2270-2274, 2322]

하느님만이 생명과 죽음을 주재하는 주인이십니다. 따라서 '나의' 생명도 내 것이 아닙니다. 모든 태아는 임신된 순간부터 살 권리가 있습니다. 태어나지 않은 인간도 고유한 인격체며, 국가, 의사, 어머니 등 외부의 어느 누구도 이 인격체가 지닌 법적 지위를 침해할 수 없습니다. 교회의 이러한 확신은 연민의 부족함을 드러내는 것이 아니며, 오히려 교회는 무

> 인간이 모태 속에서도 안심할 수 없다면, 도대체 이 세상 어디에서 안심할 수 있겠습니까?
>
> 필 보스만스(1922년 출생), 벨기에의 사제

> 그리스도인들은······ 다른 이들처럼 결혼도 하고 아이도 갖지만, 갓 태어난 아기들을 버리지는 않습니다.
>
> 작자 미상, 〈디오그네투스에게 보낸 서간〉, 3세기경

> 낙태와 유아 살해는 흉악한 범죄입니다.
>
> 제2차 바티칸 공의회, 현대 세계의 교회에 관한 사목 헌장 〈기쁨과 희망〉

> 우리가 낙태에 관해 알아야 하는 모든 내용은 다섯째 계명에 나와 있습니다.
>
> 크리스토프 쇤보른 추기경

> 낙태도 하지 말고, 갓 태어난 아기도 죽이지 마십시오.
>
> 작자 미상, 〈열두 사도들의 가르침〉, 3세기경

> 하느님, 태어나지 않은 모든 생명을 보호할 용기를 저희에게 주십시오. 아기는 가정과 민족과 세상을 위한 당신의 가장 큰 선물이기 때문입니다.
>
> 마더 데레사 성녀, 1979년 노벨 평화상 수상식에서

> 아기의 장애가 예상된다고 해서 임신 중절을 해서는 안 됩니다. …… 장애가 있는 생명도 똑같이 존귀하고 하느님이 받아 주시기 때문이며, 또한 이 세상의 어느 누구도 육체적·영적·정신적 장애가 없는 삶을 보장받지 못하기 때문입니다.
>
> 베네딕토 16세 교황, 2006년 9월 28일

고하게 죽임당한 아기와 그 부모, 사회 전체가 회복할 수 없는 상처를 입었음을 깨우쳐 주려는 것입니다. 무고한 생명을 보호하는 일은 국가의 가장 고귀한 사명 가운데 하나입니다. 국가가 이 사명을 저버린다면, 그 국가는 법치 국가의 기초를 스스로 허무는 꼴이 되고 맙니다. → 237, 379

384 장애가 있는 태아는 낙태해도 되나요?

그렇지 않습니다. 장애가 있는 태아를 낙태하는 것은, 그 아기가 장차 겪을 고통을 미리 없애 주려는 이유에서 시행된다 할지라도 중대한 범죄라는 사실에는 변함이 없습니다. → 280

385 살아 있는 배아나 배아 줄기 세포를 연구해도 되나요?

그렇지 않습니다. 인간의 생명은 정자와 난자의 결합으로 시작되기 때문에, 배아도 인간입니다. [2275, 2323]

배아를 생물학적인 물질로 여겨 그것을 '제조하고' 그렇게 얻은 배아 줄기 세포를 연구 목적으로 '사용하는' 행위는, 전적으로 비윤리적이며 다섯째 계명에 저촉됩니다. 그러나 성체 줄기 세포는 인체로 자랄 수 없기 때문에, 그것에 대한 연구는 다르게 평가할 수 있습니다. 배아에 대한 의학적 개입은 치료의 목적으로 시행되고, 태아의 생명과 온전한 성장이

보장되며, 위험성이 지나치게 높지 않을 경우에만 정당할 수 있습니다. → 292

386 다섯째 계명이 인간의 육체적·영적 완전함을 보호하는 것이 되는 이유는 무엇인가요?

인간의 생존권과 존엄성은 하나며, 서로 분리될 수 없게 결합되어 있습니다. 사람은 영적 죽음으로 내몰릴 수도 있습니다. [2284-2287, 2326]

"살인해서는 안 된다."(탈출 20,13)라는 계명은 육체적 온전함뿐만 아니라 영적 온전함과도 관계가 있습니다. 악으로 이끄는 유혹과 폭력 행위는 모두 중대한 죄며, 그것이 의존 관계에서 일어나는 경우 더욱 그러합니다. 특히 성인과 아동 사이의 의존 관계에서 발생했다면 그 죄는 더 나쁩니다. 부모나 **사제**, 교사 등에 의한 아동 성폭력뿐만 아니라 정신적 유혹, 가치 있는 일에서 멀어지게 하는 행위 등이 이에 해당됩니다.

387 우리는 우리 몸을 어떻게 대해야 하나요?

다섯째 계명은 자기 몸에 대한 폭행도 금합니다. 예수님은 우리가 자신을 받아들이고 사랑하도록 요청하셨습니다. "네 이웃을 너 자신처럼 사랑해야 한다." (마태 22,39)

자기 몸을 할퀴는 것과 같은 자해 행위는 대부분 버림

> 나를 믿는 이 작은 이들 가운데 하나라도 죄짓게 하는 자는, 연자매를 목에 달고 바다 깊은 곳에 빠지는 편이 낫다.
>
> 마태 18,6

> 당신이 자신을 사랑한다면, 당신은 당신 자신만큼 모든 이를 사랑하는 것입니다. 당신이 자신보다 덜 사랑하는 사람이 하나라도 있다면, 당신은 결코 당신 자신을 진정으로 사랑하지 못한 것입니다.
>
> 마이스터 에크하르트

> 하느님은, 우리가 우리 자신을 사랑하는 것보다 훨씬 더 많이 우리를 사랑하십니다.
>
> 예수의 데레사 성녀

> 여러분의 몸이 여러분 안에 계시는 성령의 성전임을 모릅니까? 그 성령을 여러분이 하느님에게서 받았고, 또 여러분은 여러분 자신의 것이 아님을 모릅니까?
>
> 1코린 6,19

받았거나 애정 결핍을 느꼈을 때 발생하는 심리 상태에 그 원인이 있습니다. 따라서 그런 행위들은 무엇보다 우리가 우리 자신을 전적으로 사랑해 주기를 요청하는 것입니다. 그러한 사람에게 온정을 베풀어 주면서, 인간은 하느님에게 선물 받은 자기 몸을 해칠 권리가 없다는 점을 분명히 지적해야 합니다. → 379

388 건강은 얼마나 중요한가요?

건강은 중요하지만 절대적이지는 않습니다. 우리는 하느님에게 선물 받은 몸을 감사하는 마음으로 소중히 대해야 하지만, 지나치게 몸을 떠받들어서도 안 됩니다. [2288-2290]

건강을 적절하게 돌보는 일은, 충분한 양식과 깨끗한 주거 환경, 기본 의료 시설 등의 생활 조건을 마련해야 하는 국가의 기본적인 의무 가운데 하나입니다.

> 그들은 자기네 배를 하느님으로, 자기네 수치를 영광으로 삼으며 이 세상 것만 생각합니다.
>
> 필리 3,19

389 마약 복용이 죄가 되는 이유는 무엇인가요?

마약 복용은 자기 파괴 행위로서, 하느님이 우리에게 사랑으로 선물하신 생명을 거스르는 일이기 때문에 죄가 됩니다. [2290-2291]

술, 약품, 담배와 같은 합법적인 물질에 대한 인간의 의존성과 그보다 더 심한 불법적인 마약에 대한 인간의 의존성은, 자유를 종살이와 맞바꾼 꼴이 됩니다. 이러한 의존성은 당사자의 건강과 생명을 해칠 뿐만 아니라, 동료들에게도 심각한 피해를 줍니다. 폭식과 폭음, 성에 대한 탐닉, 자동차 폭주 등으로 도취 상태에 빠진 인간은 자아를 상실하고 자신을 망각하게 됩니다. 동시에 자신의 존엄성과 자유를 상실하게 되면서 하느님을 거스르는 죄까지 짓게 됩니다. 이는 기호품을 이성적으로 뚜렷하게 의식하면서 적당히 즐기는 것과는 구분되는 행위입니다.

→ 286

390 살아 있는 인간을 연구 대상으로 삼을 수 있나요?

살아 있는 인간에 대한 과학적·심리적·의학적 실험들은, 그 실험을 통해 얻은 성과가 인류 복지를 위해 중요하고 다른 방식으로는 그러한 성과를 얻을 수 없는 경우에만 허용됩니다. 그러나 모든 과정은 실험 대상자의 자유로운 동의를 받아 수행해야 합니다.
[2292-2295]

또한 실험이 너무 위험해서도 안 됩니다. 본인의 뜻에 반해 사람을 연구 대상으로 삼는 행위는 범죄입니다. 요한 바오로 2세 교황과 친분이 두터웠던 폴란드의 여성 저항 운동가인 반다 푸타프스카의 운명은 오늘날까지도 시사하는 바가 큽니다. 그녀는 제2차 세계 대전 중에 라벤스부르크 강제 수용소에서 생체 실험이라는 범죄의 제물이 되었습니다. 정신과 의사가 된 그녀는 이후 의학 윤리의 쇄신을 지지했습니다. 또한 '교황청 생명학술원'의 창립자들 가운데 한 사람이 되었습니다.

391 장기 기증이 중요한 이유는 무엇인가요?

장기 기증은 생명을 연장하고 삶의 질을 높일 수 있기 때문에, 강요에 의한 것이 아닌 이상 그것은 이웃을 진정으로 섬기는 일입니다. [2296]

장기 기증자가 생전에 의식이 뚜렷한 상태에서 자유롭게 동의했고, 장기 이식이 그의 죽음을 직접 유발하는 것은 아니라는 점이 확실해야 합니다. 골수 이식이나 신장 이식처럼 살아 있는 기증자가 기증하는 경우도 있습니다. 사망자의 장기 기증은 확실한 사망 확인, 기증자가 생전에 했던 동의 또는 그의 대리인의 동의를 전제로 합니다.

392 인간의 '신체에 대한 권리'를 훼손하는 행위에는 어떤 것들이 있나요?

신체에 대한 권리를 훼손하는 행위로는, 폭행과 유괴, 납치, 테러리즘, 고문, 강간, 강제적 불임 시술, 신체 절단 등이 있습니다. [2297-2298]

정의와 사랑 그리고 인간의 존엄성을 근본적으로 거스르는 이러한 행위들은 설령 국가의 권위가 비호한다고 해도 결코 정당할 수 없습니다. 역사적으로 그리스도인들도 범죄에 가담한 적이 있었다는 것을 인식하고 있는 교회는, 오늘날 육체적이고 정신적인 모든

99 우리는 차례대로 차에 태워져 힘없이 밖으로 끌려 나갔습니다. 수술실 문 앞 복도에서 우리는 시들라우스키 박사가 놓는 정맥 주사를 맞고 마취되었습니다. 잠들기 전에 불현듯 어떤 생각이 머릿속을 스쳐 지나갔는데, 나는 그 생각을 더 이상 말로 표현할 수 없었습니다. "우리는 실험용 토끼가 아니에요." 정말이지 우리는 실험용 토끼가 아니었습니다. 우리는 사람이었습니다.

반다 푸타프스카(1921년 출생)

99 그러나 그리스도인들은 종종 복음을 부인하고 힘의 논리를 앞세워 이방인과 이민족의 권리를 침해하며 그들의 문화와 종교 전통을 멸시해 왔나이다. 저희에게 인내와 자비를 베푸시고, 용서하여 주소서!

요한 바오로 2세 성인 교황, 2000년에 행한 교회의 죄 고백

폭력의 사용, 특히 고문에 맞서 싸우고 있습니다.

393 그리스도인들은 임종하는 사람을 어떻게 돕나요?

그리스도인들은 임종하는 사람을 홀로 두지 않습니다. 그가 충만한 신앙 속에서 품위 있고 평화롭게 죽음을 맞이할 수 있도록 돕습니다. 그리스도인들은 그와 함께 기도하고, 그를 돌보며, 그가 성사를 제때에 받을 수 있도록 주선합니다. [2299]

> 누군가를 사랑한다는 것은 그에게 "너는 죽지 않을 거야."라고 말하는 것입니다.
> 가브리엘 마르셀(1889~1973년), 프랑스의 철학자

> '발전'은 '평화'의 새 이름입니다.
> 바오로 6세 교황(1897~1978년), 회칙 〈민족들의 발전〉

394 그리스도인들은 세상을 떠난 이의 시신을 어떻게 대하나요?

그리스도인들은 하느님이 죽은 이를 육신의 부활로 부르셨다는 것을 알기 때문에 시신을 경건하고 성의 있게 대합니다. [2300-2301]

세상을 떠난 이의 시신을 품위 있게 땅 속에 매장하고 묘지를 꾸미고 돌보는 것은 그리스도교적인 장례 문화에 속하는 일입니다. 오늘날 교회는 육신의 부활에 대한 믿음을 반대하는 표징으로 해석되지만 않는다면, 화장 등의 다른 장례 방식들도 허용합니다.

> 주님이 태어나신 날은 평화가 탄생한 날입니다.
> 레오 1세 성인

395 평화란 무엇인가요?

평화는 의로움의 결과요, 사랑이 실현되고 있다는 징표입니다. 토마스 아퀴나스 성인은 평화가 있는 곳이면 "모든 피조물은 유익한 질서 속에서 안정을 찾게 됩니다."라고 말했습니다. 현세에서의 평화는 하늘과 땅을 화해시킨 그리스도의 평화를 닮은 것이라 할 수 있습니다. [2304-2305]

평화는 전쟁이 없는 상태나 주의 깊게 유지되고 있는 힘의 균형(공포의 균형) 이상의 것을 의미합니다. 평화 상태에서 사람들은 정당하게 얻은 재산으로 안전하게 살며 서로 자유롭게 거래할 수도 있습니다. 또한 개인뿐만 아니라 민족들의 존엄성과 자기 결정

> 예수님이 가르쳐 주신 대로 우리가 복음의 삶을 살려고 노력하면 모든 것이 변하기 시작한다는 것을 나는 체험했습니다. 그러면 공격적인 언동과 모든 두려움과 슬픔은 평화와 기쁨에게 자리를 내주게 됩니다.
>
> 보두앵 1세(1930~1993년), 벨기에 국왕

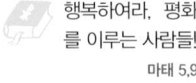
행복하여라, 평화를 이루는 사람들!
마태 5,9

권도 존중됩니다. 평화 속에서 인간의 공동생활은 형제적 연대라는 특징을 지닙니다. → 66, 283-284, 327

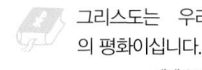
그리스도는 우리의 평화이십니다.
에페 2,14

396 그리스도인은 분노에 어떻게 대처해야 하나요?

바오로 사도는 "화가 나더라도 죄는 짓지 마십시오. 해가 질 때까지 노여움을 품고 있지 마십시오."(에페 4,26)라고 말했습니다. [2302-2304]

정의의 결과는 평화가 되고 정의의 성과는 영원히 평온과 신뢰가 되리라.
이사 32,17

분노는 부당함을 느낄 때 갖게 되는 자연스러운 감정입니다. 그러나 분노가 미움이 되어 이웃에게 나쁜 일이 일어나길 바란다면, 평범한 감정이 사랑을 거스르는 중대한 잘못으로 발전한 것입니다. 통제되지 않은 모든 분노, 특히 복수를 꾀하는 일은 평화를 깨뜨리며 '질서 속의 평온함'을 파괴합니다.

397 예수님은 비폭력에 대해 어떻게 생각하시나요?

예수님은 비폭력적인 행위를 높이 평가하시며, 당신 제자들에게 다음과 같이 요구하셨습니다. "악인에게 맞서지 마라. 오히려 누가 네 오른뺨을 치거든 다른 뺨마저 돌려 대어라."(마태 5,39) [2311]

"네 이웃을 사랑해야 한다. 그리고 네 원수는 미워해야 한다."고 이르신 말씀을 너희는 들었다. 그러나 나는 너희에게 말한다. 너희는 원수를 사랑하여라. 그리고 너희를 박해하는 자들을 위하여 기도하여라.
마태 5,43-44

예수님은 폭력으로 당신을 보호하고자 했던 베드로 사도와 의견을 달리하시며, "그 칼을 칼집에 꽂아라."(요한 18,11) 하고 말씀하셨습니다. 예수님은 군대를 모으지도 않으셨고, 빌라도 앞에서는 침묵을 지

> 그러면 그들은 칼을 쳐서 보습을 만들고 창을 쳐서 낫을 만들리라. 한 민족이 다른 민족을 거슬러 칼을 쳐들지도 않고 다시는 전쟁을 배워 익히지도 않으리라.
>
> 미카 4,3

키셨습니다. 그분의 길은, 희생자의 편에 서서 십자가를 향해 나아가며 사랑으로 세상을 구원하고 온유한 사람들은 행복하다고 선언하는 데 있습니다. 그런 까닭에, 교회 역시 양심상의 이유로 병역 의무를 거부하지만 다른 방식으로 사회 봉사를 수행하는 사람들을 존중합니다. → 283-284

398 그리스도인은 평화주의자여야 하나요?

> 가난한 이들의 생활 여건을 개선하는 것이 무기를 사는 것보다 더 나은 전략이라고 생각합니다. 테러리즘과의 전쟁은 군사 행위를 통해 성과를 얻을 수 없습니다.
>
> 무하마드 유누스(1940년 출생), 노벨 평화상 수상식에서

교회는 평화를 위해 전력을 다하지만, 극단적인 평화주의를 설파하지는 않습니다. 개인뿐만 아니라 국가의 군대와 공동체로부터 정당방위나 무기를 이용한 기본적인 방어 권리를 빼앗을 수 없기 때문입니다. 도덕적인 측면에서 전쟁은 오직 최후의 수단으로만 용인될 수 있습니다. [2308]

전사자의 수는 정확히 밝혀진 바가 없습니다. 여러 역사가의 견해에 따르면, 16세기에는 전 세계적으로 전사자의 수가 약 150만 명에 이르렀고, 17세기에는 약 600만 명, 18세기에는 약 650만 명에 달했다고 합니다. 19세기에는 그 수가 4000만 명에까지 이르렀고, 20세기에는 전쟁과 그와 유사한 사건을 통해 1억 8000만 명에 이르는 사람들이 목숨을 잃었다고 합니다.

교회는 매우 분명하게 전쟁에 반대합니다. 전쟁을 피하려면 그리스도인들은 사전에 모든 노력을 기울여야 합니다. 다시 말해 그리스도인들은 무기 축적이나 무기 거래에 반대하고, 인종적·민족적·종교적 차별에 맞서 싸우며, 경제적·사회적 불의를 종식하는 데 기여함으로써 평화를 공고히 해야 합니다. → 283-284

399 어떤 경우에 군사력의 투입이 용인되나요?

군사력의 투입은 오로지 극단적인 긴급 상황에서만 용인됩니다. '정당한 전쟁'임을 가늠하는 판단 기준은 다음과 같습니다. ① 결정권자에 의한 전권 위임 ② 정당한 이유 ③ 정당한 의도 ④ 전쟁이 최후의 수단인 경우 ⑤ 사용되는 무기들이 적절한 경우 ⑥ 성공할 전망이 있는 경우 [2307-2309]

제6계명

간음하지 마라

400 인간은 성적 존재라는 말은 무엇을 뜻하나요?

하느님은 인간을 남자와 여자로 만드심으로써, 그들이 서로 위하고 사랑하게 하셨습니다. 또한 그들에게 성적 욕구와 쾌감을 느끼는 능력을 주셨고, 그로써 생명을 계속 전달할 수 있게 하셨습니다. [2331-2333, 2335, 2392]

남자 또는 여자라는 것은 각각의 인간에게 매우 깊이 각인되는 특징입니다. 그것에 따라 남자와 여자는 다른 방식으로 느끼고, 다른 방식으로 사랑하며, 자녀와 관련해서 다른 소명을 지닐 뿐만 아니라, 신앙의 방식도 달라집니다. 하느님은 그들이 서로 위하고 사랑으로 채워 주기를 바라셨기 때문에, 그들을 남자와 여자로 다르게 만드셨습니다. 그런 까닭에 남자와 여자는 성적으로나 정신적으로 상대방

> 주 하느님께서 말씀하셨다. "사람이 혼자 있는 것이 좋지 않으니, 그에게 알맞은 협력자를 만들어 주겠다." 그러므로 남자는 아버지와 어머니를 떠나 아내와 결합하여, 둘이 한 몸이 된다.
>
> 창세 2,18.24

> 그래서 유다인도 그리스인도 없고, 종도 자유인도 없으며, 남자도 여자도 없습니다. 여러분은 모두 그리스도 예수님 안에서 하나입니다.
>
> 갈라 3,28

> 그리스도교는 여성을 종살이와 같은 상황에서 구해 냈습니다.
>
> 마담 드 스탈(1766~1817년), 프랑스의 작가

에게 매력을 느낍니다. 남자와 여자가 서로 사랑해서 관계를 가질 때, 그들의 사랑은 가장 심오하고 감각적인 모습으로 표현됩니다. 하느님이 당신 사랑 안에서 창조하셨듯이, 인간도 사랑 안에서 창조성을 띠며 자녀에게 생명을 선물합니다. → 64, 260, 416-417

401 성적 우위가 실제로 존재하나요?

그렇지 않습니다. 하느님은 남자와 여자에게 인간의 존엄성을 똑같이 선물하셨습니다. [2331, 2335]

> 결혼 안에서 남자에 대한 여자의 복종을 지지하는 모든 논거는, '그리스도에 대한 사랑에' 바탕을 둔 '상호 순종'이라는 의미로 이해해야 합니다.
>
> 요한 바오로 2세 성인 교황, 사도적 서한 〈여성의 존엄〉

남자와 여자는 하느님을 본떠 창조되었으며 예수 그리스도를 통해 구원된 하느님의 자녀입니다. 남자 또는 여자라는 이유로 누군가를 차별 대우하거나 냉대하는 일은 비인간적일 뿐만 아니라 비그리스도교적입니다. 그러나 동등한 존엄성과 동등한 권리가 획일성을 뜻하는 것은 아닙니다. 남자와 여자 각자가 지닌 특성을 무시하면서 일괄적으로 평등주의를 적용하는 것은 하느님의 창조 계획에 어긋나는 일입니다. → 61, 260

402 사랑이란 무엇인가요?

사랑이란 마음에서 우러난 자유로운 헌신입니다. [2346]

> 사랑은 하느님에게서 오는 것입니다. 사랑하는 이는 모두 하느님에게서 태어났으며 하느님을 압니다.
>
> 1요한 4,7

사랑으로 충만해진다는 것은, 무엇인가가 아주 마음

> 우리는 그저 시험 삼아 살거나 죽을 수 없습니다. 또한 그저 시험 삼아 사랑하거나 누군가를 받아들일 수 없습니다.
>
> 요한 바오로 2세 성인 교황

에 들었을 때 자기의 껍질을 깨고 나와 그것에 마음을 바친다는 것을 뜻합니다. 예를 들면 음악가는 명곡에 몰두하고, 유치원 교사는 마음을 다해 원생들을 돌봅니다. 모든 우정에는 사랑이 존재합니다. 그러나 현세에서 가장 아름다운 사랑은 남녀 간의 사랑으로, 이 사랑 안에서 두 사람은 영원히 상대방에게 자신을 내줍니다. 인간의 사랑은 모든 사랑의 근원이신 하느님의 사랑을 닮았습니다. 사랑은 삼위일체이신 하느님 존재의 본질입니다. 하느님 안에는 끊임없는 교류와 헌신이 존재합니다. 하느님의 사랑이 넘쳐흐르기 때문에, 우리 인간은 하느님의 영원한 사랑에 참여하게 됩니다. 인간은 더 많이 사랑할수록 하느님을 더 많이 닮게 됩니다. 사랑은 인간의 삶 전체에 영향을 미치며, 남자와 여자가 혼인 관계 속에서 서로 사랑하고 "둘이 한 몸이 될 때"(창세 2,24) 사랑은 특히 심오하고 상징적인 방식으로 실현됩니다. → 309

> 남자와 여자가 부부에게만 국한된 정당한 행동을 통하여 서로에게 자신을 내어주는 성性은, 결코 순전히 생물학적인 것만은 아니고 인간의 가장 깊은 존재와 관련됩니다. 성은 남자와 여자가 죽을 때까지 서로에게 자신을 완전히 바치는 사랑의 일부일 경우에만 진정으로 인간적입니다. 만일 현세적 차원을 포함해서 전 인간이 걸려 있는 완전한 자기 증여의 징표와 결실이 아니라면, 만일 인간이 완전히 바쳐지지 않는 행동을 통해서 어떤 것을 보류하거나 미래에 달리 결정할 가능성을 유보하는 경우라면, 온몸을 내어준다는 것은 한갓 거짓에 불과합니다.
>
> 요한 바오로 2세 성인 교황, 사도적 권고 〈가정 공동체〉

403 성性과 사랑은 어떤 관계에 있나요?

성과 사랑은 떼려야 뗄 수 없는 관계입니다. 성적 만남은 신의 있고 성실한 사랑의 테두리 안에서 가져야 합니다. [2337]

> 성적 만남을 쉽게 만드는 모든 것은 또한 그러한 만남을 무의미한 것으로 전락시키는 촉진제이기도 합니다.
>
> 폴 리쾨르(1913~2005년), 프랑스의 철학자

사랑과는 별개로 욕구 충족만을 위해 성을 추구하는 것은 남녀 간 성적 결합의 의미를 훼손하는 일입니다. 성적 결합은 가장 아름답고 육체적이며 관능적인 사랑의 표현입니다. 사랑 없이 성을 추구하는 사람은 거짓말을 하는 셈입니다. 육체적 친밀함이 마음의 친밀함을 드러내지 않기 때문입니다. 육체 언어를 약속으로 받아들이지 않는 사람은 결국 몸과 마음에 상처를 줍니다. 그럴 경우 성은 비인간적인 것이 되며, 기호품이나 상품으로 전락하고 맙니다. 결혼을 통한 구속력 있고 변함없는 사랑으로만 성을 인간답게 추구할 수 있고 지속적인 행복을 누릴 수 있습니다.

404 정결貞潔한 사랑이란 무엇이며 그리스도인이 정결한 삶을 살아야 하는 이유는 무엇인가요?

정결한 사랑은 그것을 파괴하려는 모든 내적·외적 힘에 저항하는 사랑을 말합니다. 정결한 사람은 뚜렷한 의식 상태에서 성을 받아들이고 성을 자기 인격 안에서 잘 통합합니다. 정결은 금욕과 다릅니다. 따라서 결혼 생활을 통해 적극적으로 성생활을 하는 사람도 정결해야 합니다. 성실하고 신의 있는 사랑을

표현하는 육체적 행위라면, 이는 정결하게 행동하는 것입니다. [2338]

그러나 **정결**을 성에 대해 당혹해하거나 성을 경시하는 태도와 혼동해서는 안 됩니다. 정결한 삶을 사는 사람은 자기 욕망의 노리갯감이 되지 않습니다. 정결한 사람의 성생활은 사랑에서 비롯되고 그 사랑의 자연스러운 표현입니다. 정결하지 못한 삶으로 사랑은 무력해지고 그 의미는 퇴색됩니다. 가톨릭 교회는 성생활을 가능하게 하는 전인적이며 생태적인 요소들을 다음과 같이 설명합니다. 우선 성적 욕구가 있는데, 이는 유익하고 좋은 것입니다. 둘째로는 인격적인 사랑이 있고, 셋째로는 생명력, 즉 자녀를 갖고 싶은 욕구가 있습니다. 맥주를 만들 때 맥아와 홉 그리고 물이라는 세 재료를 잘 섞어야 비로소 아주 좋은 맛이 나는 맥주가 완성됩니다. 성에 있어서도 위에서 말한 세 요소가 하나로 합쳐진다는 것이 가톨릭 교회의 견해입니다. 한 남자가 성적 욕구를 채우기 위해 첫째 부인을, 연애하기 위해 둘째 부인을 그리고 자녀를 두기 위해 셋째 부인을 둔다면, 그는 세 부인을 모두 도구화하는 셈이며 또한 그것은 어느 누구도 사랑하지 않는 것과 마찬가지입니다.

정결(chastity, '깨끗한, 순수한, 절제된'이라는 뜻의 라틴어 'castus'에서 유래) '정결'은, 열정을 품을 수 있는 인간이 진정한 사랑을 위해 자신의 성적인 욕구를 의식적으로 유보하고, 매체를 통해 성적 충동을 느끼는 유혹을 이기며, 자신의 욕구를 충족하기 위한 도구로 남을 이용하려는 유혹에 맞서는 덕행을 말합니다.

> 저는 누구와 결혼할지 아직 모릅니다. 그러나 저는 장차 제 아내가 될 사람을 벌써부터 배신하고 싶지 않습니다.
> 아직 한 번도 여자와 잠자리를 하지 않은 이유를 묻는 질문에 어느 대학생이 한 대답

405 우리는 어떻게 정결한 사랑을 할 수 있으며, 이를 도와주는 것에는 무엇이 있나요?

사랑하는 데 자유롭고 자기 욕망과 감정의 노예가 되지 않는 사람은 정결한 삶을 삽니다. 더 성숙하고

자유로워지고 더 다정한 사람이 되고 더 좋은 관계를 맺도록 해 주는 것이라면, 이는 정결한 사랑을 하도록 도와줍니다. [2338-2345]

> 사랑이 불쑥 나타나서 다른 모든 욕구를 붙잡아 두고는, 그것들을 사랑으로 바꿔 버립니다.
> 베르나르도 성인

인생의 모든 단계에서 획득하고 훈련하며 유지해야 할 자기 수양을 통해 우리는 사랑하는 데 자유로워집니다. 이를 도와주는 것은, 어떤 상황에서도 하느님의 계명을 충실히 따르고, 유혹을 피하며, 이중생활이나 모든 형태의 **위선**을 피하는 것입니다. 또한 하느님이 자신을 유혹으로부터 지켜 주시고 사랑을 굳건하게 하도록 청하는 일입니다. 순수하고 완전한 사랑을 할 수 있는 것은 결국 하느님의 은총이며 놀라운 선물입니다.

> 찰나에 대한 지배는 곧 일생에 대한 지배입니다.
> 마리 폰 에브너에셴바흐

406 결혼한 사람도 정결하게 살도록 노력해야 하나요?

그렇습니다. 나이가 많든 적든, 독신자든 기혼자든 상관없이 그리스도인이라면 누구나 정결한 사랑의 삶을 살아야 합니다. [2348-2349, 2394]

우리가 모두 결혼 생활로 부르심을 받지는 않았지만, 사랑의 삶을 살라는 부르심은 모두 받았습니다. 우리는 자신의 삶을 내주게 됩니다. 어떤 사람들은 결혼 생활을 통해, 또 어떤 사람들은 하늘나라를 위한 자발적인 독신 생활을 통해 자신의 삶을 내어 줍니다. 또 어떤 사람들은 독신이지만 다른 이들을 위해 자신의 삶을 내어 줍니다. 모든 삶은 사랑에서 그

의미를 발견할 수 있습니다. 정결하게 산다는 것은 완전하게 사랑한다는 것을 의미합니다. 정결하지 못한 삶은 망가지고 자유롭지 못한 삶입니다. 참된 사랑을 하는 사람은 자유롭고 열렬하며 선합니다. 그는 사랑으로 헌신할 수 있습니다. 그리스도도 그러하셨습니다. 그분은 전적으로 우리를 위해 헌신하셨습니다. 동시에 하늘에 계신 아버지에게 당신 자신을 온전히 바치셨습니다. 그분은 강한 사랑의 원형이시기 때문에, **정결**의 모범이십니다.

> 하느님의 뜻은 바로 여러분이 거룩한 사람이 되는 것입니다. 곧 여러분이 불륜을 멀리하고, 저마다 자기 아내를 거룩하게 또 존중하는 마음으로 대할 줄 아는 것입니다. 하느님을 모르는 이교인들처럼 색욕으로 아내를 대해서는 안 됩니다.
>
> 1테살 4,3-5

407 교회가 혼전 성관계에 반대하는 이유는 무엇인가요?

교회가 혼전 성관계에 반대하는 이유는 사랑을 보호하기 위해서입니다. 다른 이에게 줄 수 있는 선물 가운데 자기 자신보다 더 큰 것은 없습니다. "널 사랑해."라는 말은 두 당사자에게 "나는 언제나 너만을 전적으로 원해!"라는 뜻입니다. 그러므로 일시적으로 또는 시험 삼아 심지어 육체적으로 "널 사랑해."라고 말할 수는 없습니다. [2350, 2391]

> 자기 몸을 남에게 내어 준다는 것은, 그에게 자기 자신을 전적으로 선물한다는 것을 상징합니다.
>
> 요한 바오로 2세 성인 교황, 우간다 캄팔라에서 있었던 젊은이들과의 만남에서, 1993년 2월 6일

오늘날에는 사람들이 전에 비해 혼전 성관계를 많이 맺습니다. 그러나 혼전 관계에는 사랑과 양립될 수 없는 두 가지 조건이 있는데, 헤어질 가능성과 임신에 대한 두려움입니다. 사랑은 매우 위대하고 거룩하며 유일무이하므로, 교회는 젊은이들에게 결혼할 때까지 성관계를 갖지 말아야 할 의무가 있다고 가르칩니다. → 425

> 여러분은 여러분의 일시적인 우정 관계에 상응하는 사랑과 애정의 형태들을 가꿔 나가야 합니다. 기다리고 포기하는 것을 배울 때, 여러분은 장차 여러분의 배우자를 더욱 깊은 애정으로 배려할 수 있을 것입니다.
>
> 요한 바오로 2세 성인 교황, 파두츠에서 젊은이들에게 한 강론, 1985년 9월 8일

408 현재 혼전 관계 중에 있거나 과거에 그랬던 사람이라도 그리스도인답게 살 수 있나요?

하느님은 매 순간, 우리가 곤란한 상황에 놓이거나 심지어 죄를 짓고 있더라도 우리를 사랑하십니다. 그리고 우리가 사랑에 대한 진실을 추구하고 점점 더 분명하고 단호하게 사랑의 삶을 살도록 도와주십니다.

젊은이들은 **사제** 또는 경험이 많고 믿을 만한 그리스도인과 나누는 대화를 통해 사랑의 삶을 더욱더 진실하게 살아갈 길을 모색할 수 있습니다. 그러한 대화를 통해 인생이 하나의 과정이며 이미 일어난 모든 일은 하느님의 도우심으로 새롭게 시작할 수 있음을 깨닫습니다.

> 젊음은 위대함을 원합니다. …… 그리스도는 우리에게 편안한 삶을 약속하지 않으셨습니다. 편안함을 원한다면, 그분을 잘못 찾아온 것입니다. 대신 그분은 우리에게 위대함과 선함, 올바른 인생에 이르는 길을 알려 주십니다.
>
> 베네딕토 16세 교황, 2005년 4월 25일

409 자위행위는 사랑을 거스르는 일인가요?

자위행위는 자기만족을 위해 성욕을 불러일으키는 것이고 남녀 간의 사랑이 발전해 가는 것과는 아무 관련도 없기 때문에, 사랑을 거스르는 일입니다. 그러므로 '자위행위'는 그 자체로 모순이라 할 수 있습니다. [2352]

교회는 자위행위를 사악한 일로 매도하지는 않지만, 그 위험성을 가볍게 여기지 말라고 경고합니다. 실제로 청소년과 성인 가운데 많은 이들이 인격적 관계에서 사랑을 찾는 대신 외설적 사진과 영화, 인터

넷 동영상에서 욕구를 충족함으로써 고독해질 위험에 처해 있습니다. 고독 때문에 자위행위에 중독되어 막다른 골목으로 내몰릴 수도 있습니다. '성행위를 할 때 난 아무도 필요하지 않아. 성행위는 내가 원할 때 원하는 방식으로 혼자 하면 돼.'라는 생각으로는 누구도 행복해질 수 없습니다.

> **자위행위**(masturbation, 라틴어로, '남성의'를 뜻하는 'mas-'와 '격렬하게 움직이다'라는 뜻의 'turbare'에서 유래한 것으로 추정)
>
> 성욕을 불러일으키려는 목적으로 자신의 성기를 의도적으로 자극하는 행위를 말합니다.

410 '간음'이란 말은 어떻게 이해할 수 있나요?

'간음'은 본래 이교적 성 풍습을 의미했습니다. 나중에 이 단어는 혼인 관계 밖에서 하는 모든 형태의 성행위를 가리키는 말이 되었습니다. 오늘날 이 개념은 종종 '미성년자 또는 피보호자와의 간음'과 같은 형법상의 의미로도 쓰입니다. [2353]

> 99 사람들의 도덕적 책임에 대한 바른 판단력을 키워 주고 사목 활동을 잘하려면, 미숙한 정서, 습관의 힘, 불안 상태나 다른 심리적·사회적 요인들을 심사숙고해야 한다. 그러한 요인들은 도덕적 책임을 줄이거나 어쩌면 거의 없앨 수 있다.
>
> 《가톨릭 교회 교리서》, 2352항

간음은 종종 유혹, 기만, 폭력, 종속, 학대에 기반을 둡니다. 따라서 간음은 사랑을 거스르는 중대한 잘못이며, 인간의 존엄성을 훼손하고 인간의 성이 지닌 의미를 잘못 이해한 행위입니다. 국가는 특히 미성년자를 간음 행위로부터 보호할 책임이 있습니다.

411 매춘이 간음이 되는 이유는 무엇인가요?

매춘을 통해 '사랑'은 상품이 되고 인간은 성욕의 대상으로 전락하고 맙니다. 그러므로 매춘은 인간의 존엄성을 해치는 중대한 위반 행위며 사랑을 거스르

는 심각한 범죄입니다. [2355]

인신매매자와 포주, 성 매수자 등 매춘으로 이익을 보는 사람들은, 많은 경우에 강요나 종속 관계 때문에 자신의 몸을 파는 여성과 남성, 아동과 청소년보다 훨씬 더 큰 죄를 짓는 것입니다.

> 사랑은 돈으로 살 수 없기 때문에, 틀림없이 돈이 사랑을 망칠 것입니다.
> 장 자크 루소

412 외설 동영상을 제작하고 구입하는 것이 사랑을 거스르는 죄가 되나요?

사랑의 친밀함에서 우러나오는 성을 두 남녀에게서 분리함으로써 사랑을 오용하는 사람은 중대한 죄를 짓는 것입니다. 외설 동영상을 제작해서 사고파는 사람은, 인간의 존엄성을 훼손하고 다른 사람을 죄로 끌어들이는 것입니다. [2523]

외설 동영상은 돈으로 '사랑'을 살 수 있다는 착각을 불러일으키기 때문에 매춘의 또 다른 형태라 할 수 있습니다. 외설 동영상의 출연자나 제작자, 판매자는 사랑과 인간의 존엄성을 거스르는 심각한 잘못을

> 정결치 못함을 그리스도인의 가장 큰 악습으로 여긴다면, 그것은 잘못 생각하는 것입니다. 육체의 죄는 나쁘지만, 그렇다고 해서 그것이 가장 나쁜 죄는 아닙니다. …… 인간 안에는 자신을 본래적 운명에서 멀어지게 하려는 두 세력이 존재하는데, 하나는 동물적인 속성을 지니고 있고 다른 하나는 악마적인 속성을 지니고 있습니다. 이 두 세력 중에 악마적인 속성을 지닌 것이 더 나쁩니다. 그런 까닭에 정기적으로 교회에 다니는 냉랭하고 독선적인 위선자가, 매춘하는 사람보다 지옥에 더 가까이 있습니다. 그러나 물론 이 두 사람 중에 어느 편에도 속하지 않는 것이 더 좋습니다.
> C. S. 루이스

똑같이 저지르는 것입니다. 외설적인 매체를 소비하거나 그러한 활동에 관여하는 사람은, 매춘이라는 큰 틀 안에 살며 수십억 원에 달하는 추잡한 성 산업을 지원하는 셈입니다.

> 책임은 침묵하는 사람들에게 돌아갑니다.
> 에디트 슈타인 성녀

413 성폭행이 중죄인 이유는 무엇인가요?

다른 이를 성폭행하는 사람은 피해자의 존엄성을 완전히 훼손합니다. 또한 피해자의 가장 깊은 내면에 존재하는, 사람에 대한 친밀성을 폭력적으로 침해하고, 피해자의 사랑할 수 있는 능력에 상처를 입힙니다. [2356]

성폭행은 사랑의 본질을 모독하는 행위입니다. 성적 결합의 본질 가운데 하나는, 그것이 오로지 사랑의 테두리 안에서만 자유롭게 선사될 수 있다는 사실에 있습니다. 따라서 심지어 부부 사이에서도 성폭행이 일어날 수 있습니다. 부모와 자녀 관계 혹은 교육자나 사목자와 그들의 보살핌을 받는 이들의 관계 등 사회적·위계적·직업적·혈연적 의존 관계에서 일어나는 성폭행은 가장 큰 해악입니다. → 386

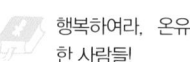
행복하여라. 온유한 사람들!
마태 5,5

414 교회는 에이즈 예방을 위한 콘돔 사용에 대해 어떤 입장을 취하나요?

콘돔이 감염을 막는 절대적 보호책이 되지 못한다는 점은 접어 두더라도, 교회는 에이즈를 예방하는 데 기계적 수단에 지나지 않는 콘돔 사용을 거부합니

> 이를테면 매춘하는 사람이 콘돔을 쓰는 것은 그 윤리로 가는 첫걸음이 될 수 있어요. 모든 것이 다 허용되어 있는 것이 아니라 원하는 모든 것을 다 할 수 있는 것이 아니라는 사실에 대한 의식을 다시 길러내는 책임 있는 행동 말입니다. 그러나 그것은 HIV 감염이라는 악을 이기기 위한 근본적인 방식이 아닙니다. 근본적인 해결은 오직 성의 인간화에 있습니다.
>
> 베네딕토 16세 교황, 《세상의 빛》

다. 그리고 무엇보다 인간관계에 관한 새로운 문화와 사회적 의식 변화에 희망을 두고 있습니다.

가톨릭 교회는 신의를 지키고 경솔하게 성관계를 하지 않아야만 에이즈 감염을 지속적으로 막을 수 있고 사랑에 올바르게 접근할 수 있다고 가르칩니다. 남성과 여성의 동등한 존엄성에 대한 존중, 가족의 건강에 관한 염려, 성욕에 대한 책임 있는 대처, 성관계에 대한 적절한 자제 등도 에이즈를 예방해 줍니다. 광범위한 사회적 캠페인을 통해 이러한 태도를 장려하는 아프리카 여러 나라에서 에이즈 감염률이 현저하게 떨어졌습니다. 그 밖에도 가톨릭 교회는 에이즈에 감염된 이들을 돕기 위해 가능한 한 모든 일을 하고 있습니다.

415 교회는 동성애를 어떻게 판단하나요?

하느님은 인간을 남자와 여자로 창조하심으로써, 육체적으로도 서로 위하게 하셨습니다. 교회는 동성애자들을 아무 조건 없이 받아들입니다. 동성애자라고 해서 그들을 차별할 수는 없습니다. 그러나 교회는 모든 형태의 동성애가 창조 질서에 어긋난다는 점을 지적합니다. [2358-2359] → 65

> 혼인의 신의를 지키고 혼외 성관계를 자제하는 것만이 에이즈 감염을 피하고 바이러스 확산을 막는 가장 훌륭한 방법입니다. 실제로 혼인과 가정생활에 대한 참된 이해에서 나오는 가치들이 안정된 사회의 유일무이하고 확실한 토대입니다.
>
> 베네딕토 16세 교황, 2006년 12월 14일

416 혼인성사의 본질적 요소는 무엇인가요?

① 단일성: 혼인은 그 본성에 따라 한 남자와 한 여자 사이의 육체적 · 정신적 · 영적 일치를 실현하

> 인장처럼 나를 당신의 가슴에, 인장처럼 나를 당신의 팔에 지니셔요. 사랑은 죽음처럼 강하고 정열은 저승처럼 억센 것. 그 열기는 불의 열기, 더할 나위 없이 격렬한 불길이랍니다. 큰 물도 사랑을 끌 수 없고, 강물도 휩쓸어 가지 못합니다. 누가 사랑을 사려고 제집의 온 재산을 내놓는다 해도 사람들이 그를 경멸할 뿐이랍니다.
>
> 아가 8,6-7

는 계약입니다.
② 불가해소성: 혼인은 '죽음이 그들을 갈라놓을 때까지' 유효합니다.
③ 자손에 대한 개방성: 혼인한 사람은 모두 자녀 출산에 대해 열린 마음을 가져야 합니다.
④ 배우자의 안녕을 지향합니다.
[2360-2361, 2397-2398]

혼인할 때 신랑과 신부 가운데 한 사람이 이 네 요소 중 하나라도 제외한다면, 혼인**성사**는 성립되지 않습니다. → 64, 400

> 오늘날 특히 시급히 피해야 할 것은, 취약한 사랑에 기반을 둔 다른 유형의 관계들과 혼인을 혼동하는 일입니다. 오로지 남녀 간의 전적이고 철회할 수 없는 사랑의 굳건함만이 모든 이들에게 가정이 되는 사회를 건설하는 토대가 될 수 있습니다.
>
> 베네딕토 16세 교황,
> 2006년 5월 11일

417 혼인에서 성관계는 어떤 의미가 있나요?

하느님의 뜻에 따라 남편과 아내는 사랑으로 서로 더 깊이 결합하고 그 사랑 안에서 자녀가 자랄 수 있게 해야 합니다. 그래서 부부는 육체적 결합을 통해 서로 만나야 합니다. [2362-2367]

> 하느님은 우리에게 즐거움을 빼앗으시려는 것이 아니라 우리에게 무한하고 영원한 즐거움을 주려고 하십니다.
>
> 하인리히 조이제(1295~1366년),
> 독일의 신비가, 신학자

육체와 쾌감, 성적 즐거움은 그리스도교에서 높은 가치를 지닙니다. 《나니아 연대기》로 유명한 작가 C. S. 루이스는 이렇게 말했습니다. "그리스도교는 …… 믿습니다. 물질은 유익한 것이며, 하느님은 몸소 인간의 형상을 취하셨고, 하늘나라에서도 우리는 육체를 받을 것이며, 육체는 우리의 행복과 아름다움과 힘의 본질적 요소가 될 것이라고 말입니다. 그리스도교는 그 어떤 종교보다도 혼인을 높이 예찬합니다. 세계적으로 명성이 높은 연애 문학 작품들

> 하느님께서 창조하신 것은 다 좋은 것으로, 감사히 받기만 하면 거부할 것이 하나도 없습니다.
>
> 1티모 4,4

은 거의 모두 그리스도인들이 쓴 것이며, 성은 그 자체가 사악한 것이라고 주장하는 모든 의견에 교회는 이의를 제기합니다." 그러나 쾌락 자체가 목적이 될 수는 없습니다. 부부가 쾌락만을 추구할 뿐 그 결과로 얻을 새 생명을 받아들이려 하지 않는다면, 쾌락은 사랑의 본질에 어긋나게 됩니다.

418 혼인에서 자녀는 어떤 의미가 있나요?

자녀는 부모의 사랑을 통해 태어난 하느님의 피조물이자 선물입니다. [2378, 2398]

> 태아는 '임신된 순간부터 인간으로 존중받을' 권리가 있습니다.
> 교황청 신앙교리성, 인간 생명의 기원과 출산의 존엄성에 관한 훈령 〈생명의 선물〉

참된 부부애는 부부 안에만 머무르지 않고 자녀를 통해 꽃을 피웁니다. 태어난 자녀는 '만들어진' 것도 아니고, 단순히 아버지와 어머니의 유전자 결합체도 아닙니다. 자녀는 고유한 영혼을 지닌, 완전히 새롭고 유일무이한 하느님의 피조물입니다. 따라서 자녀는 부모의 소유물이 아닙니다. → 368, 372

> 아이들은 하느님의 축복입니다.
> 윌리엄 셰익스피어(1564~1616년), 영국의 극작가

419 그리스도인 부부는 자녀를 몇 명 두어야 하나요?

그리스도인 부부라면 하느님이 자신들에게 허락하시고 자신들이 양육할 수 있는 만큼 자녀를 둡니다. [2373]

> 아이는 누구나 소중합니다. 아이는 누구나 하느님의 피조물이기 때문입니다.
> 마더 데레사 성녀

하느님이 선물하시는 자녀는 모두 은총이며 커다란 **축복**입니다. 물론 그리스도인 부부가 자신의 경제적·사회적 상황과 건강 상태에 따라 자녀를 몇 명

> **책임 있는 부모 되기**
> 교회는 자연적인 임신 조절을 통해 자녀의 수와 터울을 스스로 결정할 수 있는 부부의 권리를 인정하고 수호합니다.

이나 책임질 수 있는지를 따지지 않아도 된다는 말은 아닙니다. 그러나 아이를 잉태했다면 부모는 아이를 기쁘게 맞이하고 큰 사랑으로 받아들여야 합니다. 하느님을 신뢰하기에 많은 그리스도인 부부는 많은 자녀를 둘 용기를 갖게 됩니다.

420 그리스도인 부부가 아이를 몇 명 낳을지 임신을 조절해도 되나요?

그렇습니다. 그리스도인 부부는 생명을 전해 줄 능력을 책임감 있게 행사할 수 있으며, 또 그렇게 행사해야 합니다. [2368-2369, 2399]

> 자연 가족 계획법은 상대방에 대한 사랑에서 나오는 자제력과 다를 바 없습니다.
> 마더 데레사 성녀, 1979년 노벨 평화상 수상 연설에서

사회적·심리적·의학적 여건 때문에 때때로 아이를 더 갖는 것이 부부에게 크나큰 어려움이 됩니다. 그래서 부부는 다음과 같은 명확한 기준을 지켜야 합니다. 첫째, 임신 조절을 곧 임신을 피하는 것으로 이해해서는 안 됩니다. 둘째, 이기적인 이유에서 임신을 피해서도 안 됩니다. 셋째, 국가가 부부에게 자녀의 수를 지정하는 것과 같이 외적 강압과 관련한 임신 조절도 안 됩니다. 넷째, 임신을 조절하기 위해 무슨 방법이든 사용해도 되는 것은 아닙니다.

421 유익한 피임 방법에는 어떤 것이 있나요?

교회는 계획적인 임신 조절 방법으로 자기 관찰법과 자연 가족 계획법NFP을 따르라고 권장합니다. 이는 남성과 여성의 존엄성에 상응하고 여성 신체의 내적

질서를 존중하는 방법으로, 배려심으로 서로 주의 깊게 대할 것을 요구합니다. 이를 통해 사랑을 알게 됩니다. [2370-2372, 2399]

교회는 자연 질서를 세심하게 존중하고 그 안에서 심오한 의미를 발견합니다. 그러므로 부부가 여성의 출산을 조절하고 가임기와 피임기의 자연스러운 주기를 이용하는 것은 교회에 중요한 일입니다. **자연 가족 계획법**을 이유 없이 '자연적'이라 칭하는 것이 아닙니다. 자연 가족 계획법은 생태적이며 전인적이고 건강에 유익할 뿐만 아니라, 두 사람의 협력 관계를 연습할 수 있는 방법입니다. 또한 올바르게 시행되는 경우 피임약보다 좋은 효과를 보입니다. 반면에 교회는 모든 인위적인 피임 방법들, 즉 피임약과 같은 화학적 피임법, 콘돔이나 페서리와 같은 기계적 피임법, 정관 수술과 같은 수술적 피임법을 거부합니다. 이런 방법은 남편과 아내의 완전한 결합을 조작하여 침해하기 때문입니다. 그중 많은 방법은 여성의 건강을 해칠 수 있고, 조기 유산을 초래할 수도 있으며, 장기적으로는 부부의 성생활에 해로울 수도 있습니다.

422 자녀가 없는 부부는 무엇을 시도할 수 있나요?

불임으로 고통받는 부부들은 인간의 존엄성과 태어날 아기의 권리 그리고 혼인성사의 거룩함에 어긋나지 않는 한 모든 의학적 수단을 동원할 수 있습니다. [2375, 2379]

> **자연 가족 계획법**(Natural Family Planning, NFP)
>
> '자연 가족 계획법'은, 의도적으로 임신을 원하거나 피하기 위해 여성의 주기적인 가임기의 증상과, 남성과 여성의 임신 가능성에 관한 지식을 이용하는 임신 조절 방법을 말합니다.

> 남편과 아내 상호 간의 완전한 자기 봉헌을 표현하는 본래의 언어가 산아 제한이라는 객관적으로 모순된 언어, 즉 자신을 상대방에게 완전히 바치는 것을 거부하는 언어로 덮어 씌워집니다. 이것은 생명에 대한 개방성을 적극적으로 거부함과 아울러 인간 전체를 바치도록 되어 있는 부부애의 내적 진리를 부정하는 것이 됩니다.
>
> 요한 바오로 2세 성인 교황, 사도적 권고 〈가정 공동체〉

> 이 세상에는 여러분이 갖고 있는 것을 갖지 못한 아이들과 여자들과 남자들이 많다는 것을 잊지 마십시오. 그들을 사랑할 것을, 그것도 마음이 아플 때까지 사랑할 것을 잊지 마십시오.
>
> 마더 데레사 성녀

자녀를 가질 절대적인 권리란 존재하지 않습니다. 자녀는 하느님의 선물이기 때문입니다. 허락된 의학적 방법들을 모두 시도했는데도 하느님의 선물을 받지 못한 부부들은, 입양을 하거나 버림받은 아이들을 돌보는 것과 같은 여러 방식으로 사회적 참여를 할 수 있습니다.

423 교회는 대리모와 인공 수정에 대해 어떤 입장을 취하나요?

제삼자에 의해 부부의 공동체성이 해체되고 파괴되거나 또는 아이의 수정이 혼인 안에서 이루어지는 성적인 결합 이외의 기술적 행위가 될 때에 연구와 의술을 통해서 아이의 임신을 도우려는 모든 시도는 중지되어야 합니다. [2374-2377]

> 모든 비극의 가장 나쁜 점은, 악인들의 잔인함에 있는 것이 아니라 선인들의 침묵에 있습니다.
>
> 마틴 루서 킹(1929~1968년), 미국의 인권 운동가, 흑인들에게 시민 궐기를 호소하는 연설에서

인간의 존엄성을 존중하기 때문에, 교회는 남편이나 남편이 아닌 다른 사람의 정액을 이용하든지 간에 인공 수정으로 아이를 갖는 것을 반대합니다. 모든 아이에게는 하느님의 계획에 따라 아빠와 엄마를 맞을 권리가 있습니다. 또한 부모가 누구인지 알며, 가능한 한 그들의 사랑 속에서 성장할 권리도 받았습니다. 남편이 아닌 사람의 정액을 이용한 인공 수정은, 부부에게 오로지 배우자를 통해서만 부모가 될 권리를 보장하는 혼인 정신을 깨뜨립니다. 남편의 정액을 이용한 인공 수정도 태아를 기술적 과정을 거쳐 물건처럼 만드는 것이므로, 사랑의 결합인 인격적 성관계에 의한 것이 아닙니다. 태아가 제품이

된다면, 제품의 품질과 제품에 대한 책임을 따지는, 인간성을 잃은 질문들이 즉시 제기될 것입니다. 교회는 결함 있는 배아를 죽일 목적으로 시행되는 '배아 검사(사전 이식 유전자 진단 Pre-implantation Diagnostic, PID)'도 거부합니다. 마지막으로, 인공 수정된 배아를 아내가 아닌 여성에게 착상시키는 대리모 제도 역시 인간의 존엄성에 어긋나는 것입니다. → 280

424 간통이란 무엇인가요? 이혼은 용인되나요?

남녀 가운데 적어도 한 사람이 결혼한 상태에서 자신의 배우자가 아닌 사람과 성관계를 맺는 경우 간통이 성립됩니다. 간통은 사랑에 대한 근본적인 배신이고, 하느님 앞에서 맺은 계약의 파기며, 이웃에 대한 부당 행위입니다. 예수님도 혼인의 불가해소성을 다음과 같이 직접 말씀하셨습니다. "하느님께서 맺어 주신 것을 사람이 갈라놓아서는 안 된다."(마르 10,9) 그로써 예수님은 창조주의 본뜻을 증거로 내세우며, 구약 시대에 용인되었던 이혼을 폐지하셨습니다. [2353, 2364-2365, 2382-2384]

> 신의는 어느 곳에서는 절대적이지만 다른 곳에서는 아무것도 아닙니다.
>
> 칼 야스퍼스(1883~1969년), 독일의 철학자

위의 예수님 말씀에 담긴 격려의 메시지는 "너희는 하늘에 계신 너희 아버지의 자녀로서 평생 동안 사랑할 능력을 갖고 있다."라는 것입니다. 그러나 일생 동안 배우자에게 신의를 지키는 것은 쉬운 일이 아니므로, 결혼에 실패한 이들을 비난해서는 안 됩니다. 물론 경솔하게 이혼한 그리스도인들은 죄를 짓는 것입니다. 그들은 혼인 관계에서 드러나는 하느님

> 혼인과 가정 위기의 근원은 자유를 잘못 이해하는 데 있습니다.
>
> 요한 바오로 2세 성인 교황

의 사랑을 거스르는 죄를 범하고, 버림받은 배우자와 자녀들에게도 죄를 짓는 것입니다. 신의를 지킨 배우자는 혼인 관계가 견딜 수 없게 된 경우 함께 살던 집에서 나오는 일이 물론 가능합니다. 이 경우 곤경을 피하기 위해 민사상 이혼이 필요할 수도 있습니다. 곤경에 근거가 있는 경우 교회는 혼인 무효 소송을 통해 혼인의 유효성을 심사할 수 있습니다. → 269

425 교회가 '교회 밖의 혼인'을 반대하는 이유는 무엇인가요?

가톨릭 신자에게 교회혼 이외의 혼인은 없습니다. 교회혼을 통해 그리스도는 남자와 여자의 혼인 계약 안으로 들어오시고, 부부에게 은총과 선물을 풍성하게 내려 주십니다. [2390-2391]

> 성립되고 완결된 혼인은 사망 이외에는 어떠한 인간 권력으로나 어떠한 이유로도 해소될 수 없다.
>
> 《교회법전》 1141조

> 너희는 말할 때에 '예.' 할 것은 '예.' 하고, '아니요.' 할 것은 '아니요.'라고만 하여라. 그 이상의 것은 악에서 나오는 것이다.
>
> 마태 5,37

나이 든 사람들 중에는 젊은이들에게 결혼하지 말라고 조언하는 이들도 있습니다. 그들은 결혼은 지키지도 못할 약속을 공적으로 함으로써 재산을 성급히 합치고 미래의 전망, 좋은 의도를 성급히 결정하는 것에 불과하다고 말합니다. 그러나 혼인성사는 서투른 사기가 아니라, 하느님이 사랑하는 두 남녀를 위해 생각해 내신 가장 큰 선물입니다. 하느님은 몸소 그들을 인간이 생각지도 못할 만큼 긴밀하게 결합시키십니다. "너희는 나 없이 아무것도 하지 못한다." (요한 15,5)라고 말씀하신 예수 그리스도는 혼인**성사**에 지속적으로 현존하십니다. 그분은 신랑과 신부의 사랑 안에 현존하고 계시는 사랑입니다. 사랑하는 두 남녀의 기운이 소진된 것처럼 보일 때에도 그분의 기운은 여전히 존재합니다. 따라서 혼인성사는 한 장의 서류와는 전혀 다른 것입니다. 혼인성사는 사랑하는 두 남녀가 탈 수 있도록 하느님이 마련해 놓으신 승용차와 같습니다. 신랑과 신부는 하느님의 도우심에 힘입어 그들이 갈망하는 목적지에 도달하기에 충분한 연료가 이 차에 실려 있음을 알고 있습니다. 오늘날 많은 이들이 책임 없는 혼전 성관계나 혼외 성관계를 가져도 아무렇지 않다고 이야기하지만, 교회는 그러한 사회적 압력에 분명하고 힘차게 저항하라고 충고하며 참된 혼인 생활로 초대합니다.

> 나는 당신을 아내로 맞아들여 즐거울 때나 괴로울 때나, 성할 때나 아플 때나 일생 신의를 지키며 당신을 사랑하고 존경할 것을 약속합니다.
>
> 혼인성사 예식서

제7계명

도둑질을 하지 마라

426 "도둑질해서는 안 된다."(탈출 20,15)라는 일곱째 계명은 무엇을 규정하나요?

일곱째 계명은 남에게서 무엇인가를 빼앗는 행위를 금할 뿐만 아니라, 지구상의 재화를 공정하게 관리하고 배분하라고 요구합니다. 또한 사유 재산 문제와 인간의 노동으로 얻은 소득의 분배를 규정하고 있으며, 원료의 불공정한 배분도 이 계명을 근거로 비난할 수 있습니다. [2401]

원래 일곱째 계명은 무엇보다 남의 재산을 불법으로 취하는 것을 금합니다. 그러나 이 계명은 이 세상을 모두 잘 사는 방향으로 의롭게 건설하여 이 세상이

> 그분(예수 그리스도)께서는 부유하시면서도 여러분을 위하여 가난하게 되시어, 여러분이 그 가난으로 부유하게 되도록 하셨습니다.
>
> 2코린 8,9

> 재산이 없으면 주는 기쁨도 없습니다. 그런 경우 아무도 자신의 궁핍한 친구나 나그네, 고통받는 이들을 돕는 즐거움을 누릴 수 없습니다.
>
> 아리스토텔레스

선하게 발전할 수 있도록 돌보는 인간의 노력에도 관심을 기울입니다. 일곱째 계명은 우리가 신앙 안에서 피조물을 보호하고 자연 자원을 보존하는 일을 옹호할 책임이 있음을 일깨웁니다.

427 사유 재산에 대해 절대적 권리가 존재하지 않는 이유는 무엇인가요?

하느님이 모든 인간을 위해 이 세상과 그 안의 재화를 만드셨기 때문에, 사유 재산에 대해 절대적 권리는 존재하지 않으며 제한적 권리만 존재합니다. [2402-2406, 2452]

> 사유 재산권은 그 누구에게 있어서도 무조건적이며 절대적인 것이 될 수는 없다는 뜻입니다.
>
> 바오로 6세 교황, 회칙 《민족들의 발전》

소유주들은 소유물을 노동의 대가나 상속 혹은 선물 등 합법적으로 얻게 되었으므로 그것을 가질 수 있다는 생각에 앞서, 사회적 책임이 없는 사유 재산이란 존재하지 않음을 알아야 합니다. 이와 동시에 교회는 사유 재산에는 사회적 책임이 뒤따른다는 사실을 근거로 사유 재산을 인정하지 않으면서, 모든 것은 모든 이 또는 국가에 귀속된다는 사람들의 주장에도 반대합니다. 창조주의 의도에 따라 재화를 관리하고 가꾸어 증식하며, 모두 자기 몫을 얻을 수 있도록 수익을 배분하는 개인 소유주는 하느님이 주신 창조 사명에 걸맞게 행동하는 사람입니다.

> 갖기만 하고 아무것도 주지 않는 것은 때때로 훔치는 것보다 더 나쁩니다.
>
> 마리 폰 에브너에셴바흐

428 도둑질이란 무엇이며, 일곱째 계명에 해당되는 일에는 어떤 것이 있나요?

도둑질은 남의 재화를 불법적으로 탈취하는 행위를 말합니다. [2408-2410]

남의 재화에 대한 불법적 탈취는 비록 그 행위가 국가법을 어기지는 않더라도 일곱째 계명을 거스르는 일입니다. 하느님 앞에 의롭지 못한 행위는 의롭지 못한 것입니다. 물론 일곱째 계명은 훔치는 행위뿐만 아니라, 정당한 임금을 부당하게 지급하지 않거나, 돌려줄 수 있는데도 습득물을 지니고 있는 일, 모든 사기에 적용됩니다. 그 밖에 일곱째 계명에는 비인간적 여건에서 피고용인을 부리는 일, 계약 사항을 이행하지 않는 일, 사회적 책임을 고려하지 않고 획득한 수익을 탐진하는 일, 인위적으로 가격을 올리거나 내리는 일, 고용된 직원의 일자리를 위태롭게 하는 일, 뇌물과 매수, 부하 직원에게 불법 행위를 시키는 일, 일을 열심히 하지 않거나 과도한 보수를 요구하는 일, 공공 재산을 낭비하거나 소홀하게 관리하는 일, 돈과 청구서, 결산을 위조하거나 세금을 횡령하는 일 등이 해당합니다.

> 경제라는 것은 오로지 인간에게 봉사해야만 합니다. 경제 발전의 근본 동기는 '이윤'이고, 경제의 최고 법칙은 '자유 경쟁'이며, 생산 수단의 사유권은 절대적인 권리로서 사회적인 한계도 의무도 없습니다.
>
> 바오로 6세 교황, 회칙 〈민족들의 발전〉

429 지적 재산권과 관련된 규정에는 어떤 것이 있나요?

지적 재산권을 침해하는 일도 도둑질에 해당됩니다. [2408-2409]

표절만 도둑질에 해당하는 것이 아닙니다. 지적 재산권에 대한 침해는 학교에서 커닝하는 데에서 시작하

표절(plagiarism, '노예 유괴 죄, 자유인을 노예로 매매하는 행위'를 뜻하는 라틴어 'plagium'에서 유래)

'표절'은 타인의 정신적 재산을 소유자의 허락 없이 몰래 인용하고, 자신의 정신적 업적인 양 발표하는 것을 말합니다.

여, 인터넷에 올라온 내용을 불법적으로 인용하는 일로 발전하며, 허락받지 않은 복사본을 제작하거나 여러 매체의 불법 복제품을 만드는 일과 연결됩니다. 그러다 결국 훔친 내용과 아이디어를 이용해 돈벌이를 하는 지경까지 이르게 됩니다. 타인의 지적 재산을 차용하려면 원작자의 자유로운 동의와 적절한 보상 또는 그 일에 대한 원작자의 참여가 필요합니다.

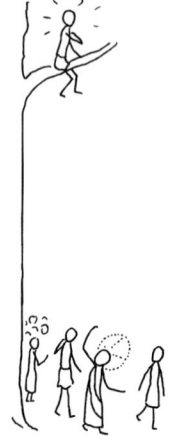

예수님께서는 세리였던 자캐오의 약속을 크게 칭찬하셨습니다. "주님! …… 제가 다른 사람 것을 횡령하였다면 네 곱절로 갚겠습니다."(루카 19,8)

430 '교환 정의'란 말은 어떻게 이해할 수 있나요?

'교환 정의'는 당사자들의 권리를 세심하게 고려하는 가운데 사람들 사이의 거래를 규정합니다. 교환 정의는 재산권을 보호하고 빚을 청산하며, 자유 의지로 맺은 계약의 의무 사항들을 준수합니다. 또한 발생한 손해를 적절히 보상하고 훔친 재화는 돌려주도록 가르칩니다. [2411-2412]

431 절세 방안을 모색해도 되나요?

복잡한 세금 제도에 기민하게 대처하는 행위를 도덕적으로 비판할 수는 없습니다. 비도덕적인 것은 올바른 세금 산정을 방해하기 위해 실상을 위조하거나 숨기는, 탈세와 세무 조작과 같은 행위입니다. [2409]

> 나는 돈을 사랑합니다. 그것이 내게 다른 이들을 도울 기회를 주기 때문입니다.
>
> 블레즈 파스칼

> 부자는 종종 많은 돈을 지닌 가난한 사람에 지나지 않습니다.
>
> 아리스토텔레스

국민들이 수행 능력에 맞게 세금을 납부해야 국가가 직무를 수행할 수 있습니다. 따라서 탈세는 비신사적 행위 이상의 것입니다. 세금은 정당하고 적절해야 하며, 합법적인 방식으로 징수되어야 합니다.

432 그리스도인이 주식 시장이나 인터넷상에서 투자해도 되나요?

자신의 자금이나 위탁받은 자금으로 하는 투자가, 지혜로운 운용이라는 통상적 관습의 범위를 벗어나지 않고 다른 도덕규범에 위배되지 않는 한, 그리스도인은 주식 시장이나 인터넷상에서 투자할 수 있습니다.

내부 거래와 같은 부정한 수단을 투자에 이용하거나, 투자가 자신이나 타인의 생활 기반을 공고히 하기보다는 오히려 무너뜨리는 경우, 그리고 도박과 같은 중독성을 띠는 경우 투자는 비도덕적인 것이 되고 맙니다.

> 돈을 사랑하는 자는 돈으로 만족하지 못한다.
> 코헬 5,9

> 사람이 돈을 소유한다기보다 오히려 돈이 사람을 소유합니다.
> 치프리아노 성인
> (200년경~258년), 교부

433 공공 재산은 어떻게 다뤄야 하나요?

공공시설과 공유 재산을 맹목적이거나 고의적으로 파괴하는 행위는 도둑질의 또 다른 형태라 할 수 있으며, 이는 배상해야 합니다. [2409]

> 물건을 구입하고 사용할 때마다 그 물건이 인간 노동의 산물임을 기억하십시오. 당신이 그것을 소모하고 파괴하며 훼손함으로써 그것을 만든 노동도 파괴하고, 그로써 인간의 삶도 소모하고 있음을 생각하십시오.
> 레프 니콜라예비치 톨스토이
> (1828~1910년), 러시아의 작가

434 그리스도인이 내기나 도박을 해도 되나요?

생계에 영향을 줄 정도로 내기나 도박을 하는 것은 비도덕적이고 위험한 일입니다. 특히 부양가족을 비롯한 다른 이들의 생활 기반을 위태롭게 하는 경우에는 더욱 그렇습니다. [2413]

내기와 도박은 중독성이 있으며 사람을 노예로 만듭

니다. 여기에 빠져 식구들은 생활이 힘든데도 엄청난 돈을 쏟아붓는다면 도덕적으로 비난받아 마땅합니다.

435 사람이 사람을 '사고팔' 수 있나요?

인간은 다른 사람이나 그의 일부분을 상품화할 수 없으며, 자기 자신도 상품화할 수 없습니다. 인간은 하느님의 것이며, 그분에게서 자유와 존엄성을 선물 받았습니다. 오늘날 매춘 등을 통해 사람을 사고파는 행위는 매우 부도덕한 일입니다. [2414]

> 인간을 상품으로 전락시키는 자본주의의 잔혹함과 관련하여, 인간을 파괴하고 세계의 여러 지역을 목 조르고 있는 우상 맘몬에 대한 경고, 즉 부에 대한 경고를 통해 예수님이 의미하셨던 바를 우리는 다시 새롭게 이해하게 됩니다.
>
> 베네딕토 16세 교황,
> 《나자렛 예수》

태곳적부터 계속되어 온 인신매매와 노예 제도의 부당 행위가 장기 매매, 생명 공학을 위한 배아 매매, 입양을 목적으로 한 아동 매매, 아동 징병, 매춘 등의 형태로 세계 도처에서 새롭게 등장하고 있습니다. 사람들은 자유와 존엄성, 자기 결정권, 심지어 생명까지 강탈당하고 있습니다. 그들은 자신들의 소유주가 돈벌이에 이용할 수 있는 대상으로 전락하고 맙니다. 그러나 축구나 그 밖의 스포츠 종목에서 선수를 영입하는 것은 인신매매와 구별됩니다. 물론 그 분야에서도 '사고파는' 일이 거론되지만, 이는 선수들의 자발적인 동의를 전제로 합니다.
→ 280

436 우리는 피조물을 어떻게 다뤄야 하나요?

우리는 이 세상이 지닌 생명 법칙과 종의 다양성, 자연의 천부적인 아름다움, 줄어드는 자원 등을 이용하여 이 세상을 생명이 살 수 있는 공간으로 가꾸고 보존해야 합니다. 그리하여 이 세상을 우리 후손들도 잘 살 수 있게 만들 때, 우리는 하느님이 주신 창조의 사명을 다할 수 있습니다. [2415]

창세기에는 "자식을 많이 낳고 번성하여 땅을 가득 채우고 지배하여라. 그리고 바다의 물고기와 하늘의 새와 땅을 기어 다니는 온갖 생물을 다스려라."(창세 1,28)라는 말씀이 나옵니다. '땅을 지배하라'는 말씀은 자연이나 동물과 식물을 마음대로 다뤄도 된다는 절대적 권한을 의미하는 것이 아닙니다. 하느님의 모습대로 창조되었다는 이야기는 인간이 목자와 보호자로서 하느님의 피조물을 돌봐야 한다는 것을 의미합니다. 성경에는 "주 하느님께서는 사람을 데려다 에덴동산에 두시어, 그곳을 일구고 돌보게 하셨다."(창세 2,15)라는 말씀도 나오기 때문입니다. → 42-50, 57

437 우리는 동물들을 어떻게 대해야 하나요?

동물은 우리와 같은 생명체입니다. 하느님이 동물들을 지어 내시고 기뻐하셨듯 우리도 그들을 기뻐하고 사랑해야 합니다. [2416-2418, 2456-2457]

동물도 감정을 지닌 하느님의 피조물입니다. 동물을 학대하고, 고통 속에 놔두며, 헛되이 죽이는 일은 죄가 됩니다. 그렇지만 동물 사랑이 인간 사랑보다 우선해서는 안 됩니다.

> 약 1,230만 명의 사람들이 강제 노역에 시달리고 있으며, 그들 가운데 약 240만 명은 인신매매의 희생자들입니다. 그들을 통한 총 수익은 미화로 약 100억 달러에 이른다고 합니다.
>
> 국제노동기구ILO의 2005년 추산

> 우리가 환경을 소홀히 하면 인류의 공존에 해를 입히고, 거꾸로 인류의 공존을 무시하면 환경에 피해를 준다는 것을 우리는 경험을 통해 알고 있습니다. 피조물과의 평화와, 인간들 간의 평화 사이에 뗄 수 없는 관계가 있다는 것이 점점 분명해지고 있습니다.
>
> 베네딕토 16세 교황,
> 세계 평화의 날 담화
> 〈평화의 중심인 인간〉,
> 2007년 1월 1일

> 여러분이 환경과 동식물의 건강 유지를 위해 전력을 기울이고 있는 것은 온당합니다. 피조물의 서열상 세상의 모든 피조물들보다 훨씬 우위에 있는 인간의 생명에 대해 여러분은 더 결연하게 동의해야 합니다.
>
> 요한 바오로 2세 성인 교황,
> 1985년 9월 8일

438 가톨릭 교회에 고유한 사회 교리가 있는 이유는 무엇인가요?

모든 인간에게는 하느님의 자녀로서 유일한 존엄성이 있습니다. 그래서 교회는 모든 인간이 사회에서 이러한 존엄성을 누릴 수 있도록 교회의 사회적 가르침을 통해 전력을 다합니다. 교회는 정치나 경제의 자유를 간섭하려고 하지는 않지만, 그 분야에서 인간의 존엄성이 훼손되는 경우에는 개입해야 합니다.

[2419-2420, 2422-2423]

> 사랑은 교회의 사회적 가르침의 주된 통로입니다.
>
> 베네딕토 16세 교황, 회칙 〈진리 안의 사랑〉

"기쁨과 희망, 슬픔과 고뇌, 현대인들 특히 가난하고 고통받는 모든 사람의 그것은 바로 그리스도 제자들의 기쁨과 희망이며 슬픔과 고뇌이다."(제2차 바티칸 공의회, 현대 세계의 교회에 관한 사목 헌장, 〈기쁨과 희망〉) 사회 교리에서 교회는 이 문장을 구체화해서, '우리는 비그리스도인을 포함한 모든 이들의 행복과 정당한 대우를 위해 어떤 방식으로 책임을 다할 수 있을까?', '인간의 사회 조직과, 정치적·경제적·사회적 제도의 올바른 형태는 어떠해야 하는가?' 하고 자문합니다. 교회는 의로움을 위해 헌신하는 가운데, 인간에 대한 그리스도의 사랑을 모범으로 삼으며 사랑으로 인도합니다.

> 교회는 모든 면에서 정의로운 생활을 바라는 현대인의 깊고도 열렬한 소망을 함께 나누며, 인간과 사회생활에 요구되는 정의의 여러 측면을 진지하게 검토하는 일에 소홀하지 않습니다.
>
> 요한 바오로 2세 성인 교황, 회칙 〈자비로우신 하느님〉

439 가톨릭 사회 교리는 어떻게 생겨났나요?

교회는 19세기에 제기되었던 노동자 문제에 대해 가톨릭 사회 교리를 통해 답을 주었습니다. 산업화는 풍요로움을 가져왔지만, 많은 사람들이 법률의 보호를 거의 받지 못하는 노동자로 전락하여 궁핍한 삶을 살게 된 반면, 공장주들은 산업화로 큰 이득을 누리게 되었습니다. 공산주의는 이러한 경험을 통해 노동과 자본 사이에는 화해할 수 없는 적대 관계가 성립하며 그 적대 관계는 계급 투쟁으로 결판이 나야 한다는 결론을 이끌어 냈습니다. 그에 반해 교회는 노동자와 공장주가 올바르게 화해하도록 많은 노력을 기울였습니다. [2421]

> 자본은 노동 없이 있을 수 없고, 노동은 자본 없이 있을 수 없습니다.
>
> 레오 13세 교황, 회칙 〈새로운 사태〉

교회는 앞으로 몇몇 소수만이 아니라 산업화와 경쟁을 통해 새로 획득한 풍요를 모두가 누릴 수 있어야 한다고 강력히 권고했습니다. 그런 까닭에 교회는 노동조합의 결성을 지지했을 뿐만 아니라, 노동자들이 국가법의 도움으로 착취로부터 보호받고 사회 보험을 통해 질병과 곤경으로부터 자신과 가족을 지킬 수 있도록 노력을 다했습니다.

440 그리스도인들은 정치와 사회에 참여할 의무가 있나요?

복음 정신으로 사랑과 진리와 정의 안에서 정치 · 사회 · 경제에 참여하는 일은 가톨릭 교회의 평신도들이 지닌 특별한 직무입니다. 이 점에 있어 가톨릭 사회

당신께서는 땅을 찾아오셔서 물로 넘치게 하시어 더없이 풍요롭게 하십니다. 하느님의 개울은 물로 가득하고 당신께서는 곡식을 장만하십니다. 정녕 당신께서 이렇게 마련해 주십니다. …… 사막의 풀밭에도 방울져 흐르고 언덕들은 기쁨으로 띠 두릅니다. 목장들은 양 떼로 옷 입고 골짜기들은 곡식으로 뒤덮여 저들이 환성을 올리며 노래합니다.

시편 65,10.13-14

교리는 명확한 방향을 제시하고 있습니다. [2442]

주교나 사제, 수도자의 직무는 정당이나 정치 활동과 결합할 수 없습니다. 그들은 모든 이를 위해 존재해야 합니다.

> 이 문제에 있어서는 남녀 양측의 평신도들의 탁월한 역할을 강조함이 적절하겠습니다. 현세적인 사물을 그리스도교적인 투신에 의해서 활성화시키는 일은 바로 그들의 과업이며, 그런 활동에 의해서 그들은 평화와 정의의 증거자가 되는 것입니다.
>
> 요한 바오로 2세 성인 교황, 회칙 〈사회적 관심〉

> 많은 이들을 다스리는 권력을 유익하게 사용하는 것은 최고의 선이신 분을 닮는 일이지만, 그 권력을 남용하는 것은 극도로 사악한 일입니다.
>
> 토마스 아퀴나스 성인

> 원칙 없는 민주주의는 역사가 증명하듯이 쉽게 공개된 또는 위장된 전체주의로 변합니다.
>
> 요한 바오로 2세 성인 교황, 회칙 〈백주년〉

441 교회는 민주주의에 대해 무엇을 이야기하나요?

교회는 정치 체제들 가운데, 법 앞의 평등과 인권이 실현될 수 있는 가장 훌륭한 여건을 제공하는 민주주의를 지지합니다. 그러나 민주주의는 그저 다수의 의견이 지배하는 구조에 머물러서는 안 됩니다. 참된 민주주의는 모든 이의 기본권을 인정하고, 긴급한 경우에는 다수의 의견에 반하더라도 기본권을 수호하는 법치 국가에서만 실현될 수 있습니다. [1922]

그러나 역사를 통해 보면 민주주의 역시 인간의 존엄성과 인권에 대한 침해를 완벽하게 막지는 못한다는 사실을 알 수 있습니다. 민주주의는 언제나 소수에 대해 다수가 횡포를 저지를 위험성을 안고 있으며, 민주주의가 보장하지 못하는 여건들에 의존하고 있기도 합니다. 따라서 특히 그리스도인들은 민주주의를 존속시키는 가치가 잠식당하지 않도록 주의를 기울여야 합니다.

442 교회는 자본주의와 시장 경제에 대해 어떤 입장을 취하나요?

확고한 법질서에 편입되지 않은 자본주의는 공동선에서 벗어나 개인의 탐욕스러운 이윤 추구 수단으로 전락할 위험이 있습니다. 교회는 그것을 단호하게 거부합니다. 반면에 인간에게 유익하고 독점을 막으며, 모든 이의 생활에 꼭 필요한 재화와 일자리의 공급을 보장하는 시장 경제는 지지합니다. [2426]

> 인간다움과 연대성, 정의를 지니지 못한 자본주의에는 도덕이 없으며, 따라서 미래도 없습니다.
> 라인하르트 마르크스 추기경
> (1953년 출생),
> 뮌헨과 프라이징 대교구장

가톨릭 사회 교리는 모든 사회 기관을 평가할 때 **공동선**에 기여하는 정도, 즉 "참으로 공동선은 개인과 가정과 단체가 더 충만하게 더욱 쉽게 자기완성을 추구할 수"(제2차 바티칸 공의회, 현대 세계의 교회에 관한 사목 헌장 〈기쁨과 희망〉) 있도록 하는 데 얼마만큼 도움을 주느냐를 기준으로 삼습니다. 이는 우선적으로 인간에게 유익해야 할 경제에도 적용됩니다.

> 자원 탐사, 자금 조달, 생산, 소비, 그 외 경제 순환의 모든 측면은 불가피하게 도덕적 의미를 담고 있습니다. 따라서 모든 경제적 결정에는 도덕적 결과가 따릅니다.
> 베네딕토 16세 교황,
> 회칙 〈진리 안의 사랑〉

443 경영자와 사업가의 직무는 무엇인가요?

사업가와 경영자는 회사의 경제적 성과를 얻기 위해 노력합니다. 그러나 정당한 이익뿐만 아니라 사회적 책임에도 관심을 기울여야 합니다. 다시 말해 사회 전체뿐만 아니라 직원과 하청업자, 고객의 정당한 관심을 고려해야 하며, 환경에도 신경을 써야 합니다. [2432]

444 가톨릭 사회 교리는 노동과 실업 문제에 관해 무엇을 이야기하나요?

노동은 하느님이 우리 인간에게 주신 사명입니다.

> 노동이 인간에게, 인간의 인간성에 좋다는 것은 노동을 통해서 인간이 자연을 자기 필요에 따라 이용하면서 자연을 변화시킬 뿐 아니라, 인간으로서의 자기 완성을 이루어 어떤 의미에서는 '더욱더 인간답게' 변화되기 때문입니다.
>
> 요한 바오로 2세 성인 교황, 회칙 〈노동하는 인간〉

우리는 그분의 창조 사업을 보전하고 지속하기 위해 함께 노력해야 합니다. "주 하느님께서는 사람을 데려다 에덴동산에 두시어, 그곳을 일구고 돌보게 하셨다."(창세 2,15) 사람들은 대부분 노동이 생활의 기반입니다. 따라서 실업은 결연하게 맞서 싸워야 할 해악입니다.

오늘날에는 기꺼이 일하고자 하는 많은 사람들이 일자리를 찾지 못하는 반면, 일만 하느라 하느님과 주변 사람들을 위해 시간을 내지 못하는 '일 중독자'들도 있습니다. 또한 많은 사람들이 자신과 가족을 부양하기에도 빠듯한 임금을 받는 반면, 상상할 수 없는 호화로운 삶을 누릴 만큼 많은 돈을 버는 사람들도 있습니다. 노동 자체가 목적이 될 수 없으며, 노동은 인간다운 사회를 실현하는 데 기여해야 합니다. 그런 까닭에 **가톨릭 사회 교리**는 모든 이가 적극적으로 협력하며 획득한 풍요를 나눌 수 있는 경제 질서

가 정착되도록 많은 노력을 기울입니다. 가톨릭 사회 교리는 모든 이가 인간다운 삶을 누릴 수 있도록 정당한 임금을 지불할 것을 가르치며, 부유한 이들에게 절제와 연대적 나눔의 미덕을 요청합니다. → 47, 332

> 인간은 결코 시시포스(그리스 신화의 인물로, 영원히 바위를 산 위로 올리는 벌을 제우스에게 받았다. – 편집자 주)처럼 일하는 것에 동의하지 않을 것입니다.
>
> 피에르 테야르 드 샤르댕 (1881~1955년), 프랑스의 예수회 사제이자 자연 과학자

445 '자본보다 우위에 있는 노동' 원칙은 무엇을 의미하나요?

교회는 언제나 '노동이 자본보다 우위에 있다는 원칙'(요한 바오로 2세 교황, 회칙 〈노동하는 인간〉)을 가르쳐 왔습니다. 인간은 돈과 자본을 사물로 소유합니다. 이에 반해 노동과, 이를 수행하는 인간은 서로 분리될 수 없습니다. 그런 까닭에 노동자의 기본적 욕구는 자본의 이익에 우선합니다.

> 엄밀한 의미에서 자본이라는 개념에 속하는 모든 것은 다만 사물의 집적일 뿐입니다. 인간은 노동의 주체로서 그가 하는 노동에서 독립하여, 인간 홀로 인격체입니다.
>
> 요한 바오로 2세 성인 교황, 회칙 〈노동하는 인간〉

자본가와 투자자의 정당한 이익도 보호받아야 합니다. 그러나 그들이 노동자와 피고용인의 기본적 권리를 대가로 자신의 이익 증대를 꾀한다면, 이는 매우 부당한 일입니다.

446 교회는 세계화에 대해 무엇을 이야기하나요?

세계화란 우선 좋은 것도 나쁜 것도 아니며, 만들어 가야 하는 현실을 표현한 말입니다. "경제 선진국에서 시작된 이러한 과정은 자연스럽게 모든 경제를 포함할 정도로 확산되었습니다. 세계화는 모든 지역이 저개발에서 벗어나는 주요 동력이 되어 왔으

> 가난한 이들의 생활 여건을 갈수록 어렵게 만들고, 기아와 빈곤, 사회적 불평등을 해결하는 데 기여하지 않으며 환경을 짓밟는 세계화를 바라보는 일은 우리를 당혹스럽게 합니다. 세계화를 바라보는 이러한 시각들은 국수주의와 종교적 광신주의, 심지어 테러리즘 같은 극단적인 반작용을 불러일으킬 수 있습니다.
>
> 요한 바오로 2세 성인 교황, 2003년

> 세계화 시대에 경제는 전자의 논리, 곧 계약 교환의 논리를 우대하는 것처럼 보이지만 다른 두 논리, 곧 정치적 논리와 조건 없는 증여의 논리도 직·간접적으로 요구하고 있습니다.
>
> 베네딕토 16세 교황, 회칙 〈진리 안의 사랑〉

며 그 자체로 커다란 기회가 되었습니다. 그러나 진리 안의 사랑이 인도하지 않으면, 이러한 세계화의 힘은 전례 없는 손실을 야기하고 인류 가족 안에 새로운 분열을 초래할 것입니다."(베네딕토 16세 교황, 회칙 〈진리 안의 사랑〉)

값싼 청바지를 살 때 그것이 어떤 여건에서 생산되었는지, 또한 노동자들이 정당한 임금을 받았는지에 관해 무관심해서는 안 됩니다. 사람의 운명은 모두 중요하기 때문에, 우리는 그 누구의 궁핍함에도 무관심해서는 안 됩니다. 정치적 차원에서, 부유한 선진국과 가난한 저개발국의 국민들이 올바른 균형을 이루도록 돌보는 '세계 정치의 진정한 권위'가 시급합니다. 저개발 국가의 국민이 경제적 세계화의 혜택에서 소외되고 짐만 짊어지는 경우가 너무도 빈번하기 때문입니다.

447 세계화는 정치적·경제적 과제이기만 한 건가요?

예전에는 경제가 부의 증대를 꾀하고 정치가 부의 정당한 분배를 위해 노력해야 한다는 역할 분담론이 있었습니다. 그런데 세계화 시대에 정치는 국가라는 경계에 계속 묶여 있는 반면, 이윤은 전 세계에서 추구하고 있습니다. 따라서 오늘날에는 이익 추구가 아니라 연대감과 사랑의 정신으로 세상의 가난한 지역에서 활동할 국제 정치 기구들을 비롯해, 의식 있는 개인들과 사회 집단들의 결단력이 필요합니다. 또한 시장과 국가 이외에도 강력한 시민 사회가 필요합니다.

시장에서는 실행과 보상이 같은 가치로 거래됩니다. 그러나 이 세상의 여러 지역에는 너무도 가난한 나머지 거래를 위해 아무것도 내놓을 것이 없어, 갈수록 의존도가 높아지는 사람들이 있습니다. 그런 까닭에 '계약 교환의 논리'가 아니라 '조건 없는 증여의 논리'(베네딕토 16세 교황, 회칙 〈진리 안의 사랑〉)로 결정되는 경제 시민운동이 필요합니다. 이런 시민운동은 가난한 이들에게 그저 자선을 베푸는 것이 아니라, 그들이 자립할 수 있도록 지원한다는 목표로 경제적 자유에 이르는 길들을 열어 줍니다. 여기에는 그동안 전 세계적으로 750개 이상의 기업들이 참여한 포콜라레 운동의 '공동체의 경제' 프로젝트 같은 그리스도교적 시민운동도 포함됩니다. 또한 '사회적 기업가들'과 같은 비그리스도교적 시민운동도 포함되는데, 그들은 이윤을 추구하지만 '기부 문화'의 정신 속에서 가난과 소외가 줄어드는 것을 목표로 삼아 활동하고 있습니다.

> 사회가 더욱 세계화되면서 우리는 서로 이웃이 되지만 형제가 되지는 못합니다. 이성은 그 자체로 인간의 평등을 이해할 수 있고 시민 생활의 공존에 안정을 가져다줄 수 있지만 형제애를 이루어 주지는 못합니다.
>
> 베네딕토 16세 교황, 회칙 〈진리 안의 사랑〉

> '공동체 안의 경제'가 탄생했습니다. 그로써 우리는 장차 궁핍한 사람, 가난한 사람이 없는 민족이라는 본보기를 제시할 수 있게 되었습니다.
>
> 키아라 루빅(1920~2008년), 포콜라레 운동의 창시자

448 가난과 저개발은 피할 수 없는 운명인가요?

하느님은 모든 인간이 살기에 충분한 양식과 공간이 있는 풍요로운 세상을 우리에게 맡기셨습니다. 그러나 이 세상의 여러 나라에는 생활에 꼭 필요한 것들조차 거의 없는 사람들이 많습니다. 이는 역사적으로 복잡한 원인들에서 비롯되었지만, 돌이킬 수 없

> 굶주리는 민족들이 오늘 부유한 민족들을 향하여 처절히 호소합니다. 교회는 이 처절한 부르짖음을 귀담아듣고 함께 괴로워하며 모든 사람들을 불러, 도움을 청하는 이 형제들에게 따뜻한 사랑의 손길을 펴도록 요청하는 바입니다.
>
> 바오로 6세 교황,
> 회칙 《민족들의 발전》

> 우리의 재산을 가난한 이들과 나누지 않는다는 것은, 그들의 재산을 훔치고 그들의 삶을 빼앗는 것과 같습니다. 우리는 우리의 재산이 아니라 그들의 재산을 갖고 있는 것입니다.
>
> 요한 크리소스토모 성인

> 우리는 줌으로써 받고, 용서함으로써 용서받고, 죽음으로써 영생을 얻기 때문입니다.
>
> 1913년 프랑스에서 시작된
> 성 프란치스코 운동의 기도

는 것은 아닙니다. 부유한 국가들은 저개발 국가들에게 개발을 지원하고 정당한 경제 및 무역 여건을 마련해 줌으로써 그들이 빈곤에서 벗어날 수 있도록 도울 도덕적 책임이 있습니다.

오늘날 세상에는 하루에 1달러 이하의 생활비로 연명하는 사람들이 10억 명이나 된다고 합니다. 그들은 음식이 부족할 뿐만 아니라 깨끗한 식수가 없어 고통받으며, 대부분 교육이나 의료 혜택을 받지 못하고 있습니다. 매일 25,000명이 넘는 사람들이 영양실조로 사망하는 것으로 추정하는데, 그중 상당수가 어린이입니다.

449 그리스도인들에게 가난한 이들은 어떤 의미인가요?

가난한 이들에 대한 사랑은 어느 시대에나 그리스도인이라는 것을 알아보는 표징이 되어야 합니다. 가난한 이들에게는 도움을 요구할 권리뿐만 아니라 의로움을 요구할 권리도 있습니다. 그리고 그리스도인들에게는 자기 재산을 나눠야 할 특별한 의무가 있습니다. 가난한 이들을 사랑하신 그리스도는 우리의 모범이 되십니다. [2443-2446]

"행복하여라, 마음이 가난한 사람들! 하늘나라가 그들의 것이다."(마태 5,3) 예수님이 하신 산상 설교의 첫마디입니다. 가난에는 물질적인 가난을 비롯해 감성

의 가난, 지성의 가난, 영성의 가난이 있습니다. 그리스도인들은 물질적으로 가난한 이들을 세심한 주의와 사랑으로 지속적으로 돌봐야 합니다. 그리스도는 무엇보다 가난한 이들을 어떻게 대했는지를 보시고 그리스도인들을 판단하실 것이기 때문입니다. "너희가 내 형제들인 이 가장 작은 이들 가운데 한 사람에게 해 준 것이 바로 나에게 해 준 것이다."(마태 25,40)

→ 427

450 '육체적 자선 행위'에는 어떤 것이 있나요?

'육체적 자선 행위'에는 배고픈 이들에게 먹을 것을 주고, 목마른 이들에게 마실 것을 주며, 헐벗은 이들

> 사랑의 선교회에 지원자들이 오면 마더 데레사 성녀는 종종 그들을 한쪽으로 데려가, 자신의 오른손을 펴고는 다섯 손가락을 하나씩 차례대로 접는 모습을 보여 주었습니다. 손가락을 하나씩 접을 때마다 마더 데레사 성녀는 마태오 복음서 25장 40절에 나오는 예수님의 말씀을 다섯 마디로 끊어 한 구절씩 말했습니다. "너는, 그것을, 바로, 나에게, 해 준 것이다." 이 말씀과 작은 훈련은 수녀들이 환자들과 임종자들을 돌볼 때 느끼는 구역질과 혐오감에 내적으로 맞서 싸우는 데 큰 도움이 되었고, 그것은 지금도 마찬가지입니다.

> 가난한 이들에게 주십시오. 그러면 당신은 부유해질 것입니다.
>
> 아라비아의 격언

에게 입을 것을 주고, 나그네들을 받아들이며, 병든 이들을 찾아가며, 감옥에 갇힌 이들을 풀어 주며, 죽은 이들을 장사 지내는 일 등이 있습니다. [2447]

451 '영적 자선 행위'에는 어떤 것이 있나요?

'영적 자선 행위'에는 무지한 이들을 가르치고, 의심하는 이들에게 조언하며, 슬퍼하는 이들을 위로하고, 죄지은 이들을 훈계하며, 모욕하는 이들을 용서하고, 부당함을 참아 내며, 산 이와 죽은 이를 위해 기도하는 일이 있습니다.

제8계명
거짓 증언을 하지 마라

452 여덟째 계명은 무엇을 말하나요?

여덟째 계명은 우리에게 거짓말을 하지 말라고 가르칩니다. 거짓말은 뚜렷한 의식 상태에서 의도적으로 진실에 반하는 내용을 말하거나 행동하는 것을 뜻합니다. 거짓말을 하는 사람은 자기 자신을 속일 뿐만 아니라, 어떤 사안에 대해 완전한 진실을 알 권리가 있는 사람들도 속이는 것입니다. [2464, 2467-2468, 2483, 2485-2486]

모든 거짓말은 정의와 사랑을 거스릅니다. 거짓말은 폭력의 한 형태이고, 공동체 안에 분열의 씨앗을 심으며, 모든 인간 공동체가 기반을 두는 신뢰를 파괴합니다.

453 우리가 진리를 대하는 태도는 하느님과 어떤 관계가 있나요?

우리가 진리를 존중하며 산다는 것은 자기 자신에게 신의를 지키는 것만을 뜻하지는 않습니다. 정확히 말하면 그것은, 진실하다는 것과 하느님에 대해서 신의를 지킨다는 것을 의미합니다. 하느님은 모든 진리의 근원이시기 때문입니다. 우리는 하느님에 관한 진리와, "길이요 진리요 생명"(요한 14,6)이신 예수님 안에서 실재하는 모든 것에 관한 진리를 깨달

> 이 시대에 진실은 깊이 감춰지고 거짓은 도처에 난무해서, 진실을 사랑하지 않으면 진실을 인식할 수 없게 되었습니다.
>
> 블레즈 파스칼

게 됩니다. [2465-2470, 2505]

우리가 예수님을 진정으로 따를 때 우리의 삶은 점점 더 진실해집니다. 그럴 때 우리는 삶에서 거짓말, 가식, 애매함을 몰아내고, 진리의 측면에서 투명해집니다. 믿는다는 것은 진리의 증인이 된다는 것을 의미합니다.

> 만일 우리가 하느님과 친교를 나눈다고 말하면서 어둠 속에서 살아간다면, 우리는 거짓말을 하는 것이고 진리를 실천하지 않는 것입니다.
> 1요한 1,6

454 신앙의 진리를 위해 우리는 얼마나 큰 의무를 가지나요?

그리스도인이면 누구나 진리를 증언해야 하고, 그럼으로써 그리스도를 따라야 합니다. 그분은 빌라도 앞에서 "나는 진리를 증언하려고 태어났으며, 진리를 증언하려고 세상에 왔다."(요한 18,37)라고 말씀하셨습니다. [2472-2474]

> 내일 당장 순교자로 죽을 수 있을 만큼 그렇게 사십시오.
> 샤를 드 푸코 복자(1916년 순교)

심지어 이는 그리스도인이 진리에 대한 신의와 하느님과 인간에 대한 사랑으로 자기 삶을 바치는 것을 의미합니다. 진리를 위한 헌신의 가장 두드러진 형태가 순교입니다.

> 순교자(martyr, '증언'을 뜻하는 그리스어 '마르튀리아μαρτυρία'에서 유래)
> 그리스도교의 순교자는 진리이신 그리스도를 위해, 신앙에 근거를 둔 양심의 결정에 따라 폭력을 감수하고 심지어 죽음까지 맞이할 준비가 되어 있는 사람을 말합니다. 그들은 이슬람교의 자살 테러범과는 정반대되는 모습을 지니고 있습니다. 자살 테러범은 그릇된 종교적 신념에 따라 자신과 남들에게 폭력을 행사하며, 그 행위를 통해 이슬람교도들로부터 '순교자'로 추앙받습니다.

455 진실하다는 것은 무엇을 의미하나요?

진실하다는 것은 솔직하게 행동하고 정직하게 말하는 것을 뜻합니다. 진실한 사람은 표리부동과 가식, 악의적인 기만, 위선을 경계합니다. 정직하지 못한 가장 악한 형태가 거짓 맹세입니다. [2468, 2476]

모든 공동체에 존재하는 가장 큰 해악은, 남을 비방하는 일과 남에게서 들은 비방을 퍼뜨리는 일입니다. 예를 들면 ㄷ이 ㄴ에 관해 좋지 않게 이야기한 것을 들은 ㄱ이 ㄴ에게 혼자만 알고 있으라며 이야기하는 경우입니다.

456 거짓말했거나 남을 속이고 기만했을 때 우리는 어떻게 해야 하나요?

진리와 정의를 거스르는 모든 행위는 용서를 받았다 하더라도 그 잘못에 대해서는 배상해야 합니다. [2487]

거짓말이나 거짓 증언을 공적으로 배상할 수 없는 경우에는, 사적으로라도 가능한 만큼 배상해야 합니다. 피해 당사자에게 발생한 피해를 직접 되갚을 수 없는 경우에는, 도덕적인 배상을 수행할 양심상의 의무가 있습니다. 다시 말해 최소한 상징적인 배상이라도 할 수 있도록 최선을 다해야 합니다.

> **거짓 맹세**
> '거짓 맹세'는 의도적으로 하느님을 거짓 진술의 증인으로 내세움으로써 그 진술에 힘을 싣는 것을 말합니다. 이는 대죄에 속합니다.

457 진리에 대해 비밀을 엄수해야 하는 이유는 무엇인가요?

진리는 사랑 안에서 현명하게 전달해야 합니다. 진리는 종종 무기로 이용되기 때문에, 건설적인 효과보다는 파괴적인 효과를 보이기도 합니다. [2488-2489, 2491]

> 소문의 진위를 확인하기 전까지는 결코 그것을 퍼뜨리지 마십시오. 또한 소문이 맞다고 확인했을 때에도 입을 다무십시오.
>
> 셀마 라게를뢰프(1858~1940년), 스웨덴의 작가

정보를 전달할 때는 먼저 소크라테스가 말한 '세 개의 체'에 걸러 보아야 합니다. 세 개의 체에 걸러 본다는 것은 우선 전달하려는 정보가 진실인가, 그것이 좋은 내용인가, 그리고 그것이 유익한가를 따져 보는 일입니다. **비밀 엄수**는 직업상의 비밀에도 해당됩니다. 직업상의 비밀은 엄격한 이유가 있는 특별한 경우를 제외하고는 언제나 지켜야 합니다. 마찬가지로, 절대적인 비밀 준수를 전제로 들은 은밀한 내용을 공개하는 사람도 죄를 짓는 것입니다. 우리가 하는 이야기는 모두 진실이어야 하지만, 진실이라고 해서 모두 이야기할 필요는 없습니다.

458 고해성사의 비밀은 어느 정도로 지켜지나요?

고해성사의 비밀은 신성한 것이므로, 어떤 중요한 이유가 있더라도 결코 누설할 수 없습니다. [2490]

? **비밀 엄수**(discretion '판별하다'라는 뜻의 라틴어 'discernere'에서 유래)

'비밀 엄수'는 누구에게, 무엇을, 언제 이야기할 수 있는지를 판별하는 능력을 말합니다.

사제는 고백자에게 매우 중대한 범죄 내용을 들었더라도 고발할 수 없습니다. 다만 고백자가 경찰에 자수하지 않는 경우 사죄를 거부할 수 있을 뿐입니다. 심지어 어린이의 고해성사 때 나온 사소한 일일지라도 또는 고문당하는 등의 위기에 처하더라도 사제는 고해성사의 비밀을 절대로 누설해서는 안 됩니다.

→ 238

459 의사소통 수단과 관련하여 우리에게는 어떤 윤리적 책임이 있나요?

대중 매체 종사자들은 이용자들에 대한 책임이 있습니다. 무엇보다 대중 매체는 진실한 정보를 제공해야 합니다. 실태를 조사하고 그것을 알리는 일에 있어 인간의 권리와 존엄성을 존중해야 합니다. [2493-2499]

사회적 의사소통의 수단은 세상의 정의와 자유, 진실과 연대 의식을 세우는 데 기여해야 합니다. 실제로 대중 매체가 이념 논쟁의 수단으로 이용되거나, 시청률이나 구독률을 높이기 위해 내용에 대한 윤리적 규제를 하지 않거나, 사람들을 유혹하여 그들을 의존적으로 만드는 수단으로 전락하는 경우가 비일비재합니다.

? **사회적 의사소통 수단**
'사회적 의사소통 수단'은 개인들뿐만 아니라 인간 사회 전체를 대상으로 하고 그들에게 영향을 끼치는 대중 매체를 말합니다. 여기에는 신문, 영화, 라디오, 텔레비전, 인터넷 등이 있습니다.

460 대중 매체가 지닌 위험성에는 어떤 것들이 있나요?

어린이를 비롯한 많은 사람들이 대중 매체에서 본 것을 사실로 여깁니다. 오락 프로그램에서 폭력을

미화하고 반사회적 태도를 용인하거나 인간의 성을 대수롭지 않은 것으로 폄하한다면, 대중 매체의 책임자들뿐만 아니라 그것을 저지해야 할 책임이 있는 감독 기관들도 죄를 짓는 것입니다. [2496, 2512]

너의 보물이 있는 곳에 너의 마음도 있다.

마태 6,21

대중 매체 종사자들은 자신들의 제작물이 교육적 효과를 지닌다는 것을 늘 의식해야 합니다. 청소년들은 스스로 객관적인 비평을 하며 대중 매체를 이용하는지, 특정 매체에 중독되지는 않았는지 끊임없이 점검해 보아야 합니다. 인간은 누구나 자기 영혼에 대한 책임이 있습니다. 대중 매체를 통해 폭력과 증오, 외설적인 매체를 소비하는 사람은 정신적으로 무감각해지며 자기 자신을 해칩니다.

461 예술은 미美와 진리를 어떻게 연결하나요?

미와 진리는 하나를 이루고 있습니다. 하느님은 미의 원천이실 뿐만 아니라 진리의 원천이시기 때문입니다. 따라서 아름다움에 전념하는 예술은 완전하신 하느님에게 이르는 고유한 길이라 할 수 있습니다. [2500-2503, 2513]

> 아름다움을 만드신 분께서 그것들(세상)을 창조하셨기 때문이다.
>
> 지혜 13,3

예술은 말과 생각으로 전달할 수 없는 것을 표현합니다. 예술은 "인간이 무상으로 받은 과분한 내적 풍요로움에서 넘쳐흐르는 산물"(《가톨릭 교회 교리서》, 2501항)입니다. 또한 예술가는 예전에는 보지 못했던 현실의 새로운 측면을 유효한 형태로 표현하기 위해 영감과 인간의 능력을 결합하는데, 이는 하느님의 창조성과 매우 유사합니다. 그러나 예술 자체가 목적은 아닙니다. 예술은 인간을 고양하고 인간에게 감동을 주며 인간을 개선할 뿐만 아니라, 궁극적으로 인간을 하느님에 대한 흠숭과 감사로 인도해야 합니다.

> 피조물의 웅대함과 아름다움으로 미루어 보아 그 창조자를 알 수 있다.
>
> 지혜 13,5

> 완벽한 예술과 완벽한 삶은 성경에 그 근원을 두고 있다고 생각합니다.
>
> 마르크 샤갈(1887~1985년), 러시아의 화가

> 아름다움은 반사된 진리의 빛입니다.
>
> 토마스 아퀴나스 성인

제9계명
남의 아내를 탐내지 마라

462 아홉째 계명이 성욕을 비판하는 이유는 무엇인가요?

아홉째 계명은 성욕 자체를 비판하는 것이 아니라 무질서한 성욕을 비판합니다. 성경에서 경고하는 '탐욕'은 본능이 정신을 지배하고 충동이 한 인간을 온전히 지배하는 것을 의미하며, 또한 그것으로 야기되는 죄악을 말합니다. [2514-2515, 2528-2529]

> 그러므로 여러분 안에 있는 현세적인 것들, 곧 불륜, 더러움, 욕정, 나쁜 욕망, 탐욕을 죽이십시오. 탐욕은 우상 숭배입니다.
>
> 콜로 3,5

남녀 간의 성적 매력은 하느님이 만드셨기 때문에 유익한 것입니다. 그것은 인간의 성적 특성과 생물학적 기질에 속하며, 남자와 여자가 서로 결합하고 그들의 사랑에서 후손이 나올 수 있게 합니다. 이러한 결합은 아홉째 계명에 의해 보호되어야 합니다. 사랑의 불장난으로 인해, 즉 경솔하게 남녀 간의 성적 충동을 행동으로 옮겨 혼인과 가정이라는 피난처를 훼손해서는 안 됩니다. 그런 까닭에 그리스도인이라면 더욱 다른 사람의 아내나 남편에게 관심을 기울이지 말아야 합니다. → 400-425

> 행복하여라, 마음이 깨끗한 사람들! 그들은 하느님을 볼 것이다.
> 마태 5,8

> 육의 행실은 자명합니다. 그것은 곧 불륜, 더러움, 방탕, 우상숭배, 마술 ……. 내가 여러분에게 이미 경고한 그대로 이제 다시 경고합니다. 이런 짓을 저지르는 자들은 하느님의 나라를 차지하지 못할 것입니다.
> 갈라 5,19-21

463 '마음의 정화'는 어떻게 얻을 수 있나요?

사랑에 요구되는 '마음의 정화'는 무엇보다 기도를 통해 하느님과 하나가 될 때 얻을 수 있습니다. 하느님의 은총이 우리를 매만질 때 순수하고 완전하게 인간을 사랑할 수 있는 길이 열립니다. 순결한 사람은 솔직하고 온전한 마음으로 사랑할 수 있습니다. [2517-2520, 2532]

> 하느님, 깨끗한 마음을 제게 만들어 주시고 굳건한 영을 제 안에 새롭게 하소서. 당신 면전에서 저를 내치지 마시고 당신의 거룩한 영을 제게서 거두지 마소서. 구원의 기쁨을 제게 돌려주시고 순종의 영으로 저를 받쳐 주소서.
> 시편 51,12-14

우리가 순수한 마음으로 하느님을 찾을 때 그분은 우리의 마음을 변화시키십니다. 하느님은 우리가 당신의 뜻을 따르고 불순한 생각과 상상, 열망을 거부할 수 있는 힘을 우리에게 주십니다. → 404-405

464 수치심이 유익한 이유는 무엇인가요?

수치심은 인간의 가장 내밀한 부분, 즉 자신의 비밀

과, 자신의 가장 내면의 모습, 자신의 존엄성, 무엇보다 사랑할 줄 아는 능력과 성적 행동을 가능하게 하는 능력을 보호합니다. 수치심은 오로지 사랑하는 사람만이 볼 수 있도록 허용된 것과 관련되어 있습니다. [2521-2525, 2533]

요즘 그리스도교를 믿는 많은 젊은이들은 모든 것을 당연하게 드러내 보이고 수치심이 점점 없어지는 환경에서 살고 있습니다. 동물은 수치심을 모릅니다. 그러나 인간에게 수치심은 본질적인 특성 가운데 하나로, 이를 모른다면 인간답지 못한 것입니다. 수치심은 열등감을 숨기려는 마음이 아니라 귀중한 것을 보호하려는 마음입니다. 다시 말해 자신이 지닌 사랑의 능력으로 개인의 존엄성을 지키려는 마음입니다. 수치심은 상이한 방식으로 표현된다 하더라도 모든 문화에서 발견됩니다. 수치심은 성을 경시하는 태도나 경직된 교육과 관련된 것이 아니며, 인간은 자신의 죄 또는 공개되면 자신의 체면이 깎일 일들에 대해 수치심을 느낍니다. 말이나 시선, 몸짓, 행동을 통해 다른 사람에게 수치심을 주는 이는 다른 사람의 존엄성을 앗아 가는 것입니다. → 412-413

> 99 여러분이 내일 부끄러워하지 않아도 될 만큼 오늘을 사십시오.
>
> 요한 보스코 성인(1815~1888년), 사제이자 수도회 창설자

> 99 신비가 있는 곳이면 어디에나 수치심도 존재합니다.
>
> 프리드리히 니체(1844~1900년), 독일 철학자

제10계명
남의 재물을 탐내지 마라

465 그리스도인은 다른 이의 재산에 대해 어떤 태도를 취해야 하나요?

그리스도인은 비이성적이고 부당한 욕구와 합당한 욕구를 구분하는 법을 배우고, 남의 재산을 존중하는 태도를 취해야 합니다. [2534-2537, 2552]

병적인 소유욕과 도둑질, 강도, 사기, 폭력과 부정, 시기, 타인의 재산을 탈취하려는 무절제한 욕망은 모두 탐욕으로부터 나옵니다.

> 이웃의 집을 탐내서는 안 된다. 이웃의 아내나 남종이나 여종, 소나 나귀 할 것 없이 이웃의 소유는 무엇이든 탐내서는 안 된다.
>
> 탈출 20,17

> 너희는 주의하여라. 모든 탐욕을 경계하여라. 아무리 부유하더라도 사람의 생명은 그의 재산에 달려 있지 않다.
>
> 루카 12,15

466 시기심이란 무엇이며, 자신의 내면에서 시기심과 어떻게 싸워야 하나요?

시기심이란 남이 잘되는 것을 샘내고 기분 나빠하며, 남의 소유물을 부당하게 탈취하려는 마음입니다. 남이 잘못되기를 바라는 것은 중대한 죄입니다. 다른 이들의 성과와 재능을 더 많이 기뻐해 주려고 노력하며, 자신이 잘되기를 바라는 하느님의 섭리를 믿고, 자신의 마음을 참된 부富에 둘 때 시기심은 줄어들게 됩니다. 참된 부는, 우리가 성령을 통해 지금 하느님과 관계를 맺고 있다는 사실에 있습니다. [2538-2540, 2553-2554]

> 녹이 쇠를 좀먹듯이, 질투는 그것에 사로잡힌 영혼을 병들게 합니다.
>
> 바실리오 성인, 《수도 규칙》

467 예수님이 우리에게 '마음의 가난'을 요구하시는 이유는 무엇인가요?

"그분께서는 부유하시면서도 여러분을 위하여 가난하게 되시어, 여러분이 그 가난으로 부유하게 되도록 하셨습니다."(2코린 8,9) [2544-2547, 2555-2557]

> 아무도 미워하지 마십시오. 시기하지 말고, 질투심에서 나온 행동을 하지 마십시오. 다투지 말고 사랑하십시오. 교만을 피하십시오.
>
> 베네딕토 성인,
> 《베네딕토 규칙서》

> 하느님에게 자리를 내어 드리지 않는 사람은 하느님도 도울 방도가 없습니다. 우리는 하느님이 우리 안에 들어오시도록 완전히 비어 있어야 하며, 그로써 그분이 원하는 바를 행하실 수 있게 해야 합니다.
>
> 마더 데레사 성녀

젊은이들도 내적 공허를 겪고 있습니다. 그러나 '마음의 가난'은 나쁘기만 한 것이 아닙니다. 우리는 그저 우리의 빈 마음을 채워 주고 우리의 가난을 풍요로움으로 바꿔 줄 수 있는 분을 온 마음을 다해 찾기만 하면 됩니다. 그런 까닭에 예수님은 "행복하여라, 마음이 가난한 사람들! 하늘나라가 그들의 것이다."(마태 5,3)라고 말씀하셨습니다. → 283-284

468 인간이 가장 열망해야 할 대상은 누구인가요?

> 무한하고 변함 없는 대상, 즉 하느님만 인간의 깊은 심연을 채울 수 있습니다.
>
> 블레즈 파스칼

인간의 궁극적이고 가장 큰 열망의 대상은 오로지 하느님일 수밖에 없습니다. 우리의 창조주이시고 주님이시며 구세주이신 그분을 뵙는 것이 영원한 행복입니다. [2548-2550, 2557] → 285

제3권 그리스도를 통해 어떻게 생명을 얻는가?

366 | 367

제2장 네 이웃을 네 자신처럼 사랑해야 한다

제4권

어떻게 기도해야 하는가?

제1부 그리스도인의 삶에서 기도가 지니는 의미

제1장 기도: 하느님이 우리에게 당신의 친밀함을 선사하시는 통로
제2장 기도의 원천
제3장 기도하는 방법

제2부 주님의 기도: 하늘에 계신 우리 아버지

❧ 제1부 ❧
그리스도인의 삶에서 기도가 지니는 의미

469 기도란 무엇인가요?

기도는 마음을 하느님에게 향하는 것을 말합니다. 기도하는 사람은 하느님과 살아 있는 관계를 맺게 됩니다. [2558-2565]

기도는 신앙생활로 들어가는 커다란 관문입니다. 기도하는 사람은 더 이상 자신의 뜻대로, 자신을 위해, 자신의 힘으로 살지 않습니다. 말을 걸 수 있는 하느님이 계심을 알고 있기 때문입니다. 기도하는 사람은 점점 더 자신을 하느님에게 맡기게 됩니다. 그는 언젠가 얼굴을 마주하게 될 분과의 관계를 미리 추구합니다. 따라서 매일같이 기도하는 일은 그리스도인의 삶의 일부라고 할 수 있습니다. 물론 기술을 배우듯이 기도하는 법을 배울 수는 없습니다. 이상하게 들릴지도 모르지만, 기도하는 법은 기도함으로써 습득하게 되는 선물이기 때문입니다.

❧ 제1장 ❧
기도: 하느님이 우리에게 당신의 친밀함을 선사하시는 통로

470 인간이 기도하는 이유는 무엇인가요?

우리가 기도하는 이유는, 우리가 끝없는 열망으로 가득 차 있으며 하느님이 당신을 지향하도록 인간을

> 제게 기도란 마음을 들어 올리고 온전히 하늘을 바라보는 일이며, 시련이나 기쁨의 한가운데에서 감사와 사랑의 마음으로 외치는 일입니다.
>
> 아기 예수의 데레사 성녀

> 기도하고자 하는 마음 그 자체가 이미 기도입니다.
>
> 조르주 베르나노스(1888~1948년), 프랑스의 소설가

> 당신이 할 수 있는 일은 하고, 당신이 할 수 없는 일은 기도로 청하십시오. 그러면 당신이 그 일을 할 수 있도록 하느님이 도우실 것입니다.
>
> 아우구스티노 성인

> 이는 사람들이 하느님을 찾게 하려는 것입니다. 더듬거리다가 그분을 찾아낼 수도 있습니다. 사실 그분께서는 우리 각자에게서 멀리 떨어져 계시지 않습니다.
>
> 사도 17,27

> 아마도 가장 적게 이야기할 때 우리는 가장 많이 기도하는 것이며, 가장 많이 이야기할 때 가장 적게 기도하는 것일지 모릅니다.
>
> 아우구스티노 성인

> 기도한다는 것은 자신이 하는 이야기를 듣는 것이 아닙니다. 기도한다는 것은, 고요해져서 하느님의 말씀이 들릴 때까지 그대로 기다리는 것을 뜻합니다.
>
> 쇠렌 키르케고르

> 갑자기 나는 현존하는 고요를 체험했습니다. 이 고요한 마음속에 고요와 평화, 평온 자체이신 그분이 계셨습니다.
>
> 조르주 베르나노스

> 기도한다는 것은 세상 걱정에서 벗어나 아버지에게 간다는 것을 뜻합니다.
>
> 프리드리히 폰 보델슈빙

만드셨기 때문입니다. 아우구스티노 성인은 "주님, 님 위해 우리를 내시었기 님 안에 쉬기까지는 우리 마음이 찹찹하지 않삽나이다."라고 말했습니다. 또한 우리는 필요하고 바라는 것이 있기 때문에 기도합니다. 마더 데레사 성녀는 "나 자신에게 의지할 수 없기 때문에, 나는 하루 24시간 내내 그분께 의존합니다."라고 말했습니다. [2566-2567, 2591]

> 내 생각에 기도란 친구와의 대화와 다를 바 없습니다. 친구가 나를 사랑하기 때문에 나는 그와 이야기하기 위해 자주, 그리고 기꺼이 혼자서 그를 만납니다.
>
> 예수의 데레사 성녀

우리는 종종 하느님을 잊고 그분에게서 도망치며 우리 자신을 숨깁니다. 우리가 그분을 생각하기를 꺼

관상 기도(contemplation, '관찰하다'라는 뜻의 라틴어 'contemplare'에서 유래)

'관상 기도'란 기도하는 가운데 하느님의 현존에 몰입하는 것을 말합니다. 관상 기도(정신적, 내면적 삶)와 활동(행동하는 삶)은 하느님께 헌신하는 두 가지 모습입니다. 그리스도교에서 이 둘은 분리될 수 없는 짝을 이룹니다.

> 기도 안에서 네가 실제로 파악하고 체험한 것만을 전하라.
>
> 도미니코회 수도자들의 좌우명

리고 그분을 부인하더라도, 하느님은 언제나 우리를 도우려 하십니다. 하느님은 우리가 당신을 찾기도 전에 우리를 찾으시며, 우리를 그리워하고 우리를 부르십니다. 우리는 자신의 양심과 대화할 때 문득 하느님과 대화하고 있음을 깨닫게 됩니다. 이야기할 사람이 없어 외로움을 느낄 때 우리는 언제나 하느님에게 말을 걸 수 있다는 것을 떠올립니다. 위험에 빠졌을 때 우리는 하느님이 우리의 청원을 들어주시는 체험을 합니다. 기도하는 것은 숨 쉬고 밥 먹고 사랑하는 것과 같이 인간의 욕구에 상응하는 일입니다. 기도는 우리를 정화시키고 우리가 유혹에 맞설 수 있게 합니다. 또한 우리가 허약함을 느낄 때 기운을 북돋아 주고, 두려움을 없애 주며, 힘을 배가하고, 끈기 있게 합니다. 기도는 우리를 행복하게 합니다.

471 아브라함이 기도의 모범이 되는 이유는 무엇인가요?

아브라함은 하느님의 말씀을 따랐습니다. 그는 하느님이 원하시는 곳을 향해 길을 떠났고, 하느님이 원하시는 일을 했습니다. 아브라함이 하느님의 말씀을 열심히 듣고 새롭게 시작하는 용기가 있었기에, 그는 기도의 모범이 됩니다.

아브라함에게서 전해 내려오는 기도는 많지 않습니다. 하지만 그는 가는 곳마다 하느님을 위해 제단을 세우고 기도할 공간을 마련했습니다. 이처럼 그는 일생 동안 하느님을 다양하게 체험했는데, 그중에는 그를 시험하고 불안하게 만든 체험도 있었습니다. 하느님이 죄 많은 도시 소돔을 없애려 하셨을 때, 아브라함은 그 도시를 위해 나섰고 심지어 하느님에게 끈질기게 맞서기도 했습니다. 소돔에 대한 그의 옹호는 하느님의 백성이 드린 역사상 최초의 대청원 기도라 할 수 있습니다.

> 아브라함은 주님 앞에 그대로 서 있었다. 아브라함이 다가서서 말씀드렸다. "진정 의인을 죄인과 함께 쓸어버리시렵니까? 혹시 그 성읍 안에 의인이 쉰 명 있다면, 그래도 쓸어버리시렵니까? 그 안에 있는 의인 쉰 명 때문에라도 그곳을 용서하지 않으시렵니까? 의인을 죄인과 함께 죽이시어 의인이나 죄인이나 똑같이 되게 하시는 것, 그런 일은 당신께 어울리지 않습니다."
>
> 창세 18,22-25

472 모세는 어떻게 기도했나요?

우리는 '기도'가 '하느님과 나누는 대화'임을 모세에게서 배웁니다. 불타는 떨기나무 속에서 하느님은 모세와 본격적인 대화를 나누셨고 그에게 사명을 주셨습니다. 모세는 이의를 제기하고 질문을 드렸으며, 마침내 하느님은 그에게 당신의 거룩한 이름을 계시하셨습니다. 당시에 모세가 하느님에게 신뢰를 표현하고 전적으로 하느님의 도구가 된 것처럼, 우리도 그렇게 기도함으로써 하느님의 학교에 들어가야 합니다. [2574-2577]

성경에 모세의 이름이 767번이나 언급되는 만큼, 그는 이스라엘 백성의 해방자이자 율법 제정자로서 중요한 인물입니다. 또한 모세는 자기 백성을 위한 위대한 변호인이기도 했습니다. 그는 기도하는 가운데 자신의 사명을 받았고, 기도에서 힘을 얻었습니다. "주님께서는 마치 사람이 자기 친구에게 말하듯, 모세와 얼굴을 마주하여 말씀하시곤 하였다."(탈출 33,11)라는 성경 말씀처럼 모세는 하느님과 긴밀하고

주님은 나의 목자, 나는 아쉬울 것 없어라. 푸른 풀밭에 나를 쉬게 하시고 잔잔한 물가로 나를 이끄시어 내 영혼에 생기를 돋우어 주시고 바른길로 나를 끌어 주시니 당신의 이름 때문이어라. 제가 비록 어둠의 골짜기를 간다 하여도 재앙을 두려워하지 않으리니 당신께서 저와 함께 계시기 때문입니다. 당신의 막대와 지팡이가 저에게 위안을 줍니다.

시편 23,1-4

사적인 관계를 맺고 있었습니다. 모세는 행동하거나 백성을 가르치기에 앞서 기도를 드리러 산으로 올라가곤 했습니다. 이처럼 모세는 관상 기도를 하는 사람들의 모범이 되기도 합니다.

473 그리스도인의 기도에서 시편은 어떤 의미를 지니나요?

시편은 '주님의 기도'와 더불어 교회의 가장 소중한 기도 유산 중 하나입니다. 교회에서는 시편을 통해 하느님에 대한 찬미가 영원히 이어지고 있습니다.

구약 성경의 시편에는 150편의 시가 있습니다. 시편은 오래된 노래와 기도의 모음으로, 수천 년 동안 전해 내려온 내용 가운데 일부는 오늘날에도 교회 공동체 안에서 시간 전례를 통해 바쳐집니다. 시편은 세계 문학의 가장 훌륭한 원전 가운데 하나며, 그것의 영적인 힘을 통해 현대인들에게도 큰 감동을 선사합니다. → 188

474 예수님은 기도를 어떻게 배우셨나요?

예수님은 기도를 가정과 회당에서 배우셨습니다. 그러나 예수님은 전통적인 기도의 한계를 극복하셨습니다. 그분의 기도에서 오로지 '하느님의 아드님'만이 가질 수 있는 하늘에 계신 아버지와의 관계가 드러납니다. [2598-2599]

하느님이시며 인간이셨던 예수님은 당시의 여느 유다인 아이처럼 이스라엘 민족의 의례와 기도 방식에 익숙해지셨습니다. 그러나 예수님이 열두 살 때 성전에서 겪으신 일(루카 2,41-52 참조)에서 드러나듯이, 그분 안에는 배워서 습득할 수 없는 무언가가 있었습니다. 즉 하늘에 계신 아버지 하느님과의 근원적이고 심오하며 유일무이한 관계가 있었습니다. 예수님은 다른 모든 사람과 마찬가지로 다른 세상을 바라셨고, 하느님께 기도하셨습니다. 그러나 동시에 그분은 그 다른 세상의 한 부분이기도 하셨습니다. 이후 사람들이 예수님께 기도하고 그분을 하느님으로 받아들이며 그분의 은총을 청하게 되는데, 그러

> 저는 제 아버지의 집에 있어야 하는 줄을 모르셨습니까?
> 루카 2,49

> 기도한다는 것은 사랑하는 마음으로 예수님을 생각한다는 것입니다. 기도는 예수님에게 전념하는 영혼의 몰입입니다. 예수님을 더 많이 사랑할수록 기도도 더 잘하게 됩니다.
> 샤를 드 푸코 복자

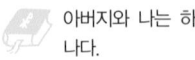
아버지와 나는 하나다.

요한 10,30

한 모습들이 이미 그때부터 드러나고 있었습니다.

475 예수님은 어떻게 기도하셨나요?

예수님의 삶 자체가 탁월한 기도였습니다. 그분은 사막에서 유혹을 받았을 때나 제자들을 뽑으셨을 때, 십자가 위에서 죽음을 맞이하셨을 때와 같은 결정적인 순간에 더욱 간절히 기도하셨습니다. 그분은 종종 기도하기 위해 한적한 곳을 찾으셨고, 특히 밤에 기도하셨습니다. 예수님은 당신의 지상에서의 삶을 이끌어 주는 원리였던 성령 안에서 성부와 하나가 되셨습니다. [2600-2605]

476 죽음을 앞두고 예수님은 어떤 기도를 바치셨나요?

죽음을 앞두고 예수님은 인간으로서 가장 깊은 두려움을 느끼셨습니다. 하지만 그분은 그 순간에도 하늘에 계신 아버지를 신뢰하셨습니다. "아빠! 아버지! 아버지께서는 무엇이든 하실 수 있으시니, 이 잔을 저에게서 거두어 주십시오. 그러나 제가 원하는 것을 하지 마시고 아버지께서 원하시는 것을 하십시오." (마르 14,36) [2605-2606, 2620]

> 예수님은 "저의 하느님, 저의 하느님, 어찌하여 저를 버리셨습니까?"(시편 22,2)라는 말로 시작되는 시편 기도를 바치셨습니다. 그분은 고통받는 이스라엘의 모든 백성과 전 인류, 그리고 하느님을 알아보지 못하는 그들의 위기를 자기 안에 받아들이시고, 그분이 최종적으로 패배하고 안 계신 것처럼 보이는 바로 그곳에서 하느님의 모습을 드러내 보이셨습니다.
>
> 베네딕토 16세 교황, 2005년 성금요일 강론

'곤경이 우리를 기도하게 한다'는 것을 대부분의 사람들이 자기 삶에서 체험합니다. 예수님은 죽음의 위협에서 어떤 기도를 바치셨나요? 죽음의 순간에 그분을 이끌었던 것은 당신 아버지의 사랑과 보살핌에 자신을 전적으로 내맡기는 신뢰였습니다. 그럼에도 불구하고 예수님은 유다인의 임종 기도에서 유래한, 가장 수수께끼 같은 기도를 바치셨습니다. "저의 하느님, 저의 하느님, 어찌하여 저를 버리셨습니까?"(마르 15,34; 시편 22,2) 모든 시대의 인간이 갖고 있는 온갖 절망과 비탄, 울부짖음 그리고 하느님이 도와주시길 바라는 갈망이, 십자가에 못 박히신 분의 이 말씀에 집약되어 있습니다. 예수님은 "아버지, 제 영을 아버지 손에 맡깁니다."(루카 23,46)라는 말씀과 함께 숨을 거두셨습니다. 이 말씀에서 성부에 대한 무한한 신뢰가, 다시 말해 성부의 권능을 통해 죽음을 극복할 수 있다는 것을 알고 있다는 믿음이 드러납니다. 이와 같이 죽음의 순간에 바친 예수님의 기도는 그분의 부활을 통한 승리를 이미 예견하고 있습니다. → 100

> 그러므로 내가 너희에게 말한다. 너희가 기도하며 청하는 것이 무엇이든 그것을 이미 받은 줄로 믿어라. 그러면 너희에게 그대로 이루어질 것이다.
>
> 마르 11,24

> 희망은 하느님의 무한한 사랑에 대한 신뢰와 다를 바 없습니다.
>
> 샤를 드 푸코 복자

477 예수님에게 기도하는 법을 배운다는 것은 무엇을 의미하나요?

예수님에게 기도를 배운다는 것은 그분이 지니신 무한한 신뢰에 참여하고, 그분의 기도에 동참하며, 그분에 의해 한 걸음씩 하느님에게 인도되는 것을 의미합니다. [2607-2614, 2621]

예수님과 공동체를 이루며 살았던 제자들은 예수님 말씀에 귀 기울이고 그분의 삶을 본받음으로써 기도하는 법을 배웠습니다. 그들은 예수님처럼 깨어 있어야 했으며 정결한 마음을 얻고자 노력했습니다.

> 너는 기도할 때 골방에 들어가 문을 닫은 다음, 숨어 계신 네 아버지께 기도하여라. 그러면 숨은 일도 보시는 네 아버지께서 너에게 갚아 주실 것이다.
>
> 마태 6,6

> 나에게 '주님, 주님!' 한다고 모두 하늘 나라에 들어가는 것이 아니다. 하늘에 계신 내 아버지의 뜻을 실행하는 이라야 들어간다.
>
> 마태 7,21

곧 도래할 하느님 나라를 위해 모든 것을 버렸고, 원수를 용서하고 담대하게 하느님을 신뢰했으며, 다른 무엇보다도 하느님을 사랑했습니다. 그러한 헌신적인 모범을 보임으로써 예수님은 전능하신 하느님을 "아빠! 사랑하는 아버지!"라고 부르도록 당신 제자들에게 가르치셨습니다. 우리가 예수님의 영으로 기도하거나 특히 '주님의 기도'를 바치는 것은 예수님의 마음으로 기도하는 것과 같습니다. 그럴 때 우리는 틀림없이 성부의 마음에 이르게 된다는 것을 굳게 믿을 수 있습니다. → 495-496, 512

478 하느님이 우리의 기도를 들어주시리라 확신할 수 있는 근거는 무엇인가요?

예수님은 생전에 당신에게 치유를 간청했던 많은 이들의 기도를 들어주셨습니다. 죽음에서 부활하신 예수님은 살아 계시고, 우리의 청원에 귀 기울이시며, 우리의 청원을 하느님에게 전달하십니다. [2615-2616, 2621]

> 청원 기도에 속하는 두 가지 요소는 다음과 같습니다. 하나는 기도를 들어주신다는 것에 대한 확신이고, 다른 하나는 각자의 계획대로 들어주실 것이라는 기대를 철저하게 포기하는 것입니다.
>
> 카를 라너

오늘날 우리는 유다교 회당장이었던 야이로의 이름을 기억하고 있습니다. 그는 예수님에게 도움을 청했고 그분은 그 청을 들어주셨습니다. 그의 어린 딸은 병들어 죽었고, 더 이상 아무도 그를 도울 수 없었습니다. 그러나 예수님은 그의 딸을 고쳐 주셨을 뿐만 아니라, 심지어 죽은 이들 가운데서 다시 살리셨습니다(마르 5,21-43 참조). 확실하게 입증된 치유력을 보여 주신 것입니다. 그분은 표징을 드러내시고 기적을 행하셨습니다. 절름발이와 나병 환자, 눈먼 이가 예수님에게 청한 것은 헛된 일이 아니었습니다. 교회의 모든 성인들도 기도가 이루어진다는 것을 증언했습니다. 많은 그리스도인들은 자신들이 하느님에게 어떻게 청원했는지, 또 하느님은 자신들의 기도를 어떻게 들어주셨는지 이야기할 수 있습니다. 그렇지만 하느님은 자판기가 아닙니다. 그분이 어떤 방식으로 우리의 간청을 들어주실지는 그분에게 맡겨야 합니다. → 40, 51

> 당신이 하느님에게 진정으로 회개를 청한다면, 그에 대한 응답을 받을 것입니다.
>
> 요한 마리아 비안네 성인

> 마음을 모아 성모님에게 도움을 청하십시오. 성모님은 당신의 궁핍함을 모르는 체하지 않으실 것입니다. 그분은 자애로우시며, 참으로 자비의 어머니이시기 때문입니다.
>
> 베르나르도 성인

479 성모님의 기도 방식에서 우리가 배울 점은 무엇인가요?

우리는 성모님의 기도 방식에서 "말씀하신 대로 저에게 이루어지기를 바랍니다."(루카 1,38)라고 응답하신 성모님의 태도를 배워야 합니다. 기도는 결국 하느님의 사랑에 응답하여 우리를 오롯이 바치는 것입니다. 우리가 성모님처럼 동의할 때 하느님은 당신의 삶을 우리 삶에서 펼치실 수 있습니다. [2617-2618, 2622, 2674] → 84-85, 117

> 그들은 우리를 향해 말합니다. "그분을 두려워하지 마십시오. 신앙의 모험을 감행할 용기를 가지십시오. 자비에 몸을 맡길 각오를 하십시오. 하느님을 위해 일하십시오. 그러면 당신은 그분을 통해 당신의 삶이 넓어지고 밝아지며, 지루하지 않고 끊임없이 놀라움으로 가는 것을 보게 될 것입니다. 하느님의 무한한 자비는 결코 고갈되지 않기 때문입니다."
>
> 베네딕토 16세 교황, 2005년 12월 8일

480 성모송은 어떤 내용을 담고 있나요?

은총이 가득하신 마리아님, 기뻐하소서!
주님께서 함께 계시니 여인 중에 복되시며
태중의 아들 예수님 또한 복되시나이다.
천주의 성모 마리아님,
이제와 저희 죽을 때에

❓ **성모송**(Ave Maria, 라틴어. '마리아님, 기뻐하소서'라는 뜻의 '카이레 마리아 χαῖρε Μαρία'를 번역한 말임.)

'주님의 기도' 다음으로 중요하고 사랑받는 기도인 '성모송'의 전반부는 성경 구절(루카 1,28.42 참조)을 인용한 것입니다. 후반부의 "이제와 저희 죽을 때에"는 16세기에 덧붙인 구절입니다.

저희 죄인을 위하여 빌어주소서.
아멘.

481 묵주 기도는 어떻게 바치나요?

1) '성호경'을 외며 '십자 성호'를 긋고
2) '사도신경'(신앙 고백, ➔ 28을 볼 것)을 바친 후
3) '주님의 기도'를 하고
4) '성모송' 세 번과
5) '영광송'(영광이 성부와 성자와 성령께 처음과 같이 이제와 항상 영원히. 아멘.)을 바칩니다.
6) 이후 5단의 기도를 바치는데, 각 단마다 그날의 구원 신비에 맞는 묵상 주제를 먼저 말하고 '주님의

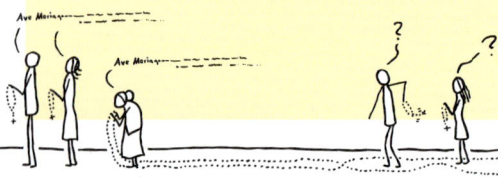

기도' 한 번과 '성모송' 열 번, '영광송' 한 번, '구원의 기도' 한 번을 바칩니다.

묵주 기도에서 묵상하는 그리스도의 구원 신비에는 '환희의 신비'와 '빛의 신비', '고통의 신비', '영광의 신비'가 있습니다.

환희의 신비(월요일, 토요일)

1단: 마리아께서 예수님을 잉태하심을 묵상합시다.
2단: 마리아께서 엘리사벳을 찾아보심을 묵상합시다.
3단: 마리아께서 예수님을 낳으심을 묵상합시다.
4단: 마리아께서 예수님을 성전에 바치심을 묵상합시다.
5단: 마리아께서 잃으셨던 예수님을 성전에서 찾으심을 묵상합시다.

빛의 신비(목요일)

1단: 예수님께서 세례받으심을 묵상합시다.
2단: 예수님께서 카나에서 첫 기적을 행하심을 묵상합시다.
3단: 예수님께서 하느님 나라를 선포하심을 묵상합시다.
4단: 예수님께서 거룩하게 변모하심을 묵상합시다.
5단: 예수님께서 성체성사를 세우심을 묵상합시다.

고통의 신비(화요일, 금요일)

1단: 예수님께서 우리를 위하여 피땀 흘리심을 묵상합시다.

> 묵주 기도는 내가 가장 좋아하는 기도입니다. 그것은 아주 단순하지만, 매우 심오한 내용이 담긴 훌륭한 기도입니다. …… 성모송을 바치는 가운데 사실상 예수님의 생애에서 가장 중요했던 사건들이 우리 영혼의 눈앞을 지나갑니다. …… 그와 동시에 우리 마음은, 우리 개인과 가정, 국가, 교회, 인류의 삶을 이루는 모든 사건들뿐만 아니라, 우리 자신의 체험과 이웃의 체험, 특히 우리에게 소중하며 가장 가까운 이들의 체험들을 묵주 기도의 연속적인 신비 안에 포함할 수 있습니다. 묵주 기도는 단순하지만, 이처럼 인생의 리듬을 지니고 있습니다.
> 요한 바오로 2세 성인 교황,
> 1978년 10월 29일

> **묵주 기도**
>
> 묵주 기도는 '꾸러미 기도'며, 12세기에 시토회와 카르투시오회 수도자들 사이에서 유행하기 시작했습니다. 이 두 수도회의 평수사들은 라틴어로 된 성무일도 대신 '마리아의 시편'이라 할 수 있는 고유한 기도 형태인 묵주 기도를 바쳤습니다. 그 후 묵주 기도는 도미니코회를 비롯한 여러 수도회의 수도자들에 의해 명맥을 이어 왔고, 역대 교황들은 묵주 기도를 바칠 것을 끊임없이 권장했습니다. 오늘날 묵주 기도는 수많은 사람들이 즐겨 바치는 기도가 되었습니다.

2단: 예수님께서 우리를 위하여 매 맞으심을 묵상합시다.

3단: 예수님께서 우리를 위하여 가시관 쓰심을 묵상합시다.

4단: 예수님께서 우리를 위하여 십자가 지심을 묵상합시다.

5단: 예수님께서 우리를 위하여 십자가에 못 박혀 돌아가심을 묵상합시다.

영광의 신비(수요일, 일요일)

1단: 예수님께서 부활하심을 묵상합시다.

2단: 예수님께서 승천하심을 묵상합시다.

3단: 예수님께서 성령을 보내심을 묵상합시다.

4단: 예수님께서 마리아를 하늘에 불러올리심을 묵상합시다.

5단: 예수님께서 마리아께 천상 모후의 관을 씌우심을 묵상합시다.

482 초대 그리스도교 신자들에게 기도는 어떤 역할을 했나요?

초대 그리스도교 신자들은 열심히 기도했습니다. 초대 교회는, 제자들에게 내려와 그들에게 강력하고 특별한 은사를 선사했던 성령의 인도를 받았습니다. "그들은 사도들의 가르침을 받고 친교를 이루며 빵을 떼어 나누고 기도하는 일에 전념하였다."(사도 2,42)

483 다섯 가지의 주요 기도 형태에는 어떤 것이 있나요?

다섯 가지의 주요 기도 형태에는 '축복과 흠숭, 청원, 전구, 감사, 찬양'이 있습니다. [2626-2643]

484 축복 기도란 무엇인가요?

축복 기도는 하느님의 축복이 우리에게 내리기를 비는 것입니다. 모든 축복은 오로지 하느님에게서 나오며, 축복은 그분의 호의와 그분의 친밀함, 그분의 자비를 말합니다. "주님의 축복을 빕니다."라는 말은 가장 간결한 축복 기도라 할 수 있습니다. [2626-2627]

> 주님께서 그대에게 복을 내리시고 그대를 지켜 주시리라. 주님께서 그대에게 당신 얼굴을 비추시고 그대에게 은혜를 베푸시리라. 주님께서 그대에게 당신 얼굴을 들어 보이시고 그대에게 평화를 베푸시라.
>
> 민수 6,24-26

그리스도교 신자라면 누구나 자기 자신과 다른 이들에게 하느님의 **축복**이 내리기를 기도해야 합니다. 부모는 자기 자녀의 이마에 십자 성호를 그으며, 사랑하는 사람들은 서로를 축복합니다. 더 나아가서 **사제**는 자기 직무에 근거하여 교회의 위임을 받아 예수님의 이름으로 분명하게 축복합니다. 사제의 축복 청원은 성품성사와 교회 전체의 기도를 통해 효력을 지니게 됩니다.

> 99 모든 것은 하느님의 축복에 달려 있다.
>
> 독일 격언

485 우리가 하느님을 흠숭해야 하는 이유는 무엇인가요?

자신이 하느님의 피조물임을 깨달은 사람은 누구나

> 기도는 가장 순수한 형태의 집중입니다.
> 시몬 베유

겸손하게 전능하신 하느님을 인정하고 그분을 흠숭하게 됩니다. 그러나 그리스도인들은 하느님의 위대하심과 전능하심, 거룩함에 대해서만이 아니라, 예수 그리스도를 통해 인간이 되신 그분의 사랑에 대해서도 흠숭을 드립니다.

하느님을 진정으로 흠숭하는 사람은 그분 앞에 무릎을 꿇거나 바닥에 엎드립니다. 그럼으로써 인간과 하느님 사이의 진정한 관계, 즉 하느님은 위대하시고 우리 인간은 한없이 작은 존재에 불과하다는 사실이 표현됩니다. 인간이 자유로이 경건하게 하느님 앞에 무릎을 꿇을 때보다 더 위대하게 되는 순간은 없습니다. 비신자라 할지라도 하느님을 찾고 기도하기 시작할 때 그는 하느님에게 향하는 길 위에 있게 됩니다. → 353

486 우리가 하느님에게 청해야 하는 이유는 무엇인가요?

> 돌아가셨다가 참으로 되살아나신 분, 또 하느님의 오른쪽에 앉아 계신 분, 그리고 우리를 위하여 간구해 주시는 분이 바로 그리스도 예수님이십니다. 무엇이 우리를 그리스도의 사랑에서 갈라놓을 수 있겠습니까?
> 로마 8,34-35

우리를 샅샅이 알고 계시는 하느님은 우리가 필요로 하는 것이 무엇인지 알고 계십니다. 그럼에도 불구하고 하느님은 우리가 청하기를 바라십니다. 우리가 곤경에 빠져 그분을 향해 울부짖고 간청하며 한탄하고 그분의 도움을 청할 뿐만 아니라 심지어 기도를 통해 그분과 겨루기를 바라십니다. [2629-2633]

물론 하느님이 우리를 돕기 위해 우리의 청원이 필요하신 것은 아닙니다. 우리가 청하는 사람이 되어

야 한다는 것은 순전히 우리를 위해서입니다. 청하려 하지 않고 청하지 않는 사람은 자기 안에 갇힌 사람입니다. 청하는 사람만이 마음을 열고 모든 선의 근원이신 분에게 돌아섭니다. 청하는 사람은 하느님에게 돌아옵니다. 이처럼 청원 기도는 인간의 자유를 존중하시는 하느님과의 올바른 관계로 인간을 이끕니다.

야곱은 "저에게 축복해 주시지 않으면 놓아 드리지 않겠습니다." 하고 대답하였다.

창세 32,27

그리스도인의 기도 자세에는 어떤 의미가 있나요?

그리스도인들은 하느님 앞에 엎드리는 몸짓을 통해 자기 삶을 하느님께 봉헌합니다. 그들은 기도할 때 합장하거나 두 팔을 벌립니다. 또한 성체 앞에서 무릎을 굽혀 경배하거나 무릎을 꿇고 조배합니다. 그들은 서서 복음을 들으며, 묵상할 때에는 앉습니다.

> 사랑하는 하느님은 자신을 귀찮게 하는 것을 좋아하십니다.
>
> 요한 마리아 비안네 성인

> 사람아, 너는 하느님에게 모든 것을 청해야만 하는 불쌍한 존재다.
>
> 요한 마리아 비안네 성인

> 기도를 매우 중요하게 생각했던 거룩한 교부들은 모두, 무릎을 꿇거나 합장하는 것과 같은 경건한 자세가 큰 역할을 한다고 생각했습니다. 이러한 자세는 우리도 모르는 사이에 우리가 하느님의 현존에 정신을 모으고, 그분을 오롯이 바라보도록 도와줍니다.
>
> 프란치스코 살레시오 성인

 하느님 앞에 **서 있는 자세**는 경외심을 표현하고(상급자가 들어올 때 사람들이 일어서는 것처럼), 동시에 조심성과 준비 태세(즉시 출발할 준비가 되어 있다는)를 드러냅니다. 선 채로 하느님을 찬미하기 위해 두 팔을 벌리는 모습은 본래의 찬양 자세입니다.

 그리스도인은 하느님 앞에 **앉아** 내면의 소리에 귀 기울이며, 마음속에 간직한(루카 2,51 참조) 말씀을 곰곰이 되새기고 묵상합니다.

 **무릎을 꿇음**으로써 인간은 하느님의 위대함에 복종하고 하느님의 은총에 의지하고 있음을 인정합니다.

 하느님 앞에 **엎드림**으로써 인간은 그분께 흠숭을 드립니다.

 **손을 합장**함으로써 인간은 흩어졌던 마음을 모으고, 하느님께 예속되어 있음을 표현합니다. 합장한 손은 본래 청원 자세이기도 합니다.

487 우리가 다른 사람들을 위해 전구를 바쳐야 하는 이유는 무엇인가요?

아브라함이 소돔 주민을 위해 전구하고 예수님이 당신 제자들을 위해 기도하셨듯이, 또한 초대 교회 공동체가 '자신의 안녕뿐만 아니라 다른 이들의 안녕에도'(필리 2,4 참조) 관심을 기울였듯이, 그리스도인들은 언제나 모든 이들을 위해 기도해야 합니다. 자신에게 소중한 이들뿐만 아니라 자신과 아무런 관계가 없는 이들을 위해서도 기도하고, 심지어 자신의 원수들을 위해서도 기도해야 합니다. [2634-2636, 2647]

> 전혀 기도하지 않는 이들을 위해서도 기도하는 사람들이 분명히 있습니다.
>
> 빅토르 위고(1802~1885년), 프랑스의 작가이자 무신론자

> 청원 기도를 하는 것은 누군가에게 천사를 보내는 것입니다.
>
> 마르틴 루터

기도하는 법을 많이 배울수록, 우리는 영적인 공동체에 속해 있으며 그 공동체를 통해 기도의 힘이 발휘됨을 깊이 깨닫게 됩니다. 우리는 사랑하는 사람들을 염려하는 가운데 인류 공동체의 일원으로 살고 있으며, 다른 이들의 기도에서 힘을 얻고 하느님의 도움이 다른 이들에게 내리기를 빌 수 있습니다.

488 우리가 하느님께 감사드려야 하는 이유는 무엇인가요?

우리 존재와 우리가 소유한 모든 것은 하느님에게서 왔습니다. 바오로 사도는 "그대가 가진 것 가운데에서 받지 않은 것이 어디 있습니까?"(1코린 4,7)라고 말합니다. 좋은 것 모두를 주시는 하느님에게 감사드림으로써 우리는 행복해집니다. [2637-2638, 2648]

> 모든 일에 감사하십시오. 이것이 그리스도 예수님 안에서 살아가는 여러분에게 바라시는 하느님의 뜻입니다.
>
> 1테살 5,18

> 저희 찬미가 아버지께는 아무런 보탬이 되지 않으나, 저희에게는 주 그리스도를 통한 구원에 도움이 되나이다.
>
> 연중 평일 감사송 4

> 기도는 하느님을 변화시키는 것이 아니라 기도하는 사람을 변화시킵니다.
>
> 쇠렌 키르케고르

시편과 찬미가와 영가로 서로 화답하고, 마음으로 주님께 노래하며 그분을 찬양하십시오.

에페 5,19

가장 뛰어난 감사 기도는 예수님이 세우신 **성체성사**(성체성사를 뜻하는 Eucharist는 '감사'라는 뜻의 그리스어 '에우카리스티아 εὐχαριστία'에서 유래)로, 그분은 성체성사 안에서 피조물 전체를 변화시켜 하느님에게 바치기 위해 빵과 포도주를 이용하십니다. 그리스도인들이 바치는 모든 감사 기도는 예수님의 이 뛰어난 감사 기도와 하나가 됩니다. 우리도 예수님을 통해 변화되고 구원받기 때문입니다. 그런 까닭에 우리는 마음속 깊이 하느님에게 감사드리고, 그 마음을 여러 방식으로 하느님에게 전할 수 있습니다.

489 하느님을 찬양한다는 것은 무엇을 뜻하나요?

하느님은 우리의 박수갈채를 필요로 하지 않으십니다. 하지만 우리는 하느님에 대한 기쁨과 마음속에 간직한 환호를 자발적으로 표현할 필요가 있습니다. 하느님이 존재하시고 또한 그분은 좋은 분이시기에 우리는 그분을 찬양합니다. 찬양 기도를 통해 우리는 이제 하늘에 있는 천사들과 성인들이 올리는 영원한 찬양에 동참하게 됩니다. [2639-2642] → 48

제2장
기도의 원천

490 기도하고 싶을 때만 기도해도 되나요?

그렇지 않습니다. 기도하고 싶을 때만 기도하는 사람은 하느님을 소중히 여기지 않게 되며, 기도하는

법도 잊어버리게 됩니다. 기도의 생명력은 성실함에 있습니다. [2650]

> 기도에 전념하십시오. 감사하는 마음으로 기도하면서 깨어 있으십시오.
>
> 콜로 4,2

491 성경에서 기도하는 법을 배울 수 있나요?

성경은 기도의 원천입니다. 하느님의 말씀으로 기도한다는 것은 자신의 기도에 성경 말씀과 성경 안에서의 사건들을 인용한다는 뜻입니다. 예로니모 성인은 "성경을 모른다는 것은 그리스도를 모른다는 뜻입니다."라고 말했습니다. [2653-2654]

성경, 그중에서도 특히 시편과 **신약 성경**은 소중한 보물입니다. 거기에는 유다교와 그리스도교의 가장 아름답고 절절한 기도들이 들어 있습니다. 그 기도들을 바침으로써 우리는 모든 시대와 모든 문화에서 기도하는 수많은 이들과 하나가 되며, 무엇보다 그 모든 기도 안에 현존하시는 그리스도와 일치하게 됩니다.

> 내적으로 기도하는 동안 무엇보다 복음이 내게 말을 겁니다. 내 가련한 영혼이 필요로 하는 모든 것을 나는 복음 안에서 발견합니다. 그 안에서 나는 언제나 새로운 사실을 깨닫고, 숨어 있는 신비로운 참뜻을 발견합니다.
>
> 아기 예수의 데레사 성녀

492 사적인 기도와 교회의 기도는 어떻게 연결되나요?

성경이나 교회의 전승에서 유래한 공동 기도들이, 교회의 전례와 시간 전례와 미사에서 바쳐지고 있습니다. 공동 기도들은 교회 공동체와 개인이 하나가 되게 합니다. [2655-2658, 2662]

> 하루에도 일곱 번 당신을 찬양합니다.
>
> 시편 119,164

그리스도인의 기도가 사적인 것이라 할 수 없지만

> 일곱이라는 이 거룩한 숫자는, 우리 수도승들이 독서 기도, 아침 기도, 삼시경, 육시경, 구시경, 저녁 기도, 끝 기도를 바침으로써 채워집니다.
>
> 베네딕토 성인

개인적인 성격을 띠기도 합니다. 이 사적인 기도는 정기적으로 전체 교회의 기도 안에 편입될 때 정화되고 확장되며 강화됩니다. 전 세계 곳곳에서 신앙인들이 동시에 같은 기도를 올림으로써 하나가 되고, 그렇게 단일하게 하느님을 찬양하는 모습은 위대하고 아름다운 표징이 됩니다. → 188

493 그리스도인의 기도가 지닌 특징은 무엇인가요?

그리스도인의 기도는 믿음과 희망과 사랑의 태도를 통해 드러나는 기도입니다. 그 기도에는 끈기가 있으며 그 기도는 하느님의 뜻을 온전히 받아들이는 것입니다. [2656-2658, 2662]

> 주님께 바라고 바랐더니 나에게 몸을 굽히시고 내 외치는 소리를 들으셨나이다.
>
> 시편 40,2

그리스도인은 기도하는 동안 자신에게서 벗어나 한 분이신 주 하느님을 온전히 신뢰하게 됩니다. 동시에 하느님이 자기 기도를 들으시고 이해하며 받아들이고 이루어 주실 것이란 희망을 품게 됩니다. 요한 보스코 성인은 "하느님의 뜻을 알기 위해서는 기도하고 기다리며 조언을 받는, 이 세 가지 행위가 필요합니다."라고 말했습니다. 그리스도인의 기도는 한마디로 그리스도의 사랑에서 나오고 하느님의 사랑을 추구하는 사랑의 표현이라 할 수 있습니다.

> 영혼의 평화를 유지하십시오. 하느님이 당신 안에서 활동하게 하십시오. 당신의 영혼을 하느님에게 들어 올리는 열정적인 생각들을 환영하십시오. 당신 영혼의 창문을 활짝 여십시오.
>
> 이냐시오 데 로욜라 성인

494 일상은 어떤 방식으로 기도를 배우는 학교가 될 수 있나요?

모든 사건과 만남이 기도가 될 수 있습니다. 우리가

더 긴밀하게 하느님과 하나 되어 살수록 우리는 우리 주변 세계를 더 깊이 이해하게 되기 때문입니다. [2659-2660]

예수님과 하나 되기를 바라는 사람은 자기가 만나는 사람들을, 심지어 자기를 적대시하는 원수까지도 축복할 수 있습니다. 그는 하루 종일 모든 근심을 주님에게 맡깁니다. 그럼으로써 자기 안에 더 많은 평화를 지니게 되어 그 평화의 기운을 발산합니다. 또한 '예수님이라면 지금 어떻게 행동하실까?'라는 생각을 기준으로 판단하고 결정합니다. 그는 하느님과 친밀한 관계를 맺음으로써 두려움을 극복하고, 절망적인 상황에서도 흔들리지 않습니다. 하늘나라의 평화를 지니고 있으므로 그 평화를 세상에 전해 줄 수 있습니다. 그는 아름다운 것에 대해 감사하고 기뻐하는 한편, 닥쳐오는 어려운 일들은 참아 냅니다. 우리는 일하는 중에도 하느님에게 이처럼 귀 기울일 수 있습니다.

> 제 비결은 아주 간단합니다. 바로 기도입니다. 기도를 통해 저는 그리스도의 사랑과 하나가 됩니다. 기도란 그분을 사랑하는 것이며 그분과 함께 사는 것입니다. 즉 그분의 말씀을 실천하는 것입니다. …… 제게 기도한다는 것은 하루 24시간 내내 예수님의 뜻과 하나가 되고, 그분을 위해 그분을 통해 그분과 함께한다는 것을 의미합니다.
>
> 마더 데레사 성녀

495 우리 기도가 하느님에게 이르리라 확신할 수 있나요?

우리가 예수님의 이름으로 바치는 기도는 예수님의 기도가 이르렀던 곳, 즉 하늘에 계신 아버지의 마음에 도달하게 됩니다. [2664-2669, 2680-2681]

예수님을 신뢰하듯이, 우리는 이 사실도 확신할 수 있습니다. 죄로 인해 우리에게 닫혀 있던 하늘나라

> 성령은 예수 그리스도의 영이고, 사랑 안에서 성부를 성자와 결합하는 영입니다.
>
> 베네딕토 16세 교황, 2006년 성령 강림 대축일 전야 미사

> 오소서, 성령님. 당신의 빛 그 빛살을 하늘에서 내리소서.
>
> 성령 송가

이와 같이, 성령께서도 나약한 우리를 도와주십니다.

로마 8,26

로 가는 길을 예수님이 다시 열어 주셨기 때문입니다. 예수님은 하느님에게 가는 길이시기 때문에, 그리스도인들은 "우리 주 예수 그리스도를 통하여 비나이다."라는 말로 기도를 끝맺습니다. → 477

496 기도할 때 성령이 필요한 이유는 무엇인가요?

성경에는 "우리는 올바른 방식으로 기도할 줄 모르지만, 성령께서 몸소 말로 다 할 수 없이 탄식하시며 우리를 대신하여 간구해 주십니다."(로마 8,26)라고 써 있습니다.

하느님에게 기도드리는 것은 오로지 하느님을 통해서만 가능합니다. 우리 기도가 실제로 하느님에게 이르는 것은 우리의 능력 때문이 아닙니다. 우리 그리스도인들은 성부와 하나 되기를 간절히 바라는 예수님의 영을 받았습니다. 다시 말해 성부와 항상 사랑을 나누며 서로의 말을 주의 깊게 듣고 이해하며, 상대방이 원하는 바를 마음을 다해 원하시는 예수님의 영을 받았습니다. 그러한 예수님의 성령은 우리 안에 계시며, 우리가 기도할 때 우리 안에서 말씀하십니다. 기도한다는 것은 내 마음 깊은 곳에서 하느님이 하느님에게 이야기하는 것을 의미합니다. 성령은 우리가 기도하도록 도우십니다. 그런 까닭에 우리는 끊임없이 "오소서, 성령이여! 오셔서 제가 기도하도록 도우소서!"라고 청해야 합니다. → 120

497 성인들을 따라 기도하는 것이 유익한 이유는 무엇인가요?

성인들은 성령으로 불타오른 분들이며, 하느님의 불꽃이 교회 안에 지속적으로 피어 있게 합니다. 성인들은 이미 현세에 사는 동안 열심히 기도했으며 다른 이들도 기도하도록 이끌었습니다. 성인들과 친밀한 관계에 있으면 기도하는 것이 쉽습니다. 우리는 성인들을 흠숭할 수는 없지만, 우리의 기도가 하느님의 옥좌에 이르도록 하늘나라에 있는 성인들에게 도움을 청할 수는 있습니다. [2683-2684]

위대한 성인들의 신앙심을 본받고자 하는 특정한 영성 유파들이 생겨났는데, 그들은 마치 스펙트럼에

> 당신이 하느님을 찾고 있지만 어디에서부터 시작해야 할지 모른다면, 기도하는 것을 배우고 매일같이 기도하려고 노력하십시오.
>
> 마더 데레사 성녀

> 당신이 하느님께 너그러워질수록, 그분도 당신에게 더욱 너그러워지신다는 것을 체험하게 될 것입니다.
>
> 이냐시오 데 로욜라 성인

> 성인들 모두가 똑같은 형태의 거룩함을 지닌 것은 아닙니다. 다른 성인들과 결코 함께 살지 못했을 성인들도 있습니다. 같은 길을 걷는 않지만, 모든 이들이 하느님께 도달하게 됩니다.
>
> 요한 마리아 비안네 성인

영성(spirituality, 라틴어로 '영靈'을 뜻하는 'spiritus'에서 유래)

성인들의 성령으로 가득 찬 삶의 실천을 통해 다양하게 형성된, 교회 안의 깊은 신앙 형태들을 '영성'이라 부릅니다. 예를 들면 '베네딕토 영성'이나 '프란치스코 영성', '도미니코 영성' 등이 있습니다.

비친 색깔들처럼 하느님의 순수한 빛을 드러냅니다. 그들 모두는 신앙을 이루는 한 가지 요소에서 출발하지만, 각기 다른 방법을 통해 하느님에 대한 믿음과 헌신의 가운데로 나아갑니다. 예를 들면, 프란치스코 영성은 영혼의 가난함에서 출발하고, 베네딕토 영성은 하느님을 찬양하는 일에서, 이냐시오 영성은 식별과 부르심에서 출발합니다. 사람들은 각자의 개성에 따라 각기 다른 영성에 매력을 느끼는데, 이러한 영성은 언제나 우리에게 기도를 가르치는 학교가 됩니다.

498 우리는 어디에서나 기도할 수 있나요?

그렇습니다. 우리는 어디에서나 기도할 수 있습니다. 그렇지만 가톨릭 신자는 하느님이 특별한 방식으로 '거처하시는' 곳들을 찾아갑니다. 무엇보다도 우리 주님이 빵의 형상으로 감실 안에 현존하고 계신 가톨릭 교회의 성당들을 찾아갑니다. [2691, 2696]

학교나 지하철에서, 파티를 즐길 때나 친구들과 어울릴 때 등 우리가 어디서나 기도할 수 있다는 사실은 매우 중요합니다. 온 세상은 **축복**으로 가득 차야 하기 때문입니다. 그러나 하느님이 특정한 방식으로 계신 거룩한 장소들을 찾아 그분 곁에서 쉬고, 그분에게서 기운을 얻으며, 내적으로 은총이 충만해져서 새롭게 파견되는 일도 똑같이 중요합니다. 참된 그리스도인이라면 유적지의 성당을 방문할 때도 그저 관광만 하지는 않습니다. 잠시 침묵 안에 머물면서 하느님을 흠숭하고 그분과의 친교와 사랑을 새롭게

합니다. → 218

제3장
기도하는 방법

499 우리는 언제 기도해야 하나요?

초대 교회 때부터 그리스도교 신자들은 적어도 아침과 저녁 그리고 식사 때마다 기도해 왔습니다. 규칙적으로 기도하지 않는 사람은 어느새 기도를 하지 않게 됩니다. [2697-2698, 2720]

다른 사람을 사랑하면서도 하루 종일 그에게 사랑을 표시하지 않는 사람은 그를 진정으로 사랑하는 것이 아닙니다. 하느님과의 관계도 이와 마찬가지입니다. 하느님을 진실로 찾는 사람은 그분에게 친밀함과 친교를 원하는 눈짓을 끊임없이 보낼 것입니다. 아침에 일어날 때마다 하느님에게 하루를 봉헌하고, 그분의 **축복**을 빌며, 그날의 모든 만남과 어려움 속에 그분이 함께하시기를 청하십시오. 그분에게 감사를 드리되, 특히 식사 때마다 그렇게 하십시오. 하루가 저물 때 모든 것을 그분 손에 맡기고 그분에게 용서를 빌며 자신과 다른 이들을 위해 평화를 청하십시오. 그러면 하느님 마음에 드는 생명의 표징들로 가득 찬 멋진 날이 됩니다. → 188

> 우리는 정신적으로 '우리 기도를 통해' 가장 먼 행성에서 바다의 깊은 심연에 이르기까지, 외딴 수도원의 성당이나 버려진 성당, 도시에 있는 낙태 시술 병원과 교도소 감방, 하늘과 지옥의 문 등 하느님의 피조물 전체에 도달하게 됩니다. 이처럼 우리는 피조물의 각 부분과 연결되어 있습니다. 하느님의 아드님은 모든 이를 위해 피를 흘리셨는데, 모든 이가 구원되고 거룩해지도록 우리는 모든 피조물과 함께 모든 피조물을 위해 기도하고 있습니다.
>
> 마더 데레사 성녀

> 우리는 숨 쉬는 것보다 더 자주 하느님을 기억해야 합니다.
>
> 나지안조의 그레고리오 성인

500 기도 방법에는 어떤 것들이 있나요?

> 그러므로 나는 여러분이 진정으로 행복하기만을 바라시는 주님을 매일같이 찾으라고 여러분에게 권합니다. 기도 안에서 그분과 굳건하고 지속적인 관계를 유지하십시오. 그리고 가능한 한 하루 중에 홀로 그분과 친교를 나눌 수 있는 시간을 마련하십시오. 어떻게 기도해야 할지 모른다면 기도하는 법을 가르쳐 달라고 그분께 청하고, 여러분과 함께 여러분을 위해서 기도해 달라고 하늘에 계신 그분의 어머니께 청하십시오.
>
> 베네딕토 16세 교황, 네덜란드의 젊은이들에게 한 강론, 2005년 11월 21일

기도에는 세 가지 방법이 있습니다. 즉 '소리 기도(염경 기도)'와 '묵상 기도', '관상 기도(내적 기도)'로 구분합니다. 이 세 가지 기도는 모두 마음의 집중을 전제로 합니다. [2699, 2721]

501 '소리 기도'란 무엇인가요?

기도한다는 것은 우선 우리 마음을 하느님에게 들어 올리는 것을 뜻합니다. 그렇지만 예수님은 말로써 하는 기도도 가르쳐 주셨습니다. 그분은 우리가 어떻게 기도해야 하는지를 알려 주시려고, 완벽한 소리 기도인 '주님의 기도'를 남겨 주셨습니다. [2700-2704, 2722]

> 기도에는 여러 가지 방법이 있습니다. 어떤 이들은 오직 한 가지 방법만을 사용하고, 또 어떤 이들은 모든 방법을 동원합니다. 그리스도가 현존하시며 우리 마음속에서 말씀하고 계심을 생생하게 느낄 때가 있는가 하면, 그분을 침묵하시는 분으로 느끼거나 우리와 동떨어진 낯선 분으로만 느낄 때도 있습니다. …… 우리 모두에게 기도는 여전히 끊임없는 자기 변화의 과정에서 우리 자신으로부터가 아니라 다른 곳으로부터 오는 삶으로 향하는 단계라 하겠습니다.
>
> 로제 슈츠 수사

우리는 기도할 때 거룩한 것만 생각해서는 안 됩니다. 오히려 우리의 관심사를 하느님에게 말씀드리며 불평하기도 하고, 청원과 찬양, 감사도 드려야 합니다. 성경의 시편과 찬미가, 주님의 기도, **성모송**과 같은 훌륭한 소리 기도들은, 종종 기도의 참된 내용을 우리에게 알려 주고 자유로운 내적 기도로 우리를 이끕니다. → 511-527

502 '묵상 기도'의 본질은 무엇인가요?

묵상 기도의 본질은 성경 구절이나 성화에 담긴 의미를 기도하는 가운데 찾으며, 그로써 하느님의 뜻과 표징 그리고 그분의 현존을 탐색하는 데 있습니다. [2705-2708]

우리는 그저 신문 기사를 읽듯이 성경을 읽거나 성화를 봐서는 안 됩니다. 우리는 그것들을 주의 깊게 들여다봐야 합니다. 다시 말해 우리는 우리 마음을 하느님에게 들어 올리고, 성경과 성화에 담긴 하느님의 뜻을 받아들일 준비가 되어 있다고 그분에게 말씀드려야 합니다. 성경 이외에도 우리를 하느님에게 이끌어 주고 묵상하기에 적합한 글은 많이 있습니다. → 16

> 우리 기도를 들어주실지 안 들어주실지는 많은 말을 하는 데 달려 있는 것이 아니라, 우리 영혼이 지닌 열정에 달려 있습니다.
>
> 요한 크리소스토모 성인

> 우리 영혼을 가득 채우고 만족시키는 것은 많은 것을 아는 데 있지 않고 어떤 것을 내적으로 느끼고 맛들이는 데 있습니다.
>
> 이냐시오 데 로욜라 성인

503 '관상 기도'란 무엇인가요?

관상 기도는 하느님 앞에서 사랑하는 마음으로 침묵하고 경청하며 현존하는 것입니다. [2709-2719, 2724]

관상 기도에는 시간과 결연함 그리고 무엇보다 순수한 마음이 필요합니다. 관상 기도는, 모든 가면을 벗어 던지고 사랑을 믿으며 마음을 다해 하느님을 찾는 피조물의 가난하고 겸손한 헌신이라 할 수 있습

> 저는 그분을 보고 그분은 저를 보고 계십니다.
>
> 한 농부가 요한 마리아 비안네 성인에게 성당에서 어떻게 기도하는지 질문을 받고 한 대답

니다. 관상 기도는 '마음의 기도' 또는 '내적 기도'라고도 불립니다. → 463

504 그리스도인은 묵상을 통해 무엇을 이룰 수 있나요?

그리스도인은 묵상 중에 하느님과 친밀함을 느끼고 그분의 현존 속에서 평화를 얻기 위해 고요함을 찾으려 합니다. 그는 거저 주어진 은총의 선물로서 하느님의 현존을 뚜렷이 체험할 수 있기를 바라지만, 특정한 묵상 방법을 통해 그런 체험을 하기를 바라지는 않습니다.

묵상은 인격을 성숙시키고 강화하는 신앙에 큰 도움을 줄 수 있습니다. 그러나 하느님을 직접 체험할 수 있다거나, 하느님과 영적 결합을 할 수 있다고 장담하는 묵상 방법들은 전부 사기입니다. 그런 것들로 인해 많은 사람들이 하느님을 느끼지 못하게 되면, 하느님에게 버림받았다는 잘못된 생각을 합니다. 하느님은 특정한 방법들을 통해 체험할 수 있는 분이 아닙니다. 그분은 당신이 원하시는 때 당신이 원하시는 방식으로 우리에게 속마음을 털어놓으십니다.

> **묵상**(meditation, '중심에 도달함, 숙고'를 뜻하는 라틴어 'meditatio'에서 유래)
> '묵상'은 여러 종교와 문화에서 시행되는 영적 수련으로, 이를 통해 인간은 자기 자신과 하느님에게 이르는 길을 찾고자 합니다. 그리스도교에는 다양한 묵상 수련법이 있으며 이를 중요하게 여기지만, 특정한 묵상 방법의 결과로 하느님이나 신적인 것과 합일한다고 장담하는 것은 거부합니다.

505 때때로 기도가 투쟁이 되는 이유는 무엇인가요?

모든 시대에 걸쳐 영성의 대가들은, 신앙의 성장과 하느님에 대한 사랑의 성장을 목숨이 달려 있는 투쟁으로 묘사해 왔습니다. 인간의 마음속에서 이루어

지는 투쟁에서 기도는 바로 그리스도인의 무기입니다. 우리는 이기심에 사로잡혀 무가치한 일에 몰두할 수도 있고, 아니면 하느님이 승리하시게 할 수도 있습니다. [2725-2752]

> 사는 동안 우리는 투쟁합니다. 그것은 우리가 지지 않았다는 뜻이고 선한 영이 우리 안에 거처하신다는 표징입니다. 죽음이 당신을 승리자로 보지 않더라도, 당신을 전사로는 여기도록 해야 합니다.
>
> 아우구스티노 성인

기도할 때 먼저 우리 안의 안락함을 떨쳐 버려야 하는 경우가 종종 있습니다. 예전에 사막의 은수자들도 오늘날 '완전한 무관심'이라 부르는 것을 알고 있었고, 그들은 이것을 '태만'이라고 칭했습니다. 하느님에 대한 무관심은 영성 생활에서 큰 문제가 됩니다. 많은 현대인들은 기도에서 의미를 찾지 않으며, 빡빡한 일정을 핑계로 기도할 시간도 갖지 않습니다. 그러나 우리는 하느님에게 헌신하는 것을 방해하려고 무슨 일이든 서슴지 않는 유혹자와 맞서 싸워야 합니다. 하느님은 우리가 기도를 통해 당신에게 오는 것을 원하시기 때문에, 우리는 이 싸움을 이길 수 있습니다.

506 기도는 일종의 독백 아닌가요?

기도의 가장 큰 특징은, 우리가 '나'에서 '너'로 중심을 옮겨 가며 자기중심적 태도에서 벗어나 개방적인 마음을 갖게 된다는 것입니다. 참되게 기도하는 사람은 하느님이 말씀하고 계시다는 것과, 그분은 때때로 우리가 바라거나 기대하는 방식과는 다르게 말씀하신다는 것을 체험하게 됩니다.

> 기도한다는 것은 말하는 것보다는 경청하는 것을 뜻합니다. 묵상한다는 것은 응시한다기보다는 응시를 받는 것을 뜻합니다.
>
> 카를로 카레토(1910~1988년), 이탈리아의 작가이자 신비가, 예수의 작은 형제회 수사

기도를 많이 해 본 사람들은 종종 기도하기 전과 기

> 기도할 때 느끼는 모든 어려움은 단 하나의 원인에 근거합니다. 그것은 마치 하느님이 계시지 않은 듯 기도하기 때문입니다.
>
> 예수의 데레사 성녀

도한 후가 다르다고 이야기합니다. 때때로 사람들은, 기도를 통해 슬픔을 위로받거나 낙심했던 마음에 새 기운을 얻는 등 자신의 바람이 채워졌음을 느낍니다. 그러나 사람들은 곤경에서 벗어나기를 바라지만 오히려 더 깊은 불안감에 빠질 수도 있고, 평온히 쉬기를 바라지만 임무를 부여받을 수도 있습니다. 기도를 통해 끊임없이 이루어지는 하느님과의 진정한 만남은 하느님과 기도에 관한 우리의 기존 관념을 무너뜨릴 수도 있습니다.

> 여러분이 가지지 못하는 것은 여러분이 청하지 않기 때문입니다. 여러분은 청하여도 얻지 못합니다. 여러분의 욕정을 채우는 데에 쓰려고 청하기 때문입니다.
>
> 야고 4,2-3

507 왜 기도가 도움이 되지 않는 경우가 생기나요?

기도를 통해 우리는 표면적인 성과가 아니라 하느님의 뜻과 그분의 친밀함을 추구합니다. 하느님은 침묵하고 계신 듯하지만, 실은 우리를 전적인 헌신과 무한한 믿음, 끝없는 기다림으로 한 걸음 더 나오라고 초대하시는 것입니다. 기도하는 사람은 하느님에게 완전한 자유를 허락해 드려야 합니다. 즉 하느님이 원하실 때 말씀하시고 원하실 때 이루시며 원하실 때 당신 자신을 주실 수 있도록 해야 합니다.
[2735-2737]

> 인간은 누구나 자기만의 영혼을 갖고 있듯이 자기만의 기도도 갖고 있습니다. 따라서 자기 영혼을 찾는 일이 누구에게나 쉽지 않듯이 자기 기도를 찾는 일도 어렵게 느껴집니다.
>
> 엘리 비젤(1928년 출생), 루마니아 태생의 미국 작가, 나치 대학살의 생존자

우리는 때때로 "기도했는데도 도움이 전혀 되지 않았어."라고 말합니다. 그런데 어쩌면 우리가 충분히 열성적으로 기도하지 않았는지도 모릅니다. 요한 마리아 비안네 성인은 기도 효과가 없었다고 불평하는 한 동료에게 이렇게 물었습니다. "자네가 기도하고 탄식했다는 말이지. …… 그런데 자네, 단식하거나

잠자지 않으면서도 기도했나?" 또 어쩌면 우리는 그릇된 것을 하느님에게 청했을 수도 있습니다. 그런 까닭에 예수의 데레사 성녀는 "짐을 가볍게 해 달라고 청할 것이 아니라, 짐을 짊어질 등을 더 강하게 만들어 달라고 청하십시오."라고 말했습니다. → 40, 49

508 기도할 때 아무것도 느끼지 못하거나, 심지어 기도에 대한 반감이 드는 이유는 무엇인가요?

기도할 때 드는 분심이나 내적인 공허감, 무미건조함, 심지어 기도에 대한 반감은 기도하는 사람이면 누구나 겪게 되는 감정입니다. 이런 감정들을 성실하게 견뎌 내는 것 자체가 이미 기도입니다. [2729-2733]

> 영적인 메마름에 대처하는 데 가장 좋은 해결책은 우리 자신을 걸인처럼 하느님과 성인들 앞에 세우는 것입니다. 걸인이 거리에서 구걸하는 것처럼 집요하게 성인들을 한 분씩 찾아다니며 영적인 구걸을 해야 합니다.
>
> 필립보 네리 성인
> (1515~1595년), 사제

아기 예수의 데레사 성녀도 오랫동안 하느님의 사랑을 느끼지 못했던 적이 있습니다. 성녀가 죽기 얼마 전, 어느 날 밤에 셀린느 언니가 그녀를 방문했습니다. 셀린느는 데레사가 자기 손을 묶어 놓은 것을 보고 말했습니다. "뭐하고 있어? 잠을 자야지." 그러자 성녀가 대답했습니다. "너무 고통스러워서 잘 수가 없어요. 그래서 기도하고 있지요." "예수님께 뭐라고 말씀드렸는데?" 언니의 물음에 성녀가 말했습니다. "전 그분께 드릴 말씀이 없어요. 그저 그분을 사랑할 뿐이지요."

509 기도는 현실 도피가 아닐까요?

> 그리스도인의 영성은 세상으로부터의 도피도 아니고, 모든 유행을 뒤쫓는 적극성도 아닙니다. 그리스도인의 영성은 성령에 사로잡혀 세상을 변화시키기를 원합니다.
>
> 요한 바오로 2세 성인 교황, 1998년 12월 2일

기도하는 사람은 현실을 도피하는 것이 아닙니다. 오히려 그는 현실 전체를 보는 눈을 갖게 됩니다. 그는 현실을 견뎌 낼 힘을 하느님에게 직접 받습니다.

기도는 아주 먼 여정과 어려운 도전에 맞서기 위한 에너지를 무료로 얻을 수 있는 주유소와 같습니다. 기도는 우리를 현실에서 벗어나게 하지 않고, 오히려 현실에 더 깊이 관여하게 합니다. 기도는 시간을 뺏

는 것이 아니라 오히려 남아 있는 시간을 배가하며 본질적인 의미로 그 시간을 채우게 합니다.

510 기도는 언제라도 할 수 있나요?

기도는 언제나 바칠 수 있습니다. 기도는 삶에 꼭 필요한 요소며, 기도와 삶은 서로 분리될 수 없습니다.

[2742-2745, 2757]

우리는 아침저녁으로 하느님에게 몇 마디 말씀을 드리는 것으로 그분을 만족시킬 수는 없습니다. 우리 삶은 기도가 되어야 하고, 우리 기도는 삶이 되어야 합니다. 모든 그리스도인의 삶의 역사는 기도의 역사요, 하느님과 더 깊이 하나가 되려는 유일하고 오랜 기간에 걸친 시도입니다. 많은 그리스도인들은 항상 하느님에게 마음을 두려는 열망을 갖고 있기 때문에, 예로부터 특히 동방 교회에서 널리 사용

> 언제나 기뻐하십시오. 끊임없이 기도하십시오. 모든 일에 감사하십시오. 이것이 그리스도 예수님 안에서 살아가는 여러분에게 바라시는 하느님의 뜻입니다. 성령의 불을 끄지 마십시오.
> 1테살 5,16-19

되어 온 '예수 기도'를 바치고 있습니다. 그들은 하루 일과 중에 "예수 그리스도님, 저희에게 자비를 베푸소서!"라는 단순한 기도를 자주 바침으로써, 그 기도가 지속적인 기도가 되게 합니다.

제2부
주님의 기도: 하늘에 계신 우리 아버지

> 냄비와 프라이팬 사이에 하느님이 계시며, 그분이 내적·외적 과제들에 직면한 당신을 돕고 계시다는 것을 생각하십시오.
> 예수의 데레사 성녀

511 '주님의 기도'는 어떤 내용을 담고 있나요?

하늘에 계신 우리 아버지,
아버지의 이름이 거룩히 빛나시며,
아버지의 나라가 오시며,
아버지의 뜻이 하늘에서와 같이
땅에서도 이루어지소서!
오늘 저희에게 일용할 양식을 주시고
저희에게 잘못한 이를 저희가 용서하오니
저희 죄를 용서하시고
저희를 유혹에 빠지지 않게 하시고
악에서 구하소서.
(주님께 나라와 권능과 영광이 영원히 있나이다.)
아멘.

'주님의 기도'는 예수님이 몸소 당신 제자들에게 가르쳐 주신 유일한 기도(마태 6,9-13; 루카 11,2-4 참조)입니다. 그런 까닭에 이 기도를 '주님의 기도'라고 부릅니다. 모든 그리스도교 신자들은 날마다 미사 때나 개인적으로 이 기도를 바칩니다. "주님께 나라와 권능과 영광이……"라는 추가적인 기도문은 이미 150년 경에 제작된 것으로 보이는 〈열두 사도의 가르침(디다케)〉에 언급되었으며, '주님의 기도'에 덧붙여 바칠 수 있습니다.

512 '주님의 기도'는 어떻게 생겨났나요?

'주님의 기도'는 스승이신 예수님이 기도하시는 모

습을 보고 그분에게 직접 올바르게 기도하는 법을 배우고자 했던 한 제자의 청원으로 생겨났습니다.
→ 477

> 예수님께서 어떤 곳에서 기도하고 계셨다. 그분께서 기도를 마치시자 제자들 가운데 어떤 사람이, "주님, 요한이 자기 제자들에게 가르쳐 준 것처럼, 저희에게도 기도하는 것을 가르쳐 주십시오." 하고 말하였다.
>
> 루카 11,1

513 '주님의 기도'는 어떻게 구성되어 있나요?

'주님의 기도'는 하늘에 계신 자비로우신 아버지에게 드리는 일곱 가지 청원으로 이루어져 있습니다. 전반부의 세 가지 청원은 하느님과, 우리가 그분을 올바르게 섬기는 방식에 관한 것입니다. 후반부의 네 가지 청원은 인간으로서 우리가 기본적으로 필요로 하는 것들을 하늘에 계신 우리 아버지에게 알리고 있습니다. [2803-2806, 2857]

514 모든 기도 가운데에서 '주님의 기도'는 어떤 위치를 차지하나요?

'주님의 기도'는 토마스 아퀴나스 성인이 말한 대로 "가장 완벽한 기도"며, 테르툴리아노 교부가 말한 것처럼 "복음 전체의 요약"입니다. [2761-2772, 2774, 2776]

'주님의 기도'는 단순한 기도 이상의 것이며, 하느님 아버지의 마음에 직접 이르는 길이라 할 수 있습니다. 세례 때 새 신자에게 전수했던 교회의 가장 오래된 이 기도를 초대 교회의 신자들은 하루에 세 번 바쳤습니다. 오늘날 우리도 '주님의 기도'를 입으로 소리 내어 기도하고 그 내용을 마음으로 청하며 우리 삶에 실현

> 지극히 사랑하는 형제 여러분, 스승이신 주님께서 우리에게 가르쳐 주신 대로 기도합시다. 우리가 그분의 기도로 하느님께 기도하고, 그리스도의 기도를 하느님의 귀에 울리게 한다면, 그것은 친밀하고 진심 어린 기도가 될 것입니다. 우리가 기도할 때, 성부께서 당신 아드님의 말씀을 다시 알아보시기를 빕니다. …… 우리가 하느님의 눈길 앞에 서 있음을 생각합시다.
>
> 치프리아노 성인

하려는 노력을 하루도 잊지 말아야 합니다.

515 우리가 하느님을 아버지라 부르는 이유가 무엇인가요?

예수님이 우리를 당신과 친밀한 관계로 부르시고 하느님의 자녀로 삼으셨기 때문에 우리는 감히 하느님을 아버지라 부를 수 있습니다. 우리는 "아버지와 가장 가까우신"(요한 1,18) 그분과 하나 되어 하느님을 "아빠, 아버지!"라고 부를 수 있습니다. [2777-2778, 2797-2800] → 37

> 여러분은 사람을 다시 두려움에 빠뜨리는 종살이의 영을 받은 것이 아니라, 여러분을 자녀로 삼도록 해 주시는 영을 받았습니다. 이 성령의 힘으로 우리가 "아빠! 아버지!" 하고 외치는 것입니다.
> 로마 8,15

516 친부모에게 학대를 받았거나 버림받은 경험이 있는 사람은 하느님을 어떻게 '아버지'라고 부를 수 있나요?

친부모에 대한 부정적인 경험이 종종 자애로운 아버지라는 하느님의 표상을 흐려 놓기도 합니다. 그러나 하늘에 계신 우리 아버지는 우리의 친부모와는 다른 분이십니다. 무조건적인 신뢰 속에서 하느님을 만날 수 있으려면 하느님에 대한 우리의 표상에서 기존 관념들을 지워 나가야 합니다. [2779]

> 하느님은 당신 자녀들의 아버지가 되는 일을 결코 멈추지 않으십니다.
> 파도바의 안토니오 성인
> (1195~1231년),
> 신부이자 교회 학자

> 모든 피조물은 한 분이신 아버지의 자녀들이며, 따라서 그들은 서로 형제입니다.
> 아시시의 프란치스코 성인

친아버지에게 성폭행을 당한 사람일지라도 '주님의 기도'를 배울 수 있습니다. 우리는 때때로 삶에서 다른 사람에게 잔인하게 거부되거나 상처를 받기도 합니다. 그럼에도 불구하고 인간의 모든 관념을 뛰어넘어 놀라운 방식으로 현존하는 하느님의 사랑에 빠지는 일은 우리에게 평생의 과업이 되기도 합니다.

517 우리는 '주님의 기도'를 통해서 어떻게 변화되나요?

'주님의 기도'는 우리가 같은 아버지의 자녀라는 충만한 기쁨을 깨닫게 합니다. 우리의 공통된 소명은, "한마음 한뜻이 되어"(사도 4,32) 우리 아버지를 찬양하고 서로 사랑하는 일입니다. [2787-2791, 2801]

아버지신 하느님은 마치 우리가 당신의 사랑을 받는 유일한 존재인 것처럼 당신 자녀들 모두에게 한결같이 끝없는 사랑을 주십니다. 따라서 우리도 완전히 새로운 방식으로, 다시 말해 평화와 존중과 사랑이 가득 찬 마음으로 서로를 대해야 합니다. 그럼으로써 우리는 누구에게나 환호를 불러일으키는 놀라운 존재가 될 수 있어야 합니다. 하느님이 보시기에 우리 모두는 실제로 그런 존재입니다. → 61, 280

> 그리스도교 신자는 문을 걸어 잠근 외딴 골방에서도 "나의 아버지"라고 하지 않고, "우리 아버지"라고 부릅니다. 그는 어느 곳에서든 어떤 경우에든, 자신이 하나이며 한 몸이신 분의 일부라는 것을 알고 있기 때문입니다.
>
> 베네딕토 16세 교황, 2007년 6월 6일

518 아버지가 '하늘에' 계시다고 할 때 하늘은 어디를 말하는 것인가요?

하늘은 하느님이 계신 곳을 말합니다. 하늘은 장소를 가리키는 말이 아니라, 시간과 공간을 초월하시는 하느님의 현존을 의미하는 말입니다. [2794-2796, 2802]

우리는 구름 너머에서 하늘을 찾아서는 안 됩니다.

> '주님의 기도'에서 우리는 모두 "우리 아버지"라고 말합니다. 황제와 걸인, 종과 주인도 그렇게 말합니다. 같은 아버지를 모시고 있기 때문에 우리는 모두 형제입니다.
>
> 아우구스티노 성인

> 하늘은 땅 위 어디에나 있으며, 그곳에 있는 사람들은 하느님과 동료들 그리고 자기 자신에 대한 사랑으로 충만해 있습니다.
>
> 힐데가르트 성녀(1098~1179년), 신비가이자 저술가

우리가 영광에 싸인 하느님과 곤경에 빠진 이웃을 향할 때, 우리가 사랑의 기쁨을 체험할 때 그리고 우리가 회개하여 하느님과 화해할 때면 언제나 하늘이 열립니다. 이에 대해 독일의 학자인 게르하르트 에벨링(1912~2001년)은 "하늘이 있는 곳에 하느님이 계신 것이 아니라, 하느님이 계신 곳에 하늘이 있습니다."라고 말했습니다. → 52

519 '아버지의 이름이 거룩히 빛나시며'는 무엇을 뜻하나요?

'아버지의 이름이 거룩히 빛나신다'는 말은 하느님의 이름을 모든 것 위에 둔다는 뜻입니다. [2807-2815, 2858]

성경에서 '이름'은 한 인간의 참된 본성을 가리킵니다. 하느님의 이름을 거룩하게 한다는 것은, 그분의 실재를 정당하게 평가하고 그분을 인정하며 그분에게 존경과 영광을 드리고 그분의 계명에 따라 사는 것을 의미합니다. → 31

520 '아버지의 나라가 오시며'는 무엇을 뜻하나요?

> 하느님의 나라는 …… 성령 안에서 누리는 의로움과 평화와 기쁨입니다.
>
> 로마 14,17

'아버지의 나라가 오시기를' 기도한다는 것은 그리스도가 약속하신 대로 다시 오실 것과 이미 현세에서 시작된 하느님의 통치가 영원히 이루어지기를 청한다는 뜻입니다. [2816-2821, 2859]

프랑수아 페넬롱은 "하느님이 원하시는 모든 것을 기회가 있을 때마다 아무런 조건 없이 한결같이 원하는 것이 '하느님 나라'며, 그것은 전적으로 마음속에 있습니다."라고 말했습니다. → 89, 91

521 '아버지의 뜻이 하늘에서와 같이 땅에서도 이루어지소서'는 무엇을 뜻하나요?

하느님의 뜻이 온 세상에서 이루어지기를 기도한다는 것은, 그분의 뜻이 이미 하늘에서 이루어지고 있듯이 이 세상과 우리 마음속에서도 이루어지기를 청한다는 뜻입니다. [2822-2827, 2860]

우리가 자신의 계획과 의지와 생각에만 매달리는 한, 이 세상은 하늘이 될 수 없습니다. 누구나 저마다 다른 계획과 의지와 생각을 갖고 있기 때문입니

> 예수님이 선포하신 내용의 핵심은 하느님 나라가, 즉 하느님이 우리 생명의 근원이요 중심이라는 것입니다. 그분은 '하느님만이 인간의 구원'이라고 우리에게 말씀하십니다. 우리는 지난 세기의 역사에서, 하느님을 몰아낸 나라들은 경제뿐만 아니라 영혼도 몰락했음을 확인할 수 있습니다.
>
> 베네딕토 16세 교황, 2006년 2월 5일

> 완전한 자기 포기란, 그분이 주시는 것과 그분이 가져가시는 것을 웃는 얼굴로 받아들이는 것을 말합니다. …… 당신의 명성이든 당신의 건강이든 요구되는 것이 무엇이든 간에 기꺼이 그것을 드리는 것이 바로 자기 포기며, 자기 포기를 할 때 당신은 자유로워집니다.
>
> 마더 데레사 성녀

다. 그러나 하느님이 원하시는 것을 우리가 함께 원할 때 우리는 행복을 발견하게 됩니다. 기도한다는 것은 이 세상을 점차 하느님의 뜻에 내어 드리는 것을 의미합니다. → 49-50, 52

522 '오늘 저희에게 일용할 양식을 주시고'는 무엇을 뜻하나요?

일용할 양식에 관한 청원을 통해 우리는 삶에 필요한 물질적·정신적 재화를 비롯한 모든 것을 하늘에 계신 아버지의 자비에서 구합니다. 그리스도인이라면 누구나, 이 세상에서 생존에 꼭 필요한 것이 부족한 사람들에 대해 실질적 책임을 지고 있음을 의식하지 못한 채 이러한 청원을 드려서는 안 됩니다.

523 인간이 빵만으로는 살 수 없는 이유는 무엇인가요?

"사람은 빵만으로 살지 않고, 하느님의 입에서 나오는 모든 말씀으로 산다."(마태 4,4) [2835]

> 하늘에 계신 아버지, 제가 청하는 것은 건강이나 질병, 생명이나 죽음이 아닙니다. 저는 당신이 당신의 영광과 저의 구원을 위해 저의 건강과 질병, 저의 생명과 죽음을 자유로이 이용하시기를 청합니다. 당신만이 제게 무엇이 유익한지 아시기 때문입니다. 아멘.
>
> 블레즈 파스칼

이 성경 말씀은, 인간이 물질적 수단으로는 채울 수 없는 영적인 갈망을 갖고 있음을 우리에게 일깨워 줍니다. 우리는 빵이 부족해서 죽을 수도 있지만, 빵만 얻게 되는 경우에도 죽을 수 있습니다. 우리의 내면은 "영원한 생명의 말씀"(요한 6,68)을 지니신 분과, '썩어 없어지지 않을 양식'(요한 6,27 참조), 즉 **성체성사**로써 양육됩니다.

> 일상의 빵에 대한 배고픔뿐만 아니라, 사랑과 자비, 상호 존중에 대한 배고픔도 존재하는데, 그것이 바로 현대인들을 고통스럽게 하는 커다란 빈곤이라 할 수 있습니다.
>
> 마더 데레사 성녀

524 '저희에게 잘못한 이를 저희가 용서하오니, 저희 죄를 용서하시고'는 무엇을 뜻하나요?

우리가 다른 이들에게 주고 우리 자신도 구하는 자비로운 용서는, 서로 분리될 수 없는 것입니다. 우리 자신이 자비롭지 못하며 서로 용서하지 못할 때, 우리 마음은 하느님의 자비를 얻지 못합니다. [2838-2845, 2862]

> 누가 "나는 하느님을 사랑한다." 하면서 자기 형제를 미워하면, 그는 거짓말쟁이입니다. 눈에 보이는 자기 형제를 사랑하지 않는 사람이 보이지 않는 하느님을 사랑할 수는 없습니다.
>
> 1요한 4,20

많은 사람들이 일생 동안 용서하지 못하는 마음과 싸우고 있습니다. 이 단단한 장애물은 궁극적으로 오로지 하느님을 바라봄으로써만, 다시 말해 "우리가 아직 죄인이었을 때에"(로마 5,8) 우리를 받아들이신 그분을 바라봄으로써만 없앨 수 있습니다. 우리에게는 자비로운 아버지가 계시기 때문에 용서와 화해의 삶이 가능합니다. → 227, 314

525 '저희를 유혹에 빠지지 않게 하시고'는 무엇을 뜻하나요?

우리는 매일, 매 순간 죄에 떨어지고 하느님을 거부할 위험에 있기 때문에, 유혹의 지배하에 우리를 무방비 상태로 두지 않으시길 하느님에게 간청합니다. [2846-2849]

> 유혹을 받지 않는 사람은 시험받지 않은 사람입니다. 시험받지 않은 사람은 발전하지 못합니다.
>
> 아우구스티노 성인

몸소 유혹을 받으셨던 예수님은, 우리가 자신의 힘으로는 제대로 악에 저항하지 못하는 약한 인간임을 알고 계십니다. 그리하여 그분은 시련을 겪을 때 하

느님의 도우심을 신뢰하도록 가르치는 '주님의 기도'를 우리에게 선물하셨습니다.

526 '저희를 악에서 구하소서'는 무엇을 뜻하나요?

'주님의 기도'에서 '악'은 어떤 부정적인 정신적 기운이나 에너지를 뜻하는 것이 아니라, 성경에 유혹자나 거짓말의 선조, 사탄 또는 악마라는 이름으로 알려진 악한 인격체를 가리킵니다. [2850-2854, 2864]

끔찍한 폭력의 세계에 악이 존재하고, 마귀의 속삭임이 우리를 둘러싸고 있으며, 역사에 종종 악마가 벌인 일들이 일어나고 있음을 부인할 사람은 아무도 없습니다. 그런데 성경만이 그런 것들에 이름을 붙여 거론하고 있습니다. "우리의 전투 상대는 인간이 아니라, 권세와 권력들과 이 어두운 세계의 지배자들과 하늘에 있는 악령들입니다."(에페 6,12) '주님

> 우리는 하느님께 속한 사람들이고 온 세상은 악마의 지배 아래 놓여 있다는 것을 압니다.
>
> 1요한 5,19

부속 기도(embolismus, '던져 넣다, 끼워 넣다'의 그리스어 '엠발레인(ἐμβαλεῖν)'에서 유래)

미사 때 '주님의 기도'에 이어 나오는 사제의 기도를 가리켜 '부속 기도'라고 합니다. 그 내용은 다음과 같습니다. "주님, 저희를 모든 악에서 구하시고, 한평생 평화롭게 하소서. 주님의 자비로 저희를 언제나 죄에서 구원하시고 모든 시련에서 보호하시어 복된 희망을 품고 구세주 예수 그리스도의 재림을 기다리게 하소서."

의 기도'에서 악에서 구해 달라는 청원은 이 세상의 모든 고통을 하느님 앞에 가져오고, 그 모든 고통에서 우리를 해방해 주시기를 전능하신 하느님에게 간청하는 것입니다. 그 내용은 미사 때 '주님의 기도'에 이어 사제가 바치는 기도인 '**부속 기도**'에 좀 더 자세히 표현되어 있습니다.

527 '주님의 기도'를 "아멘."으로 마무리 짓는 이유는 무엇인가요?

교회 초창기부터 그리스도교 신자들도 유다교 신자들처럼 모든 기도를 "아멘."이란 말로 끝맺어 왔는데, 그 말은 "그대로 이루어지소서."라는 뜻을 담고 있습니다. [2855-2856, 2865]

> 우리 신앙의 '아멘'은 죽음이 아니라 생명입니다.
>
> 미카엘 폰 파울하버 추기경

우리가 한 말에 대해, 또한 우리의 삶과 우리의 운명과 우리가 누리게 될 기쁨에 대해 "아멘."이라고 말할 때 하늘과 땅은 하나가 됩니다. 그때 우리는 목적지에, 다시 말해 한처음에 우리를 지어 낸 사랑에 이르게 됩니다. → 165

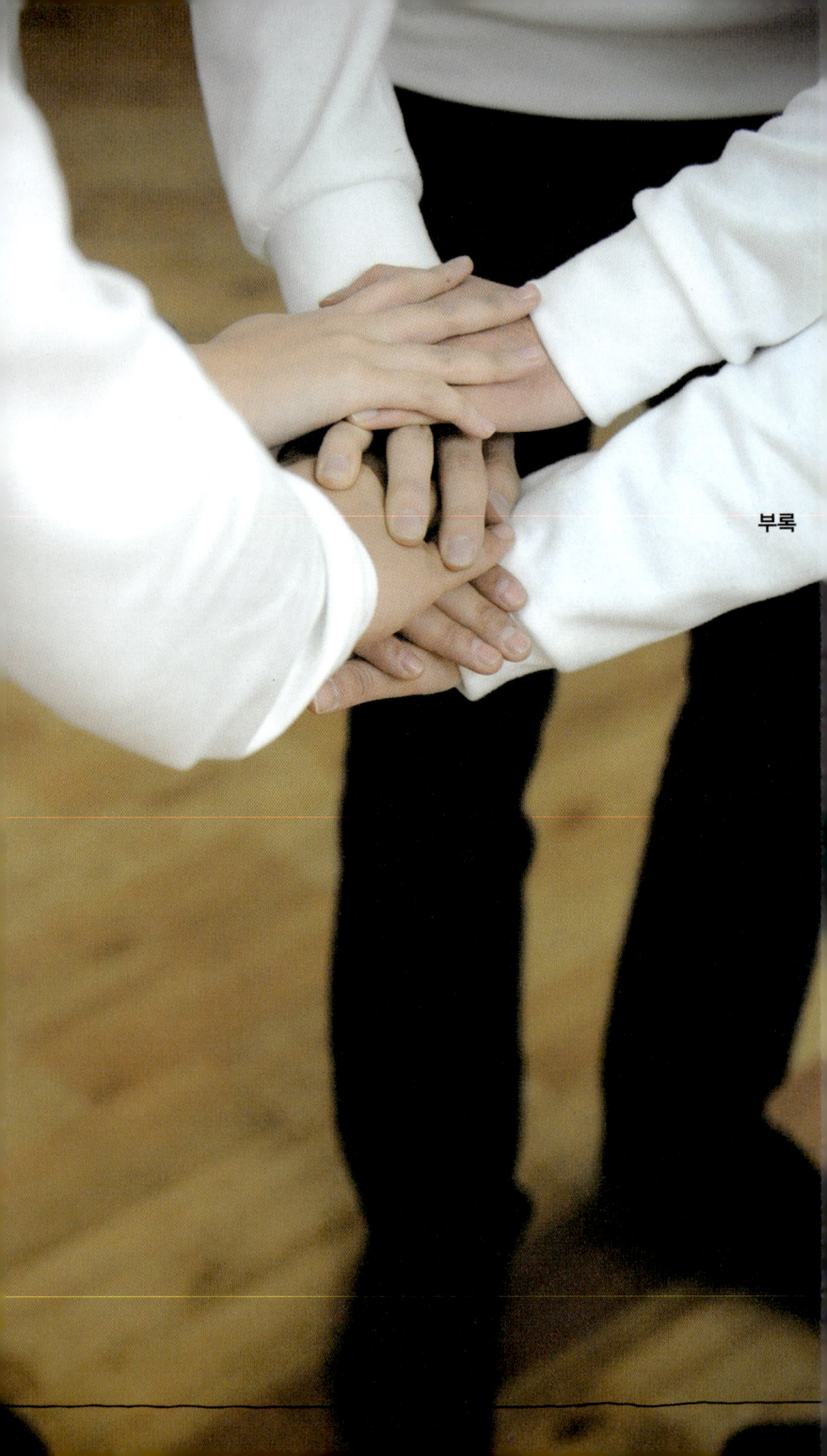

부록

표제어 색인

본문의 문항 번호를 삽입하여 아래의 항목에 대한 내용을 쉽게 찾아볼 수 있도록 했습니다.

가난 446 - 449, 523
가정 86, 139, 271, 322, 327, 368 - 370, 373, 374, 474
가정 교회 271, 368
가톨릭 사회 교리 323
가톨릭 신자가 아닌 다른 그리스도교 신자들의 영성체 222
간음 410
간통 424
감사 기도 483, 488
감사하는 마음 59, 371
강간 392
강론 214
강생 9, 76, 152
강요/강압 261, 288, 296, 420
같은 죄를 다시 짓지 않겠다는 결심 232
개별성 62, 201
개인주의 321
거룩하시도다 214
거룩한 신비들의 거행 212
거룩한 영성체 208, 212, 213, 217, 221, 247
거룩한 희생 제사 212
거짓 맹세 455
거짓말 359, 452, 453, 456
건강 388, 389
견진성사 193, 203, 207

견진성사를 받을 수 있는 자격 206
견진성사를 줄 수 있는 사람 207
결정의 자유 69, 161, 287, 296
결혼 동의 262
겸손 485
경영자 443
경제 윤리 428
계급 투쟁 439
계명 17, 67, 307, 337, 348 - 352
계시 7, 10, 36, 333, 351, 356
고통 체험 66
고해성사 151, 173, 175, 193, 206, 220, 224 - 239, 317, 458
고해성사의 의무 234
고해성사의 전제 조건 231
고해성사의 제정 227
고해 신부 236
고해의 비밀 238, 458
공동 사죄 233
공동선 296
공동체 12, 24, 64, 86, 99, 211, 248, 321, 368, 397
공복재 220
공산주의 439
공의회 140, 143
교의 83, 143
교환 정의 430

교황 92, 140, 141-143
교황과 주교들 142
교황의 권위 141
교황의 무류성 143
교황의 수위권 129, 140, 141
교황좌의 선언 143
교회 121-128
교회 공간 189, 190, 498
교회 분열 130, 131, 267
교회 안의 교도권 141, 252, 344
교회 안의 통솔권 252
교회 일치 25, 92, 129, 131, 134, 137, 141, 143, 222
교회 일치 운동 130, 131, 134, 222
교회가 정한 계명 345
교회와 민주주의 140
교회와 성경 19
교회와 성령 119
교회와 타 종교들 136, 198, 438
교회와 하느님 나라 89, 91, 110, 123, 125, 138, 139, 284, 520
교회의 개념 121
교회의 거룩함 124, 132
교회의 구성 138
교회의 무류성 13, 143
교회의 보편성 133, 134
교회의 사도적 속성 137, 140
교회의 사명 123, 150
교회의 성사들 129, 172-178, 193
교회의 위계질서 140
교회의 유일한 특성 125
교회의 통일성과 유일성 129, 141
교회의 합의체적인 속성 140
구마 예식 273
구약의 율법 8, 135, 334, 335, 336, 363

구원 10, 21, 136, 174, 199, 335
국가 289, 322, 326, 333, 366, 367, 370, 376, 377, 381, 383, 388, 392, 420, 427, 428, 431, 439, 441
국가의 기본 의무 388
군사적 폭력 398-399
권력 140, 328
권리와 의무 136, 302, 326-330, 333, 370, 380, 381, 383, 387, 392, 398, 401, 420, 422, 423, 427, 430, 436, 441, 442, 445, 459
권위 325, 326, 329, 367, 375, 392, 399, 446
그릇된 이윤 추구 428
그리스도, 세상의 심판자 112
그리스도, 우리의 주님 110, 363
그리스도, 원성사 193
그리스도교 이외의 다른 종교들 136
그리스도께서 실제로 현존하심 19, 168, 191, 212, 216-218
그리스도로부터 받은 권한 92, 139-144, 242, 249
그리스도의 가난 284, 449, 467
그리스도의 몸인 교회 121, 126, 129, 131, 146, 175, 196, 208, 211, 217, 221, 343
그리스도의 사제직 250
그리스도의 수난 94-103, 277
그리스도의 신부인 교회 127
그리스도의 영광스러운 변모 93
그리스도의 재림 111, 157
금식재와 금육재 151, 345
기도 469-470
    공경 중의 기도 476
    관상 기도 472
    교회의 기도 492
    규칙적으로 기도하기 499
    그리스도인의 기도 493

내적 기도 500, 503

　　모세의 기도 472

　　묵상 기도 500, 502

　　사적인 기도 492

　　성인들의 기도 497

　　소리 기도 500, 501

　　시간 전례 188

　　시편 기도 473

　　아브라함의 기도 471

　　언제 기도해야 하나? 499

　　주요한 기도 형태 483

　　지속적으로 기도하기 510

　　초대 교회의 기도 482

　　하느님과의 대화 472

기도 장소 498

기도 중 분심이 들 때 508

기도 효과가 없을 때 507

기도는 독백? 506

기도는 현실 도피? 509

기도를 들어주심 478, 495

기도와 성령 496

기도와 일상 494

기도와 투쟁 505

기도하기 싫을 때는? 490

기도회 274

기쁨 2, 21, 38, 71, 108, 170, 179, 187, 200, 235, 239, 278, 285, 311, 314, 365, 438, 489, 517, 527

기적 90, 91

나그네를 받아들임 271, 450

낙태 237, 292, 379, 383, 421

남성성 64, 401

남을 위한 기도 146, 483, 487

남의 결정을 따름 286

남자와 여자로 만드심 64, 401

납치 392

내기 434

내적인 공허감 467, 508

내적인 평화 38, 159, 233, 245, 311, 393, 494, 504, 517

노동 47, 66, 332, 426, 439, 442, 444-445

노동과 자본 439

노동자 문제 439

노자 성체 247

니케아−콘스탄티노폴리스 신경 29

다른 종파의 그리스도교 신자들 130

다신론 355

대리모 423

대신하여 청함 146

대영광송 214

대죄 316

대중 매체 412, 459, 460

대중 신심 274

덕행 294, 299

도둑질 426

도박 434

도유(기름 부음) 115, 181, 195, 203, 244

독신으로 사는 사람들 265

독신제 255, 258, 261

독점 442

동물 사랑 57, 437

동방 교회 258

동성애 65, 415

동정녀 마리아 80

두려움 245, 470, 476, 494

마리아와 성령 117

마술 91, 177, 355, 356

마약 389
마음 3, 7, 20, 38, 113, 205, 281, 283, 290, 307, 314, 402, 449, 463, 470
마음의 가난 467
마음의 기도 503
마음의 순결 89, 283 - 292, 463, 469, 477, 503
마침 영광송 214
말씀 전례 213
매수 428
매장 394
매춘 411, 435
맹목적인 파괴 행위 433
맹세 359, 455
모든 그리스도인들의 어머니이신 마리아 85, 147, 148
모든 성인의 통공 146
모든 인간의 평등 61, 330 - 331, 401, 441
무릎 꿇어 인사함 218, 485
무신론 5, 357
무자격자의 성사 집전 178
묵상 504
묵주 기도 149, 481
미美 461
미사 168, 212, 213 - 214, 365
미사 집전자 215
미사의 공동 참회 예절 214
미사의 독서 191, 213, 214
미신 355, 356
밀교 55, 355, 356

배고픈 이들에게 먹을 것을 줌 450
배고픔 91, 446, 522, 523
배아 검사 423
배아 매매 435
배아 줄기 세포 연구 385
배우자에 대한 신의 262
배우자와의 별거 269
법(법률) 326, 377
법치국가 326
베네딕토 영성 497
변신론 51
변화 217
병자들을 돌봄 242
병자성사 193, 243 - 246
병자성사 예식 244
병자성사의 요건 243
병자성사의 집전자 246
병자성사의 효과 245
보상 232, 430
보속 195, 230, 232, 276
보조성의 원리 323
보편적인(catholic) 130, 133, 134
복수 396
복음 10, 18, 19, 71, 199, 213, 282
복음적 권고 145
본능 462
부부간의 성관계 417
부제 255, 256
부제 서품 255
부제의 직무 255
부활 104 - 108
부활 사건 105, 227
부활 축제 171, 187, 365
부활의 증거 106
부활하신 그리스도의 몸 107
분노 293, 318, 396
불임 422
비밀 엄수 457
비폭력 397

빛 430
빵 나눔 212, 482
빵과 포도주 99, 181, 208, 213, 216, 218, 488

사기 428, 465
사도 12-13, 26, 73, 92, 99, 106, 118, 129, 137, 140-141, 143, 175, 209, 227, 252, 259, 482
사도 신경 28
사도 전승 92, 137, 141
사도들을 부르심 92
사도로부터 이어 오는 교회 137, 141
사람들 사이의 불평등 331
사랑 402
사랑, 복음적 권고 305, 309
사랑과 성 403
사랑과 정결 404
사심판 112, 157
사업가 443
사유 재산 426-427
사적 계시 10
사제 서품 173, 249, 254, 257
사제 서품의 효과 254
사제와 죄의 용서 150, 193, 227, 228, 233, 236
사제직 138, 249-250, 252, 253, 257
사죄死罪 316
사죄赦罪 231, 233, 237, 239, 458
사추덕 300
사형 제도 381
사회 139, 271, 322-325, 329, 369, 440, 444
사회 원리 324
사회적 가르침 438
사회적 안전 327, 367, 369

사회적 정의 329
사회적 책임 427
살아 있는 인간에 대한 실험 390
살인 237, 316, 379
살인 금지 계명 378
삶의 의미 1, 5, 41-43, 406
삼위일체 35, 36, 122, 164
상품화된 인간 435
새 하늘과 새 땅 111, 164
생명 공학 435
서품 사제직 257, 259
선과 악을 구별하는 판단 능력 291
선과 악의 판단 기준 234, 291-292, 295, 296
선교 명령 11, 123
선행 120, 151, 274, 341, 450-451
섭리 49-50, 466
성경 12-19
    각 권의 목록 16
    거룩하고 신적인 전례 212
    거룩한 표징 115, 123, 128, 167, 174, 181, 189
    성령의 영감을 받아 기록된 성경 14, 15
성경과 교회 128
성경과 기도 491
성경과 성령 119
성경과 전승 11-12, 143, 492
성경을 올바로 읽는 법 16
성경의 정경 14
성경이 지닌 오류 15
성덕 342
성령 113-120
성령과 견진성사 203-207
성령과 교회 119
성령과 세례 176, 195

성령과 예언자 116
성령께서 거처하시는 성전인 교회 119, 128, 189
성령은 우리에게 주어진 선물 205
성령의 열매 311
성령의 은사 310
성령의 표징과 이름들 115
성령의 힘 38, 203, 205, 227, 241, 242, 249, 254, 290
성모님과 성인들 147
성모님에 대한 공경 149
성모님을 통한 도움 148
성모님처럼 기도하기 479
성모송 480
성변화를 이루는 말씀 210
성사와 성령 119, 128
성사와 신앙 177
성사의 사효성 178
성사혼의 필수적 요소들 262
성수 272
성애 65, 417, 462
성유물의 공경 274, 275
성을 수치스럽게 여기거나 경시하는 태도 404
성인 146, 202, 235, 275, 342-343, 497
성전 189, 190, 498
성지 순례 274, 276
성직이나 성물 매매 355
성직자 138
성차별 61, 330, 377
성찬 전례의 감사 기도 214
성찬식 166
성체성사 19, 99, 126, 160, 167, 193, 208-223, 365, 488
성체성사에 참여하기 위한 조건 220
성체성사의 제정 99, 209

성체성사의 제정에 관한 기록 210
성체성사의 효과 221
성체 조배 218, 270
성체등 191
성폭력 386, 410
성품성사 193, 249-251
성품성사를 받을 수 있는 요건 256
성호 360
세계 공의회 143
세계화 327, 446-447
세례 130, 151, 193, 194-202
세례 양식 195
세례 요건 196
세례 집전 195
세례, 구원에 이르는 유일한 길? 199
세례명 201, 361
세례의 집전자 198
세상 종말 111, 164
소명(성소) 73, 138, 139, 144, 145, 205, 250, 255, 265
소죄 316
수난을 기억함 212
수도자 138, 145, 258, 339, 374, 440
수치심 159, 464
수호성인 146, 202, 361
수호 천사 55
순교 454
순교자 289, 455
순례 276
순명 145, 326
시간 전례 188
    구시경 188
    끝기도 188
    독서 기도 188
    삼시경 188

아침 기도 188
육시경 188
저녁 기도 188
시기 120, 318, 465, 466
시노드(교회의 회의) 140
시민 사회 447
시장 경제 442
시편 17, 214, 473, 491, 501
식사 강복 272
신경(크레도) 24, 26, 76, 214, 307
신뢰 20, 21 - 22, 155, 307 - 308, 476 - 477, 515
신상神像 금지 358
신성 모독 316, 355, 359, 455
신앙 20, 21-22
신앙 강요 354
신앙 고백 24, 26 - 29, 136, 165, 307
신앙 고백(신경) 24, 25, 26, 27, 307
신앙 전승 11 - 12, 143, 175
신앙과 교회 24
신앙과 자연 과학 15, 23, 41, 42, 106
신앙심 497
신약 성경 18
신적인 덕행 305
실업 444
실태 조사 459
심령론 355
십계명 349
십자가 96, 98, 101 - 103, 360
십자가 위의 제사 155, 208, 216, 217, 250
십자가 추종 102
십자가의 길 277

아담과 하와 66, 68
아동 매매 435
아동 징병 435
아멘 165, 527
아버지상 516
아빠, 사랑하는 아버지 38, 290, 476 - 477, 515
악/악인 51, 111, 161, 163 - 164, 234, 273, 285 - 296, 315, 318, 320, 333, 386, 396 - 397, 525, 526
악습 294
안락사 379, 382
안수 115, 137, 203, 254
안식일, 안식일의 휴식 39, 46-47, 90, 96, 349, 362, 363, 364
알렐루야 214
야훼 8, 31
양식을 청함 522, 523
양심 4, 20, 120, 136, 232 - 233, 291, 295 - 298, 312, 354, 397 - 398, 456, 470
양심 성찰 232 - 233
양심 억압 296
양심을 올바르게 형성 297
에이즈 414
여성 사제 문제 257
여성성 64, 401
연대감 61, 323, 332, 376, 395, 447
연옥 159, 160
열망 281, 468, 470
열정 293, 294
영감 14 - 15
영성 497
영원한 삶 61, 98, 108, 136, 155, 156, 161, 247, 280, 285, 317, 348, 364
영원한 행복 1, 52, 61, 164, 285, 468
영적인 자선 행위 451
영혼 62 - 63, 79, 120, 153, 154, 160, 205, 241, 330, 418, 460

예물 준비 214
예배 166
예비 신자 교리 교육 196
예수 그리스도 73
    공생활 이전의 예수님의 삶 86
    구세주이신 예수님 70, 72, 101, 136, 330, 468
    기도하는 예수님 474 - 477
    사형 선고를 받은 예수님 96
    유다인 예수님 336
    인간을 뛰어넘는 존재인 예수님 74, 77, 78
    인간의 모범이신 예수님 60, 449
    주님이신 예수님 75
    죽음을 두려워한 예수님 100
    참인간이신 예수님 79, 88
    하느님의 계시이신 예수님 8 - 10
예수님 승천 106, 109
예수님과 병을 앓던 이들 241
예수님과 성령 114
예수님과의 관계 348, 454, 491
예수님의 기적 90, 91
예수님의 삶을 본받음 477
예수님의 세례 87
예수님의 죽음 96 - 103
예수님의 죽음은 실제였는가? 103
예수님의 최후의 만찬 92, 99, 166, 171, 192, 208 - 223, 259
예수님의 형제자매 81
예수라는 이름 72
예술 461
예언자 8, 30, 113, 116, 135, 240, 308, 310
오순절 118, 204
용기 300
용서를 청하는 기도 524

우리 안에 있는 성령 120, 203
우리의 모범이신 마리아 147
우상 숭배 355
우연 20, 43
울부짖음 111, 164, 476, 486, 501
원수 사랑 34, 329, 396, 477, 487, 494
원죄 68 - 70, 83, 197
원죄 없이 잉태되신 마리아 83
위선 347, 405, 455
유괴 392
유다인과 그리스도인 30, 97, 135, 358
유다인들은 예수의 죽음에 책임이 있는가? 97, 135
유다인에 대한 적개심 135
유아 세례 197
유혹 88, 386, 525
육신의 부활 153
6일간의 창조 사업 42, 46
육체적 자선 행위 450
율법 335
은총 197, 206, 274, 279, 285, 337, 338 - 341
    하느님의 자기 통지 338
    상존 은총 339
    성사 은총 339
    성화 은총 339
    조력 은총 339
    직분 은총 339
의로운 전쟁 399
의사소통 수단 459
의지의 자유 289
의화 337
이냐시오 영성 497
이마에 재를 바르는 예식 272
이성 4 - 5, 7, 23, 32, 291, 297, 300, 333, 351
이웃 사랑 220, 270, 321, 329, 373

이콘 358
이혼 270, 424
이혼 후 재혼한 사람들 270
인간의 인격 56, 323, 404, 421, 423
인간의 존엄성 58, 280, 289, 353, 382, 392, 411, 412, 438, 441, 444
인간의 특별한 지위 56, 59
인격체로서의 인간 56, 58, 63, 322, 327, 383, 401, 430, 464
인공 수정 423
인권 136, 262, 441
인신 매매 435
인위적인 가격 인상 428
인종 차별 주의 61, 330, 377, 398
일반 사제직 259
일신론 30
임신 조절 420
임종자를 위한 성사 393
입양 422, 435

자기 수양 300
자기애 315, 387
자녀 86, 262, 271, 354, 368, 371-372, 374, 383, 384, 416, 418, 419, 422
자녀에 대한 사랑 372
자본/자본주의 331, 435, 439, 442
자비 314, 450, 451, 524
자비송 214
자살 379
자선 345, 447, 449
자애로운 아버지 227
자연 가족 계획법 421
자연 과학과 신앙 15, 23, 41, 42, 62, 106
자연법 45
자위행위 409

자유 49, 68, 125, 136, 161, 178, 285, 286, 290
자유 의지에 따른 혼인 261
자유권 289
자유와 병적인 욕망 287
자해 379, 387
장기 기증 391
장례식 278
장애인 51, 302, 379, 384
재산 426-428, 433, 465
저개발 448
전구 85, 214, 361, 497
전례 167, 192, 212
전례 음악 183
전례 장소 191
전례력 185, 186
전례적인 말 182
전쟁 379, 398
전통 12, 141, 143
절망 98, 476
절세 방안 431
절제 300, 301, 304
정결 145
정결한 삶 404-406, 463
정당 방위 378, 380
정당한 임금 332, 426, 428
정욕 264, 406, 462
정의(의로움) 89, 111, 164, 283, 300, 302, 323-329, 376, 392, 395, 438, 520
정치 139, 438, 440, 446, 447
제단 봉사자 214
제대 191, 213, 214, 215-217, 255
제도로서의 교회 121, 124
제자들의 발을 씻어 주심 99, 375
종교 3, 30, 136, 268

종교의 자유 354
죄 1, 8, 66 - 67, 70 - 71, 76, 87, 98, 221, 224 - 239, 315, 337
죄가 있는 조직 320
죄를 용서받는 방법 226
죄의 용서 150 - 151, 228, 236
죄의 종살이 95, 288
죄책감 229
주교 92, 134, 137, 142-144, 253, 258
주교 서품 252
주교의 직무 144, 246, 440
주님의 기도 511 - 527
주님의 만찬 212
주변 세계(환경)에 대한 책임 288
주식 투자 432
주인이신 그리스도 110
주일 47, 187, 364 - 366
주일 미사 참례 의무 219, 345
죽은 이들 146
죽은 이들의 부활 152
죽음 154 - 156, 393
준성사 272
중독 287, 389
지역 교회 141, 253
지옥 51, 53, 157, 161 - 162
지적 재산권 429
지혜 300, 301
직업 138, 328
진실성 452 - 455, 485
진화 42, 43, 280
질병 89, 224, 240 - 245, 273, 280, 310, 379, 450

차별 398, 415
찬양 기도 483, 489

참회 159, 229, 232
참회의 성사 151, 172, 224 - 239, 345
창조 계획 368, 444
창조 사명 370, 427, 436
책임 288, 290
천부적인 도덕률 326, 333 - 334, 344
천사 52, 54 - 55, 179, 183, 489
천상 전례 179
천지 창조 7, 42 - 50, 52, 56 - 57, 163, 165, 263, 308, 364, 366, 368 - 370, 401, 426, 436, 488
청빈 138, 145
청원 기도 471, 483
체험 148, 504, 507 - 508
초대 교회 482
최후 심판 157, 163
축복 170, 213, 259, 272, 483, 484, 498 - 499
축성 213
치유 224
치유의 은사 242

콘돔 414
쾌감 400, 404, 409, 411, 417
크리스마 성유의 도유 203

탁상 이혼 269
탈세 428
테러리즘 392
토착화 274
투기 432
특별한 은사(카리스마) 113, 119 - 120, 129, 257, 339

파견 11, 91, 137 - 138, 144, 193, 248 - 250, 259

파문 237
파스카 95, 171, 209
평신도 138 - 139, 214, 440
평화 66, 115, 164, 282, 284, 327, 370, 395 - 396, 398, 436
평화주의 398
포르노 412, 460
폭력 284, 296, 386, 392, 397, 399, 413, 452, 460
폭력 찬양 460
프란치스코 영성 497
피임 421

하느님 나라 89, 139, 520
    사랑이신 하느님 2, 33, 145, 156, 309
    성령이신 하느님 38, 113 - 120
    성부이신 하느님 37
    성자이신 하느님 39
    이성을 통한 하느님 인식 4, 6
    자비로우신 하느님 314
    전능하신 하느님 40, 49, 66, 485
    전지하신 하느님 51
    창조주이신 하느님 41, 44, 330
하느님 찾기 3 - 4, 89, 136, 199, 467, 470
하느님과의 화해 226, 235, 239
하느님께 감사하기 461, 490, 494, 501
하느님께 순종하기 20, 34
하느님에 대한 경외 310, 353
하느님에 대한 헌신 145, 258, 485, 497, 507
하느님에 대한 흠숭 302, 352, 365
하느님을 꼭 닮은 인간 330
하느님을 찬양하기 48, 183, 489, 519
하느님의 계약 8, 116, 194, 210, 334 - 336
하느님의 뜻 1, 50, 52, 100, 335, 337, 463, 493, 502, 507, 521
하느님의 모상 39, 56, 58, 64, 122, 262 - 263, 271, 279, 402
하느님의 백성인 교회 121, 125, 128, 138, 191, 204
하느님의 사랑 2, 61, 91, 115, 127, 156, 169, 200, 229, 270 - 271, 309, 314 - 315, 339 - 340, 402, 424, 479
하느님의 섭리 49, 50, 466
하느님의 신의 8, 49, 64, 263
하느님의 어린양 214
하느님의 어머니이신 마리아 82, 84, 147
하느님의 이름 31, 359, 519
하느님의 자녀 113, 125, 138, 173, 176, 200, 203, 226, 279, 283, 401, 438
하느님의 자비 89, 226, 314, 337, 524
하느님의 전능 40, 485
하느님의 전지 51
하느님의 존재 부정 5
하느님의 진리 13, 32, 307, 359, 453, 461
하느님의 초월성 358
하늘나라 52, 123, 158
행렬 274
행복 선언 282 - 284
행복 추구 3, 281 - 282, 285
헌신 263, 402, 479
혼외 성관계 410
혼인(교회 밖에서 이뤄지는 혼인) 425
혼인(배우자가 다른 종교의 신자인 경우) 268
혼인(배우자가 다른 종파의 그리스도교 신자인 경우) 267
혼인과 자녀 418, 419
혼인 관계에서 겪는 문제들 264
혼인 동의 261
혼인 무효 269
혼인 서약 261

혼인 성립 261

혼인 예식 266

혼인 장애 261, 268

혼인성사 193, 260 - 267

혼인성사의 끈 261

혼인성사의 집전자 261

혼인성사의 효과 261

혼인의 본질적 요소 416

혼인의 불가해소성 262, 263, 416

혼인의 표징적 속성 263

혼전 성관계 407

혼종혼인 267

화해의 성사 226

회개 131, 235

효도 367 - 368

흠숭 149, 218, 461, 483, 485

희망 105, 108, 146, 152, 305 - 306, 308, 337, 352, 493

용어 정의

다음 단어의 정의들은 문항 번호를 통해 찾을 수 있습니다.

가톨릭 사회 교리 / 가톨릭 사회 원리 323
감실 218
강론 214
강생 9
거룩하시도다 214
거룩함 132
거짓 맹세 455
견진성사 203
계시 7
공동선 327
관면 268
관상 기도 470
교계 제도 140
교도권 13
교의 143
교황 141
교회 121
교회 일치 운동 131
교회들과 교회 공동체들 130
구마 예식 272
그리스도의 재림 110
그분의 십자가 277
단혼과 복혼 262
대영광송 214
독신 서약 258
로마 교회 141

마침 영광송 214
무신론 357
묵상 504
묵주 기도 481
미사 355
밀교 356
범신론 356
복음적 권고 145
부속 기도 526
부제 255
불가지론 358
비밀 엄수 457
사도 12
사도 전승 137
사제 141
사죄 231
사회적 의사소통 수단 459
삼위일체 35
선교 11
성경 14
성광 218
성령의 열매 120
성모송 480
성변화 217
성유물 274
성직자 138
성체성사 208

세계 공의회 143
수난 99
순교자 454
신비 78
신성 모독 355
심령론 356
심판 157
십계명 348
아멘 165
안식일 363
알렐루야 214
야훼 31
연대성의 원리 332
열두 사도 137
영감 14
영성 497
영성체 213
예비 신자 교리 교육 196
오순절 118
위선 347
육의 행실 120
의화 337
이콘 358
일신론 30
입문 194
자비송 214
자연 가족 계획법 421

자위행위 409

크레도(저는 믿나이다) 24

전례 166

정결 404

정경 14

종교 3

종교의 자유 136

주교 141

진화 42

집요한 개종 활동 354

창세기 46

창조론 42

책임 있는 부모 되기 419

천부적인 도덕률 333

초월성 358

축복 170

축성 213

크리스마 성유 203

특별한 은사 113

파문 237

평신도 138

표절 429

하느님의 어린양 214

▋ 감사의 말

이 책의 발행인으로서, 이 책이 나오기까지 작업에 참여해 주신 요하네스 추 엘츠 박사(프랑크푸르트)와 미카엘라 추 헤레만(메어부쉬), 베른하르트 모이저(뮌헨), 크리스티안 슈미트 박사(뮌스터)에게 감사드립니다. 중요한 조언과 도움을 아끼지 않은 아른트 퀴퍼스 박사(뮌헨그라드바흐)와 미카엘 랑어 교수(오버라우도르프), 만프레드 뤼츠 박사(본), 에드가 코어헤르 교수(그라츠), 오토 노이바우어(빈), 베른하르트 린트(빈), 마르틴 슈트라우프 신학원장(아우크스부르크), 후베르트-필립 베버 박사(빈)에게도 감사를 전합니다.

크리스토프 쇤보른 추기경

▋ 옮긴이: 최용호

가톨릭대학교 신학대학을 졸업하고, 오스트리아 인스브루크대학교 신학대학에서 '신약 성경'을 전공했다. 이후 한국외국어대학교 통역번역대학원 한독과를 졸업하고, 현재 통역사 및 전문 번역가로 활동하고 있다.

▋ 사진 제공

이 책의 한국 인물 사진들은 임준형 안드레아, 이유선 유스티나, 오현영 아녜스 님이 제공해 주셨습니다.